Nina Tolksdorf
**Performativität und Rhetorik der Redlichkeit**

# Hermaea

---

Germanistische Forschungen
Neue Folge

Herausgegeben von
Christine Lubkoll und Stephan Müller

**Band 153**

Nina Tolksdorf

# Performativität und Rhetorik der Redlichkeit

—

Nietzsche – Kleist – Kafka – Lasker-Schüler

**DE GRUYTER**

Gedruckt mit freundlicher Unterstützung der Frauenbeauftragten des Fachbereichs Philosophie und Geisteswissenschaften der Freien Universität Berlin

ISBN 978-3-11-099258-8
e-ISBN (PDF) 978-3-11-067658-7
e-ISBN (EPUB) 978-3-11-067660-0
ISSN 0440-7164

**Library of Congress Control Number: 2020939680**

**Bibliografische Information der Deutschen Nationalbibliothek**
Die Deutsche Nationalbibliothek verzeichnet diese Publikation in der Deutschen Nationalbibliografie; detaillierte bibliografische Daten sind im Internet über http://dnb.dnb.de abrufbar.

© 2022 Walter de Gruyter GmbH, Berlin/Boston
Dieser Band ist text- und seitenidentisch mit der 2020 erschienenen gebundenen Ausgabe.
Druck: CPI books GmbH, Leck

www.degruyter.com

# Inhaltsverzeichnis

**Siglenverzeichnis** —— VII

1 **Einleitung: Ein „uraltes Wort" und eine „Neue Aufrichtigkeit"** —— 1

2 **Riskante Redlichkeit. Ihre Performativität und Rhetorik** —— 9
2.1 Aufrichtigkeit, *sincerity*, *sincérité* —— 17
2.2 Das Wahrsprechen von Redlichkeit und *parrhesia* —— 24
2.3 Performativität und *parrhesia* —— 32
2.4 Die Rhetorik der *parrhesia* —— 38

3 **Redlichkeit und der Schrei der Philosophie. Friedrich Nietzsches *Also sprach Zarathustra*** —— 42
3.1 Redlich reden —— 45
3.2 Die Rhetorik der Redlichkeit bei Nietzsche —— 47
3.3 Von den Risiken des Redens —— 53
3.4 Wahrhaftigkeit und Lüge —— 57
3.5 Das Risiko von *Also sprach Zarathustra* —— 59
3.6 Die andere Ökonomie der redlichen Rede —— 62
3.7 Redliche Philosophie —— 71

4 **Redlichkeit auf dem Schlachtfeld. Heinrich von Kleist** —— 74
4.1 Performativität und Risiko des Redens. *Über die allmähliche Verfertigung der Gedanken beim Reden* —— 76
4.2 Wahrhaftigkeit des Nicht-Wissens. *Amphitryon* —— 85
4.3 Penthesileas Wahr-Fragen —— 95
4.4 Entsetzliche Redlichkeit. *Michael Kohlhaas* —— 103

5 **Unaufrechte Redlichkeit. Franz Kafkas *Proceß*** —— 115
5.1 Zum Deutungsproblem im *Proceß* —— 117
5.2 Die indirekte Rede der Redlichkeit —— 119
5.3 *Peculiar performatives*. K.s Verhaftung —— 121
5.4 Die groteske Körperlichkeit der Redlichkeit —— 128
5.5 Scham im *Proceß* —— 138
5.6 Gesenkte Köpfe. Die unaufrechte Haltung der Redlichkeit —— 146
5.7 Redlichkeit als Erzählverfahren. K.s Eingabe —— 151

**6 Zur Ironie der Redlichkeit. Else Lasker-Schülers *Mein Herz* —— 168**
6.1 Bekenntnisse und ihre Rhetoriken —— 171
6.2 Die Redlichkeit *verschieden aufgefaßter Ichs* —— 181
6.3 Charaktere schreiben: *Ethopoeia* —— 186
6.4 *Ethopoeia* in der Karikatur —— 191
6.5 Redlichkeit und Ironie —— 196
6.6 Lasker-Schülers Ichs und Rortys Ironikerinnen —— 202

**7 Schluss —— 206**

**Literaturverzeichnis —— 211**

**Personenregister —— 235**

# Siglenverzeichnis

Die folgenden Abkürzungen werden im Text verwendet:

| | |
|---|---|
| BKA I/4 A | Kleist, Heinrich von: Amphitryon. In: Kleist, Sämtliche Werke. Brandenburger Ausgabe (BKA). Bd. I/4. Hrsg. von Reuß, Roland/Staengle, Peter. Basel 1991. |
| BKA II/1 MK | Kleist, Heinrich von: Michael Kohlhaas (1810). In: Kleist, Sämtliche Werke. Brandenburger Ausgabe. Bd. II/1. Hrsg. von Reuß, Roland/Staengle, Peter. Basel 1990. |
| BKA I/5 P | Kleist, Heinrich von: Penthesilea. In: Kleist, Sämtliche Werke. Brandenburger Ausgabe. Bd. I/5. Hrsg. von Reuß, Roland/Staengle, Peter. Basel 1992. |
| BKA II/9 VG | Kleist, Heinrich von: Über die allmähliche Verfertigung der Gedanken beim Reden. In: Kleist, Sämtliche Werke. Sonstige Prosa. Brandenburger Ausgabe. Bd. II/9. Hrsg. von Reuß, Roland/Staengle, Peter. Basel 1996. |
| CV | Foucault, Michel: Le gouvernement de soi et des autres II. Le Courage de la vérité. Cours au Collège de France 1982/83. Paris 2009. |
| DW | Foucault, Michel: Diskurs und Wahrheit. Die Problematisierung der Parrhesia. Hrsg. von Pearson, James. Übers. von Mira Köller. Berlin 1996. |
| ES | Butler, Judith: Excitable Speech. A Politics of the Performative. New York/London 1997. |
| FS | Foucault, Michel: Fearless Speech. Hrsg. von Pearson, Joseph. Los Angeles 2001. |
| FW | Nietzsche, Friedrich: Die fröhliche Wissenschaft. In: Nietzsche, Sämtliche Werke: Kritische Studienausgabe in 15 Bänden. Hrsg. von Colli, Giorgio/Montinari, Mazzino. Bd. 3. München 1999, S. 343–652. |
| GAO | Butler, Judith: Giving an Account of Oneself. New York 2005. |
| GM | Nietzsche, Friedrich: Zur Genealogie der Moral. In: Nietzsche, Sämtliche Werke: Kritische Studienausgabe in 15 Bänden. Hrsg. von Colli, Giorgio/Montinari, Mazzino. Bd. 5. München 1999, S. 245–410. |
| GSA | Foucault, Michel: Le gouvernement de soi et des autres. Cours au collège de France 1983/84. Paris 2009. |
| HS | Foucault, Michel: L'herméneutique du sujet. Cours au Collège de France 1981/82. Paris 2001. |
| HS dt. | Foucault, Michel: Hermeneutik des Subjekts. Vorlesungen am Collège de France 1981/82. Übers. von Ulrike Bokelmann. Frankfurt am Main 2009. |
| HSP | Butler, Judith: Hass spricht. Zur Politik des Performativen. Übers. von Kathrina Menke/Markus Krist. Frankfurt am Main 2006. |
| HWPh | Ritter, Joachim (Hrsg.): Historisches Wörterbuch der Philosophie. Basel 1971–2007. |
| HWRh | Ueding, Gerd (Hrsg.): Historisches Wörterbuch der Rhetorik. Tübingen/Berlin 1992–2015. |

| | |
|---|---|
| KA WB | Lasker-Schüler, Else: Werke und Briefe. Kritische Ausgabe. Briefe 1914–1924. Hrsg. von Skrodzki, Karl Jürgen/Oellers, Norbert. Bd. 2. Frankfurt am Main 2004. |
| KA P | Kafka, Franz: Der Proceß. In: Gesammelte Werke in zwölf Bänden. Nach der Kritischen Ausgabe. Hrsg. von Koch, Hans-Gerd. Frankfurt am Main 2011. |
| KG | Butler, Judith: Kritik der ethischen Gewalt. Übers. von Reiner Ansén/Michael Adrian. Frankfurt am Main 2000. |
| KGW II/4 | Nietzsche, Friedrich: Vorlesungsaufzeichnungen (WS 1870/71–WS 1874/75). In: Nietzsche, Werke. Kritische Gesamtausgabe. Begr. von Colli, Giorgio/Montinari, Mazzino, fortgef. von Gerhard, Volker u. a. Abt. II Bd. 4. Berlin/New York 1994. |
| M | Nietzsche, Friedrich: Morgenröte. In: Nietzsche, Sämtliche Werke: Kritische Studienausgabe in 15 Bänden. Hrsg. von Giorgio Colli/Mazzino Montinari. Colli, Giorgio/Montinari, Mazzino. Bd. 3. München 1999, S. 9–332. |
| MH | Lasker-Schüler, Else: Mein Herz. Ein Liebesroman mit Bildern und wirklich lebenden Menschen. Hrsg. von Dick, Ricarda. Frankfurt am Main 2003. |
| MW | Foucault, Michel: Der Mut zur Wahrheit. Die Regierung des Selbst und der anderen II. Vorlesungen am Collège de France 1983/84. Übers. von Jürgen Schröder. Berlin 2011. |
| RS | Foucault, Michel: Die Regierung des Selbst und der anderen. Vorlesungen am Collège de France 1982/83. Übers. von Jürgen Schröder. Berlin 2011. |
| SEC | Derrida, Jacques: Signature évenment contexte. In: Derrida, Marges de la philosophie. Paris 1982, S. 365–393. |
| SEK | Derrida, Jacques: Signatur Ereignis Kontext. In: Derrida, Randgänge der Philosophie. Hrsg. von Engelmann, Peter. Übers. von Gerhard Ahrens. Wien 1988, S. 291–314. |
| WA | Foucault, Michel: Das Wahrsprechen der Anderen. Zwei Vorlesungen von 1983/84. Hrsg. von Reuter, Ulrike u. a. Übers. von Ulrike Reuter/Lothar Wolfstetter. Frankfurt 1988. |
| WL | Nietzsche, Friedrich: Ueber Wahrheit und Lüge im aussermoralischen Sinne. In: Nietzsche, Sämtliche Werke: Kritische Studienausgabe in 15 Bänden. Hrsg. von Colli, Giorgio/Montinari, Mazzino. Bd. 1. München 2015, S. 873–890. |
| Za | Also sprach Zarathustra I-IV. In: Nietzsche, Sämtliche Werke: Kritische Studienausgabe in 15 Bänden. Hrsg. von Colli, Giorgio/Montinari, Mazzino. Bd. 4. München 2014. |

# 1 Einleitung: Ein „uraltes Wort" und eine „Neue Aufrichtigkeit"

Bereits 1795 ist das Wort, um das es in dieser Studie geht, obsolet: Das *Neue Wörterbuch der Politik* von 1795 vermerkt, dass Redlichkeit ein „uraltes Wort" sei, das „höchstens noch zu dem Sande" gehöre, „den wir nach Convenienz der Welt in die Augen streuen müssen".[1] Auffällig an diesem Eintrag ist der instrumentelle Einsatz der Redlichkeit: Sand in die Augen zu streuen, meint ‚blenden' oder ‚absichtlich täuschen' und also in einem gewissen Sinne ‚unredlich' sein. Aktueller ist hingegen die Diskussion um eine „Neue Aufrichtigkeit" oder auch eine „Neue Ehrlichkeit", wie die US-amerikanische Bewegung „New Sincerity" im Deutschen bezeichnet wird, die sich in den 1980er Jahren als literarische und pop-kulturelle Bewegung etabliert hat. In einem Atemzug mit „New Sincerity" fällt meist der Name David Foster Wallace, der sich immer wieder gegen die Ironie der postmodernen Medienlandschaft und Lebenshaltung geäußert hat. Diejenigen ironischen Fernsehsendungen, die keinen Bruch mit der Ironie kennen, bieten Wallace zufolge keine Lösungen für Konflikte.[2] Und weil es zur Ironie der Postmoderne gehöre, dass sich Texte (auch filmische) permanent selbst parodierten, entzögen sie sich jeglicher Kritik (Wallace, E Unibus Pluram). Das, was sich selbst schon ironisch kommentiert, kann Wallace zufolge also nicht mehr kritisiert werden. Nach 9/11 wurde in den USA das Ende der Ironie verkündet, aber bereits wenige Wochen später erfuhr sie „a heroic, if modest, resurgence,"/„eine heroische, wenn auch zurückhaltende, Wiederkehr", wie Jesse Thorn in seinem „Manifesto for The New Sincerity"[3] schreibt. Er ist eine der führenden Figuren des „New Sincerity" und distanziert sich von Wallaces Einwänden, wenn er meint, dass das Neue an der Bewegung die Verbindung von Ironie und Aufrichtigkeit sei (Thorn, A Manifesto for The New Sincerity). Darin folgt er Joseph Massey, der häufig als

---

[1] Herzberg, Ewald Friedrich: Neues Wörterbuch der Politik. Ein Vermächtniß des Grafen von Herzberg an seine Zöglinge. Warschau 1795, S. 43.
[2] Wallace, David Foster: E Unibus Pluram: Television and U.S. Fiction. In: Review of Contemporary Fiction 13.2 (1993 Summer), S. 151–194.
[3] Thorn, Jesse: A Manifesto for The New Sincerity. URL, http://www.maximumfun.org/blog/2006/02/manifesto-for-new-sincerity.html, 2006 (08.07.2017, alle Übersetzungen NT).

der Begründer der Bewegung gilt und in seinem Manifest von 2005 eine anti-theoretische und damit vermeintlich „echtere" Haltung fordert.⁴ „Sincere"/„aufrichtig" bedeute zum Beispiel, keine Angst davor zu haben „to show people the shit particles"/„den Menschen die Mistteilchen zu zeigen", die sich überall versteckten, oder etwa dem Radio Widerworte zu geben, ohne einen „Derrida-lubricated joke"/„Derrida-beschmierten Witz" zu äußern (Massey, Eat Shit!). Generell verabscheut die Bewegung „the inside egg-headed jokes of academic crackers"/„die besserwisserischen Insider-Witze von akademischen Cracks" und jegliche „THEORY GOGGLES"/„THEORIE BRILLEN" (Massey, Eat Shit!). Laut Massey, Thorn und Jason Morris ist „New Sincerity" keine Ablehnung von Ironie, sondern Ironie ist „the black, rich bed of dirt out of which these movements blossom"/„der schwarze, nährstoffreiche Erdboden, aus dem solche Bewegungen erblühen".⁵ Die Bewegung ist dementsprechend innerhalb der Ironie zu verorten, mit anderen Worten: Die neue Aufrichtigkeit ist „post- nicht antiironisch".⁶ Um zu erörtern, worin die Ironie des „New Sincerity" genau besteht, müsste man sich jedoch die verpönten „theory goggles" aufsetzen. Thorn vermeidet das, indem er versucht, die Darstellung von Ironie anhand von spezifischen Charakteren, wie dem animierten Helden Voltron Legendary Defender oder dem Stuntman Evel Knievel, einzufangen (Thorn, Manifesto for the New Sincerity). Massey ruft in seinem Manifest die Bewegung dazu auf, nichts zu verstecken und sich selbst treu zu sein: „Keept it real, ass"/„Bleib dir treu, Arsch" (Massey, EAT SHIT!). Die Texte, die im Namen des „New Sincerity" verfasst werden, versuchen genau das zu verwirklichen, indem sie dreckig, peinlich und vor allem *awkward*, also ‚misslich', ‚tollpatschig' oder ‚unbehaglich', sind. Neben *awkward* ist *vulnerability* eines der Schlagworte der Bewegung, beide gehen oft mit Nacktheit und der Darstellung des Körpers einher. Dieser wird dadurch häufig zum Kunstwerk,⁷ wobei der von Thumfart hervorgehobene Widerspruch sicherlich eine Rolle spielt, dass die „Ehrlichkeit zur Ware" wird, dass sich also hinter der Kunst der Ehrlichkeit auch marktorientiertes Kalkül verbirgt (Thumfart, Und jetzt mal ehrlich).

---

4 Massey, John: EAT SHIT! a manifesto for the new sincerity. URL, http://excusing.tumblr.com/post/131871536663/eat-shit-a-manifesto-for-the-new-sincerity-john, 2005 (08.07.2017, alle Übersetzungen NT).
5 Morris, Jason: The Time Between Time: Messianism & the Promise of a "New Sincerity". In: Jacket 35. URL, http://jacketmagazine.com/35/morris-sincerity.shtml, 2008 (13.07.2017, alle Übersetzungen NT).
6 Thumfart, Johannes: Das Kulturphänomen „New Sincerity": Und jetzt mal ehrlich. In: Die Tageszeitung. URL, http://www.taz.de/!5068657/, 2013 (07.08.2017).
7 Zum Beispiel hatten Lao Tin und Megan Boyle, die beide als Künstler*innen des „New Sincerity" gelten, einen Blog, auf dem sie ihr gemeinsames Leben detailliert darstellten.

Diese Veränderungen der Pop-Kultur und der neueren Medien haben Juli Zeh zufolge konkrete Auswirkungen auf die Literaturrezeption, denn sie gingen mit einem „Echtheitswahn" einher, der verlange, dass neben dem Reality-TV auch Literatur „echt" und überprüfbar sei.[8] So werden Straßennamen und Straßenverläufe in Romanen „weglektoriert", wenn sie nicht faktisch existieren (Zeh, Zur Hölle mit der Authentizität). Und wenn der Hund in einem ihrer Romane nicht genauso aussieht wie der Hund der Autorin, dann sei das für die Leserschaft „Tarnung", das heißt, Dissimilation (Zeh, Zur Hölle mit der Authentizität). Dissimilation ist auch das, was laut Christy Wampole eine Lebenspraxis in der Ironie bestimmt.[9] Sie moniert, dass es vor allem in der Hipster-Kultur nichts Echtes mehr gebe, dass sie keine wirkliche und eigene Meinung zulasse und dass das, was geredet werde, eigentlich keine Rolle spiele (Wampole, How to Live Without Irony). Während also das Leben von der Praxis der Ironie bestimmt ist, will die „New Sincerity"-Literatur in der Ironie „echt" sein. Damit scheint aber der Glaube einherzugehen, so Hugendick, man könne nur noch über das schreiben, was man kenne: über sich selbst.[10] Mit der Konzentration auf die biographischen, das heißt auf die sogenannten „echten" Aspekte, geht aber Zeh zufolge das verloren, was Literatur ausmacht, weshalb und sie Mimesis statt Mimikry fordert (Zeh, Zur Hölle mit der Authentizität). Literatur, so Zeh, will sich nicht als Wirklichkeit tarnen, sondern ist eine Form der Interpretation und Darstellung der Wirklichkeit, die Freiheiten braucht und nicht täuschen will (Zeh, Zur Hölle mit der Authentizität). An die Literatur, so ließe sich sagen, wird jene Forderung gestellt, welche die Wirklichkeit nicht leisten kann: „Die Moderne", schreibt Aleida Assmann, „ist

---

[8] Zeh, Juli: Zur Hölle mit der Authentizität. In: Die Zeit Nr. 39, 21.09.2006. URL, https://www.zeit.de/2006 /39/L-Literatur (07.07.2017).
[9] Wampole, Christy: How to Live Without Irony. In: The New York Times. The Opinion Pages. URL, https://opinionator.blogs.nytimes.com/2012/11/17/how-to-live-without-irony/, 17.11.2012 (08.07.2017). Vgl. Auch Wampole, Christy: How to Live Without Irony (for Real, This Time). In: The New York Times, 19.12.2016. URL, https://www.nytimes.com/2016/12/19/opinion/how-to-live-without iro-ny-for-real-this-time-.html, 2016 (08.07.2017).
[10] Hugendick, David: New Sincerity: Das literarische Selfie. In: Die Zeit Nr. 3, 14.01.2016. URL, http://www.zeit.de/2016/03/new-sincerity-literatur-trend-usa-traurigkeit (08.07.2017). Der Begriff des literarischen Selfies scheint sich gerade als neue literarische Gattung zu etablieren. So wurden zum Beispiel auch Karl Ove Knausgårds Texte als solches bezeichnet (Franz Haas: Eine unendliche Selfie- Geschichte – Karl Ove Knausgård und seine „Jahreszeiten-Tetralogie". In: Neue Züricher Zeitung, 24.07.2018. URL: https://www.nzz.ch/feuilleton/eine-unendliche-selfie-geschichte-karl-ove-knausgard-und-seine-jahreszeiten-tetralogie-ld.1401934, 2018 (05.12.2019), wobei dieser Begriff die von Thumfart herausgestellte paradoxale Struktur der „Neuen Aufrichtigkeit" (Thumfart, Und jetzt mal ehrlich) insofern spiegelt, als das Selfie vor allem im Kontext von Social Media keinesfalls immer Ausdruck des „Echten" ist.

geprägt von der Dialektik einer zunehmenden Fiktionalisierung der Wirklichkeit und damit korrespondierend einer Suche nach Gültigem und Authentischem".[11] Auch Redlichkeit ist eine Reflexion dieser Suche, jedoch, so wird sich im Folgenden zeigen, konkurriert sie dabei nicht mit einer Wirklichkeit, die ihr äußerlich wäre, sondern fokussiert das, was sie in ihrer Redlichkeit performiert.

Im eingangs zitierten Eintrag „Redlichkeit" aus dem *Neuen Wörterbuch der Politik* steckt eine Voraussetzung, die in der Moderne relativiert wird: dass sich eine Wirklichkeit und Wahrheit sagen lässt oder verschleiert werden kann, oder anders: dass es einen redlichen und einen unredlichen Umgang mit Wahrheit und Wirklichkeit gibt. Ein solches Konzept von Redlichkeit lässt sich zum einen nicht so recht unterscheiden von Begriffen wie Aufrichtigkeit, Ehrlichkeit oder Wahrhaftigkeit. Ähnlich wie ihre Synonyme ist Redlichkeit dann an eine bestimmte Vorstellung von Sprache gebunden, die darin besteht, dass eine vermeintlich außersprachliche Welt adäquat in Sprache dargestellt wird. Zum anderen macht der Wörterbucheintrag auf zwei Aspekte aufmerksam, die für die vorliegende Untersuchung und für eine Reformulierung von Redlichkeit konstitutiv sind: Er zeigt, dass die „uralte" Redlichkeit eine Auffassung von Sprache voraussetzt, die sich als Repräsentation in den Dienst einer außersprachlichen Wirklichkeit stellt, die sie angemessen oder eben unangemessen beschreiben kann. Zweitens setzt er eine Sprechinstanz voraus, ein Subjekt etwa, das in der Lage ist, Wahrheit und Täuschung voneinander zu unterscheiden, das außerdem die Verfügungsgewalt über die Sprache hat und sie instrumentell einzusetzen vermag.

Sowohl ein solches über die Sprache verfügendes Subjekt als auch der repräsentative Charakter von Sprache wurden von verschiedenen literaturtheoretischen Ansätzen vielfach problematisiert. Durch John L. Austins Vorlesungen *How to Do Things with Words* etwa und deren Rezeption durch die Dekonstruktion wird die performative Dimension der Sprache prominent, die sich von der Funktion der Sprache als Repräsentation absetzt. Gleichzeitig wird die Sprechinstanz – mit der Kritik am Subjektbegriff – als autonome Verfügungsgewalt über die sprachliche Äußerung in Frage gestellt. Die „uralte" Redlichkeit, ebenso wie Begriffe von Aufrichtigkeit und Wahrhaftigkeit, geraten dadurch massiv ins Wanken, werden ihnen doch ihre Möglichkeitsbedingungen genommen.

Während Performativität mittlerweile in fast allen geisteswissenschaftlichen Diskursen und vielen Disziplinen methodologische Berücksichtigung findet, wurde ihre Relevanz für Konzepte wie Aufrichtigkeit und Redlichkeit noch wenig

---

[11] Assmann, Aleida: Fiktion als Differenz. In: Poetica. Zeitschrift für Sprach- und Literaturwissenschaft 21 (1989), S. 239–260, hier S. 260.

diskutiert. Zugespitzt ließe sich sagen, dass es bisher keinen theoretisch aufgearbeiteten „Begriff" von Redlichkeit gibt, der sich mit der im 20. Jahrhundert vollziehenden radikalen Abkehr von Sprache als Repräsentation vereinbaren lässt. Anders als ihre Synonyme Aufrichtigkeit oder Wahrhaftigkeit geht Redlichkeit etymologisch sowohl auf Rede als auch auf Handlung zurück und begründet darin eine Verbindung zu Konzepten von Performativität. Wo sich Redlichkeit und Performativität in ihrem Sprach- und Handlungscharakter berühren, bietet sich eine Reformulierung des Redlichkeitsbegriffes unter performanztheoretischer Akzentuierung geradezu an. Und eben das ist das Anliegen der folgenden Untersuchung. Anhand von Friedrich Nietzsche, Heinrich von Kleist, Franz Kafka und Else Lasker-Schüler sucht die Studie nach einer Möglichkeit, Redlichkeit als performatives „Konzept" zu denken, das heißt, eine Redlichkeit zu formulieren, die nicht nach der adäquaten Darstellung einer Innerlichkeit (Gedanken/Gefühle) oder Äußerlichkeit (Welt) im Sprachlichen (Repräsentation) fragt, sondern die Performativität und Rhetorik des Sprechaktes befragt und analysiert.

Die Auswahl der Autor*innen Kleist, Nietzsche, Kafka und Lasker-Schüler[12] ergibt sich aus drei Überlegungen: Erstens wird allen Autor*innen entweder eine

---

[12] Eine Studie, die sich mit genau dieser Autor*innenkonstellation beschäftigt, liegt m. W. nicht vor. Studien, welche die Verknüpfungen einzelner Autor*innen dieser Konstellation untersuchen, sind hingegen zahlreich. So analysieren zum Beispiel die Beiträge im Sammelband *Für alle und keinen* die Bedeutung des Schreibens in den Texten von Nietzsche und Kafka (Balke, Friedrich/Vogl, Joseph/Wagner, Benno (Hrsg.): Für Alle und Keinen. Lektüre, Schrift und Leben bei Nietzsche und Kafka. Zürich 2008). Vor allem aber gibt es zahlreiche Untersuchungen zur „Wahlverwandtschaft zwischen Kleist und Kafka" (Müller-Seidel, Walter: Zum Geleit. In: Heinrich von Kleist. Vier Reden zu seinem Gedächtnis. Hrsg. von Müller-Seidel, Walter. Berlin 1962, S. 7–8, hier S. 7): Die Monographie von Anna-Lena Scholz analysiert zum Beispiel die Rezeption der beiden Autoren in poststrukturalistischen Theorien (Scholz, Anna-Lena: Kleist/Kafka. Diskursgeschichte einer Konstellation. Freiburg 2016) und die folgenden Studien haben Motive, Themen, Strukturen und stilistische Einflüsse analysiert: Grandin, John: Kafka's Prussian Advocate. A Study of the Influence of Heinrich von Kleist on Franz Kafka. Columbia 1987; Tim Mehigan: Inferential Contexts: Kafka Reading Kleist. In: Heinrich von Kleist: Artistic and Political Legacies. Hrsg. von Clark, Sophia/High, Jeffrey L. Amsterdam/New York 2013, S. 69–85; Allemann, Beda: Kleist und Kafka. Ein Strukturvergleich. In: Franz Kafka: Themen und Probleme. Hrsg. von David, Claude. Göttingen 1980, S. 152–172; Engelstein, Stefani: The Open Wound of Beauty. Kafka Reading Kleist. In: Germanic Review 81.4 (2006), S. 340–359; Balke, Friedrich: Kohlhaas und K.: Zur Prozessführung bei Kleist und Kafka. In: Zeitschrift für deutsche Philologie 130.4 (2011), S. 503–529 sowie das Kapitel „Kleist, Kafka, and the Refutiation of Reading" in Bennett, Benjamin: The Dark Side of Literacy: Literature and Learning Not to Read. New York 2008, S. 264–309. Publikationen, in denen Nietzsche und Kleist, Kleist und Kafka oder Nietzsche und

Sprachkrise attestiert und/oder ihr Schreiben als maßgebliche Sprachkritik gelesen und diskutiert. Mit anderen Worten: Alle vier Autor*innen haben sich intensiv mit den Möglichkeiten und Unzulänglichkeiten von Sprache und ihren Darstellungsverfahren beschäftigt. Eine Auseinandersetzung mit den Texten dieser Autor*innen ermöglicht daher eine Diskussion über Redlichkeit als dezidiert sprachlichem Phänomen, das heißt unter Verabschiedung der Bezugnahme auf einen außersprachlichen Referenten. Mit diesem Sprachbewusstsein geht bei den Autor*innen auf je spezifische Weise eine intensive Auseinandersetzung mit Subjekt- und Wahrheits- bzw. Wirklichkeitsbegriffen einher. Oder anders: Kleist, Nietzsche, Kafka und Lasker-Schüler sind auch deswegen in die Literaturgeschichte eingegangen, weil sie die Fundamente, auf denen der „uralte" Redlichkeitsbegriff fußt, elementar erschüttern. Aufgrund ihrer sprachkritischen Züge wurden vor allem Kleist, Nietzsche und Kafka zentrale Figuren im Poststrukturalismus und in der Dekonstruktion, jenen theoretischen Tendenzen also, die vermeintlich die Möglichkeit von Aufrichtigkeit in Frage stellen, indem sie zum einen die Referenzialität der Zeichen befragen und zum anderen Oppositionen wie Wahrheit und Lüge grundlegend zur Disposition stellen. Dieser Hintergrund erst ermöglicht es, die Funktionalität von Aufrichtigkeit und Redlichkeit sowie die Hierarchisierung von mit diesen Konzepten einhergehenden oppositionellen Begriffen zu analysieren. Denn bemerkenswerterweise findet sich in den Texten der

---

Kafka unter anderen Autor*innen aufgelistet werden, sind zahlreich. Vgl. zum Beispiel Ewertowski, Ruth: Das Außermoralische. Friedrich Nietzsche – Simone Weil – Heinrich von Kleist – Franz Kafka. Heidelberg 1994; Dyck, J.W.: Der Instinkt der Verwandtschaft. Heinrich von Kleist und Friedrich Nietzsche, Thomas Mann, Franz Kafka, Bertolt Brecht. Bern 1982 und Faber, Marion: Angles of Daring. Tightrope Walker and Acrobat in Nietzsche, Kafka, Rilke and Thomas Mann. Stuttgart 1979.

Lasker-Schüler wird zwar viel in ihrer Zeit analysiert, wobei vor allem der Einfluss diskutiert wird, den Mythos, Religion und andere Diskurse auf ihr Schreiben hatten, es gibt jedoch kaum ausführliche Analysen von Kleist, Nietzsche und/oder Kafka in Bezug auf Lasker-Schüler. Sigrid Bauschinger verweist aber darauf, dass zwar nicht festzustellen sei, ob Lasker-Schüler Nietzsche gelesen habe, sie erkennt jedoch in „Gedichten und Gesängen und der freirhythmischen Prosa" „Zarathustra-Töne" (Bauschinger, Sigrid: Lasker-Schüler. Ihr Werk und ihre Zeit. Heidelberg 1980, S. 66). Auch Birgit Körner meint, dass Lasker-Schülers Peter Hille-Buch unter anderem eine Auseinandersetzung mit Nietzsches *Zarathustra* sei (Körner, Birgit M.: Hebräische Avantgarde. Else Lasker-Schülers Poetologie im Kontext des Kulturzionismus. Köln/Weimar/Wien 2017, S. 197).

Wenn ich mich im Weiteren nicht oder selten auf die oben genannten Untersuchungen beziehe, dann ist das vor allem darin begründet, dass die folgende Studie weder komparatistisch angelegt ist noch die Einflüsse der Autor*innen aufeinander untersucht. Auf diejenigen Arbeiten, die sich mit den einzelnen Autor*innen und Redlichkeit oder anderen für die Studie relevanten Themen beschäftigen, gehe ich ausführlich in den einzelnen Kapiteln ein.

Autor*innen nicht etwa eine Verabschiedung, sondern eine Aufarbeitung von Redlichkeit. Und obwohl Else Lasker-Schüler, was ihre Rezeption betrifft, hier aus der Reihe tanzt, ist ihr Text *Mein Herz* deswegen von Interesse, weil auch er fundamental die Funktionen von Sprache befragt und so die strukturelle Unterscheidbarkeit von Fiktion und Wirklichkeit auf eine Weise zur Debatte stellt, dass der Text nicht nur einen Beitrag zur Frage der Ironie der Sprache der Moderne leistet, sondern im Zuge dessen einen Ich-Begriff entwirft, der es mit den Erschütterungen des modernen Subjekts aufnehmen kann. Es sind folglich gerade die Sprach-, Wahrheits- und Subjektkritiken der Autor*innen, die eine Verschiebung von einer referenziellen Sprachwahrheit zur Rhetorik und Performanz der Sprache zulassen, wodurch sie es ermöglichen, Redlichkeit als performatives und rhetorisches „Konzept" zu reformulieren. Eine solche Reformulierung ermöglicht einerseits, Redlichkeit jenseits von überholten moralischen Imperativen zu lesen, und andererseits, den Begriff für literaturwissenschaftliche Analysen fruchtbar zu machen, indem sie auf der Ebene der Performanz der Texte den redlichen Dimensionen ihrer Darstellungsverfahren nachgeht. Die Studie fragt also: Wie lässt sich Redlichkeit unter den veränderten Bedingungen neu lesen? Was kann eine Analyse der Redlichkeit über die Darstellungsverfahren der Texte sagen? Wie kommentiert Redlichkeit die Dynamiken und die Performanz der Texte? Und schließlich: Wie lässt sich eine performative Redlichkeit als „Kategorie" der Literaturwissenschaft theoretisieren?

Redlichkeit hat bisher keinen festen, das heißt klar definierten Platz in Philosophie oder Theorie – mit anderen Worten: Sie ist kein Begriff und kein Konzept – und verfügt so über ein Potenzial, das ihr auch im Folgenden nicht durch forcierte Definitionsversuche genommen werden soll. Vielmehr eruieren die folgenden Kapitel, wie in den ausgewählten Texten Redlichkeit thematisiert wird und auf welche Weise sich Redlichkeit und literarische Darstellungsverfahren zueinander verhalten. Dabei orientieren sich die Analysen ausdrücklich an der Verschränkung von Performativität und Rhetorik, ohne dabei Redlichkeit per se mit performativen Sprechakten gleichzusetzen, denn nicht jeder performative Akt ist auch ein redlicher Akt.

Ein performativer „Begriff" von Redlichkeit wird zum einen aus der Auseinandersetzung mit der begriffsgeschichtlichen Entwicklung sowie aus ihrer Einbettung in Literatur und Philosophie und zum anderen aus der Sprechakttheorie Austins und ihren Umschriften in der Dekonstruktion erarbeitet. Durch diese Kontextualisierung erhält Redlichkeit den Umriss einer Definition, die als Vorbereitung für die folgenden Kapitel dient. Sie ist insofern nur Vorbereitung, als die Kapitel zu den Autor*innen jeweils einen eigenen Beitrag zur Konzeptualisierung von Redlichkeit leisten. Obwohl die Untersuchung im zweiten Kapitel chronologisch begriffsgeschichtliche Aspekte von Redlichkeit skizziert, brechen die Autor*innenkapitel mit dieser Struktur, da sie rein konzeptionell und nicht historisch angelegt sind. Die Lektüren jedes einzelnen Kapitels sind ein genuiner Beitrag zur Formulierung einer Redlichkeit, da die je eigenen Darstellungsverfahren der Texte immer auch die bis dahin konzeptualisierte Redlichkeit befragen. Die Analyse von Nietzsches Texten bildet den Ausgangspunkt, da sich mit ihnen die rhetorischen und performativen Aspekte der Redlichkeit konsequent formulieren lassen. Die mit Nietzsche entwickelten Strukturen bilden folglich die Voraussetzung für die Analyse der Redlichkeit in den folgenden Kapiteln. Zum einen ist der Bruch mit der Chronologie also methodisch begründet, zum anderen markiert er die kontingente Dynamik des „Begriffs".

Anhand einer performanztheoretischen und rhetorischen Analyse von Redlichkeit bei Nietzsche, Kleist, Kafka und Lasker-Schüler formuliert die Studie eine Redlichkeit, die nicht nur trotz, sondern gerade wegen der einschneidenden Veränderungen der Subjekt- und Wahrheitsbegriffe denkbar wird. Und indem Redlichkeit Darstellungs- und Erzählverfahren reflektiert, erweist sie sich als produktives „Konzept" für die Literaturwissenschaft.

## 2 Riskante Redlichkeit. Ihre Performativität und Rhetorik

Im Althochdeutschen heißt *redilīh* „rednerisch, gut gesprochen, wohlgeordnet, vernünftig, vernunftgemäß", im Mittelhochdeutschen bedeutet *red(e)lich* unter anderem „redend, beredt, vernünftig, verständlich, rechtschaffen, brauchbar, tapfer, wichtig, geziemend"[1] und bei Adelung wird „redlich" dem *redelos*, also der Unvernunft, entgegengesetzt.[2] Außerdem bedeutet es „pflichtbewusst" (Pfeifer, redlich, S. 1390), „wie es zu verantworten ist" und „wofür man rede [sic] stehen kann".[3] Es hat aber auch die Bedeutung, dass jemand „beredt" und „redselig" (Grimm/Grimm, redlich, Sp. 483) ist. Das mittelhochdeutsche Wort *redelīcheit* heißt so viel wie „Gesetz-, Rechtmäßigkeit, Vernunft, Beredsamkeit" (Pfeifer, redlich, S. 1390). „Redlichkeit" ist ferner sinnverwandt mit Begriffen wie „Aufrichtigkeit", „Wahrhaftigkeit" und „Rechtschaffenheit."[4] Frühere Formen des Wortes werden außerdem auf die althochdeutschen Worte *reda* und *redī* zurückgeführt, also auf „Rede" (Pfeifer, redlich, S. 1390). Durch diese etymologische Verbindung zur Rede verweist es schließlich auch auf *ratio*, und obwohl eine Entlehnung von „Rede" aus *ratio* teilweise bezweifelt wird, geht die Etymologie doch von Beeinflussung oder Urverwandtschaft aus.[5] Weil *ratio* außerdem die Rechnung sein kann, ist „Redlichkeit" auch die „Rechenschaft" und die „wohlausgeführte Rechnung".[6] Grimm zufolge bedeutet *redelos* außerdem „Verantwortungslosigkeit" (Grimm/Grimm, redelos, Sp. 462), wodurch Redlichkeit im Umkehrschluss mit Verantwortung verknüpft wird. „Redlichkeit" heißt nach

---

1 Pfeifer, Wolfgang/Braun, Wilhelm: redlich. In: Etymologisches Wörterbuch des Deutschen. Berlin 1989, S. 1390.
2 Adelung, Johann Christoph: redlich. In: Grammatisch-kritisches Wörterbuch der hochdeutschen Mundart. M–Scr. Wien 1811, S. 1015.
3 Grimm, Jacob/Grimm, Wilhelm: redlich. In: Deutsches Wörterbuch. R–Schiefe. Leipzig 1893, Sp. 476–483, hier Sp. 476.
4 Lühe, Astrid von der: Redlichkeit. In: HWPh. Hrsg. von Eisler, Rudolf. R–Sc. Darmstadt 1992, S. 363–370.
5 Vgl. Kluge, Friedrich/Seebold, Elmar: Rede. In: Etymologisches Wörterbuch der deutschen Sprache. 24., durchges. und erw. Auflage. Berlin/New York 2002, S. 750 sowie Grimm/Grimm (Redlichkeit, Sp. 482–484), Pfeifer (Redlichkeit, S. 1390) und Müller, Jan-Dirk (Hrsg.): Rede. In: Reallexikon der deutschen Literaturwissenschaft. Berlin/New York 2003. P–Z, S. 233–235.
6 Vgl. Nancy, Jean-Luc: « Notre probité » (sur la vérité au sens moral chez Nietzsche). In: Revue de théologie et de philosophie 112.4 (1980), S. 391–407, hier 398; dt.: „Unsere Redlichkeit!" (Über Wahrheit im moralischen Sinn bei Nietzsche). In: Nietzsche aus Frankreich. Hrsg. von Hamacher, Werner. Berlin 2007, S. 225–248, hier S. 235.

dem *Wörterbuch der deutschen Sprache* von 1809 zudem der „Rede gemäß denkend und handelnd, also nicht anders und so redend, wie man denkt, und auch, so wie es der Wahrheit gemäß ist".[7] Auch in Samuel Johann Ernst Stoschs *Versuch in richtiger Bestimmung einiger gleichbedeutenden Wörter der deutschen Sprache* ist Redlichkeit eng an das Versprechen geknüpft, denn „[w]ir handeln redlich gegen jemand, wenn wir ihm dasjenige heilig halten, was wir ihm versprochen haben."[8]

Die Etymologie sieht in der Redlichkeit Sprechen und Handeln gleichermaßen verankert, da sie das Ablegen der Rechenschaft von Handlungen oder auch Handlungen selbst bezeichnet. Redlichkeit ist demnach nicht nur die Verknüpfung von vermeintlich vernünftiger Rede und Beredsamkeit, was traditionell betrachtet heißt, dass sie vermeintlich rhetorisches und vermeintlich nicht-rhetorisches Sprechen verbindet, sondern sie begegnet auch einer kategorialen Unterscheidung zwischen überlegter, sogenannter vernünftiger Rede und dem meist abfällig betrachteten plappernden Gerede mit Argwohn. Da Redlichkeit heißen kann, im Reden zu handeln, durchkreuzt sie außerdem diejenigen Traditionen, die Reden und Handeln, Taten und Worte als dualistisches Begriffspaar denken.[9] Durch die Verknüpfung von rationaler und nicht-rationaler Rede sowie durch die Verbindung von Wort und Tat in der Redlichkeit wird es den unterschiedlichen Komponenten ermöglicht, sich gegenseitig zu unterwandern und in permanenter Bewegung zu bleiben.

Die beredsame, redefreudige und vermeintlich unvernünftige Seite des Begriffs ist von der vernünftigen und moralischen Seite aber in einer Weise überformt worden, dass sie kaum mehr von vermeintlichen Synonymen wie Wahrhaftigkeit, Aufrichtigkeit, Ehrlichkeit usw. unterschieden werden kann. Dadurch wird das Potential des Begriffs und vor allem das Handlungspotential der Redlichkeit stark eingeschränkt. Zwar gestehen ihr auch die eher moralisch konnotierten Auffassungen eine gewisse Nähe zur Handlung zu, aber nur insofern sie Bericht oder Rechenschaft über Handlungen ablegt, nicht aber insofern sie selbst Handlung ist. Durch das Angleichen von Redlichkeit, Wahrhaftigkeit und Ehrlichkeit wird also auch derjenige Begriff, der eigentlich so deutlich vom Reden

---

[7] Campe, Joachim Heinrich: redlich. In: Wörterbuch der deutschen Sprache. L–R. Braunschweig 1809, S. 782.
[8] Stosch, Samuel Johann Ernst: Versuch in richtiger Bestimmung einiger gleichbedeutenden Wörter der deutschen Sprache. Frankfurt (Oder) 1777, S. 368.
[9] In dieser Tradition schneidet das Wort gegenüber der Tat oft schlecht ab, was sich in alltäglichen Redewendungen wie etwa „den Worten müssen Taten folgen", „genug geredet", „entscheidend ist nicht, was man sagt, sondern was man tut" oder auch in „lasst Taten sprechen" niederschlägt.

und Handeln zeugt, auf ein Abbildungsverhältnis von Sprache und Gedanken reduziert. Dieses Abbildungsverhältnis wird von der Frage nach der Kongruenz zwischen einem Innen und einem Außen begleitet, so dass die Frage nach der Möglichkeit von Übereinstimmungen vermeintlicher Dichotomien in den Fokus gerät.

Im 17. Jahrhundert beschreibt Redlichkeit keinen Modus des Redens mehr, sondern einen moralischen Kodex, der sich als spezifisch deutschsprachiger Diskurs von den Diskursen um die höfische Verstellungskunst am französischen Hof abgrenzt.[10] Anders als in der in Frankreich geführten Verstellungsdebatte geht es bei der Redlichkeit weniger um Künstlichkeit, Leichtfertigkeit und Verstellung, welche die Diskurse um *sincérité* und *honnêteté* prägten.[11] Vielmehr handelt es sich bei dem Diskurs um Redlichkeit um die Herausbildung einer mit Ehrlichkeit und Aufrichtigkeit erworbenen Anerkennung, die einer unehrlich erworbenen Anerkennung gegenübergestellt wird.[12] Dass sich Redlichkeit zur „teutschen" Aufrichtigkeitsnorm herausbildet, zeigt zum Beispiel Hans Jakob Christoffel von Grimmelshausens Roman *Der abentheurliche Simplicissimus Teutsch* mit seinen Erwähnungen von einer „angebornen Teutschen Redlichkeit".[13] In der Wendung von Grimmelshausen, jemandem etwas „nur allzu Teutsch [zu] verstehen" zu geben (Grimmelshausen, Der abentheurliche Simplicissimus Teutsch, S. 206), werden „redlich" und „teutsch" gewissermaßen synonym verwendet (Benthien/Martus, Aufrichtigkeit, S. 8).

Im 18. Jahrhundert gibt es eine Fülle an Schriften, die sich literarisch oder philosophisch mit Redlichkeit auseinandersetzen. Johann Michael von Loëns Roman *Der Redliche Mann am Hofe* von 1742 greift das Thema der höfischen Aufrichtigkeit auf und stellt den gesellschaftlichen Aufstieg des Grafen von Riviera

---

10 Benthien, Claudia/Martus, Steffen: Einleitung. Aufrichtigkeit – zum historischen Stellenwert einer Verhaltenskategorie. In: Die Kunst der Aufrichtigkeit im 17. Jahrhundert. Hrsg. Benthien, Claudia/Martus, Steffen. Tübingen 2006, S. 1–16, hier S. 8.
11 Galle, Roland: Honnêteté und Sincérité. In: Französische Klassik. Theorie, Literatur, Malerei. Hrsg. von Fritz Nies. Romanistisches Kolloquium 3. München 1985. S. 33–60.
12 Zu einer detaillierten Untersuchung einer „normierenden Beredsamkeit des Leibes", als spezifisch deutsches Thema, im Unterschied zu einem „französischen Gebaren" der „Leichtfertigkeit, Verstellung, ja Amoralität" siehe Mourey, Marie-Thérèse: Gibt es eine Aufrichtigkeit des Körpers? In: Die Kunst der Aufrichtigkeit im 17. Jahrhundert. Hrsg. von Benthien, Claudia/Martus, Steffen. Tübingen 2006, S. 329–341, hier S. 333.
13 Grimmelshausen, Hans Jakob Christoph von: Der abenteuerliche Simplicissimus. Halle an der Saale 1880, S. 364.

dar, der mit seiner bürgerlichen Tugend über Intrige und Korruption an den Höfen siegt und so eine „teutsche Redlichkeit" propagiert.[14] Mitte des 18. Jahrhunderts soll eine Wochenschrift mit dem Titel *Der Redliche* publiziert werden,[15] im Jahr 1795 wird die Sammlung „Einige Anekdoten zur Erläuterung des wahren Begriffs von Wahrheit und Redlichkeit"[16] herausgegeben und in Sammelbänden werden Erzählungen mit Titeln wie „Außerordentlicher Großmut eines Arabers und besondere Redlichkeit eines andern sein Wort zu halten" abgedruckt.[17] Philosophische Schriften und Übersetzungen wie die *Betrachtungen über die feine Lebensart nach dem Französischen* werden zum Teil mit Abhandlungen „über die Vereinbarkeit artiger Sitten mit unverfälschter Redlichkeit" versehen, in denen ein idealtypischer Begriff von Redlichkeit entwickelt wird, der, obwohl er vielleicht nicht erreicht werden kann, immer angestrebt werden soll.[18] Den meisten dieser Schriften haftet eine nationalistische Ideologie an, die sich sehr deutlich in einem seit 1830 erscheinenden Familienkalender zeigt, der früher unter dem Titel *Der redliche Preuße und Deutsche* und seit 1950 unter dem Titel *Der redliche Ostpreuße* erscheint.[19] Es handelt sich hier um Sammlungen von Geschichten über sogenannte redliche Ostpreußen und Lobgedichten auf die ostpreußische Landschaft sowie ihre Bewohnerinnen und Bewohner.

In diesen Publikationen macht sich fast durchgehend das Interesse an einem regulativen Begriff von Redlichkeit bemerkbar, dessen moralischer Kodex meist von einem transparenten Gut/Böse-Dualismus und einer einfach strukturierten Kausalität von Belohnen und Strafen ausgeht.[20] Im Verlauf des 19. Jahrhunderts

---

14 Loën, Johann Michael von: Der Redliche Mann am Hofe. Stuttgart 1966.
15 Unbekannt: Der Redliche. Eine Wochenschrift. Nürnberg 1751. Der Druck der Wochenschrift wurde wohl bereits nach zwei Bänden wieder eingestellt.
16 Percival, Thomas: Einige Anekdoten zur Erläuterung des wahren Begriffs von Wahrheit und Redlichkeit. In: Auswahl der nüzlichsten und unterhaltendsten Aufsätze für Deutsche. Aus den neuesten Brittischen Magazinen. Bd. 2. Leipzig 1785, S. 305–326.
17 Köhler, Johann Georg Wilhelm: Ausserordentliche Grosmuth eines Arabers und besondere Redlichkeit eines andern sein Wort zu halten. Vergnügung bei müssigen Stunden. In einer Sammlung von allerhand sinnreichen Historien, moralischen Stücken, Poesien und dergleichen, meistens aus fremden Sprachen übersetzt zum Thema aber in Urschrift entworfen. Jena 1770.
18 Bellegarde, Jean-Baptiste Morvan de: Betrachtungen über die feine Lebensart nach dem Französischen des Abt Bellegarde bearbeitet. Mit Anmerkungen und einer Abhandlung über die Vereinbarkeit artiger Sitten mit unverfälschter Redlichkeit von Karl Heinrich Heydenreich. Leipzig 1800.
19 Osman, Silke: Der redliche Ostpreuße – Ein Kalenderbuch für 2019. Würzburg 2019.
20 Vgl. dazu zum Beispiel Moser, Carl Friedrich: Betrachtungen über die Aufrichtigkeit nach den Würkungen der Natur und Gnade. Frankfurt/Leipzig 1763 oder auch Höltys Gedicht „Der alte Landmann an seinen Sohn", aus dem die zum geflügelten Wort avancierte Zeile „Üb immer Treu'

verschiebt sich das Interesse an diesem moralischen Begriff zu einem Interesse an einer intellektuellen Redlichkeit. Letztere ist vor allem in Debatten um (geistes)wissenschaftliches Arbeiten zu finden und beschreibt eine Haltung von Wissenschaftler*innen sowohl gegenüber dem zu prüfenden Gegenstand als auch gegenüber sich selbst. Intellektuelle Redlichkeit verlangt demnach, so Gerald Hartung und Magnus Schlette, dass man mit dem besten verfügbaren Wissen Rede und Antwort stehen, zu Meinungen und Gründen mögliche Gegenmeinungen und Gründe antizipieren kann und Revisionsbereitschaft zeigt.[21] Da sich intellektuelle Redlichkeit vor allem auf rationale und empirische Beweisbarkeit beruft, kollidiert sie vermeintlich mit religiösen Glaubenssätzen.[22] Die Möglichkeit der intellektuellen Redlichkeit im Rahmen von praktizierter Religiosität ist somit

---

und Redlichkeit!" stammt (Hölty, Christoph Ludwig Heinrich: Der alte Landmann an seinen Sohn. In: Hölty: Sämtliche Werke. Bd. 1. Weimar 1914, S. 197–200, hier S. 197). Dazu gehören weitere zahlreiche zum Teil anonym publizierte Anekdoten und kurze Erzählungen aus der zweiten Hälfte des 18. Jahrhunderts, die Redlichkeit entweder bereits im Titel tragen oder zum Gegenstand haben. Vgl. zum Beispiel von Unbekannt: Die belohnte Redlichkeit. Eine Anekdote. In: Taschenbuch zur angenehmen und nützlichen Unterhaltung. Bd. 1. Hamburg 1786, S. 58–67. Ein späteres literarisches Beispiel ist auch die Novelle „Redlichkeit und Schwindel" von Hermann Schiff. Sie handelt von einem Grafen, der einen wohlhabenden Mann und seine jüngere Frau vor dem sicheren Tod rettet, sich daraufhin in die Frau verliebt und sie hinterlistig verführen will. Sein Plan scheitert letztendlich an der Redlichkeit der „treue[n], braven[n] Hausfrau" (Schiff, Hermann: Redlichkeit und Schwindel. In: Zwei Novellen von Hermann Schiff: I. Ballkleid und Diamantschmuck. II. Redlichkeit und Schwindel. Hamburg 1856, S. 68).
21 Hartung, Gerald/ Schlette, Magnus: Einleitung. In: Hartung, Gerald/Schlette, Magnus: Religiosität und intellektuelle Redlichkeit. Tübingen 2012, S. 1–33.
22 So schreibt zum Beispiel Ernst Tugendhat, man könne, „wo es sich um Übersinnliches handelt, ungestraft glauben, es widerspricht dann lediglich der intellektuellen Redlichkeit", deswegen erscheine der Glaube an Gott heute „entweder naiv oder unredlich" (Tugendhat, Ernst: Anthropologie statt Metaphysik. München 2007, S. 129). Gleich mehrere Untersuchungen im Sammelband *Religiosität und intellektuelle Redlichkeit* von Hartung und Schlette reagieren darauf. So zum Beispiel Christian Thies, der auseinandersetzt, dass Tugendhats Postulat der Unvereinbarkeit von intellektueller Redlichkeit und Religion auf dessen Begriff von Religion zurückzuführen sei, der einen personellen Gott innerhalb von Raum und Zeit voraussetze (Thies, Christian: Redlichkeit versus Religiosität. Religiöser Atheismus im Anschluss an Tugendhat. In: Religiosität und intellektuelle Redlichkeit. Hrsg. von Hartung, Gerald/Schlette, Magnus. Tübingen 2012, S. 203–228, hier S. 216). Metzinger hingegen kontrastiert in seinem Beitrag intellektuelle Redlichkeit nicht mit Religiosität, sondern mit Spiritualität (Metzinger, Thomas: Spiritualität und intellektuelle Redlichkeit. Ein Versuch. URL, http://www.blogs.uni-mainz.de/fb05 philosophie/files/2013/04/TheorPhil_Metzinger_SIR_2013.pdf; DOI:10.978.300/0408755, 2014 (03.04.2016)).

immer wieder Gegenstand von Debatten.²³ Die Grundfragen dieses recht jungen Diskurses unterscheiden sich nicht wesentlich von den Überlegungen zur (allgemeinen) Redlichkeit, die vor allem in moralphilosophischen Kontexten zum Tragen kommen. Denn sowohl in den Debatten um die (allgemeine) Redlichkeit als auch in jenen um die spezifischere intellektuelle Redlichkeit geht es meist um Aufrichtigkeit sich selbst und anderen Personen (und Gegenständen oder Inhalten) gegenüber sowie um die Frage, wie diese Aufrichtigkeit kommuniziert werden kann und muss. Das heißt, es geht darum, wie angezeigt werden kann, dass es sich bei bestimmten Äußerungen und Meinungen um genau das handelt, wovon die sie Äußernden auch überzeugt sind.

Es ist also nicht erst der Diskurs der intellektuellen Redlichkeit, der sich besonders um die Übereinstimmung von Gedanken und Gefühlen mit Sprache bemüht. In Immanuel Kants *Metaphysik der Sitten* wird sich der Redlichkeit über die Unredlichkeit genähert:

> Der Mensch als moralisches Wesen (*homo noumenon*) kann sich selbst als physisches Wesen (*homo phaenomenon*) nicht als bloßes Mittel (Sprachmaschine) brauchen, das an den inneren Zweck (der Gedankenmitteilung) nicht gebunden wäre, sondern ist an die Bedingung der Übereinstimmung mit der Erklärung (*declaratio*) des ersteren gebunden und gegen sich selbst zur Wahrhaftigkeit verpflichtet. [...]
> Unredlichkeit ist bloße Ermangelung an Gewissenhaftigkeit, d.i. an Lauterkeit des Bekenntnisses vor seinem inneren Richter, der als eine andere Person gedacht wird [...].²⁴

Positiv gewendet ist Redlichkeit das Vorhandensein von Gewissenhaftigkeit bzw. das ehrliche Bekenntnis vor dem inneren Richter. Doch ihr kommt auch bei Kant die Komponente des Versprechens zu: „Die Wahrhaftigkeit in Erklärungen wird auch Ehrlichkeit und, wenn diese zugleich Versprechen sind, Redlichkeit, überhaupt Aufrichtigkeit genannt" (Kant, Metaphysik der Sitten, S. 429). Obwohl die Redlichkeit unter all den anderen „sittlichen" Begriffen keine deutliche Kontur

---

[23] Zu intensiven Auseinandersetzungen mit diesem Thema siehe auch Rahner, Karl: Intellektuelle Redlichkeit und christlicher Glaube. In: Intellektuelle Redlichkeit und christlicher Glaube – Glaube und Wissenschaft – ihre kritische Funktion. Hrsg. von Rahner, Karl/Dantine, Wilhelm. Wien/Freiburg/Basel 1966, S. 7–33; Grau, Gerd-Günther: Christlicher Glaube und intellektuelle Redlichkeit. Eine religionsphilosophische Studie über Nietzsche. Frankfurt am Main 1958 sowie die Sammelbände von Einfalt, Michael u. a. (Hrsg.): Intellektuelle Redlichkeit – Intégrité intellectuelle. Literatur – Geschichte – Kultur. Festschrift für Joseph Jurt. Heidelberg 2005 und Hartung, Gerald/Schlette, Magnus (Hrsg.): Religiosität und intellektuelle Redlichkeit. Tübingen 2012.
[24] Kant, Immanuel. Die Metaphysik der Sitten. Königsberg 1798, S. 430.

erhält, zeichnet sie sich doch dadurch aus, dass sie auch bei Kant ein Versprechen und damit eine Sprechhandlung ist. Während Kant aber nicht bemüht ist, Aufrichtigkeit und Redlichkeit voneinander zu unterscheiden, stellt Johann Christoph Gottsched der Aufrichtigkeit als Gerechtigkeit der Worte die Redlichkeit als die Gerechtigkeit der Handlung zur Seite: „Man schreibt auch den Handlungen zuweilen eine Aufrichtigkeit zu: Allein, es ist dieses eine Unbeständigkeit des gemeinen Mannes, die sehr gewöhnlich ist; denn dazu haben wir das Wort redlich schon gewidmet [...]."[25] Redlichkeit, die über die Aufrichtigkeit definiert wird, sei eine Tugend, die darin bestehe, in „Handlungen gegen andere, rechtschaffen und ehrlich zu verfahren [...]" (Gottsched, Erste Gründe, S. 453, §683).[26] Die Verwechslung von Redlichkeit und Aufrichtigkeit als Resultat einer gewöhnlichen „Unbeständigkeit des gemeinen Mannes" (Gottsched, Erste Gründe, S. 453, §683), die auf eine allgemeinere Unbeständigkeit auch von den oppositionellen Begriffspaaren redlich-unredlich, aufrichtig-unaufrichtig, gerecht-ungerecht hinweisen könnte, hindert Gottsched nicht daran, eine klare Trennung zwischen Oppositionen zu erkennen. Johann Gottlieb Fichte hingegen hegt einen generellen Verdacht gegen die Redlichkeit: Es gebe keinen Grund, so Fichte, an die Redlichkeit des anderen zu glauben, weil dafür die *„gesamte künftige Erfahrung"*[27] dieser Person gegeben sein müsste. Damit verweist Fichte auf ein grundlegendes Problem der Redlichkeit, die, wenn sie als Übereinstimmung von Sprache und Gedanken oder auch von Sprache und Handlung gedacht wird, auch von Skepsis und Verdacht begleitet wird sowie von dem Versuch, einer möglichen Unredlichkeit mit (moralischen) Imperativen und Verboten beizukommen. Auch bei Kant zeichnet sich dieser Argwohn ab, wenn er von einer „faulen Stelle (der Falschheit, welche in der menschlichen Natur gewurzelt zu sein scheint)" spricht, von welcher aus sich das Übel der Unwahrhaftigkeit gegen sich selbst auch „in die Beziehung auf andere Menschen verbreitet" (Kant, Metaphysik der Sitten, S. 431). Die Fäulnis der Redlichkeit sieht Arthur Schopenhauer bereits in Kants Philosophie angelegt, wenn sie auch erst in denjenigen philosophischen

---

25 Johann Christoph: Erste Gründe der gesamten Weltweisheit, darinn alle philosophische Wissenschaften in ihrer natürlichen Verknüpfung abgehandelt werden, zum Gebrauch academischer Lectionen entworfen. Leipzig 1733, S. 439, §662 und S. 453, §683–684.
26 In der Sammlung „Einige Anekdoten" von 1785 heißt es zum Beispiel auch: „Ich hoffe, Sie werden darinn mit mir eins seyn, sagte Philoktes, daß die moralische Wahrheit in der Übereinstimmung unserer Reden mit unseren Gedanken, und die Redlichkeit in der Übereinstimmung unserer Handlungen mit unsern Reden besteht" (Percival, Einige Anekdoten, S. 305).
27 Fichte, Johann Gottlieb: Grundlage des Naturrechts nach Principien der Wissenschaftslehre. In: Fichte, Gesamtausgabe der Bayrischen Akademie der Wissenschaften. Werke 1794–1769. Bd. I,3 Hrsg. von Lauth, Reinhard/Jacob, Hans/Schottky, Richard. Stuttgart 1966, S. 394.

Methoden wirklich zum Tragen komme, die sich an der Philosophie Kants orientierten. In ihnen ist, so Schopenhauer, der „Charakter der Redlichkeit, des gemeinschaftlichen Forschens mit dem Leser", nicht mehr zu erkennen, weil sie mystifizieren, imponieren, täuschen und den Leser nicht mehr belehren, sondern betören wollen.[28] Das heißt, Schopenhauer geht davon aus, dass die von ihm angegriffenen Philosophen sich dem Publikum gegenüber unredlich verhalten, weil sie ver- statt entschleiern, weil sie von Dingen „vorerzählen", „von denen sie schlechterdings nichts wissen" (Schopenhauer, Über die Grundlage der Moral, S. 45). Wenn er aber meint, dass der Zeitraum nach Kant von der Geschichte der Philosophie einmal als die „Periode der Unredlichkeit" (Schopenhauer, Über die Grundlage der Moral, S. 45) bezeichnet werde, dann kann diese Unredlichkeit zweierlei bedeuten: Erstens, dass jene Philosophen nicht offen ihre Gegenstände befragt haben, das heißt, dass sie von Vorurteilen und Vorannahmen gelenkt waren. Konträr zu einer solchen philosophischen Haltung hat jedenfalls später Karl Jaspers die Redlichkeit verstanden: als kritische Betrachtung und Scheinentlarvung, „welcher eine grenzenlose Offenheit und Fragbarkeit eigen ist".[29] Im Abschnitt „Die Aufgabe des Wahrseins" in seiner Untersuchung *Von der Wahrheit* schreibt Jaspers, dass es „die Redlichkeit [ist], die nicht einmal diese Redlichkeit selber unangetastet läßt mit den durchdringenden Fragen: bis die letzten Antriebe unverschleiert sie selbst sind und als wahr anerkannt und verwirklicht werden [...], bis überall das Wirkliche zum Sprechen kommt" (Jaspers, Von der Wahrheit, S. 551). Der Redlichkeit wird bei Jaspers, wie schon bei Schopenhauer, eine Aufgabe zuteil, die sie nicht von der intellektuellen Redlichkeit unterscheidet: Sie wird zur Kritik und zur Kritik der Kritik.[30] Zweitens kann diese Unredlichkeit Schopenhauers im Licht der hier skizzenhaft gezeichneten Tradition ebenso gut Unaufrichtigkeit bedeuten.[31]

---

28 Schopenhauer, Arthur: Über die Grundlage der Moral. Hamburg 2007, S. 45.
29 Jaspers, Karl: Von der Wahrheit. Bd. 1. München 1958, S. 551.
30 Siehe auch Hülk, Walburga: Zum performativen und dekonstruktiven Charakter der intellektuellen Redlichkeit. In: Intellektuelle Redlichkeit – Intégrité intellectuelle. Literatur – Geschichte – Kultur. Festschrift für Joseph Jurt. Hrsg. von Einfalt, Michael u. a. Heidelberg 2005, S. 15–22, hier S. 18.
31 Vgl. dazu Benthien/Marthus, Aufrichtigkeit, S. 329–341 sowie Krämer, Felicitas: Intellektuelle Redlichkeit in William James' „The Varieties of Religious Experience". In: Intellektuelle Redlichkeit – Intégrité intellectuelle. Literatur – Geschichte – Kultur. Festschrift für Joseph Jurt. Hrsg. von Einfalt, Michael u. a. Heidelberg 2005, S. 85–98.

## 2.1 Aufrichtigkeit, *sincerity*, *sincérité*

Aufrichtigkeit ist jedoch kein minder problematischer Begriff, dessen Schwierigkeiten sich vor allem um die Frage nach der Möglichkeit einer adäquaten oder annähernd adäquaten Vermittlung eines sogenannten inneren Zustandes – d. h. von Gedanken oder Gefühlen – durch einen sprachlichen Ausdruck gruppieren, wobei die Sprache einer Innerlichkeit als etwas Äußerliches hinzukommt.[32] Wenn die Aufrichtigkeit aber, wie Lionel Trilling in seiner einschlägigen Untersuchung *Sincerity and Authenticity* meint, eine Übereinstimmung „between avowal and actual feeling"/„zwischen Bekenntnis und wirklichem Gefühl" ist,[33] dann ist sie nicht nur an eine dichotomische Struktur von Innen und Außen,[34] sondern auch an eine Hierarchie gebunden, welche Gedanken und Gefühle als das Ursprüngliche und damit „Echte" setzt.[35] Das zeigt allein die recht beiläufige Formulierung „actual feeling", die zwar das Gefühl, nicht aber das Bekenntnis des Gefühls („avowal") als wahr/tatsächlich markiert. Wo aber aufrichtig/unaufrichtig die

---

[32] Siehe dazu vor allem Engler, Wolfgang: Die Konstruktion von Aufrichtigkeit: zur Geschichte einer verschollenen diskursiven Formation. Wien 1989 und Engler, Wolfgang: Lüge als Prinzip: Aufrichtigkeit im Kapitalismus. Berlin 2009. Nach Engler ist die Unterscheidung von Innen und Außen grundlegend für den Diskurs der Aufrichtigkeit. Achim Geisenhanslüke geht der Geschichte des Gegensatzes von Verstellung und Aufrichtigkeit in der europäischen und vor allem deutschen Literatur nach. Er betont, dass er diesen Gegensatz nicht normativ, sondern historisch verstehe, und dass es in seinen Lektüren vor allem um eine Analyse der Wahrheitsspiele gehe (Geisenhanslüke, Achim: Masken des Selbst. Aufrichtigkeit und Verstellung in der europäischen Literatur. Darmstadt 2006, S. 27). Sein Buch schlägt damit trotz der gewinnbringenden Analysen eine andere Richtung ein als die vorliegenden Analysen zu einer performativen Redlichkeit. Im Rahmen der Emmy Noether-Gruppe „Aufrichtigkeit in der Goethezeit" an der Universität Paderborn sind ebenfalls einige aufschlussreiche Bände erschienen: Bunke, Simon/Mihayloa, Katerina: Im Gewand der Tugend. Grenzfiguren der Aufrichtigkeit. Würzburg 2017; Bunke, Simon/Mihayloa, Katerina: Aufrichtigkeitseffekte. Signale, soziale Interaktionen und Medien im Zeitalter der Aufklärung. Freiburg 2016; Bunke, Simon/Roselli, Antonio: Kleines Lexikon der Aufrichtigkeit im 18. Jahrhundert: Texte, Autoren, Begriffe. Hannover 2014. In diesen Untersuchungen steht meist ein kulturwissenschaftliches Interesse im Vordergrund.
[33] Trilling, Lionel: Sincerity and Authenticity. New York 1980, S. 2; dt.: Das Ende der Aufrichtigkeit. Übers. von Henning Ritter. Frankfurt am Main 1983, S. 12.
[34] Ernst van Alpen und Mieke Bal verweisen darauf in der Einleitung zu ihrem Sammelband *The Rhetoric of Sincerity*, der das Verhältnis von Aufrichtigkeit und Rhetorik diskutiert (Alphen, Ernst van/Bal, Mieke: Introduction. In: The Rhetoric of Sincerity. Hrsg. von Alphen, Ernst van/Bal, Mieke/Smith, Carel. Stanford 2009, S. 1–16, hier S. 1). Zum Begriff des Authentischen, verstanden als das, was unmittelbar, das heißt, was nicht medial vermittelt ist, vgl. auch Zeller, Christoph: Ästhetik des Authentischen. Literatur und Kunst um 1970. Berlin/New York 2010.
[35] Echtes Gold wurde zum Beispiel, weil es „rein" ist, auch als „redliches Gold" bezeichnet (Campe, Wörterbuch der deutschen Sprache, S. 782).

Leitdifferenz bildet, da schließen sich „Aussage/Ausdruck und Echtheit" entweder wechselseitig aus (Engler, Die Konstruktion von Aufrichtigkeit, S. 41) oder dem vermeintlich wirklichen Fühlen bleibt der sprachliche Ausdruck die Echtheit/Eigentlichkeit schuldig. Geäußertem und Veräußerlichtem wird dabei mit Skepsis begegnet, weil die Sprache dem Verdacht der Täuschung, der Unaufrichtigkeit und der Unredlichkeit ausgesetzt ist.[36] Das kann sich so weit zuspitzen, bis Sprache zum reinen Instrument der Intrige wird, wie es in der höfischen Konversation der Fall sein konnte.[37] Ansätze, um Aufrichtigkeit trotz Skepsis gegenüber der Sprache identifizieren zu können, sieht das 18. Jahrhundert laut Engler dort, „wo es nicht darum geht, andere zu überzeugen, sie zu Handlungen zu bewegen oder sich vor ihnen darzustellen" (Engler, Die Konstruktion von Aufrichtigkeit, S. 24). Aufrichtigkeit orientiert sich dann, wie Benthien und Martus schreiben „primär am Sprecher und dessen tatsächlicher Einstellung" und weniger „am Adressaten und dessen Beeinflussbarkeit durch erfolgsorientiertes Agieren", an der sich rhetorische Sprache ausrichte (Benthien/Martus, Aufrichtigkeit, S. 3).

Um aber ein so verstandenes aufrichtiges Sprechen als aufrichtiges Sprechen identifizieren zu können, muss es auf explizite rhetorische Wendungen, besonders auf die *dissimulatio*, die im Unterschied zur Sprache der *honnêteté* in der Sprache der Aufrichtigkeit/*sincérité* keinen Platz hat, verzichten.[38] Gleichzeitig muss aufrichtiges Sprechen jedoch als solches markiert werden, wodurch es sich

---

[36] Eine Ausnahme stellt hier vielleicht die Imagination/Projektion einer aufrechten Sprache des „Barbaren" dar, dem, wie Eva Kimminich zeigt, eine einfache Sprache zugeschrieben wird, die natürlich und damit nicht verfälscht sei (Kimminich, Eva: Redlichkeit und Authentizität – Kulturrecycling und Entbarbarisierung des Barbaren? In: Intellektuelle Redlichkeit – Intégrité intellectuelle. Literatur – Geschichte – Kultur. Hrsg. von Einfalt, Michael u. a. Heidelberg 2005, S. 169–180).

[37] Siehe dazu ebenfalls Engler, Die Konstruktion der Aufrichtigkeit, S. 18–21. Eine Erneuerung und Zuspitzung der höfischen Skepsis bzw. des generellen Verdachts der Unaufrichtigkeit legte Boris Groys mit seinem Buch *Unter Verdacht* vor. Im Kapitel „Die Phänomenologie der medialen Aufrichtigkeit" setzt sich Groys mit dem Effekt der Aufrichtigkeit auseinander, den man permanent strategisch einsetzen müsse, weil einem die gegenüberstehende Person immer einen Verdacht auf das Böse entgegenbringe. Diesen Verdacht müsse man mit Aufrichtigkeitseffekten entkräften (Groys, Boris: Unter Verdacht. Eine Phänomenologie der Medien. München 2000, S. 64–79).

[38] Zur Herausbildung der *sincérité* als „natürliches Pendant" zur künstlichen *honnêteté* am französischen Hof siehe vor allem den in den Aufrichtigkeitsdiskursen einflussreichen Aufsatz von Roland Galle, Honnêteté und sincérité, S. 33–60).

in ein Dilemma manövriert:[39] „Einerseits wird ‚rhetorisches' Sprechen als das Gegenteil von ‚aufrichtigem' Sprechen konzipiert; andererseits braucht das aufrichtige Sprechen Signale, mit denen es seine Wahrhaftigkeit und Unverstelltheit vermitteln kann" (Martus/Benthien, Aufrichtigkeit, S. 7). Diejenigen Diskurse, die sich mit der Frage der Rhetorik der Aufrichtigkeit auseinandersetzen – im Unterschied zu moralischen und ethischen Fragestellungen – sind also vor allem bemüht, eine Sprache zu finden, die ‚unvermischt' und ‚rein' Gefühle und Gedanken vermittelt. Die Begriffe *sincerity*[40] und *sincérité* verweisen genau darauf, denn das lateinische Wort *sincerus* bedeutet ‚rein', ‚unvermischt', ‚echt'; *sincerity* ist das, was von einem Wuchs ist (Trilling, Sincerity and Authenticity S. 12; dt. S. 21). Mit diesem Wunsch nach einer reinen und unvermischten Sprache der Innerlichkeit geht aber immer einher, dass Sprache und Gefühl/Innerlichkeit als dichotomisches Begriffspaar gedacht werden. Aufrichtigkeit kann dann, wie *sincerity* und *sincérité*, nicht statthaben, denn ihre aporetische Struktur besteht genau darin, dass die Forderung nach Reinheit und Unvermischtheit die Möglichkeit des Reinen damit durchkreuzt, dass eben diese Forderung die Dichotomie von Gefühl und Sprache allererst erzeugt und somit immer ein „Gemisch" aus Gefühl und Sprache produziert wird.

Ein weiterer Störenfried dieser Konzeption von Aufrichtigkeit ist der im Poststrukturalismus reformulierte Subjektbegriff, denn Aufrichtigkeit als die Übereinstimmung von Gedanken/Gefühlen einerseits und dem Gesagten/Mitgeteilten andererseits zu verstehen, setzt voraus, dass das redende Subjekt eine stabile Entität ist, die über sich selbst und ihre Sprache verfügt. Mit anderen Worten: Die Diskussion um Aufrichtigkeit ist hinter der poststrukturalistischen und dekonstruktivistischen Revision des Subjekts als einer stabilen Einheit zurückgeblieben, so Ernst van Alphen und Mieke Bal in der Einleitung zu ihrem Sammelband

---

**39** Das macht neben Engler sowie Benthien und Martus auch Jane Taylor deutlich (Engler, Die Konstruktion von Aufrichtigkeit, S. 32; Benthien/Martus, Aufrichtigkeit, S. 5–8; Taylor, Jane: „Why do you tear me from Myself?": Torture, Truth, and the Arts of the Counter-Reformation. In: The Rhetoric of Sincerity. Hrsg. von Alphen, Ernst van/Bal, Mieke/Smith, Carel. Stanford 2009, S. 19–43.

**40** Eine weitere Untersuchung zum Begriff *sincerity* hat Bernhard Williams vorgelegt, in der er argumentiert, dass *sincerity* obligatorisch sei und einen in sich selbst begründeten Wert habe (Williams, Bernhard: Truth und Truthfulness. An Essay in Genealogy. Princeton 2002). Zu der Geschichte von *sincerity* siehe auch Magill Jr.: Sincerity: How a Moral Ideal Born Five Hundred Years Ago Inspired Religious Wars, Modern Art, Hipster Chic, And The Curious Notion That We All Have Something To Say (No Matter How Dull). New York 2012. Magill geht jedoch von einem recht normativen Begriff von *sincerity* aus und stellt das Konzept selbst nicht grundsätzlich in Frage.

*The Rhetoric of Sincerity* (Alphen/Bal, Introduction, S. 3).[41] Im Zuge ihrer Relektüre des Konzepts von *sincerity*, das in seiner rhetorischen Dimension gedacht wird, werfen die Autor*innen die Fragen auf, wie Aufrichtigkeit gedacht werden kann, wenn ihr kein stabiles Subjekt vorausgeht und wenn die Sprache des Subjekts nicht die eigene, sondern immer auch die Sprache der anderen, die fremde Sprache ist. Wie verändert sich die Auffassung von Aufrichtigkeit, wenn man die Aufmerksamkeit auf den Handlungs- und *performance*charakter, mehr auf ihr „doing" denn auf ihr „being" richtet? Und "[w]hat do acts of sincerity in speech or enactment do, produce, or fail to do and produce?" (Alphen/Bal, Introduction, S. 3)

Hent de Vries untersucht in diesem Sammelband mit seinem Beitrag „Must We (NOT) Mean What We Say?"[42] Möglichkeiten und Unmöglichkeiten von *sincerity* mit und in sprechakttheoretischen Debatten. Sein Ausgangspunkt ist die These, dass Stanley Cavell John L. Austins *How to Do Things with Words* zu einer Frage nach den Möglichkeitsbedingungen von Aufrichtigkeit umformuliere.[43] Denn die Frage nach Aufrichtigkeit oder Ernsthaftigkeit[44] ist bei Austin dort angelegt, wo er die Unterscheidung zwischen ‚sprechen' und ‚meinen' herausfordert: „Surely the words must be spoken 'seriously' and so as to be taken 'seriously'?"/„Das muß man doch wohl ‚ernsthaft' sagen und auch so, daß es ‚ernst'

---

**41** Zum Verhältnis von Subjekt und Aufrichtigkeit schreiben auch Benthien und Martus: „Im 18. Jahrhundert geht Aufrichtigkeit eine konzeptionelle Allianz nicht nur mit Vorstellungen von ‚Natürlichkeit' ein, sondern vor allem mit den fortan handlungsleitenden Fiktionen einer psychisch stabilen, nach Maßgabe der Selbstgleichheit und biographischen Kontinuität agierenden Person [...]" (Benthien/Martus, Aufrichtigkeit, S. 14).
**42** Vries, Hent de: Must We (NOT) Mean What We Say? Seriousness and Sincerity in the Work of J. L. Austin and Stanley Cavell. In: The Rhetoric of Sincerity. Hrsg. von Alphen, Ernst van/Bal, Mieke/Smith, Carel. Stanford 2009, S. 90–118.
**43** Zu einer ausführlichen Untersuchung der sehr unterschiedlichen Rezeptionen von Austins Sprechakttheorie siehe Rolf, Eckard: Der andere Austin. Zur Rekonstruktion/Dekonstruktion performativer Äußerungen – von Searle über Derrida zu Cavell und darüber hinaus. Bielefeld 2015.
**44** Die Formulierung „Aufrichtigkeit oder Ernsthaftigkeit" folgt hier einem Muster, das de Vries anwendet. Er schreibt häufig „seriousness and sincerity" oder „seriously or sincere" (de Vries, Must We (NOT) Mean What We Say?, S. 91 und 95), wodurch deutlich wird, dass die Begriffe de Vries zufolge nach vergleichbaren Mechanismen verfahren. Auch Cavell scheint *seriousness* und *sincerity* relativ synonym zu verwenden, *sincerity* taucht bei ihm allerdings meist in seiner negativen Form – als *insincerity* – auf (Cavell, Stanley: Must We Mean What We Say? In: Inquiry 1.1–4 (1958), S. 172–212.

genommen wird?"⁴⁵ Die in Anführungszeichen gesetzte Aufrichtigkeit oder Ernsthaftigkeit expliziert Austin wie folgt:⁴⁶

> I must not be joking, for example, nor writing a poem. But we are apt to have a feeling that their being seriousness consists in their being uttered as (merely) the outward and visible sign, for convenience or other record or for information, of an inward spiritual act [...] (Austin, How to Do Things with Words, S. 9)⁴⁷

Austin wirft in dieser Vorlesung die Frage auf, ob nicht auch performative Akte bloße Mitteilungen interner Akte seien, ob nicht auch sie auf ein metaphysisches Verständnis von „representationalism, that is 'verism' and the descriptive, constative, or ‚logocentric' fallacy" zurückzuführen seien, wie de Vries es formuliert (de Vries, Must We (NOT) Mean What We Say?, S. 98).⁴⁸ In einem nächsten Schritt erwägt Austin dann zwar, von einer gewissen inneren Haltung auszugehen, das heißt von bestimmten „circumstances"/„Begleitumständen" (Austin, How to Do Things with Words, S. 9; dt. S. 33), die den performativen Akt unterstützen, unterscheidet sie aber von konstativen Akten und folglich von der Möglichkeit, sie einer Logik nach dem Prinzip von wahr/falsch oder Wahrheit/Lüge zu unterstellen:

> Here we should say that in saying these words we are *doing* something – namely, marrying, rather than *reporting* something, namely that we are marrying. And the act of marrying, like, say, the act of betting, is at least *preferably* (though still not *accurately*) to be described

---

45 Austin, John L.: How to Do Things with Words. Hrsg. von Sbisà, Marina. Oxford 2009, S. 9; dt.: „Das muß man doch wohl ‚ernsthaft' sagen und auch so, daß es ‚ernst' genommen wird?" (Austin, John L.: Zur Theorie der Sprechakte (How to do things with words). Übers. von Eike von Savigny. Stuttgart 2014, S. 31)
46 Zu dem bei Austin in Anführungszeichen gesetzten „seriously" siehe Culler, der die Frage aufwirft, inwiefern das in Anführungszeichen gesetzte „seriously" ernst genommen werden kann (Culler, Jonathan: On Deconstruction: Theory and Criticism after Structuralism. Ithaca 2007, S. 115–116; dt.: Dekonstruktion: Derrida und die poststrukturalistische Literaturtheorie. Reinbek bei Hamburg 1999, S. 129–130).
47 „Zum Beispiel darf ich sie weder scherzhaft äußern noch als Verszeile niederschreiben. Aber wir haben dann leicht die Vorstellung, ihre Ernsthaftigkeit bestünde darin, daß die Worte (bloß) als äußeres, sichtbares Zeichen eines inneren geistigen Aktes fungierten [...]" (Austin, Zur Theorie der Sprachakte, S. 32)
48 „Repräsentationalismus, das heißt ‚Verismus' und den deskriptiven, konstativen oder ‚logozentrischen' Irrtum" (Übersetzung NT).

as *saying certain words*, rather than as performing a different, inward and spiritual, action of which these words are merely the outward and audible sign. (Austin, How to Do Things with Words, S. 13)[49]

Um den Dualismus von innerem und äußerem Akt und die damit einhergehende Möglichkeit der gerechtfertigten (metaphysischen) Unmoral zu demonstrieren, zitiert Austin einen Vers aus *Hippolytos* von Euripides: „[M]y tongue swore to, but my heart (or mind or other backstage artiste) did not" (Austin, How to Do Things with Words, S. 10).[50] Für Cavell, so de Vries, heißt das nicht nur, „that we have no way of telling whether a promise is meant or intended to be kept"/„dass wir nie einschätzen können, ob ein Versprechen so gemeint oder intendiert wurde",[51] sondern auch, dass alle Handlungen größere Konsequenzen und Effekte beinhalten, „than we should be answerable for"/„als von uns verantwortet werden sollte" (de Vries, Must We (NOT) Mean What We Say?, S. 105).[52] Da der Sprechakt sich jeglicher Kongruenz mit möglichen Intentionen/Gefühlen/Gedanken entzieht, da er immer unermesslich/„unfathomable" ist, kommt de Vries zu dem vorläufigen Ergebnis, dass, weil es unmöglich ist, alle Begleitumstände eines Sprechaktes und damit seine absolute Transparenz und seinen gesamten Kontext darzulegen, die Voraussetzung der Aufrichtigkeit die Unaufrichtigkeit ist:[53]

---

**49** „Wir würden hier sagen, daß wir mit der Äußerung etwas *tun*, und zwar heiraten, und nicht etwa etwas berichten, etwa *daß* wir heiraten. Und man kennzeichnet die Handlung des Heiratens, genauso wie etwa die des Wettens, jedenfalls besser (wenn auch immer noch nicht *genau*) als das *Äußern bestimmter Wörter* denn als den Vollzug einer andersartigen, innerlichen, geistigen Handlung, deren bloß äußeres, hörbares Zeichen die Wörter wären." (Austin, Zur Theorie der Sprechakte, S. 35)
**50** „Meine Zunge hat geschworen, mein Herz (oder Geist oder sonst ein Künstler hinter den Kulissen) aber nicht." (Austin, Theorie der Sprechakte, S. 32)
**51** De Vries bezieht sich zwar auf das Versprechen, betont aber immer wieder, dass das Versprechen nur paradigmatisch für alle performativen Akte, vielleicht für alle Äußerungen stehe (de Vries, Must We (NOT) Mean What We Say?, S. 105).
**52** Die Lektüren im Kapitel „Unaufrechte Redlichkeit. Franz Kafkas *Proceß*" in der vorliegenden Studie schlagen hingegen ein Modell vor, in dem sich Verantwortung nicht nur trotz, sondern aufgrund der Unkalkulierbarkeit des Gesagten zeigt. Cavell entwickelt den Gedanken, auf den sich de Vries hier bezieht, anhand von Shoshana Felmans Konzeption des sprechenden Körpers (Cavell, Stanley: Foreword. In: Felman, Shoshana: The Scandal of the Speaking Body: Don Juan with J. L. Austin, or Seduction in Two Languages. Stanford 2002, S. xi–xxi; Felman, Shoshana: The Scandal of the Speaking Body: Don Juan with J. L. Austin, or Seduction in Two Languages. Stanford 2002).
**53** Auch hier bezieht sich de Vries auf Cavell, der meint, dass Euripides' *Hippolytus* eine Studie „of the unfathomability of sincerity"/„der Unergründlichkeit der Aufrichtigkeit sei" (Cavell, Stanley: A Pitch of Philosophy. Autobiographical Exercises. Cambridge 1994, S. 102. Übersetzung NT).

If we do too much knowing or calculating, thinking or feeling – in short, intending – we will be good for nothing, come to nothing, be available for nothing. In order to promise – or, more broadly and simply, to speak and write, or even be and act at all – we must for conceptual no less than existential and metaphysical reasons not only not (!) necessarily mean what we say, we must necessarily not (!) mean what we say. More precisely still: in order to "mean" what we say, we must not (fully and exclusively or transparently) mean what we say. (De Vries, Must We (NOT) Mean What We Say?, S. 106)[54]

Vor allem zwei Aspekte sind hier relevant: Erstens artikuliert de Vries eine Struktur der Aufrichtigkeit, die an Shoshana Felmans Struktur performativer Akte anschließt, die sie anhand von Austins Performativa, Molières *Don Juan* und Lacans Psychoanalyse entwickelt. Felman zeigt unter anderem, dass das Sprechen skandalös ist, weil der sprechende Körper nicht weiß, was er tut: „The scandal consists in the fact that the act cannot *know what it is doing*, that the act (of language) subverts both consciousness and knowledge (of language)."[55] Felman formuliert die Unmöglichkeit zu wissen, was der Sprechakt als körperliche Handlung vollzieht, radikaler als de Vries die Unmöglichkeit der Aufrichtigkeit. Zweitens – und das führt zurück zur Redlichkeit – spitzt de Vries hier zu, was Theodor W. Adorno bezüglich der unredlichen Forderung, intellektuell redlich sein zu müssen, formuliert. Laut Adorno hält diese Forderung den Schriftsteller dazu an, „alle Schritte explizit darzustellen, die ihn zu seiner Aussage geführt haben, und so jeden Leser zu befähigen, den Prozeß nachzuvollziehen [...]"[56] Unredlich ist sie nach Adorno vor allem deswegen, weil eine Darstellung der Denkprozesse weder ein „diskursives Fortschreiten von Stufe zu Stufe" zeige noch „umgekehrt dem Erkennenden seine Einsichten vom Himmel fallen" (Adorno, Minima Moralia, S. 143, §50). Da sich Erkennen „vielmehr in einem Geflecht von Vorurteilen, Anschauungen, Innovationen, Selbstkorrekturen, Vorausnahmen und Übertreibungen, kurz in der dichten, fundierten, aber keineswegs an allen Stellen transparenten Erfahrungen" vollziehe, laufe die Aufforderung nach intellektueller

---

54 „Wenn wir zu viel wissen und kalkulieren, denken und fühlen – kurz, intendieren –, werden wir für nichts zu gebrauchen sein, zu nichts kommen, für nichts zur Verfügung stehen. Wenn wir versprechen wollen – oder, um es allgemeiner und einfacher zu sagen, wenn wir sprechen, schreiben oder überhaupt handeln wollen –, müssen wir aus konzeptionellen, ja aus existenziellen und metaphysischen Gründen nicht nur nicht (!) notwendigerweise meinen, was wir sagen, wir müssen notwendigerweise nicht (!) meinen, was wir sagen. Und um noch genauer zu sein: Um zu ‚meinen', was wir sagen, dürfen nicht (voll und ganz oder deutlich) meinen, was wir sagen." (Übersetzung NT)
55 „Der Skandal besteht darin, dass der Akt nicht wissen kann, was er tut, der Akt (der Sprache) unterwandert sowohl das Bewusstsein als auch das Wissen (von Sprache)." (Übersetzung NT)
56 Adorno, Theodor W.: Minima Moralia. Reflexionen aus dem beschädigten Leben. Berlin 1951, S. 141, §50.

Redlichkeit „meist auf die Sabotage der Gedanken hinaus" (Adorno, Minima Moralia, S. 141, §50). Die (intellektuelle) Redlichkeit nimmt bei Adorno, wie die Aufrichtigkeit bei de Vries, eine aporetische Struktur an,[57] die darin besteht, dass „in matters of seriousness and sincerity one can find precision and appropriateness only in (and through) imprecision and inappropriateness" (de Vries, Must We (NOT) Mean What We Say?, S. 107).[58]

Adorno nimmt das „Unredliche", wie Fichte den „Verdacht" und Kant die „faule Stelle" als Mitgift der Redlichkeit wahr, so dass Redlichkeit auch hier eine Doppelstruktur aufweist, die schon in ihrer Etymologie, in ihrer Ambivalenz von Redseligkeit und vernünftiger Rede zu finden ist. Die Rede, die vielen Konzepten von Aufrichtigkeit fremd, ja sogar Feindin ist, weil sich Aufrichtigkeit immer vor allem auf eine Innerlichkeit bezieht, ist von der Redlichkeit nicht wegzudenken, weil sie dem Wort selbst mitgegeben ist. Es stellt sich dann die Frage, wie sich ein Konzept von Redlichkeit formulieren ließe, das sich nicht auf dichotomische Strukturen von Gefühlen/Gedanken/Meinungen einerseits und Rede/Sprache/Ausdruck andererseits einlässt. Ein Konzept, das sich keiner oder einer anderen Vernunft verschreibt – bzw. diese vollzieht – als der Vernunft jenes *logos*, der die Rede zugunsten der Vernunft vergisst und die Vernunft dem Körper und der Materialität gegenüberstellt. Wie ließe sich also eine redliche Rede denken, deren Wahrheit nicht in ihrem propositionalen Gehalt liegt, sondern darin, dass sie als wahre Rede geäußert wird? Und wie lässt sich eine redliche Rede konzipieren, welche die Rhetorik nicht ausschließt, sondern als eine Konstituente voraussetzt?

## 2.2 Das Wahrsprechen von Redlichkeit und *parrhesia*

Obgleich Redlichkeit und Aufrichtigkeit keinesfalls kongruent sind, werden ihnen doch einige gemeinsame Aspekte zugesprochen, wovon einer ihr Bezug zu etwas ist, das sie nicht selbst sind und das sprachlich vermittelt werden muss. Sei

---

[57] De Vries verweist bezüglich dieser Aporie auf Jean-Luc Marions Auseinandersetzung mit der Äußerung „Je t'aime" in Marion, Jean-Luc: Ce qui ne se dit pas – l'apophase du discours amoureux. In: Marion, *Le visible et le révélé*. Paris 2005, S. 119–142. Für Marion stellt diese Äußerung eine Aporie der Aufrichtigkeit dar, denn „Je t'aime" werde aus einer "passion"/„Leidenschaft" heraus geäußert, da Leidenschaft aber eine „disposition totalement privée"/„eine absolut private Neigung" ist, ist sie Marion zufolge „indicible dans aucun langage commun"/„in alltäglicher Sprache unaussprechbar" (Marion, Le visible et le révélé, S. 130–131. Übersetzung NT).
[58] „wenn es um Ernsthaftigkeit und Aufrichtigkeit geht, kann man Genauigkeit und Angemessenheit nur in (und durch) Ungenauigkeit und Unangemessenheit finden." (Übersetzung NT)

es die wohlausgeführte Rechnung, die Handlung, über die Rechenschaft abgelegt wird, oder der wahrhafte Bericht eines Ereignisses: Aufrichtigkeit und Redlichkeit sind meist der akkurate Transfer zwischen sprachlichen und vermeintlich außersprachlichen Entitäten. Wenn aber davon ausgegangen werden kann, dass in der Redlichkeit wie in der Aufrichtigkeit entweder zu viel, zu wenig (Engler, Die Konstruktion von Aufrichtigkeit, S. 31) oder etwas anderes gesagt als intendiert oder kalkuliert wird, sie aber vor allem aufgrund ihrer Geschichte trotzdem in einem Verhältnis zu einer Wahrheit steht, von der sie nicht einfach abgelöst werden kann, ohne ebenso viel zu verlieren, wie wenn sie von der Rede getrennt wird, dann bedarf sie einer Wahrheit, die sich nicht auf eine Aussagelogik beschränken lässt und sich jeder Verifikation entzieht. Um sich einer solchen Wahrheit der Redlichkeit zu nähern, lohnt sich ein Blick auf die *parrhesia* (παρρησία), auf diejenige Form der Rede, der sich Michel Foucault in seinen späten Vorlesungen zuwendet.[59] „Etymologically, *parrhesiazesthai* means 'to say everything' – from *pan* [παν] (everything) and *rhema* [ῥῆμα] (that which is said)."[60] Es hat auch die Bedeutung von *free speech* im Englischen, *frank-parler* im Französischen und *Freimütigkeit* im Deutschen (Foucault, FS S. 11). Obwohl *parrhesia* eine Form des Wahrsprechens ist, ist sie laut Foucault von einer cartesianisch geprägten Evidenzerfahrung deutlich zu unterscheiden:

---

**59** Ich beziehe mich im Folgenden v. a. auf Foucault, weil er sich intensiv mit der antiken Form der *parrhesia* auseinandersetzt. Andere Untersuchungen, die sich wiederum nicht primär mit Foucaults *parrhesia* beschäftigen und nicht begriffsgeschichtlich arbeiten (zur Begriffsgeschichte siehe zum Beispiel Hülsewiesche, Reinhold: Redefreiheit. In: Archiv für Begriffsgeschichte 44 (2002), S.103–143 und Peterson, Erik: Zur Bedeutungsgeschichte von *parrhesia*. In: Zur Theorie des Christentums. Reinhold-Seeberg-Festschrift I. Hrsg. von Koepp, Wilhelm. Leipzig 1929, S. 1–15), konzentrieren sich vor allem auf die *parrhesia* im Christentum und behandeln sie entweder als aufrechte Rede zwischen Mensch und Gott (vgl. zum Beispiel Bartelink, G. J. M.: Die *parrhesia* des Menschen vor Gott bei Johannes Chrysostomus. In: Vigiliae Christianae 51.3 (1997), S. 261–272) oder als Ausdruck christlicher Moral/Ethik (siehe zum Beispiel Goertz, Stephan: Parrhesia. Über den ‚Mut zur Wahrheit' (M. Foucault) in der Moraltheologie. In: Verantwortung und Integrität heute. Theologische Ethik unter dem Anspruch der Redlichkeit. Für Konrad Hilpert. Hrsg. von Sautermeister, Jochen. Freiburg im Breisgau 2013, S. 70–86 und Hunold, Gerfried W.: Redlichkeit – zur Geschäftsgrundlage des Ethiktreibens. In: Verantwortung und Integrität heute. Theologische Ethik unter dem Anspruch der Redlichkeit. Für Konrad Hilpert. Hrsg. von Sautermeister, Jochen. Freiburg 2013, S. 23–37).
**60** Foucault, Michel: Fearless Speech. Hrsg. von Pearson, Joseph. Los Angeles 2001, S. 12; dt.: „*parrhesiazesthai* bedeutet etymologisch ‚alles zu sagen' – von *pan* [παν] (alles) und *rhema* [ῥῆμα] (das Gesagte)." (Foucault, Michel: Diskurs und Wahrheit. Die Problematisierung der Parrhesia. Hrsg. von Pearson, James, übers. von Köller, Mira. Berlin 1996, S. 10. Im Folgenden im Text abgekürzt: FS; dt.: DW.) Die Vorlesungen sind auch digital einzusehen unter: https://foucault.info/parrhesia/ (09.04.2017).

> For since Descartes, the coincidence between belief and truth is obtained in a certain (mental) evidential experience. For the Greeks, however, the coincidence between belief and truth does not take place in a (mental) experience, but in a *verbal activity*, namely, *parrhesia*. It appears that *parrhesia*, in this Greek sense, can no longer occur in our modern epistemological framework. (Foucault, FS S. 14)[61]

Sowohl die deutliche Definition der *parrhesia* als verbale Tätigkeit als auch ihre andere Form der Wahrheit, die sich nicht in einer (mentalen) Erfahrung zeitigt, wirft ein interessantes Licht auf die Redlichkeit, denn ohne die Wahrheit zu verabschieden und ohne sie in der Übereinstimmung zweier Entitäten erschöpfen zu lassen, ist die Rede auch ein wesentlicher Bestandteil der *parrhesia*.[62] Unabhängig von dem, was er denkt, fühlt oder meint, „the *parrhsiastes* says what is true because he *knows* that it *is* true; and he *knows* that it is true because it is really true. The *parrhesiastes* is not only sincere and says what is his opinion, but his opinion is also the truth. He says what he knows to be true" (Foucault, FS S. 14).[63] Die Art und Weise, wie Foucault in diesem Zitat Wissen und Wahrheit verschränkt, erlaubt weder einen Zugang zum Wissen durch Wahrheit noch umgekehrt seinen Zugang zur Wahrheit durch Wissen. Das eine ist das andere und durch die Sicherheit des jeweils anderen ist es, was es ist, und gleichzeitig auch das andere. Wahrheit und Wissen können sich aus diesem Grund nicht gegenseitig verifizieren, ebenso wenig wie die *parrhesiastai* oder ihre Gegenüber das Gesagte verifizieren können oder wollen. Und genau das ist die Eigenheit des *parrhesiastischen* Sprechens gegenüber einem philosophischen, wissenschaftlichen oder auch prophetischen:[64] Die Äußerungen des *parrhesiastes* sind insofern immer wahr, als sie die Wahrheit wahr-sprechen.

---

**61** „Denn seit Descartes wird die Übereinstimmung zwischen Glauben und Wahrheit durch eine bestimmte (mentale) Evidenzerfahrung erreicht. Für die Griechen findet die Übereinstimmung zwischen Glauben und Wahrheit jedoch nicht in einer (mentalen) Erfahrung statt, sondern in einer *verbalen Tätigkeit*, nämlich der *parrhesia*. Es scheint, daß parr-hesia in diesem Sinn nicht länger in unserem modernen epistemologischen Bezugsrahmen vorkommen kann." (Foucault, DW S. 13)

**62** Auch Peterson meint, dass der Begriff *parrhesia* an der Rede, am *logos* haftet und deswegen schon früh eine Beziehung zur *aletheia* hatte (Peterson, Zur Bedeutungsgeschichte von *parrhesia*, S. 284).

**63** Der *parrhesiates* sagt „was wahr *ist*, weil er *weiß*, daß es wahr ist; und er *weiß*, daß es wahr ist, weil es wirklich wahr *ist*. Der *parrhesiastes* ist nicht nur aufrichtig und sagt, was seine Meinung ist, sondern seine Meinung ist auch die Wahrheit." (Foucault, DW S. 12)

**64** Zu den verschiedenen Professionen, die sich von der Praxis der *parrhesiastai* unterscheiden, siehe vor allem Foucault, Michel: Le gouvernement de soi et des autres II. Le Courage de la vérité. Cours au Collège de France 1982/83. Paris 2009, S. 3–22. Im Folgenden im Text abgekürzt: CV; dt.: Der Mut zur Wahrheit. Die Regierung des Selbst und der anderen II. Vorlesungen am Collège

Es gibt laut Foucault jedoch ein Symptom, wenn man so will, das von der Aufrichtigkeit des *parrhesiastes* zeugt und welches das *parrhesiastische* von anderen Modi des Sprechens unterscheidet: „If there is a kind of 'proof' of the sincerity of the *parrhesiastes*, it is his courage. The fact that a speaker says something dangerous [...] is a strong indication that he is a *parrhesiastes*" (Foucault, FS S. 15).[65] Foucault spitzt die Bedeutung des Risikos zu, wenn er meint, dass Wahrsprechen genau dann eine *parrhesiastische* Tätigkeit sei, wenn sich die Sprechenden einem Risiko aussetzen.[66] Die verschiedenen Komponenten des *parrhesiastischen* Sprechens, das mindestens Wahrsprechen und Risiko beinhaltet,[67] haben bei Foucault konstitutive Züge:

> *Parrhesia*, then, is linked to courage in the face of danger: it demands the courage to speak the truth in spite of some danger. And in its extreme form, telling the truth takes place in the "game" of life or death. [...]
>
> When you accept the *parrhesiastic* game in which your own life is exposed, you are taking up a specific relationship to yourself: you risk death to tell the truth instead of reposing

---

de France 1983/84. Übers. von Jürgen Schröder. Berlin 2011, S. 13–41. Im Folgenden im Text abgekürzt: MW.

65 Foucault verwendet durchgehend die männliche Form des *parrhesiastes*, weil er meint, dass die „opressed role of women in Greek society generally deprived them of the use of *parrhesia* (along with aliens, slaves, and children"/„unterdrückte Rolle der Frau in der griechischen Gesellschaft sie (zusammen mit Fremden, Sklaven und Kindern) im allgemeinen vom Gebrauch der parrhesia ausschloß" (Foucault, FS S. 12; DW S. 10). Schaut man sich allerdings allein die Figur der Antigone bei Sophokles an, lässt sich diese Annahme mindestens bezweifeln.

66 Wahrsprechen bzw. *dire-vrai* und *parrhesia* verwendet Foucault m. E. zwar oft weitgehend synonym, es scheint jedoch, als würde es mindestens einen wesentlichen Unterschied zwischen den Begriffen geben. Denn während es Foucault zufolge weder in einer Demokratie noch in „unserem" (Foucault hält diese Vorlesungen an der University of California Berkeley) epistemologischen Rahmen, der auf dem kartesianischen Evidenzbegriff beruht, *parrhesia* geben kann (Foucault, FS S. 14), schließt er gleiches für *dire-vrai* nicht aus. Siehe zur Unvereinbarkeit von *parrhesia* und Demokratie auch Foucault, Michel: Le gouvernement de soi et des autres. Cours au collège de France 1983/84. Paris 2009, S. 137–155. Im Folgenden im Text abgekürzt: GSA; dt.: Die Regierung des Selbst und der anderen. Vorlesungen am Collège de France 1982/83. Übers. von Jürgen Schröder. Berlin 2011, S. 221–237. Im Folgenden im Text abgekürzt: RS.

67 Foucault geht in vielen seiner Vorlesungen auf sehr unterschiedliche Spielarten der *parrhesia* ein. Weil er an der Entwicklung des Begriffs in seinen historischen Umgebungen interessiert ist und nicht an einer widerspruchsfreien Begriffsbestimmung, lässt sich m. E. mit oder anhand von Foucault keine Systematik der *parrhesia* entwickeln.

in the security of a life where the truth goes unspoken. Of course, the threat of death comes from the Other, and thereby requires a relationship to himself: he prefers himself as a truth-teller rather than as a living being who is false to himself. (Foucault, FS S. 16–17)[68]

Indem der *parrhesiastes* entscheidet, das Risiko des Todes einzugehen, konstituiert er sich als Wahr-Sprechender. Diejenigen, die die Wahrheit verschweigen, scheinen keine Beziehung zu sich selbst einzugehen. Und obwohl Foucault nicht explizit darauf eingeht, scheinen diejenigen, die die Wahrheit nicht sprechen und dadurch nicht am *parrhesiastischen* Spiel teilnehmen, mit der Bezeichnung als *living being* sogar entsubjektiviert zu werden. Als „le jeu de la *parrêsia*"/"das *parrhesiastische* Spiel" (Foucault, GSA S. 137–155; RS S. 221–237) bezeichnet Foucault in *Le courage de la vérité* den Pakt, den Wahrsprechende und Adressaten miteinander eingehen und der besagt, dass die Wahrsprechenden, trotz aller Risiken, die Wahrheit sagen und dass die Adressaten sich im Gegenzug die Wahrheit anhören und akzeptieren (vgl. auch Foucault, CV S. 13–14; MW S. 28–29). Die *parrhesia* ist deswegen nach Foucault auch meist ein Wahrsprechen gegenüber einer Autorität, zum Beispiel gegenüber einem Tyrannen. Der *parrhesiastes* geht also das Risiko des Todes ein, weil er gegenüber denjenigen spricht, die das vermeintliche Recht haben, ihn zu töten, wenn ihnen das Gesagte nicht gefällt.[69]

Im *parrhesiastischen* Spiel geht es jedoch vor allem darum, in welche Beziehung die Sprechenden sich zu sich selbst setzen bzw. darum, dass das Subjekt

---

[68] „Wenn man das *parrhesiastische* Spiel akzeptiert, in dem das eigene Leben exponiert wird, nimmt man eine spezifische Beziehung zu sich selbst auf: man riskiert den Tod, um die Wahrheit zu sprechen, anstatt in der Sicherheit eines Lebens auszuruhen, in dem die Wahrheit unausgesprochen bleibt. Die Todesdrohung kommt natürlich vom Anderen und erfordert dadurch eine Beziehung zum Anderen. Aber der *parrhesiastes* wählt in erster Linie eine spezifische Beziehung zu sich selber: Er bevorzugt sich selber als Wahrheits-Sprecher gegenüber sich selber als einem Lebewesen, das zu sich selber unehrlich ist." (Foucault, DW S. 15–16)

[69] Die für die *parrhesia* konstitutive Bedrohung durch den Tyrannen macht hier deutlich, warum es *parrhesia* in einer Demokratie nicht geben kann (vgl. zum Beispiel die Sitzung vom 2. Februar 1983, Foucault, GSA, S. 137–169; RS S. 194–237). Siehe dazu auch Seitz, Sergej: Euripides liest Foucault. parrhesia und die Paradoxien der wahren Rede. Diplomarbeit. URL, http://othes.univie.ac.at/24959/, 2012 (10.03.2017), Hetzel, Andreas: Die Wirksamkeit der Rede: Zur Aktualität klassischer Rhetorik für die moderne Sprachphilosophie. Bielefeld 2011 und Bennington, Geoffrey: Scatter 1. The Politics of Politics in Foucault, Heidegger, and Derrida. New York 2016, hier v. a. das 1. Kapitel „Parrhesia" (Bennington, Scatter 1, S. 9–47). Zu der Frage, wie sich der Begriff bei Philodemus zu *peri parrhesias* /*frank criticism* entwickelt, siehe Philodemus: On Frank Criticism. Hrsg. von Konstan, David u. a. Atlanta 1998.

einen Pakt mit sich selbst eingeht.⁷⁰ Dieser Pakt wird nach Foucault auf zwei Ebenen vollzogen: „le niveau de l'acte d'énonciation et puis [celui], implicite ou explicite, par lequel le sujet se lie à l'énoncé qu'il vient de dire, mais se lie aussi à l'énonciation" (Foucault, GSA S. 62).⁷¹ Der *parrhesiastes* sagt in diesem Pakt demnach sowohl „[v]oilà, la vérité" als auch „[j]e suis celui qui a dit cette vérité; je me lie donc à l'énonciation et je prends le risque de toutes ses conséquences" (Foucault, GSA S. 62).⁷² Mit dem Sprechen der Wahrheit macht sich das Subjekt das Gesagte durch das Sprechen nicht nur zu eigen, sondern es exponiert sich und geht das Risiko des Todes ein. Oder mit Giorgio Agamben: Das Subjekt konstituiert sich im Wahrsprechen „und setzt sich als solches aufs Spiel, indem es sich performativ an die Wahrheit der eigenen Versicherung bindet".⁷³

> Was wir heute im engeren Sinne ein Performativ nennen [...], ist die in der Sprache konservierte Reliquie dieser grundlegenden Erfahrung des Wortes – das Wahrsprechen –, das nur so lange Bestand hat, solange gesprochen wird, weil das aussagende Subjekt nicht vorher existiert noch sich sukzessive daran bindet, sondern vollständig mit dem Sprechakt zusammenfällt. (Agamben, Das Sakrament der Sprache, S. 73)

Von Foucault abweichend, doch mit Bezug auf ihn, verbindet Agamben hier performative Akte und Wahrsprechen. Genauer: Performativität wird zur Struktur von Wahrsprechen, weil sich das Subjekt erst im Vollzug des Wahrsprechens konstituiert.⁷⁴ Diese Form des subjektkonstitutiven Sprechens kann insofern für

---

70 In den deutschen Übersetzungen wird der französische „pacte" manchmal mit „Pakt", manchmal mit „Bündnis" übersetzt.
71 „die Ebene des Äußerungsakts und dann die Ebene, die implizit oder explizit sein kann, durch die das Subjekt sich an den Inhalt der gemachten Äußerung bindet, aber auch an die Äußerung selbst" (Foucault, RS S. 92).
72 „Dies ist die Wahrheit" und „ich bin der, der diese Wahrheit gesagt hat; ich binde mich also an die Äußerung und trage das Risiko all ihrer Folgen" (Foucault, RS S. 92).
73 Agamben, Giorgio. Das Sakrament der Sprache. eine Archäologie des Eides (Homo Sacer II,3). Berlin 2010, S. 73.
74 Performanz und Performativität werden im Folgenden weitgehend synonym verwendet bzw. wird davon ausgegangen, dass Performativität sich nicht ohne Performanz denken lässt und umgekehrt. Siehe dazu vor allem Butler, Judith: Bodies That Matter. On the Discursive Limits of „Sex". New York/London 1993 und Butler, Judith.: Gender Trouble. London 1999, aber auch Sybille Krämer, die schreibt: „Die Debatte über ‚performance' und ‚Performativität' [...] erinnert uns daran, daß ‚Performativität' nicht einfach heißen kann, etwas wird getan, sondern heißt, ein Tun wird ‚aufgeführt'. Dieses Aufführen aber ist immer auch Wiederaufführung." (Krämer, Sybille: Sprache – Stimme – Schrift. Sieben Gedanken über Performativität als Medialität. In: Performanz. Zwischen Sprachphilosophie und Kulturwissenschaft. Hrsg. von Wirth, Uwe. Frankfurt am Main 2002. S. 323–346, hier S. 330–331.) Eine Ausdifferenzierung der Begriffe hat

die Redlichkeit fruchtbar gemacht werden, als das Interesse an der Redlichkeit dann nicht mehr auf die Suche nach Gedachtem/Gefühltem/Intendiertem gerichtet werden kann, was immer auch bedeutet, dass nach einem „echten" und „originären" Inneren gesucht wird, das unabhängig von der Rede das Subjekt betrachtet und/oder die Rede ohne das Subjekt.

Ohne auf Redlichkeit, *parrhesia* oder Wahrhaftigkeit einzugehen, hat Hannah Arendt in *Vita Activa – oder Vom tätigen Leben*[75] untersucht, inwiefern Menschen sich im Reden und Handeln zeigen:

> Handelnd und sprechend offenbaren die Menschen jeweils, wer sie sind, zeigen aktiv die personale Einzigartigkeit ihres Wesens, treten gleichsam auf die Bühne der Welt, auf der sie vorher so nicht sichtbar waren, solange nämlich als ohne ihr eigenes Zutun nur die einmalige Gestalt ihres Körpers und der nicht weniger einmalige Klang der Stimme in Erscheinung traten. (Arendt, Vita Activa, S. 169)

---

zum Beispiel Klaus Hempfer im Anschluss an Noam Chomsky versucht, indem er von Performativität als *token* und Performanz als *type*, Performativität also als Differenzierungskriterium für Typen von Sprechakten und Performanz als aktualisierte sprachliche Äußerungen verstehen will (Hempfer, Klaus W.: Performance, Performanz, Performativität. Einige Unterscheidungen zur Ausdifferenzierung eines Theoriefeldes. In: Theorien des Performativen. Sprache – Wissen – Praxis. Eine kritische Bestandsaufnahme. Hrsg. von Hempfer, Klaus W./Volbers, Jörg. Bielefeld 2014, S. 13–41) Diese Ausdifferenzierung versucht m. E. jedoch, Unterscheidungen wieder einzuführen bzw. zu erhalten, die gerade mit der Theorie der Performanz/Performativität gezielt in Frage gestellt werden. Immerhin zeigt Austins Untersuchung, dass zum Beispiel Handlungen und Worte gerade nicht kategorisch unterschieden werden können und Felman sieht im Anschluss an ihn im Sprechakt die Chance, metaphysische Oppositionen/Dichotomien zu skandalisieren: „The act, an enigmatic and problematic production of the *speaking body*, destroys from its inception the metaphysical dichotomy between the domain of the 'mental' and the domain of the 'physical', breaks down the opposition between body and spirit, between matter and language"/„Der Akt, ein rätselhafter und problematischer Vorgang des *sprechenden Körpers*, zerstört in seinem Anfang die metaphysische Unterscheidung zwischen dem Bereich des ‚Mentalen' und dem Bereich des ‚Physischen', reißt die Unterscheidung zwischen Körper und Geist, zwischen Materie und Sprache ein." (Felman, The Scandal of the Speaking Body, S. 65. Übersetzung NT). Im Anschluss an Wirth, Uwe: Der Performanzbegriff im Spannungsfeld von Illokution, Iteration und Indexikalität. In: Performanz. Zwischen Sprachphilosophie und Kulturwissenschaft. Hrsg. von Wirth, Uwe. Frankfurt am Main 2002, S. 9–60 sowie Hetzel, Andreas: Performanz, Performativität. In: HWRh. Bd. 10: Nachträge A–Z. Berlin 2011, Sp. 839–861, Strowick, Elisabeth: Sprechende Körper – Poetik der Ansteckung. Performativa in Literatur und Rhetorik. München 2009 und oben zitierte, wird also im Folgenden zwischen den Begriffen Performanz und Performativität nicht systematisch unterschieden, es sei denn, es eröffnet sich die Notwendigkeit einer Systematisierung.

75  Arendt, Hannah: Vita Activa – oder Vom tätigen Leben. Stuttgart 1960.

Auch bei Arendts Offenbarung oder Enthüllung geht es nicht um intentional gerichtete Öffnung eines Innern, denn „wer" jemand ist, hat sich „unserer Kontrolle darum entzogen, weil es sich unwillkürlich in allem mitoffenbart, das wir sagen oder tun" (Arendt, Vita Activa, S. 169). Weil nicht nur niemand weiß, „wer" enthüllt wird, sondern den Sprechenden und Handelnden immer verborgen bleibt, wen sie enthüllen, ist es auch Arendt zufolge absolut riskant, zu sprechen und zu handeln.[76] Es wird aber deutlich, dass das Risiko nicht darin besteht, sich falsch auszudrücken, sondern darin, dass nie kontrolliert werden kann, was man zeigt und wie andere das Gezeigte wiederum verstehen und sehen.

Obwohl Arendt Sprechen und Handeln zwar zusammen, aber doch getrennt auffasst und obwohl sie mit einem Vokabular arbeitet, das auf eine essentialistische Auffassung von jeder einzelnen Person verweist, richtet sich ihr Fokus deutlich auf das, was der Mensch tut und sagt, nicht auf das, was er vermeintlich ist. Denn dieses „ist" entsteht erst in der Performanz/Performativität des Handelns und Sprechens auf der „Bühne der Welt" (Arendt, Vita Activa, S. 169). Und wenn der Blick stärker darauf gelenkt wird, was Rede und Subjekt sowohl an sich selbst als auch am jeweils anderen gegenseitig vollziehen, dann lässt sich anhand des Wahrheitsbegriffs und des Risikos der *parrhesia* in Verbindung mit dem Handlungscharakter von Performativität eine Redlichkeit entwickeln, die als (subjekt)konstitutives Schaffen einer (literarischen) Wirklichkeit zu denken ist. Im Unterschied zu traditionellen Auffassungen von Redlichkeit, die sich auf ein bestimmtes Objekt beziehen und im Verhältnis zu etwas gedacht werden – seien es Gedanken, Wahrheiten, Religionen, das Selbst oder andere –, müsste ein performanztheoretisches Konzept von Redlichkeit auf die Vorherrschaft dieser Objekte als Kern- und Angelpunkte verzichten und erörtern, was mit der Redlichkeit ohne die Objekte und Gegenstände der Redlichkeit passiert. Das heißt nicht, dass es keine Gegenstände der Redlichkeit mehr geben darf. Es bedeutet nur, dass, wenn es eine Bezüglichkeit der Redlichkeit gibt, sich die Redlichkeit auf ihre Gegenstände bezieht, von denen sie weiß, dass sie diese nicht nur betrachtet, sondern gleichermaßen selbst hervorbringt.

---

[76] Um diesen Punkt zu verdeutlichen, bezieht Arendt sich auf den griechischen daímōn/ δαίμων, der von hinten über die Schulter blickt und nur von denjenigen gesehen wird, denen man begegnet, nicht aber von der sich enthüllenden Person selbst (Arendt, Vita Activa, S. 169).

## 2.3 Performativität und *parrhesia*

Da das wahrsprechende Subjekt sich im *parrhesiastischen* Sprechakt zu sich selbst in eine Beziehung setzt, indem es zum Beispiel einen Pakt mit sich eingeht, ist das Wahrsprechen auch nach Foucault eine (subjekt)konstitutive Handlung. In seinen späten Vorlesungen, die er am Collège de France hielt und in welchen er immer wieder auf die *parrhesia* zu sprechen kommt, geht es ihm vor allem um mögliche Subjektivierungsprozesse und Subjektivitätspraktiken in der Antike. Im Fokus steht dabei nicht der von der abendländischen Philosophie begünstigte und von der cartesianischen Tradition rehabilitierte Begriff des *gnothi seauton*, des „connais-toi toi-même"/„erkenne dich selbst", sondern der in der westlichen Philosophie stark vernachlässigte Begriff *epimeleia heautou*, also der „souci de soi"/„Sorge um sich selbst".[77] Was Foucault hinsichtlich der Sorge um sich selbst interessiert, ist ihre Bedeutung im Rahmen von Subjektivität und Subjektkonstitution. Denn *epimeleia* ist, wie der stechende Stachel/Sporn, „un principe d'agitation, un principe de mouvement, un principe d'inquiétude permanent au cours de l'existence"[78] und gibt nicht, wie das gnostische Moment im *gnothi seauton*, den Königsweg zur Wahrheit vor (Foucault, HS S. 9).[79] Im Zuge dieser Auseinandersetzung findet Foucault in der *parrhesia* ein Sprechen, das das Subjekt konstitutiv (be)trifft. Weil er aber in seinen Vorlesungen eine Auffassung von Performativität zeigt, die mit dem Subjekt nichts, mit den die Subjekte autorisierenden Institutionen und dem Status der Subjekte aber alles zu tun hat, grenzt er die *parrhesia* nachdrücklich von performativen Äußerungen ab.[80] Dabei ist der per-

---

[77] Vgl. dazu v. a. die Vorlesung vom 6. Januar 1982 (Foucault, Michel: L'herméneutique du sujet. Cours au Collège de France 1981/82. Paris 2001. Im Folgenden im Text abgekürzt: HS; dt.: Hermeneutik des Subjekts. Vorlesungen am Collège de France 1981/82. Übers. von Ulrike Bokelmann. Frankfurt am Main 2009. Im Folgenden im Text abgekürzt: HS dt.)

[78] „das ganze Leben hindurch Grund für Bewegung und Bewegtheit" (Foucault, HS dt. S. 23).

[79] Foucault betont, dass erst die philosophische Rezeption dieser Begriffe zu ihrer Trennung – durch Disqualifikation der *Sorge um sich selbst* – geführt hat und dass sie in der Antike noch zwei Aspekte einer Lebensform waren (Foucault, HS S. 18; HS dt. S. 34).

[80] Darauf kommt Foucault immer wieder zurück (vgl. Foucault, FS S. 13; DW S. 11 und GSA S. 59–70; RS S. 87–103 sowie Foucault, Michel: Das Wahrsprechen der Anderen. Zwei Vorlesungen von 1983/84. Hrsg. von Reuter, Ulrike u. a. Übers. von Ulrike Reuter/Lothar Wolfstetter. Frankfurt 1988, S. 30-36. Im Folgenden im Text abgekürzt: WA). Verschiedene Studien haben die strikte Trennung bereits in Frage gestellt und Performanz und *parrhesia* zusammen gedacht. Siehe zum Beispiel Möller, Melanie: Am Nullpunkt der Rhetorik? Michel Foucault und die parrhesiastische Rede. In: Parrhesia. Foucault und der Mut zur Wahrheit. Hrsg. von Gehring,

formative Zug der *parrhesia* auch bei ihm an vielen Stellen angelegt – zum Beispiel wenn er das *parrhesiastische* Spiel als auf einem Pakt aufbauend beschreibt (vgl. Waldenfels, Wahrsprechen und Antworten, S. 66–68). Foucault geht jedoch davon aus, dass es bei einem performativen Akt nicht darauf ankommt, ob es zwischen der Sprecherin und der Äußerung eine persönliche Beziehung gibt (Foucault, GSA S. 61; RS S. 90). Ein sich entschuldigendes Subjekt muss Foucault zufolge nicht aufrichtig sein, um den performativen Akt des Entschuldigens vollziehen zu können: „C'est simplement le fait qu'il [le sujet] a prononcé la phrase, même s'il se dit : Je t'attends au tournant et puis tu vas voir" (Foucault, GSA S. 61).[81] Wenn Foucault meint, dass der performative Akt nichts über das Subjekt und dessen Einstellung bzw. dessen Bindung an den Sprechakt aussagt, deklariert er ihn in Austins Terminologie insofern zum „statement" (propositionalen Sprechakt), als er danach fragt, ob das sich entschuldigende Subjekt aufrichtig ist oder nicht bzw. inwiefern Gedachtes und Gesagtes kongruent sind. Und tatsächlich ist es ja die Frage, ob performative Akte unaufrichtig sein können, die dazu führt, dass Austin seine vorläufig eingeführte Unterscheidung zwischen performativen und konstativen Akten explizit in Frage stellt: „Perhaps indeed there is no great distinction between statements and performative utterances" (Austin, How to Do Things with Words, S. 52).[82] Denn wenn performative Akte zum Beispiel dadurch „*parasitic*"/„parasitär" (Austin, How to Do Things with Words, S. 52; dt. S. 44) werden können, dass sie, wie Austin sagt „fictitious inward acts"/„märchenhafte[] innere[] Akte" (Austin, How to Do Things with Words, S. 10; dt. S. 32) nicht wahrheitsgemäß wiedergeben, dann würde die Unterscheidung zwischen den Kategorien kollabieren. Um aber die Glücksfälle oder Unglücksfälle von performativen Akten tatsächlich sehen und analysieren zu können, müsste man „the total situation in which the utterance is issued – the total speech-act"/„die gesamte Situation, in der die Äußerung getan wird, den ganzen Sprechakt" und nicht isolierte performative Sätze betrachten (Austin, How to Do Things with Words, S. 52; dt. S. 73). Derridas Reformulierung performativer Akte setzt sowohl an dieser „totalen Situation" bzw. am „totalen Kon-

---

Petra/Gehard, Andreas. Zürich 2012, S. 103–120, Seitz, Euripides liest Foucault sowie Waldenfels, Bernhard: Wahrsprechen und Antworten. In: Parrhesia: Foucault und der Mut zur Wahrheit. Hrsg. von Gehring, Petra/Gehard, Andreas. Zürich 2012, S. 63–81.
81 „Vielmehr ist es die bloße Tatsache, daß es [das Subjekt] diesen Satz geäußert hat, auch wenn es zu sich selbst sagt: Ich warte auf dich an der Wegbiegung, und dann sollst du sehen." (Foucault, RS S. 90)
82 „Vielleicht ist der Unterschied zwischen beiden gar nicht so groß." (Austin, Zur Theorie der Sprechakte, S. 73)

text" als auch am Infektiösen und Parasitären der performativen Akte an. In „Signature événement contexte"[83] zeigt er, dass das, was ihm zufolge bei Austin den performativen Akt von außen bedroht – sprich, die lange Liste von *infilicities* sowie die vermeintlich anormalen und parasitären Akte – dem Sprechakt nicht äußerlich sind, sondern dessen „condition de possibilité interne et positive"/„innere und positive Möglichkeitsbedingung" (Derrida, SEC S. 387; SEK S. 309).[84] Die für den Sprechakt konstitutive Parasitierung bricht sowohl mit einer Intention, die von ihrem Platz aus „toute la scène et tout le système de l'énonciation"[85] steuern kann, als auch mit der Vorstellung eines „gesättigten" und „totalen Kontextes" (Derrida, SEC S. 389 und 383; SEK S. 311 und 306). Ein solcher zeichnet sich hingegen bei Foucault ab:

> C'est que dans un énoncé performatif, les éléments qui sont donnés dans la situation sont tels que l'énoncé étant prononcé, eh bien il s'ensuit un effet, effet connu d'avance, réglé d'avance, effet codé qui est précisément ce en quoi consiste le caractère performatif de l'énoncé. (Foucault, GSA S. 60)[86]

Die Reinheit oder Konventionalität der Foucaultschen performativen Akte ist ein Grund, warum das Subjekt hier mit seiner Aussage nicht notwendig zusammenfällt. Es funktioniert vielmehr als bloßer Vermittler einer institutionellen Konvention. Weil das Subjekt von der Institution befugt und geschützt ist und weil der Rahmen der Sprechakte genau kalkuliert ist, setzt es sich Foucault zufolge keinerlei Risiken aus. Das unterscheidet Performativität grundlegend von *parrhesia*, Foucault stellt sie sogar als gegensätzliche Sprechmodi dar:

> L'énoncé de la vérité n'ouvre aucun risque si vous ne l'envisagez que comme un élément dans une démarche démonstrative. Mais à partir du moment où l'énoncé de la vérité [...] constitue un événement irruptif, ouvrant pour le sujet qui parle un risque non défini ou mal

---

[83] Derrida, Jacques: Signature événement contexte. In: Marges de la philosophie. Paris 1982, S. 365–393. Im Folgenden im Text abgekürzt: SEC; dt.: Signatur Ereignis Kontext. In: Randgänge der Philosophie. Hrsg. von Engelmann, Peter. Übers. von Gerhard Ahrens. Wien 1988, S. 291–314. Im Folgenden im Text abgekürzt: SEK.

[84] Zu Derridas Auseinandersetzungen mit Austins Performanz-Konzept vgl. zum Beispiel Hetzel, Andreas: Das Rätsel des Performativen. Sprache, Kunst und Macht. In: Philosophische Rundschau 51.2 (2004), S. 132–159 sowie Miller, J. Hillis: For Derrida. New York 2009 und Strowick, Sprechende Körper S. 21–46.

[85] „die ganze Szene und das ganze System von Äußerungen" (Derrida, SEK S. 310).

[86] „In einer performativen Äußerung sind die Bestandteile der Situation derart, daß sich, wenn die Äußerung vollzogen wird, eine Wirkung einstellt. Diese Wirkung ist im Voraus bekannt, von vornherein geregelt. Es handelt sich um eine kodierte Wirkung, in der gerade der performative Charakter der Äußerung besteht." (Foucault, RS S. 88)

défini, à ce moment-là on peut dire qu'il y a *parrhêsia*. C'est donc le contraire en un sens du performatif, où l'énonciation de quelque chose provoque et suscite, en fonction même du code général et du champ institutionnel où l'énonce performatif est prononcé, un événement tout à fait déterminé. Là au contraire, c'est un dire-vrai irruptif, un dire-vrai qui fait fracture et qui ouvre le risque : possibilité, champ de dangers, ou en tout cas éventualité non déterminée. (Foucault, GSA S. 61)[87]

Weil Foucault performative Sprechakte nur in ihrem institutionellen Rahmen betrachtet und sich nur auf explizit performative Akte bezieht, geht das Äußerungssubjekt, dessen Handlung von einer von ihm unabhängigen und vor ihm bestehenden Institution behütet wird, kein Risiko ein. Die Abgeschlossenheit des institutionellen Rahmens, in dem sich nach Foucault performative Sprechakte ereignen, schützt vor jedem Abgleiten[88] der Intention und lässt keinen Zweifel an der Dechiffrierbarkeit des Kontextes. Mit Derridas Konzept der Iteration als „infiniter *Rezitierbarkeit* und indefiniter *Rekontextualisierbarkeit*" jedes Zeichens (Wirth, Performanz, S. 19), wird die „relative Reinheit" performativer Akte erschüttert und das Risiko, das Foucault den Performativen abspricht und das Austin laut Derrida als zufälliges und äußerliches ausklammert, wieder virulent (Derrida, SEC S. 389; SEK S. 307). Derrida denkt die Möglichkeit des Misslingens als „wesentliches Prädikat" der Sprechakte und sieht in dieser Möglichkeit die konstitutive Struktur der Performative (Derrida, SEC S. 387; SEK S. 307).

An diese differenzielle Struktur der Sprechakte anknüpfend, trifft das Risiko der Performanz mit Judith Butler wieder explizit das Subjekt, dessen Sprechen sie jedoch weniger autoritativ als Foucault oder Austin formuliert. Wenn nach Foucault der performative Akt nicht subjektkonstitutiv zu denken ist, dann deswegen, weil ihm aufgrund seiner Verankerung in der Konvention die Macht bzw. Kraft fehlt, das Subjekt zu (be)treffen. Mit Derrida bezieht sich Butler in *Excitable*

---

[87] „Das Aussprechen der Wahrheit eröffnet keinerlei Risiko, wenn man es nur als Bestandteil eines Beweisvorgangs betrachtet. Aber sobald das Aussprechen der Wahrheit [...] ein plötzlich hereinbrechendes Ereignis darstellt, das für das sprechende Subjekt ein gar nicht oder nur wenig zu bestimmendes Risiko eröffnet, können wir sagen, daß *parrhesia* vorliegt. In einem gewissen Sinne ist die *parrhesia* also das Gegenteil des Performativen, wo die Äußerung von etwas in Abhängigkeit von einem allgemeinen Code und von einem institutionellen Umfeld, in dem die performative Äußerung hervorgebracht wird, ein völlig bestimmtes Ereignis hervorruft. Hier haben wir im Gegensatz dazu ein Wahrsprechen, ein plötzlich hereinbrechendes Wahrsprechen, ein Wahrsprechen, das einen Bruch darstellt und ein Risiko eröffnet: Möglichkeit, Bereich von Gefahren oder zumindest ein unbestimmtes Ergebnis." (Foucault, RS S. 89)
[88] Derridas „dérive" (z. B. Derrida, SEC S. 376) wird in der Übersetzung von Gerhard Ahrens in *Randgänge der Philosophie* mit „Führungslosigkeit" (Derrida, SEK S. 299) übersetzt, in der Übersetzung von Dagmar Travner und Werner Pappl mit „Abgleiten" (Derrida, Jacques: Limited Inc. Hrsg. von Engelmann, Peter. Übers. von Dagmar Travner/Werner Rappl. Wien 2001, S. 24).

*Speech*[89] auf die „performative force"/„performative Kraft" des Sprechaktes, die sich durch Dekontextualisierungsprozesse, durch den Bruch der performativen Äußerung mit dem Kontext sowie durch die Fähigkeit, „to assume new contexts"/„neue Kontexte an sich zu ziehen", generieren kann (Butler, ES S. 147; HSP S. 230).

Während also Foucault den *parrhesiastischen* Sprechakt und die damit einhergehende Konstitution als singuläre Begebenheiten auffasst, denkt Butler die Konstitution eines Subjekts als immer vorläufiges Geschehen durch Zitation, als „ritualized practice"/„ritualisierte Praktik" (Butler, ES S. 51; HSP S. 84). Die Konstitution des Subjekts ist nach Butler nicht der singuläre Akt, als der zum Beispiel die biblische Äußerung „Let there be light!"/„Es werde Licht" zu denken wäre, sie vollzieht sich auch nicht als *creatio ex nihilo*, sondern das Subjekt ist in eine „citational pactice"/„Praxis des Zitierens" eingegliedert (Butler, ES S. 51; HSP S. 83). Das heißt,

> [i]f a performative provisionally succeeds (and I will suggest that "success" is always and only provisional), then it is not because an intention successfully governs the action of speech, but only because that action echoes prior actions, and *accumulates the force of authority through the repetition or citation of a prior and authoritative set of practices*. (Butler, ES S. 51)[90]

Die Zitationsstruktur entmächtigt das Subjekt insofern, als es nicht die souveräne Macht über das ausübt, was es sagt. Sie ermächtigt es aber gleichermaßen zum Sprechen und vor allem zur neuen „redeployment"/„Anwendung" von (verletzenden) Worten (Butler, ES S. 163; HSP S. 254): „Such a redeployment means speaking words without prior authorization and putting into risk the security of linguistic life, the sense of one's place in language, that one's words do as one says." (Butler, ES S. 163)[91] Die Dekontextualisierung eines Wortes bedeutet für

---

89 Butler, Judith: Excitable Speech. A Politics of the Performative, New York/London 1997. Im Folgenden im Text abgekürzt: ES, dt.: Hass spricht. Zur Politik des Performativen. Übers. von Kathrina Menke/Markus Krist. Frankfurt am Main 2006. Im Folgenden im Text abgekürzt: HSP.
90 „Wenn eine performative Äußerung vorläufig gelingt (und ich bin der Ansicht, daß ihr ‚Gelingen' immer nur vorläufig ist), dann nicht, weil die Sprechhandlung durch eine Absicht erfolgreich kontrolliert wird, sondern nur deswegen, weil in ihr frühere Sprechhandlungen nachhallen und sie sich mit autoritativer Kraft anreichert, indem sie vorgängige autoritative Praktiken widerholt bzw. zitiert." (Butler, HSP S. 83–84)
91 „Bei einer solchen neuen Anwendung werden Worte ohne Autorisierung ausgesprochen und setzen damit die Sicherheit des sprachlichen Lebens auf Spiel, das Gefühl des eigenen Platzes in der Sprache, das Gefühl, daß die Worte tun, was man sagt." (Butler, HSP S. 254)

Butler Widerstand, der zur „necessary response to injurious language"/„unumgänglichen Antwort auf eine verletzende Sprache" wird (Butler, ES S. 163; HSP S. 254–255), wodurch sich zeigt, dass auch sie hier das Risiko als notwendigen Bestandteil der Sprache denkt. Es ist kein bestimmtes sprachliches Risiko, das *hate speech* darstellt, vielmehr droht die Sprache die Verletzung nicht nur an, sondern performiert sie. Das Risiko ist folglich gleichermaßen das Aus- und Entsetzen des Subjekts in die/in der Sprache, das mit Werner Hamacher und seinen Ausführungen zum Afformativ näher beschrieben werden kann. Als „*reine* Gewalt" bilden Afformative „keine Untergruppe der Performativa", sondern sind „die ‚Bedingung' jeder instrumentellen, jeder performativen, Gewalt und zugleich diejenige, die deren Erfolg prinzipiell suspendiert".[92] In seiner Benjamin-Lektüre verweist Hamacher darauf, dass laut Benjamin der proletarische Streik auf „nichts gerichtet, nichts bezeichnend, nicht handelnd" und „in dieser Hinsicht [...] das ‚Analogon' zur ‚eigentlichen Sphäre der Verständigung', der Sprache" ist (Hamacher, Afformativ, Streik, S. 352). Analog zum Streik wiederum bezeichnet das Afformativ die Unterbrechung, Unterlassung oder Auslassung, „die Ellipse, die stillschweigend jede Handlung begleitet und jeder Sprachhandlung stumm ins Wort fallen kann" (Hamacher, Afformativ, Streik, S. 360). Afformative sind insofern vor- oder präperformativ als sie nicht „zur Gruppe der Akte – also der Setzungs- oder Stiftungsakte – gehören", sie eröffnen sich jedoch niemals „einfach außerhalb der Aktsphäre und ohne Beziehung zu ihr" (Hamacher, Afformativ, Streik, S. 359). Das Ausloten zwischen Afformativ und Performativ erlaubt einen willkürlichen Setzungsakt, ohne dass es sich um einen „Akt absoluter Autothesis" handelt, weil es der Sprache gleichermaßen den Charakter einer „vor-performative[n] Ereignishaftigkeit" und einer „performative[n] Akthaftigkeit" verleiht (Hamacher, Afformativ, Streik, S. 363).

Mit dem Afformativ wird dem Performativ jene Ereignishaftigkeit eingeräumt, die Foucault zwar der *parrhesia*, nicht aber den Performativen zugesteht. Wenn Foucault meint, dass man es bei einem plötzlich hereinbrechenden Wahrsprechen mit einer „fracture"/„einem Bruch", einem „risque"/„Risiko" oder einem „éventualité nondeterminé"/„unbestimmten Ergebnis" zu tun hat, das aber vor allem Möglichkeit ist (Foucault, GSA S. 61; RS S. 89), dann zeigen sich hier eben jene Strukturen der „Ermöglichung und Anbahnung von Handlungen", die Hamacher dem Afformativ zuschreibt (Hamacher, Afformativ, Streik, S. 485). Jedes Sprechen ist die Ermöglichung einer Zukunft, die immer mit einem „éventualité non déterminée"/„unbestimmten Ergebnis" wartet (Foucault, GSA S. 61; RS

---

92 Hamacher, Werner: Afformativ, Streik. In: Was heißt „Darstellen"? Hrsg. von Nibbrig, Christiaan L. Hart. Frankfurt am Main 1994, S. 340–371, hier S. 359.

S. 90). Die Suspendierung durch das Afformativ, das die Unterbrechung/Unterlassung der Darstellung ist (Strowick, Sprechende Körper, S. 35), ist dann auch das sich Aussetzen, das Exponieren der Sprechenden im performativen Sprechakt, dem das Afformativ, das den Sprechakt bedingt, jederzeit ins Wort fallen kann.

## 2.4 Die Rhetorik der *parrhesia*

Wie sich eingangs gezeigt hat, ist Rhetorik traditionell eine Widrigkeit, mit der Aufrichtigkeit konfrontiert ist, und auch Foucault wendet sich der Rhetorik im Zuge seiner Auseinandersetzung mit *parrhesia* zu. Während er in den Vorlesungen *L'Herméneutique du sujet* von 1981–1982 von der Rhetorik und der Schmeichelei als den Widersachern der *parrhesia* spricht (Foucault, HS S. 365; HS dt. S. 465), vollzieht er die Trennung in den Vorlesungen *Le gouvernement de soi et des autres* von 1982–1983 nicht ganz so resolut, sondern spricht hier vielmehr von Wechselwirkungen, Nachbarschaftsbeziehungen und Verzahnungen (Foucault, GSA S. 53; RS S. 79). Weil die *parrhesia* jedoch weder eine reine Beweisstrategie noch eine Strategie der Überredung ist, muss sie Foucault zufolge keine Figuren und Tropen anwenden (Foucault, GSA S. 53–54; RS S. 79). Der *parrhesiastes* sagt vielmehr alles „le plus clairement, le plus directement possible, sans aucun déguisement, sans aucun ornement rhétorique [...] Le parrèsiaste ne laisse rien à interpréter" (Foucault, CV S. 17).[93] Aussagen wie die, dass „la *parrhêsia* comme technique, comme procédé, comme manière de dire les choses, peut et souvent doit effectivement utiliser les ressources de la rhétorique" (Foucault, CV S. 53),[94] suggerieren sogar, dass Foucault hier von zwei klar voneinander unterscheidbaren Bedeutungen der Sprache ausgeht: Von einer rhetorischen und einer eigentlichen bzw. grammatikalischen. Unter anderen hat Paul de Man im Anschluss an und vor allem mit Nietzsche – der bereits in seinen Rhetorikvorlesungen sagt, dass „die Tropen nicht dann und wann an die Wörter heran[treten], sondern [...] deren eigenste Natur" sind und von einer eigentlichen Bedeutung gar keine Rede sein könne[95] – gezeigt, dass es ununterscheidbar bleibt, ob die Bedeutung eines

---

[93] „so deutlich und direkt wie möglich, ohne Verkleidung, ohne rhetorischen Schmuck [...] Der *Parrhesiastes* lässt nichts zu deuten übrig" (Foucault, MW S. 33).
[94] „*parrhesia* als Technik, als Verfahren, als Art und Weise, die Dinge zu sagen, tatsächlich die Mittel der Rhetorik verwenden kann und oft auch muss" (Foucault, RS S. 79).
[95] Nietzsche, Friedrich: Vorlesungsaufzeichnungen (WS 1870/71–WS 1874/75). In: Nietzsche, Werke. Kritische Gesamtausgabe. Begr. von Giorgio Colli/ Mazzino Montinari, fortgef. von Volker Gerhard u. a. Abt. II Bd. 4. Berlin/New York 1994, S. 457. Im Folgenden im Text abgekürzt: KGW

Satzes rhetorisch oder grammatisch ist, so dass man nie wissen kann, „what it might be up to"/„worum es ihr gehen mag".[96] Denn „[i]t is not so that there are simply two meanings, one literal and the other figural, and that we have to decide which one of these meanings is the right one in a particular situation" (de Man, Allegories of Reading, S. 10).[97] Die Notwendigkeit, zwischen rhetorischer und grammatischer Bedeutung zu entscheiden, stellt sich nur dann ein, wenn Sprache beide Bedeutungen annehmen kann. Genau dann ist es de Man zufolge jedoch unmöglich zu entscheiden, welche Bedeutung überwiegt und demnach die „richtige" ist (de Man, Allegories of Reading, S. 10; dt. S. 39).

Die *parrhesia* als rhetorische Figur ist diese Ambivalenz *par excellence*. Denn sie taucht, so Foucault, bei Quintilian als eine „figure de style d'ailleurs assez paradoxale, assez curieuse"/„als recht paradoxe und merkwürdige Stilfigur" auf (Foucault, GSA S. 53; RS S. 79). Sie ist die nüchternste der Denkfiguren, „mais comme le degré zéro de la rhétorique, là où la figure de pensée consiste à n'utiliser aucune figure" (Foucault, GSA S. 53).[98] Mit anderen Worten: Sie ist „a sort of 'figure' among rhetorical figures, but with this characteristic: that it is without any figure since it is completely natural" (Foucault, FS S. 21). Wie bei Quintilian soll die *parrhesia* als zu der *exclamatio* gehörende Figur die Affekte vergrößern und beruht meist auf *simulatio*.[99] Einen differenzierteren und fast doppelzüngigen Charakter erhält die *parrhesia* bei Lausberg, wo sie unter der *licentia* verhandelt wird:

> Die *licentia* ist ein freimütiger, nur auf die Wahrheit pochender brüskierender Vorwurf an das Publikum auf die Gefahr hin, das Publikum gegen die sprechende Partei zu verstimmen: der Redner traut dem Publikum die Verkraftung einer unangenehmen Wahrheit zu und hofft, damit erst recht an Sympathie zu gewinnen, was er in für das Publikum schmeichelhafter Weise durchblicken lässt. – Die *licentia* wird darüber hinaus aber auch in listiger

---

Abt., Bd. Hier: KGW III/4, S. 427. Zum Verhältnis von Rhetorik und Redlichkeit bei Nietzsche werde ich ausführlicher im Kapitel „Redlichkeit und der Schrei der Philosophie" eingehen.

**96** Man, Paul de: Allegories of Reading. Figural Language in Rousseau, Nietzsche, Rilke, and Proust. New Haven 1979, S. 19; dt.: Allegorien des Lesens. Übers. von Werner Hamacher/Peter Krumme. Frankfurt am Main 1987, S. 50.

**97** „[e]s ist nicht so, daß es einfach zwei Bedeutungen gäbe, eine buchstäbliche und eine figurative, und daß wir nur zu entscheiden hätten, welche von beiden Bedeutungen in dieser bestimmten Situation die richtige wäre." (De Man, Allegorien des Lesens, S. 39)

**98** „aber eher im Sinne des Nullpunkts der Rhetorik, an dem die Denkfigur darin besteht, überhaupt keine Figur zu benutzen" (Foucault, RS S. 79).

**99** Quintilianus, Marcus Fabius: Ausbildung des Redners. Zweiter Teil: Buch VII–XII. Hrsg. von Rahn, Helmut. 3., gegenüber der 2. unveränd. Aufl. Darmstadt 1995. Im Folgenden im Text abgekürzt: Buch, Kapitel, Abschnitt. Hier: Quintilianus, IX 3, 99 S. 363.

Weise so ausgeführt, daß die vorgebrachte (angebliche) Wahrheit der Anschauung des Publikums ganz entspricht und das Publikum so gerade durch die Form der *licentia* in seiner Selbstzufriedenheit bestärkt wird und deswegen dem Redner Sympathie entgegenbringt.[100]

Einerseits wird hier wieder das Risiko virulent, das für Foucault so wichtig ist. Andererseits aber widerspricht diejenige Seite der *licentia*, die das Publikum in seiner Selbstzufriedenheit bestärken soll, der *parrhesia* als einer Praxis des Wahrsprechens. Was die rhetorische Figur *parrhesia* über die *parrhesia* als Praxis des Wahrsprechens verrät, ist, dass letztere nicht dann und wann von rhetorischen Stilmitteln „Gebrauch macht", sondern dass sie „ihren Ort innerhalb der Rhetorik" hat (Möller, Am Nullpunkt der Rhetorik?, S. 120). Das bedeutet wiederum auch, dass sowohl die Wahrheit der *parrhesia* als auch das Subjekt, das sich im *parrhesiastischen* Sprechakt konstituiert, rhetorisch zu denken sind.

Ein letzter Punkt, mit dem Foucault die *parrhesiastische* Rede von der rhetorischen unterscheiden will, ist „l'éthique de dire-vrai"/„die Ethik des Wahrsprechens" (Foucault, GSA S. 64; RS S. 94). Während der *parrhesiastes* dafür einsteht, dass das Gesagte auch wahr ist, ist die Wahrheit nach Foucault für die Rede der Rhetorik unwesentlich. Damit blendet Foucault aber die gesamte Debatte um das Ethos des Redners aus, das spätestens mit Quintilian eine enge Beziehung zwischen Redner und Gesprochenem knüpft, denn „was der Redner sagt", darf „nicht im Widerspruch zu dem stehen, was man bereits von ihm weiß".[101] Die Frage nach dem Ethos wirft erneut die Sagen-Meinen-Dichotomie auf, also jene metaphysische Unmoral, welche die Debatte um Aufrichtigkeit schürt und die hier in eine performative Redlichkeit aufgenommen und aus einer anderen Perspektive befragt wurde. In dieser Redlichkeit durchkreuzen sich Performativität und *parrhesia*, wodurch jede Dichotomie von Innen und Außen, Sagen und Meinen, Grammatik und Rhetorik immer wieder neu evaluiert wird, zum Beispiel dann, wenn Redlichkeit nach Adelung selbst „figürlich", also zur rhetorischen Figur wird (Adelung, redlich, S. 1015). Sobald die Frage nach dem Ethos die Sagen-Meinen-Dichotomie aufwirft, ist Sprache der Frage nach der Intention des

---

[100] Lausberg, Heinrich: Handbuch der literarischen Rhetorik. Eine Grundlegung der Literaturwissenschaft. Bd. 1 u. 2. München 1973, Bd. 1, §761. Der Registerband verweist unter dem Eintrag *parrhesia* auf §761 und damit auf die *licentia*.
[101] Quintilianus, Marcus Fabius: Ausbildung des Redners. Zwölf Bücher, Erster Teil: Buch I–VI. Hrsg. von Rahn, Helmut. 3., gegenüber der 2. unveränd. Aufl. Darmstadt 1995, hier III 8, 48 S. 377. Groddeck zeigt, dass bei Aristoteles sowohl Pathos als auch Ethos dem „außersprachlichen Zweck der Rede" untergeordnet sind, Quintilian aber das Ethos eng an den Redner knüpft (Groddeck, Wolfram: Reden über Rhetorik. Zu einer Stilistik des Lesens. Frankfurt am Main 2008, S. 71). Zum Ethos siehe auch Quintilian VI 2, 8–19 S. 701–705, das obige Zitat von Quintilian bezieht sich speziell auf die beratende Rede bzw. den Redner in der Funktion des Beraters.

Gesagten unterworfen. Die folgende Untersuchung ist der Versuch, eine Redlichkeit jenseits der Hegemonie dieser Intention zu konzipieren.

# 3 Redlichkeit und der Schrei der Philosophie. Friedrich Nietzsches *Also sprach Zarathustra*

Es gibt zu denken, dass ausgerechnet der „Amoralist"[1] Nietzsche ein Philosoph der Redlichkeit ist. Redlichkeit, so Zweig, ist die Tugend der „Bürger, Krämer, Händler und Advokaten", all jener also, von denen sich Nietzsches Philosophie abwende (Zweig, Der Kampf mit dem Dämon, S. 265). Da aber, wie Sarah Kofman schreibt, mit dem Tod Gottes alle Begriffe ihren Sinn verändern oder verlieren und weil der Tod Gottes alle absoluten Zentren der Referenz abschafft,[2] überrascht es kaum, dass Nietzsches Redlichkeit nur noch an ihren Rändern an diejenige der Bürger und Advokaten erinnert. Eine Untersuchung dieses im Zeichen von Norm und Moral stehenden Begriffs drängt sich aber vor allem vor dem Hintergrund von Nietzsches Wahrheitskritik und seiner Haltung gegenüber allem Normativen, Tradierten und Moralischen förmlich auf.

Nietzsche selbst hat die Bedeutung seines Redlichkeitsbegriffs weder definiert noch diskutiert. Was er verrät, ist, dass Redlichkeit „etwas Werdendes", „eine der jüngsten Tugenden" und „ihrer selber noch kaum bewusst" ist.[3] Außerdem kommt sie „weder unter den sokratischen, noch unter den christlichen Tugenden" vor (Nietzsche, M §456, KSA 3, S. 275). Mit Jean-Luc Nancys Vortrag „'Notre Probité!' (sur la vérité au sens moral chez Nietzsche)"/„'Unsere Redlichkeit' (Über Wahrheit und Lüge im moralischen Sinn bei Nietzsche)"[4] und Alan Whites Essay „The Youngest Virtue"[5] liegen zwei Untersuchungen vor, die sich ausschließlich mit dem Begriff der Redlichkeit bei Nietzsche beschäftigen.[6] Beide

---

[1] Zweig, Stefan: Der Kampf mit dem Dämon. Hölderlin, Kleist, Nietzsche. Frankfurt am Main 1981, S. 265.
[2] Kofman, Sarah: Nietzsche et la métaphore. Paris 1988, S. 158; dt.: Nietzsche und die Metapher. Übers. von Florian Scherübl. Berlin 2015, S. 160.
[3] Nietzsche, Friedrich: Morgenröte. In: Nietzsche, Sämtliche Werke. Kritische Studienausgabe in 15 Bänden, Bd. 3. Hrsg. von Colli, Giorgio/Montinari, Mazzino. München 1999, S. 9–331. Im Folgenden im Text abgekürzt: M, KSA Bd. Aphorismus.
[4] Nancy, Jean-Luc: « Notre probité! » (sur la vérité au sens moral chez Nietzsche). In: Revue de théologie et de philosophie 112.4 (1980), S. 391–407; dt.: „Unsere Redlichkeit!" (Über Wahrheit im moralischen Sinn bei Nietzsche). In: Nietzsche aus Frankreich. Hrsg. von Hamacher, Werner. Berlin 2007, S. 225–248.
[5] White, Alan: The Youngest Virtue. In: Nietzsche's Postmoralism. Essays on Nietzsche's prelude to Philosophy's Future. Hrsg. von Schacht, Richard. Cambridge/New York 2001, S. 64–78.
[6] Andere Untersuchungen erörtern zwar Redlichkeit bei Nietzsche, gehen jedoch nicht genauer auf den Begriff selbst ein. Wilhelm Wurzer zum Beispiel versteht Redlichkeit als hermeneutisches Konzept, das Ähnlichkeiten mit *paideia* als der Praxis des Erziehens und Bildens aufweise

heben hervor, dass Redlichkeit mit Themen wie Wahrheit und Moral verbunden ist. Alan White diskutiert vor allem mögliche und unmögliche Übersetzungen des Begriffs ins Englische, denn im Übersetzungsprozess wird Redlichkeit meist zu *honesty*; *honesty* müsse jedoch auch für andere Begriffe Nietzsches einstehen, wie zum Beispiel für „Rechtschaffenheit", „Ehrlichkeit", „Anständigkeit" und „Probität" (White, The Youngest Virtue, S. 63).[7] Sowohl White als auch Nancy verweisen zudem auf die Wurzeln des Begriffs im Kaufmännischen, da er sowohl von „Rede" als auch von „Rechnung" Zeugnis ablegt und die Bedeutung damit auf die kaufmännische Ehrlichkeit und „le compte exacte ou bien rendu"/die „genaue und wohlausgeführte Rechnung" lenke (Nancy, Notre Probité!, S. 398; dt. S. 235). Aus dieser Perspektive tue die Redlichkeit „ l'arithmos et au logos"/„dem *arithmos* und dem *logos*" Genüge und bezeichne die „conformité scrupuleuse à la loi"/„gewissenhafte Angemessenheit ans Gesetz" (Nancy, Notre Probité!, S. 398; dt. S. 235). Beide nennen Wahrhaftigkeit (Nancy, Notre Probité!, S. 398; dt. S. 235) bzw. *truthfulness* (White, The Youngest Virtue, S. 64) als mögliches Synonym. Nancy akzentuiert zudem die Bedeutung der Rede für die Redlichkeit und verweist auf ihren performativen Zug, wenn er schreibt, Redlichkeit sei „moins une adéquation avec quelque chose qui demeure ailleurs, derrière le discours, qu'un discours qui est par lui-même la restitution [...] ou la re-prèsentation [...]

---

(Wurzer, Wilhelm S.: Nietzsche's Hermeneutic of „Redlichkeit". In: Journal of the British Society for Phenomenology 14, (1983), S. 258–270). Melissa Lane liest Redlichkeit als „cognitive virtue" und als Summe aller Tugenden. Ihre Ausführungen sollen „a severe challenge to attempts to appropriate Nietzsche for a postmodernist attack on truth" darstellen, indem sie Redlichkeit als „honesty" und als „honest acknowledgement of the inconvenient and unpleasant aspects of reality or nature" versteht (Lane, Melissa: Honesty as the Best Policy? Nietzsche on Redlichkeit and the Contrast between Stoic and Epicurean Strategies of the Self. In: Histories of Postmodernism. Hrsg. von Bevir, Mark/ Jill, Hargis/Rushing, Sara. New York 2007, S. 25–51, hier S. 42). Elisabeth Kuhn zeigt mit den Schriften aus Nietzsches Nachlass, dass ein „Über-Gebrauch" der Redlichkeit zum Nihilismus und zur *décadence* führen könne (Kuhn, Elisabeth: Friedrich Nietzsches Philosophie des europäischen Nihilismus. Berlin/New York 1992, v. a. S. 189–198 und Kuhn, Elisabeth: Redlichkeit. In: Nietzsche-Lexikon. Hrsg. von Niemeyer, Christian. Darmstadt 2011, S. 321–322). Zum „Über-Gebrauch" siehe auch Grau, Christlicher Glaube und intellektuelle Redlichkeit; Grau, Gerd-Günther: Redlichkeit. In: Nietzsche-Handbuch: Leben, Werk, Wirkung. Hrsg. von Ottmann, Henning. Stuttgart/Weimar 2000, S. 308-309 sowie zur Ambivalenz intellektueller Redlichkeit Kleinert, Markus: Ambivalenz der intellektuellen Redlichkeit am Beispiel von Nietzsches Antichrist. In: Religiosität und intellektuelle Redlichkeit. Hrsg. von Hartung, Gerald/Schlette, Magnus. Tübingen 2012, S. 71–84.

7 White bezieht sich vor allem auf die in den USA einschlägigen Übersetzungen Nietzsches von Walter Kaufmann.

d'un compte, d'un calcule, d'un ‚logos'" (Nancy, Notre Probité!, S. 398).[8] Doch weil er Nietzsches Redlichkeit mit Kants kategorischem Imperativ liest, verfolgt er diesen Gedanken nicht weiter und schaltet vor die redliche Rede letztlich eine leitende Instanz, wenn er sagt, dass die Qualität der Redlichkeit immer die einer Person sein muss, „avant d'être celle d'un discours"/„bevor sie die einer Rede sein kann" (Nancy, Notre Probité!, S. 389; dt. S. 235). Auch White thematisiert die Verknüpfung von Rede und Redlichkeit, kommt jedoch zu dem Schluss, dass Redlichkeit vor allem diejenige Instanz einer Person sei, die anzuerkennen fordere, dass wir nicht in der Lage seien, Dinge zu sagen, wie sie sind. Redlichkeit sei das, was uns sage, die Wahrheit auszusprechen, „'the whole truth and nothing but the truth,' is something we cannot do, because that is not the way telling – *reden* – works. *Redlichkeit* demands that we recognize this" (White, The Youngest Virtue, S. 77). In dieser Schlussfolgerung erscheint die Redlichkeit als mahnende oder imperativische Instanz und wird dadurch von der Rede selbst getrennt. Wie schon bei Nancy gibt es also auch bei White eine hierarchische Beziehung zwischen Rede und Redlichkeit, die durch das Moment der „Rede" im Wort „Redlichkeit" gerade durchkreuzt wird.

Konzentriert man sich auf die Redlichkeit als bestimmten Modus des Redens und sieht vorerst von möglichen moralischen Implikationen ab, treten diejenigen Merkmale hervor, aufgrund derer sich die Redlichkeit von vermeintlich synonymen Begriffen unterscheidet. Weil Nietzsches *Zarathustra* nicht nur unterschiedliche Modi des Redens aufweist, sondern darüber hinaus auch die Reden Zarathustras und anderer Figuren ständig thematisiert, ist dieser Text für eine Untersuchung der Redlichkeit, die den Moment des Redens in den Blick nimmt, besonders vielversprechend. Auf diese Weise lässt sich anhand dieses Textes ein Konzept von Redlichkeit formulieren, das jenseits einer moralischen Lesart eine Praxis des Wahrsprechens formuliert, die sich weder außerhalb der Rhetorik noch ohne die performative Kraft der Sprache denken lässt.

Wenn im Folgenden die Lektüre von *Also sprach Zarathustra* im Zentrum steht, dann auch, weil dieser Text Nietzsches radikalster Versuch ist, sich von einem moralischen, christlichen oder intellektuellen Redlichkeitsbegriff zu lösen. Der *Zarathustra* wirft so die Frage auf, welcher Wert Redlichkeit zukommen kann, wenn sie sich nicht auf Wahrheit beruft, sondern in eine verschwendende und performative Praxis überführt wird, in welcher sich die redliche Rede exponiert und preisgibt. Da sich Redlichkeit aufgrund dieser Ökonomie ihrer eigenen

---

**8** „weniger eine Entsprechung zu etwas, das außerhalb, das jenseits der Rede bliebe, als eine Rede, die selber die Herstellung oder Ausführung [...] einer Rechnung, einer Erwägung, eines ‚logos' ist" (Nancy, Unsere Redlichkeit!, S. 235).

Systematisierung entzieht, wird das folgende Kapitel nicht den Versuch darstellen, einen geschlossenen Begriff von Redlichkeit zu formulieren, sondern Momente und Strukturen redlichen Redens zu analysieren.[9]

## 3.1 Redlich reden

Die Unmöglichkeit einer Systematisierung des Redlichkeitsbegriffs im *Zarathustra* ist unter anderem mit der steten Generierung einer redlichen Rede verbunden, die zuweilen eher redselige und plauderhafte, denn vernünftige oder gar intellektuelle Züge aufweist.

> Ja, diess Ich und des Ich's Widerspruch und Wirrsal redet noch am redlichsten von seinem Sein, dieses schaffende, wollende, werthende Ich, welches das Maass und der Werth der Dinge ist.
> Und diess redlichste Sein, das Ich – das redet vom Leibe, und es will noch den Leib, selbst wenn es dichtet und schwärmt und mit zerbrochnen Flügeln flattert. Immer redlicher lernt es reden, das Ich: und je mehr es lernt, um so mehr findet es Worte und Ehren für Leib und Erde.[10]

Das Zitat aus der Rede „Von den Hinterwäldlern" beginnt mit dem Demonstrativpronomen „diess" und suggeriert damit, dass über dieses Ich, auf das es sich bezieht, bereits gesprochen wurde; da dies jedoch nicht zutrifft, verweist es zugleich auf das Ich wie auch ins Leere. Die grammatische Struktur des Satzes weist über sich selbst hinaus und fügt dem Ich sowie seinem „Widerspruch und Wirrsal" (Nietzsche, Za I S. 36) die Leere hinzu. Diese Struktur ist vor allem deswegen interessant, weil das in alle Richtungen weisende Ich höchst produktiv und seine differenzielle Pluralität Teil seiner ständig neuen Wertungen ist. Die Produktivität des Vielen und Differenten zeigt sich auch in der Formulierung „redliche Reden", denn sie bezieht sich sowohl auf eine redselige als auch auf eine wahrhafte Rede. Der Wortlaut vollzieht also eine doppelte Bewegung: Durch die wiederholende Erwähnung von „red" wird nicht nur die Gemeinsamkeit, sondern auch die

---

**9** Vielleicht müsste man, weil auch die Interpretation der Redlichkeit immer unabgeschlossen bleibt, von ihr im Plural, also von Redlichkeiten sprechen. Vgl. zur Unabschließbarkeit der Interpretation bei und mit Nietzsche vor allem Foucault, Michel: Nietzsche, Freud, Marx. In: Nietzsche aus Frankreich. Hrsg. von Hamacher, Werner. Berlin 2007, S. 59–69, hier S. 65.
**10** Nietzsche, Friedrich: Also sprach Zarathustra I–VI. In: Nietzsche, Sämtliche Werke: Kritische Studienausgabe in 15 Bänden. Hrsg. von Colli, Giorgio/Montinari, Mazzino. Bd. 4. München 1999. Im Folgenden im Text abgekürzt: Za Buch. Hier: Za I S. 36.

Differenz der Worte hervorgehoben: „redlich" erinnert daran, dass „Rede" wahrhaft ist, und „Rede" verweist darauf, dass „redlich" „Rede" ist. Da „reden" und „redlich" hier und an anderen Stellen im Text gemeinsam auftreten, sind sie gleichermaßen untrennbar und gespalten.

Die doppelte, aber klar differenzierte Verwendung des Morphems „red(e)", das sowohl „reden" als auch „redlich" generiert, verweist auf eine Spannung und Ungleichheit, die überaus produktiv ist. Denn je redlicher das Ich reden lernt, desto mehr Worte findet es, um sich zu beschreiben. Die redliche Rede nährt sich selbst mit Worten, die sie in ihrer eigenen Spannung und Differenz findet. Die Spaltung der redlichen Rede ist dabei zugleich die Spaltung des Wortes selbst, das heißt des *logos*, in seiner Bedeutungsvielfalt als Vernunft und Wort. Die redliche Rede Zarathustras ist also weder eine Rede der Vernunft noch eine vernünftige Rede. Vielmehr konstituiert sich das Ich in dieser redlichen Rede und wird durch sie produziert, wenn es heißt, dass das „redliche Ich" den Leib will, „selbst wenn es dichtet und schwärmt und mit zerbrochenen Flügeln flattert" (Nietzsche, Za I S. 36). Aus der Redlichkeit heraus, die immer erhalten wird, weil sie sich selbst das Ziel ist, findet das Ich Worte für den Leib, den es will. Dadurch will es vor allem sich selbst:

> Hört mir lieber, meine Brüder, auf die Stimme des gesunden Leibes: eine redlichere und reinere Stimme ist diess.
> Redlicher redet und reiner der gesunde Leib, der vollkommne und rechtwinklige: und er redet vom Sinn der Erde. (Nietzsche, Za I S. 36)

Dass aber die Produktion des Ich nicht vornehmlich auf der Grundlage des „Was?" der Rede, sondern vor allem im Redlichen der Rede, also im Akt des Redens, erfolgt, wird durch die Alliteration – redlich, rein, rechtwinklig, reden – verdeutlicht, denn die ist auch hier, wie Wolfram Groddeck es allgemein für die Alliteration formuliert, „nicht nur eine sprachliche Akzentuierung, sondern auch eine Akzentuierung des Sprachlichen" (Groddeck, Reden über Rhetorik, S. 235). Die Alliteration betont die sprachliche bzw. die redliche Dimension der Redlichkeit.

## 3.2 Die Rhetorik der Redlichkeit bei Nietzsche

> Die „Vernunft" in der Sprache: oh was für eine alte betrügerische Weibsperson! Ich fürchte, wir werden Gott nicht los, weil wir noch an die Grammatik glauben [...]
> Nietzsche, Götzen-Dämmerung oder Wie man mit dem Hammer philosophirt.[11]

Die Lektüre der Passage aus dem *Zarathustra* zeigt, dass Redlichkeit nicht auf eine moralische Haltung reduziert werden kann, sondern einen Modus des Redens bezeichnet. Da Nietzsche und vor allem die dekonstruktivistische Rezeption von Nietzsches Rhetorikvorlesungen und anderen Schriften gezeigt haben, dass seine Texte die Möglichkeit eines nicht-rhetorischen Sprechens grundlegend zur Disposition stellen, wird auch hier die Frage aufgeworfen, wie sich Redlichkeit und Rhetorik zueinander verhalten. Nietzsche zufolge ist Sprache Rhetorik, „denn sie will nur eine δόξα, keine ἐπιστήμη übertragen" (Nietzsche, KGW II/4, S. 425–426).[12] Das ist nach Nietzsche vor allem auf den phänomenologischen und

---

[11] Nietzsche, Friedrich: Götzen-Dämmerung oder Wie man mit dem Hammer philosophirt. In: Nietzsche, Sämtliche Werke: Kritische Studienausgabe in 15 Bänden. Hrsg. von Colli, Giorgio/Montinari, Mazzino. Bd. 6. München 1999, S. 55–162, hier S. 78.

[12] Seit den 1970er Jahren hat die Nietzsche-Forschung einige Untersuchungen zum Thema der Rhetorik bei Nietzsche vorgelegt. Die Gründe für die vergleichsweise späte Beschäftigung mit dem Thema sind vielfältig: Ab 1961 arbeiteten Giorgio Colli und Mazzino Montinari an der *Kritischen Gesamtausgabe* (KGW), die auch Nietzsches Vorlesungen über die Rhetorik beinhaltet. Die Übersetzungen ins Französische von Nietzsches frühen Texten durch Lacoue-Labarthe und Nancy (ab 1971) lenkten die Aufmerksamkeit auf Nietzsches Sprachauffassung und lösten eine ausführlichere philosophische Auseinandersetzung mit Nietzsches Rhetorik aus (vgl. Lacoue-Labarthe: Der Umweg. In: Nietzsche aus Frankreich. Hrsg. von Hamacher, Werner. Berlin 2007, S. 125–163). Zur Intensivierung und Vertiefung der Auseinandersetzung tragen dann die Reaktionen auf die vornehmlich dekonstruktivistische Rezeption (Paul de Man, Jacques Derrida und Sarah Kofman) bei, das heißt jene kritischen Stimmen, die vor allem auf die Quellen Nietzsches (Arthur Schopenhauer, Gustav Gerber, Hermann von Helmholtz) verweisen und Nietzsche zum Teil die Autorschaft seiner Rhetorikvorlesungen absprechen. So zum Beispiel Fries, Thomas/Most, Glenn: Die Quellen von Nietzsches Rhetorik-Vorlesungen. In: Nietzsche oder „Die Sprache ist Rhetorik". Hrsg. von Kopperschmidt, Josef. München 1994, S. 17–38 sowie im Anschluss an diese auch Agell, Fredrik: Die Frage nach dem Sinn des Lebens. Über Erkenntnis und Kunst im Denken Nietzsches. München 2006, S. 99–104. Zu den Texten, auf die sich Nietzsche in seinen Vorlesungen implizit und explizit bezieht, siehe auch Borsche, Tilman: Natur-Sprache. Herder – Humbold – Nietzsche. In: „Centauren-Geburten": Wissenschaft, Kunst und Philosophie beim jungen Nietzsche. Hrsg. von Borsche, Tilman/Gerratana, Federico/Venturelli, Aldo. Berlin/Boston 1994, S. 113–130 und Stingelin, Martin: Nietzsches Wortspiel als Reflexion auf poet(olog)ische Verfahren. In: Nietzsche-Studien 17 (1988), S. 336–349.

materiellen Gesichtspunkt der Sprachentstehung zurückzuführen:[13] Der „sprachbildende Mensch" fasst nicht „Dinge oder Vorgänge" auf, sondern empfängt begrenzte Empfindungen, die durch Nervenreize hervorgerufen werden (Nietzsche, KGW II/4, S. 426). Diese aber nehmen immer nur einen kleinen Teil der Dinge oder Vorgänge auf. Das heißt, dass Sprache laut Nietzsche nur einzelne Merkmale abbildet. Sie „nimmt das Ding nicht selbst auf" (Nietzsche, KGW II/4, S. 426). Der Abbildungsprozess der in Laute überführten Empfindungen gleicht zum einen der Bildung von Tropen: „Als wichtigstes Kunstmittel der Rhetorik gelten die Tropen, die uneigentlichen Bezeichnungen. Alle Wörter sind aber an sich u. von Anfang <an>, in Bezug auf ihre Bedeutung Tropen" (Nietzsche, KGW II/4, S. 426).[14] Zum anderen gleicht dieser Prozess der Bildung von Figuren: „Ebensowenig wie zwischen den eigentl. Wörtern u. den Tropen ein Unterschied ist, gibt es einen zwischen der regelrechten Rede und den sogenannten rhetorischen Figuren. Eigentlich ist alles Figuration, was man gewöhnliche Rede nennt" (Nietzsche, KGW II/4, S. 427). Das heißt aber, dass es laut Nietzsche prinzipiell keinen Unterschied zwischen einer natürlichen und einer künstlichen Sprache gibt:

> Es ist aber nicht schwer zu beweisen, dass was man, als Mittel bewußter Kunst „rhetorisch" nennt, als Mittel unbewußter Kunst in der Sprache u. deren Werden thätig waren, ja, daß die Rhetorik eine Fortbildung der in der Sprache gelegenen Kunstmittel ist, am hellen Lichte des Verstandes. Es giebt gar keine unrhetorische „Natürlichkeit" der Sprache, an die man appellieren könnte: die Sprache selbst ist das Resultat von lauter rhetorischen Künsten die Kraft, welche Aristot. Rhetorik nennt, an jedem Ding das heraus zu finden u. geltend zu machen was wirkt u. Eindruck macht, ist zugl. das Wesen der Sprache[.] (Nietzsche, KGW II/4, S. 425)

Rhetorik bezeichnet also erstens nicht mehr das, was zu der Sprache als *ornatus* und damit als Kunst addiert wird. Sprache ist mit Nietzsche, wie Philippe Lacoue-Labarthe betont, vielmehr die Kunst schlechthin (Lacoue-Labarthe, Der Umweg, S. 136) und zwar, wie Anselm Haverkamp fortführt „die Sprache *als Rhetorik*".[15] Zweitens wird die Unterscheidung und damit auch die Hierarchisierung zwischen eigentlichen und uneigentlichen Bedeutungen von Zeichen nivelliert, da

---

13 Zur Materialität der Sprache bei Nietzsche siehe auch Porter, James: Nietzsche's Rhetoric: Theory and Strategy. In: Philosophy & Rhetoric 27.3 (1994), S. 218–244.
14 Hierbei handelt es sich um ein fast wörtliches Zitat von Gerber, Gustav: Die Sprache als Kunst. Band 1.1. Bromberg 1871, S. 333.
15 Haverkamp, Anselm: Figura Cryptika. Paul de Man und die Rhetorik nach Nietzsche. In: Nietzsche oder „Die Sprache ist Rhetorik". Hrsg. von Kopperschmidt, Josef. München 1994, S. 241–148, hier S. 246.

jegliche Bedeutung insofern uneigentlich ist, als sie den Referenten nicht erfasst.[16] Mit der Verabschiedung von der Eigentlichkeit eines Zeichens und einer vorsprachlichen Welt, die sprachlich erfassbar wäre, richtet sich Nietzsches Interesse entsprechend nicht an vermeintliche Referenten hinter den Begriffen, sondern auf den Wert der Begriffe und Zeichen selbst. Der Gegenstand der Philosophie ist unter diesen Bedingungen kein ontologischer, sondern verschiebt sich zu der Frage nach der Beschaffenheit ihrer Metaphern, deren Lebendigkeit und Wertigkeit sich wiederum am Grad ihres Erblassens messen lassen, wie Nietzsche in dem weitaus berühmteren Text „Ueber Wahrheit und Lüge im aussermoralischen Sinne" schreibt:[17]

---

[16] Zur Ausstreichung von Eigentlichkeit und Uneigentlichkeit bei Nietzsche siehe v. a. Kofman, Nietzsche et la métaphore, S. 158; dt. S. 160. Einige Untersuchungen zu Nietzsches Rhetorik gehen zwar grundsätzlich von der Sprache als Rhetorik aus, entschärfen diese Überlegung aber wieder dadurch, dass sie eine Meta-Rhetorik etablieren. Das heißt, dass sie Sprache als Rhetorik lesen, aber auch hier eine Unterscheidung zwischen buchstäblicher und uneigentlicher Bedeutung herausarbeiten (vgl. Agell, Die Frage nach dem Sinn des Lebens). Diese Unterscheidung übergeht m. E. mindestens einen ausschlaggebenden Punkt in Nietzsches Darstellung der Sprache als Rhetorik und letztendlich auch seiner Philosophie: Um von einer buchstäblichen und einer uneigentlichen Bedeutung sprechen zu können, um sie kategorisieren und bestimmen zu können, muss von einem fertig ausgebildeten Sprachsystem ausgegangen werden, in dem es keine oder nur schleichende oder unwesentliche Veränderungen gibt. Eine solche Lektüre von Nietzsches Rhetorikbegriff führt die Möglichkeit der Unterscheidung einer Objekt- und einer Metasprache genau dort wieder ein, wo sie eigentlich radikal in Frage gestellt wird (vgl. Stingelin, Martin: Nietzsches Rhetorik: Figuration und Performanz. In: Rhetorik. Figuration und Performanz. Hrsg. von Fohrmann, Jürgen. Stuttgart 2004, S. 295–312, hier S. 306). Nietzsche hingegen schreibt permanent gegen ein Konzept von Sprache als statischem System an und bringt Sprache in Bewegung bzw. hält sie in Bewegung/im Fluss (siehe Klossowski, Pierre: Nietzsche et le cerole vicieux. Paris, 1969, S. 65–69; dt. Nietzsche und der Circulus vitiosus deus. Hrsg. von Bergfleth, Gerd. Übers. von Ronald Vouille. München 1986, S. 67-72). Zur Bedeutung der Rhetorik für Nietzsche auch in späteren Schriften siehe v. a. Schrift, Alan: Nietzsche and the Question of Interpretation. New York 1990; de Man, Allegories of Reading, S. 79–131; Koppersschmidt, Josef (Hrsg.): Nietzsche oder „Die Sprache ist Rhetorik". München 1994; Posselt, Gerhard. Katachrese. Rhetorik des Performativen. München 2005, v. a. Kapitel I.2. S. 42–95.

[17] Derrida, wie auch Lacou-Labarthe, Kofman und de Man, fragt im Anschluss an Nietzsche nach der Bedeutung der Metapher für die Philosophie bzw. nach der Beziehung zwischen Philosophie und Metapher, denn wenn, wie Derrida sagt, das Werkzeug der Philosophie die Metapher ist, die Metapher wiederum Gegenstand der Philosophie ist, scheint die Begegnung beider immer einen blinden Fleck zu generieren, der in der gegenseitigen Betrachtung eine mögliche Lösung aufschiebt, weil die Metapher der Metapher den Blick auf Philosophie und Metapher immer verwehrt (Derrida, Jacques: La mythologie blanche: la métaphore dans le texte philosophique. In: Derrida, Marges de la philosophie. Paris 1972, S. 247–324; dt.: Die weiße Mythologie. Die Metapher im philosophischen Text. In: Derrida, Randgänge der Philosophie. Hrsg. von Engelmann, Peter. Übers. von Gerhard Ahrens. Wien 1988, S. 205–258.)

> Was ist also Wahrheit? Ein bewegliches Heer von Metaphern, Metonymien, Anthropomorphismen kurz eine Summe von menschlichen Relationen, die, poetisch und rhetorisch gesteigert, übertragen, geschmückt wurden, und die nach langem Gebrauche einem Volke fest, canonisch und verbindlich dünken: die Wahrheiten sind Illusionen, von denen man vergessen hat, dass sie welche sind, Metaphern, die abgenutzt und sinnlich kraftlos geworden sind, Münzen, die ihr Bild verloren haben und nun als Metall, nicht mehr als Münzen in Betracht kommen. Wir wissen immer noch nicht, woher der Trieb zur Wahrheit stammt: denn bis jetzt haben wir nur von der Verpflichtung gehört, die die Gesellschaft, um zu existieren, stellt, wahrhaft zu sein, d. h. die usuellen Metaphern zu brauchen, also moralisch ausgedrückt: von der Verpflichtung nach einer festen Convention zu lügen, schaarenweise in einem für alle verbindlichen Stile zu lügen.[18]

Jeder Begriff, der Kofman zufolge selbst ein Resultat des Triebes zur Metaphernbildung ist, garantiert die metaphorische „mensonge"/„Lüge" und „déloyauté"/„Unredlichkeit", indem er die Stabilität der Metapher sichert (Kofman, Nietzsche et la métaphore, S. 55; dt. S. 58). Eine Redlichkeit, die sich um korrekte Begrifflichkeit bemüht und deren Wert sich dadurch auszeichnet, dass sie ein annähernd richtiges und wahres Bild einer Handlung oder Überzeugung darlegt, muss entsprechend immer unredlich sein. Umgekehrt könnte nach Nietzsche aber auch jedes Sprechen als redlich betrachtet werden, wenn Redlichkeit nicht Angemessenheit ausdrückt, sondern vor allem auf die performative Kraft des Sprechens verweist, die bei Nietzsche in einer permanenten und aktiven Auseinandersetzung mit Sprache als Sprache liegt. Nur indem die Sprache Rhetorik wird und sich von den Objekten löst,[19] kann sie selbst schaffen. Diese Loslösung proklamiert keine Unabhängigkeit der Sprache von den Dingen, sondern konzipiert Sprache dahingehend, dass sie die Dinge mit hervorbringt:

> Nur als Schaffende! — Diess hat mir die grösste Mühe gemacht und macht mir noch immerfort die grösste Mühe: einzusehen, dass unsäglich mehr daran liegt, wie die Dinge heissen, als was sie sind. Der Ruf, Name, und Anschein, die Geltung, das übliche Maass und Gewicht eines Dinges — im Ursprunge zuallermeist ein Irrtum und eine Willkürlichkeit, den Dingen übergeworfen wie ein Kleid und seinem Wesen und selbst seiner Haut ganz fremd — ist durch den Glauben daran und sein Fortwachsen und Geschlecht zu Geschlecht dem Dinge allmählich gleichsam an- und eingewachsen und zu seinem Leibe selber geworden: der Schein von Anbeginn wird zuletzt fast immer zum Wesen und wirkt als Wesen! Was wäre das für ein Narr, der da meinte, es genüge, auf diesen Ursprung und diese Nebelhülle des Wahns hinzuweisen, um die als wesenhaft geltende Welt, die sogenannte

---

**18** Nietzsche, Friedrich: Ueber Wahrheit und Lüge im aussermoralischen Sinne. In: Nietzsche, Sämtliche Werke: Kritische Studienausgabe in 15 Bänden. Hrsg. von Colli, Giorgio/Montinari, Mazzino. Bd. 1. München 2015, S. 873–890, hier S. 879–880. Im Folgenden im Text abgekürzt: WL, KSA Bd.
**19** Dazu auch Agell, Die Frage nach dem Sinn des Lebens, S. 265.

"Wirklichkeit", zu vernichten! Nur als Schaffende können wir vernichten! — Aber vergessen wir auch diess nicht: es genügt, neue Namen und Schätzungen und Wahrscheinlichkeiten zu schaffen, um auf die Länge hin neue „Dinge" zu schaffen.[20]

Nietzsche verweist in seiner Vorlesung zur *Darstellung der antiken Rhetorik* auf Cicero (Nietzsche, KGW II/4, S. 442), der die Metapher des Kleides bemüht, um die Entstehung der Metapher zu veranschaulichen, wodurch er schon die Entstehung der Metapher metaphorisch markiert.[21] Dem Kleid und dem Ursprung der metaphorischen Redeweise ist Cicero zufolge gemein, dass sie beide aus einer Notwendigkeit heraus entstanden sind (Kälte, Mangel) und erst in einem zweiten Schritt zur Anmut/zum Schmuck und zur Ergötzung wurden (Cicero, Über den Redner, III 38, S. 442). Nietzsche begegnet dieser Annahme Ciceros jedoch mit Jean Paul, der, und dem schließt sich Nietzsche an, von einer ursprünglichen Metaphorik und dem „entfärben" der Metaphern zu den „eigentlichen Ausdrücken" ausgeht (Nietzsche, KGW II/4, S. 442–443).[22] Das heißt, dass sich die Metapher allein durch den „usuellen" Gebrauch zu einem „eigentlichen" Wort entwickelt (Nietzsche, KGW II/4, S. 443). Wenn, wie im zitierten Aphorismus aus der *Fröhlichen Wissenschaft* deutlich wurde, der Ursprung der Namensgebung, also das Verhüllen des Dinges, „zuallermeist ein Irrtum und eine Willkürlichkeit" (Nietzsche, FW 58, KSA 3, S. 422) ist, dann ist auch Nietzsches Vorstellung vom Ursprung der Gestaltung der Dinge und Vorgänge ein willkürlicher oder fiktiver.[23] Das übergeworfene Kleid (*textus*/Gewebe/Text) ist selbst Fiktion und dem Ding „an- und eingewachsen und zu seinem Leibe selber geworden" (Nietzsche, FW 58, KSA 3, S. 422). Das Kleid kann nicht gelüftet, das Ding nicht in seiner Nacktheit betrachtet werden,[24] weil es bereits mit jenem verwachsen ist. Kleid und

---

20 Nietzsche, Friedrich: Die fröhliche Wissenschaft. In: Nietzsche, Sämtliche Werke: Kritische Studienausgabe in 15 Bänden. Hrsg. von Colli, Giorgio/Montinari, Mazzino. Bd. 3. München 1999, S. 343–652, hier §58, S. 422. Im Folgenden abgekürzt: FW Aphorismus, KSA Bd.
21 Cicero, Marcus Tullius: De oratore/Über den Redner. Lateinisch/Deutsch. Hrsg. von Merklin, Harald. Stuttgart 1997, III 38, S. 442.
22 Nietzsche bezieht sich hier auf Jean Pauls *Vorschule der Ästhetik* (Nietzsche, KGW II/4, S. 442–444).
23 Ebenso wie die Entwicklung von Begriffen zur Stabilität der Metapher beiträgt, ist die gleiche Entwicklung nach Nietzsche nur durch das Vergessen, das heißt auch durch das Vergessen des Ursprungs der Metaphern, möglich (vgl. Kofman, Nietzsche et la métaphore, S. 39–86; dt. S. 41–89).
24 Zu Nacktheit und Verkleidung siehe Kofmans gleichnamiges Kapitel, in dem sie schreibt: „L'opposition du ,costume' et de la ,nudité' n'est donc pas celle de l' ,erreur' et de la ,vérité', mais celle de deux ,textes' du monde [...]"/„Die Opposition von ,Kostüm' und ,Nacktheit' ist also nicht jene von ,Irrtum' und ,Wahrheit', sondern die von zwei ,Texten' der Welt [...]" (Kofman, Nietzsche et la métaphore, S. 119–145, hier 141; dt. S. 121–146, hier 143).

Ding sind das, was „wirkt", deswegen können diejenigen, die auf die Entstehung der Textur zeigen, die vermeintliche Wirklichkeit nicht zerstören. Eine Sprache, die an der Textur arbeitet, die durch Zerstörung schafft, kann produktiv sein, ohne unter der Illusion einer text(il)losen Dinghaftigkeit und dem Diktat der Wahrheit zu operieren.

Auch der Redlichkeit wird damit die Möglichkeit genommen, sich an Wahrheiten zu orientieren – seien es religiöse, moralische, gesellschaftliche oder auch wissenschaftliche. Ihr Tun wird vielmehr in eine produktive Rede überführt, die nicht deswegen redlich ist, weil sie nicht lügt, sondern weil sie mit dem Material des Textes und der Sprache spielt:

> Wahrspielerei. — Mancher ist wahrhaftig, — nicht weil er es verabscheut, Empfindungen zu heucheln, sondern weil es ihm schlecht gelingen würde, seiner Heuchelei Glauben zu verschaffen. Kurz, er traut seinem Talent als Schauspieler nicht und zieht die Redlichkeit vor, die „Wahrspielerei". (Nietzsche, M 418, KSA 3, S. 256)

Es geht dem Wahrhaften aus diesem Aphorismus nicht darum, wahrhaftig zu sein, weil es moralisch richtig wäre. Er ist auch nicht wahrhaftig, weil es verwerflich wäre zu heucheln, sondern weil es ihm „schlecht gelingen" würde, sich Glauben zu verschaffen. Das heißt, es geht dem Wahrhaften darum, einen Sprechakt zu vermeiden, der misslingen könnte. Der Wahrhafte befürchtet, dass er seiner Heuchelei keinen Glauben verschaffen kann und wählt deswegen die Redlichkeit, die der Glaubhaftigkeit offenbar dienlicher ist. Der Rede „Glauben zu verschaffen" (überreden, überzeugen), ist traditionell Aufgabe der Rhetorik. Die Formulierung weist darauf hin, dass weder der eine noch der andere Sprechakt ohne Rhetorik vollzogen werden kann. Der Wahrhafte zieht es also vor, redlich zu sein, er zieht die Wahrspielerei der Schauspielerei vor. Redlichkeit scheint zwar im Gegensatz zur Heuchelei und zum Schauspiel zu stehen, wird jedoch nicht mit Wahrheit gleichgesetzt. Stattdessen wird die Wahrspielerei zu ihrem Synonym und zum Ausdruck des Nicht-Schauspiels. Wo Nietzsche sowohl den Begriff Schau*spiel* als auch jenen der Wahr*spiel*erei verwendet, haben selbst diese Sprechmodi eine gemeinsame Schnittmenge: das Spiel. Der Aphorismus unterscheidet Sprechtätigkeiten zwar zunächst voneinander, nähert sie aber zugleich wieder aneinander an. Über die zweimalige Erwähnung von Wahrspielerei am Anfang und am Ende des Aphorismus wird darüber hinaus eine Kreisfigur generiert, so dass die Wahrspielerei die unterschiedlichen Formen der Rede in sich einschließt. Sowohl Performativität als auch Rhetorik, Redlichkeit und Schauspielerei sind nicht nur Variationen der Wahrspielerei, sondern deren Verfahren.

## 3.3 Von den Risiken des Redens

Wenn Foucault meint, dass eine Sprechtätigkeit erst dann eine *parrhesiastische* sei, wenn mit ihr ein Risiko verbunden ist, dann kommt die Todesdrohung vom Anderen[25] und „thereby requires a relationship to the other"/„und erfordert dadurch eine Beziehung zum Anderen" (Foucault, FS S. 17; dt. S. 16). Die wichtigere Beziehung ist laut Foucault jedoch diejenige zu sich selbst: „But the *parrhesiastes* primarily chooses a specific relationship to himself: he prefers himself as a truth-teller rather than as a living being who is false to himself" (Foucault, FS S. 17).[26] Der Andere, der in dieser Dynamik des Wahrsprechens eine wesentliche Rolle spielt, ist demnach nicht nur der Tyrann, sondern vor allem der *parrhesiastes* selbst. Foucault beschreibt hier eine Struktur der Alterität, die er dem *parrhesiastischen* Sprechakt selbst abspricht, wenn er ihn von Rhetorik und Performanz unterscheidet. Der Andere wird aber im Sprechakt das Andere, das auch den Sprechakt bedroht. Die Bedrohung trifft einerseits den Sprechakt, der Gefahr läuft, nicht gehört oder nicht verstanden zu werden, und sich insofern immer aufs Spiel setzt, als er seine diskursive Position etabliert oder verteidigt, womit er eine andere vernichtet und sich selbst der Vernichtung preisgeben will. Andererseits trifft die Bedrohung das Subjekt der Äußerung, das mit dem Körper für das Gesagte einsteht und mit diesem zusammenfällt. Wie die diskursive Position gibt das Subjekt sich selbst preis, weil es mit jedem Sprechakt sowohl sich selbst verwundbar macht als auch seinerseits verwundet.[27]

---

**25** Da es sich hier um eine spezifische Struktur der Alterität handelt, wird „der Andere" hier, anders als an anderen Stellen in dieser Studie, großgeschrieben und folgt damit auch der deutschen Übersetzung des Textes von Foucault.
**26** „Aber der *parrhesiastes* wählt in erster Linie eine spezifische Beziehung zu sich selber: Er bevorzugt sich selbst als Wahrheits-Sprecher gegenüber sich selbst als einem Lebewesen, das zu sich selber unehrlich ist." (Foucault, DW S. 16)
**27** Bezüglich des *parrhesiastes*, der sich durch sein Sprechen der Gefahr der körperlichen Gewalt aussetzt, fragt Waldenfels: „Gewalt, die man zufügt, oder Gewalt, die man erleidet?" (Waldenfels, Wahrsprechen und Antworten, S. 70) Zu Sprechakten als körperliche Handlung, siehe v. a. Butler *Excitable Speech*, Felman *The Scandal of the Speaking Body* und das Kapitel „Riskante Redlichkeit" der vorliegenden Studie. In seiner Vorlesung *Le courage de la vérité* spricht Foucault von den Kynikern, die seines Erachtens ihr Leben nicht nur dann riskieren, wenn sie wahrsprechen, sondern ihr gesamtes Leben exponieren: „Si l'on reprend le problème et le thème du cynisme à partir de cette grande histoire de la *parrhêsia* et du dire-vrai, on peut dire que, alors que toute la philosophie va tendre de plus en plus à poser la question du dire-vrai dans les termes des conditions sous lesquelles on peut reconnaître un énoncé comme vrai, le cynisme, lui, est la forme de philosophie qui ne cesse de poser la question : quelle peut être la forme de vie qui soit telle qu'elle pratique le dire-vrai?"/„Wenn wir das Problem und Thema des

Dieser Struktur des Anderen, die dem Sprechakt eigen ist, fällt Zarathustra besonders in seiner Einsamkeit anheim. Wenn die Einsamkeit in der Rede „Die Heimkehr" zu Zarathustra sagt „Hier aber bist du bei dir zu Heim und Hause; hier kannst du Alles hinausreden und alle Gründe ausschütten, Nichts schämt sich hier versteckter, verstockter Gefühle [...] Aufrecht und aufrichtig darfst du hier zu allen Dingen reden [...]" (Nietzsche, Za III S. 231) bietet sie ihm nicht weniger als einen *parrhesiastischen* Vertrag an und damit einen vermeintlich sicheren Sprechraum. Aber Zarathustras Heimat, die Einsamkeit, hat Kenntnis von allem und konfrontiert ihn erneut mit allen Gefahren, denen Zarathustra bisher begegnete: mit den Menschen auf dem Marktplatz, die ihn bedrohten, mit dem Possenreißer und der „stillste[n] Stunde, die sprach ‚sprich und zerbrich'" (Nietzsche, Za III S. 232). Sein Heimkommen bedeutet Anheimfallen der Heimat auch dann, wenn sich zu den alten Gefahren neue auftun: „Hier kommen alle Dinge liebkosend zu deiner Rede und schmeicheln dir: denn sie wollen auf deinem Rücken reiten. Auf jedem Gleichniss reitest du hier zu jeder Wahrheit" (Nietzsche, Za III S. 231). Motivisch verweist diese Stelle auf die Fabel, die Nietzsches Text *Ueber Wahrheit und Lüge im aussermoralischen Sinne* einleitet. Durch diesen Verweis ruht Zarathustra plötzlich „auf dem Erbarmungslosen, dem Gierigen, dem Unersättlichen, dem Mörderischen", „in der Gleichgültigkeit seines Nichtwissens und gleichsam auf dem Rücken eines Tigers in Träumen hängend" (Nietzsche, WL KSA 1, S. 877). Zarathustra ist nicht nur in Gefahr, wenn er auf den Gleichnissen reitet, sondern stellt selbst eine Gefahr dar, wenn die Dinge auch auf seinem Rücken reiten. Zugespitzter als Foucault formuliert der *Zarathustra* eine sich selbst gefährdende Alterität, welche die Redlichkeit erst ermöglicht.

Die Wahrheit ist im *Zarathustra* kein Offenbarungsversprechen – wenn der Text es auch hin und wieder in Aussicht zu stellen scheint: „Hier [in der Heimat]

---

Kynismus von der großen Geschichte der *parrhesia* und des Wahrsprechens aus betrachten, können wir folgendes sagen: Während die gesamte Philosophie immer danach strebt, die Frage des Wahrsprechens im Hinblick auf die Bedingungen zu stellen, unter denen man eine Aussage als wahr erkennen kann, ist der Kynismus seinerseits diejenige Form der Philosophie, die unablässig die Frage stellt: Welche Lebensform ist so, daß sie das Wahrsprechen vollzieht?" (Foucault, CV S. 216; MW S. 305). Auch Kofman verweist auf das Risiko der Rede/Schrift, wenn sie bezüglich Nietzsche vom „Malentendu"/„Unverständlichen" spricht: „Cependant, écrire en déplaçant le sens habituel des métaphores, en dehors des normes du concept, comme un „fou", c'est prendre le risque et le *vouloir* de ne pas être compris du troupeau, du *sens commun*."/„Wie ein ‚Narr' zu schreiben, indem man den gewohnten Sinn der Metapher außerhalb der Normen der Begriffe verschiebt, das heißt jedoch, das Risiko einzugehen und es auch zu wollen, von der Herde, vom Gemein-Sinn nicht verstanden zu werden." (Kofman, Nietzsche et la métaphore, S. 163; dt. S. 165.)

springen mir alles Seins Worte und Wort-Schreine auf: alles Sein will hier Wort werden, alles Werden will hier von mir reden lernen" (Nietzsche, Za III S. 232). Das „Sein", das Wort werden, und das „Werden", das von Zarathustra „reden lernen" will, kündigen eine Offenbarungslogik an, welche durch die den Worten eigene Gefahr gespalten wird, denn die aufspringenden „Seins Worte und Wort-Schreine" drohen mit Wortsplittern und Abgründen. Dass mit dem Aufspringen von Signifikanten keinesfalls Wahrheiten außerhalb der Signifikanten selbst sichtbar werden, zeigt sich figurativ, wenn Zarathustra in der gleichen Rede von seiner Begegnung mit den Menschen spricht: „Ihre steifen Weisen: ich hiess sie weise, nicht steif, — so lernte ich Worte verschlucken. Ihre Todtengräber: ich hiess sie Forscher und Prüfer, — so lernte ich Worte vertauschen" (Nietzsche, Za III S. 234). Mit diesen Worten wendet sich Zarathustra an seine Einsamkeit in dem Glauben, dass er hier, anders als unter den Menschen, offen und unverfälscht reden könne. Schon der erste Teil des Zitats zeigt aber, dass seine Hoffnung von der rhetorischen Struktur der Sprache unterlaufen wird, denn die „steifen Weisen" können, weil „Weisen" ein Homonym ist, sowohl weise Personen sein als auch „Art und Weise" bedeuten. Der Signifikant „Weise" springt oder splittert also semantisch auf. Erst der zweite Teil des Satzes führt rückwirkend dazu, dass die erste Bedeutung wahrscheinlicher wird. Die Annahme, dass „weise" im Sinne von „klug" verwendet wird, wird allerdings vom zweiten Satz wieder irritiert, denn Zarathustra lernte, Worte zu vertauschen; vielleicht also auch „Weise" und „weise". Erstens zeigt sich hier, dass Zarathustras Reden von der Rhetorik nicht loszulösen sind, bzw. wird mit dieser Passage deutlich, dass sich eine figurative Struktur seiner Reden nie ausschließen lässt. Zweitens verweist der Text hier auf die Uneinigkeit des Gleichen, das heißt auf das Andere des Sprechaktes, welches die Gefahr für das jeweils Andere birgt und es gleichermaßen ermöglicht.

Das zeigt sich auch anhand der im *Zarathustra* in unterschiedlichen Formen wiederkehrenden Paronomasie „sprich"/„zerbrich", die über den Gleichklang auf die Verwandtschaft der beiden Worte verweist und jedem Sprechen das Zerbrechen und jedem Zerbrechen das Sprechen einschreibt. Die Mehrdeutigkeit des Imperativs „zerbrich", der sich gegen die Sprechenden oder/und gegen etablierten Normen richtet, generiert ein umso größeres Risiko. Damit ist aber ein ganz anderes Risiko angesprochen als dasjenige, das Foucault interessiert. Die Bedrohung geht nicht vom Tyrannen aus, sie ist vielmehr der Teil des Sprechaktes, der, weil er gespalten ist, nie weiß, was er tut, wenn er spricht.[28] Der *parrhesiastische* Vertrag ist dann nicht nur der Vertrag zwischen den Sprechenden, sondern vor

---

[28] Vgl. dazu Felman, The Language of the Speaking Body und das Kapitel „Riskante Redlichkeit" in dieser Studie.

allem ein Pakt mit dem Unwissen, das mit jedem Sprechakt einhergeht. Die Sprechinstanz wird auf sich selbst zurückverwiesen und das Risiko geht weder vom Tyrannen noch vom Freund aus, sondern von der der Sprache eingeschriebenen Alterität.

Die Sprechinstanz scheint dabei, weil sie nicht Urheberin des Gesagten oder zu Sagenden ist, nebensächlich zu sein, während das Reden selbst an Bedeutung gewinnt. Das zeigt sich im Gespräch zwischen Zarathustra und der stillsten Stunde.

> „Du weisst es, Zarathustra, aber du redest es nicht!" — [...] „Ja, ich weiss es, aber ich will es nicht reden! / [...] Ach ich wollte schon, aber wie kann ich es! Erlass mir diess nur! Es ist über meine Kraft!"/ „[...] Was liegt an dir, Zarathustra! Sprich dein Wort und zerbrich!" — /Und ich antwortete: „Ach, ist es denn m e i n Wort? Wer bin i c h ? Ich warte des Würdigeren; ich bin nicht werth, an ihm auch nur zu zerbrechen." (Nietzsche, Za I S. 188)

Hier wird kein souveränes Subjekt aufgefordert zu sprechen, zumal keines, das bewusst ein Risiko eingehe und die Folgen des Geredeten kalkulieren könnte.[29] Die stillste Stunde will vielmehr, dass Zarathustra redet, was er weiß, obwohl die Rede weder seine Worte noch sein eigenes Wissen sind. Wie sich am Kontext dieser Rede erkennen lässt, geht es vielmehr darum, Pakte einzugehen, deren Ausgang nicht abschätzbar ist. Genau das tut Zarathustra zu Beginn der Rede, wenn er seinen Freunden von der Begegnung mit der stillsten Stunde berichtet. Hier verspricht er eingangs, ihnen „alles zu sagen" (Nietzsche, Za I S. 188), am Ende heißt es dann jedoch:

> — Nun hörtet ihr Alles, und warum ich in meine Einsamkeit zurück muss. Nichts verschwieg ich euch, meine Freunde.
> Aber auch diess hörtet ihr von mir, w e r immer noch aller Menschen Verschwiegenster ist — und es sein will!
> Ach meine Freunde! Ich hätte euch noch Etwas mehr zu sagen, ich hätte euch noch etwas zu geben! Warum gebe ich es nicht? Bin ich denn geizig? (Nietzsche, Za I S. 190)

Mit seinem Bericht vollzieht Zarathustra etwas anderes, als er zu Beginn der Rede angekündigt hat. Er kann nicht reden, was er reden wollte, lässt seine Adressaten aber eben dies wissen. Hier zeichnet sich eine Form der Redlichkeit ab, die, nicht obwohl, sondern gerade weil sie nicht diejenige eines autonomen oder souveränen Subjekts ist, realisiert werden kann. Wo das Subjekt nicht souverän über das

---

[29] Das wird besonders an jenen Stellen im *Zarathustra* deutlich, die zeigen, dass Zarathustra nicht der Urheber seiner Lehren ist und seine Lehren zwar „reif", er jedoch nicht reif für seine Lehren sei (zum Beispiel Nietzsche, Za I S. 189).

verfügen kann, was und wie es redet, da liegt die Redlichkeit gerade darin, mit jeder Nuance des Gesagten einen Pakt einzugehen. Das Risiko bindet das Gesagte an die redende Instanz und diese betrachtet sich gleichzeitig als diejenige, die das Risiko eingeht und sich damit etabliert. Das Risiko ist also das Scharnier, welches das Subjekt nicht als willenlos, ohnmächtig, determiniert zurücklässt, sondern die Möglichkeit der Konstitution markiert. Was Redlichkeit damit performiert, ist die Kritik an einem Subjektbegriff, der das Subjekt von (Sprech-) Handlungen trennt und unterscheidet. Damit ist auch Redlichkeit Ausdruck der in der *Genealogie der Moral* angelegten und von Butler aufgegriffenen und ausformulierten Performanz der Sprache. In Nietzsches *Genealogie der Moral* heißt es:

> Ebenso nämlich, wie das Volk den *Blitz* von seinem Leuchten trennt und letzteres als *Thun*, als Wirkung eines Subjekts nimmt, das *Blitz* heisst, so trennt die Volks-Moral auch die Stärke von den Äusserungen der Stärke ab, wie als ob es hinter dem Starken ein indifferentes Substrat gäbe, dem es freistünde, Stärke zu äussern oder auch nicht. Aber es giebt kein solches Substrat; es giebt kein „Sein" hinter dem *Thun*, Wirken, Werden; „der Thäter" ist zum *Thun* bloss hinzugedichtet, — das *Thun* ist Alles. Das Volk verdoppelt im Grunde das *Thun*, wenn es den *Blitz* leuchten lässt, das ist ein *Thun-Thun*: es setzt dasselbe Geschehen einmal als Ursache und dann noch einmal als deren Wirkung.[30]

Gleichermaßen könnte man von der Redlichkeit sagen, dass sie kein Charakter, keine Moral oder moralische Eigenschaft ist. Dennoch ist sie keinesfalls indifferent. Im Gegenteil: Stärker als von der Person unabhängige Sprachkonzeptionen es zulassen, ist Redlichkeit Redlichkeit im Vollzug. Ein redliches Reden bezeichnet eine Form oder Modalität der Rede, deren Redende und deren Kraft sich nicht vor ihr äußern.

## 3.4 Wahrhaftigkeit und Lüge

Was aber bedeutet eine performative Konzeption von Redlichkeit für den Wahrheitsanspruch der Reden Zarathustras? Indem der Rede „Von den Dichtern" ein logisches Paradox zugrunde gelegt wird, markiert Zarathustra die Lüge als einzig

---

**30** Nietzsche, Friedrich: Zur Genealogie der Moral. In: Nietzsche, Sämtliche Werke: Kritische Studienausgabe in 15 Bänden. Hrsg. von Colli, Giorgio/Montinari, Mazzino. Bd. 5. München 1999, S. 244–410, hier S. 279. Im Folgenden im Text abgekürzt: GM Abhandlung, KSA Bd.

möglichen Ort des Wahrsprechens und mokiert sich darüber hinaus über die begründete und begründende rationale Rede. Der Text spielt ein doppeltes Spiel mit jeder Philosophie, die sich dem Satz vom Grunde verschreibt.[31]

> Doch was sagte dir einst Zarathustra? Dass die Dichter zu viel lügen? — Aber auch Zarathustra ist ein Dichter.
> Glaubst du nun, dass er hier die Wahrheit redet? Warum glaubst du das? (Nietzsche, Za II S. 163)

Ein Jünger Zarathustras wird hier sowohl mit Platons Dichterkritik als auch mit dem Paradox des Epimenides konfrontiert.[32] Weil sich seine Aussage weder logisch lösen lässt noch eine Antinomie darstellt, haben Wahrheit und Lüge hier keine kategorische Funktion (vgl. Zittel, Das ästhetische Kalkül, S. 37) und Zarathustra ist nicht bemüht, den Schein herzustellen, er kenne die Wahrheit und wisse sie von der Lüge zu unterscheiden. Wie zur Bestätigung dieser Struktur folgt die gleiche Aussage als selbstreferenzielles Paradox: „Aber gesetzt, dass Jemand allen Ernstes sagte, die Dichter lügen zu viel: so hat er Recht, — wir lügen zu viel" (Nietzsche, Za II S. 164). Trotz des performativen Setzungsaktes am Anfang des Syllogismus vollzieht Zarathustra seine Aussage innerhalb der Lüge. Er, als Dichter, ist Lügner, wodurch die Lüge zu dem Ort wird, an dem sich seine Aussagen vollziehen. Die Lüge wird zum unmöglichen, aber einzigen Ort des Wahrsprechens.

Wenn Zarathustra die Dichter als Lügner bezeichnet, knüpft er an eine Tradition an, die spätestens mit Platon beginnt, und obwohl Zarathustra eine Umdeutung von Platons Dichterkritik vollzieht, besteht diese keinesfalls in einer einfachen Umkehrung. Es heißt im *Zarathustra* nicht, dass die Wahrheit in der Kunst statt in den Ideen liege. Vielmehr bestätigt Zarathustra die Lügen der Dichter, zeigt darüber hinaus aber, inwiefern auch Platon Dichter war, indem er alle unvergänglichen Begriffe ins Reich der Wolken verlagert, die Zarathustra folglich zu „Dichter-Gleichnissen, Dichter-Erschleichnissen" erklärt (Nietzsche, Za II S. 164). Dadurch wird „[d]er Vorwurf Platons an die Dichter, daß sie nur Abbilder von Abbildern und damit eine defizitäre Scheinwelt konstituieren [...] gegen Platon selbst gerichtet" (Zittel, Das ästhetische Kalkül, S. 37). Zarathustra entzieht sich dabei nicht dem Kreis derjenigen Dichter, die sich ihre Götter erschleichen:

---

[31] Zur grundlosen Rede vgl. Hetzel, Andreas: Ohne Grund. Die Gabe der Chariten. In: Gabe – Schuld – Vergebung. Festschrift für Hanna-Barbara Gerl-Falkovitz. Hrsg. von Gottlöber, Susanne/Kaufmann, René. Dresden 2011, S. 213–230.
[32] Zur Dichterkritik und zum Paradox siehe Zittel, Claus: Das ästhetische Kalkül von Friedrich Nietzsches „Also sprach Zarathustra". Würzburg 2000, S. 38–40 und 44.

„Wahrlich, immer zieht es uns hinan — nämlich zum Reich der Wolken: auf diese setzen wir unsere bunten Bälge und heissen sie dann Götter oder Übermenschen: —" (Nietzsche, Za II S. 164). Im Unterschied zu Platons Sokrates, der den Schein aus dem idealen Staat ausgrenzt, stellt sich Zarathustra mitten hinein in den Schein und zeigt sich zwar als Lügner, ist darin aber wahrhaft.

Die wahrhafte Rede ist insofern unbegründet, als sie von ihrer Wahrhaftigkeit und ihrem Wissen keine Gründe zu geben vermag und nicht verteidigt werden muss. Deutlich wird das bereits zu Beginn der Rede, wenn Zarathustra sich auf Sokrates' Taubengleichnis im *Theaitet* bezieht.[33]

> „Warum? sagte Zarathustra. Du fragst warum? Ich gehöre nicht zu Denen, welche man nach ihrem Warum fragen darf.
> Ist denn mein Erleben von Gestern? Das ist lange her, dass ich die Gründe meiner Meinung erlebte.
> Müsste ich nicht ein Fass sein von Gedächtnis, wenn ich auch meine Gründe bei mir haben wollte?
> Schon zuviel ist mir's, meine Meinungen selber zu behalten; und mancher Vogel fliegt davon.
> Und mitunter finde ich auch ein zugeflogenes Thier in meinem Taubenschlage, das mir fremd ist, und das zittert, wenn ich meine Hand darauf lege [...]." (Nietzsche, Za II S. 163)

Im *Theaitet* vergleicht Sokrates die Seele mit einem Taubenschlag, „aus dem man sich", wie Zittel sagt, „das bereits zuvor in Besitz genommene latente Wissen wie erjagte und gefangengenommene Tauben jeweils herausgreifen, d. h. in Anwendung aktualisieren" kann (Zittel, Ästhetisches Kalkül, S. 49). Wenn sich Zarathustra keine Gründe merken kann, dann deshalb, weil seine Reden keinen rationalen Strategien unterliegen. Wahrsprechen ist nicht gebunden an begründete Rede, vielmehr ist sie grundlos und grundlos wahrhaft.

## 3.5 Das Risiko von *Also sprach Zarathustra*

Weil sich die wahrhafte Rede im *Zarathustra* von vornherein jedem logischen Grund entzieht, kann der Grund auch nicht erschüttert werden. Lüge und Widerlegung bilden keine Gefahr für diese Rede. Vielmehr wird das wahrsprechende Subjekt erschüttert, das sich mit jedem Sprechakt aufs Spiel setzt und sich per-

---

[33] Platon: Theaitet. Hrsg. von Schleiermacher, Friedrich/Thurow, Reinhard. Frankfurt am Main 1979, 197a–200d.

manent dem Hass aussetzt und der Gefahr, nicht gehört und verstanden zu werden: „[…] ich bin nicht der Mund für diese Ohren […]" (Nietzsche, Za I S. 18).[34] Sowohl *Also sprach Zarathustra* als auch Zarathustra sind von Beginn an mit diesen Gefahren konfrontiert. Als Zarathustra in der „Vorrede" mit dem toten Seiltänzer die Stadt verlassen will, spricht ihn der Possenreißer an und stellt sich ihm in den Weg: „Dein Glück war es, dass man über dich lachte: und wahrlich, du redest gleich einem Possenreisser. […] Geh aber fort aus dieser Stadt — oder morgen springe ich über dich hinweg, ein Lebendiger über einen Todten." (Nietzsche, Za I S. 23) Weil sich der Possenreißer mit seiner Rede auf den soeben übersprungenen Seiltänzer bezieht, der aufgrund des Possenreißers stürzte und starb, entsteht hier zwischen den Figuren eine dichte Verweisstruktur,[35] anhand derer vor allem deutlich wird, dass die Gefahr im *Zarathustra* immer auch selbstreferenziell ist, weil sich jeder Sprechakt auch gegen sich selbst richtet. So sieht sich Zarathustra kurz vor dem Sturz des Seiltänzers dem Hass und den Drohungen des Volkes und damit einer Gefahr ausgesetzt (Nietzsche, Za I S. 21). Gleichzeitig heißt es, er selbst sei die Gefahr der Menge (Nietzsche, Za I S. 23). Einerseits redet Zarathustra dem Possenreißer zufolge wie einer seinesgleichen, wodurch ihm Eigenschaften des Possenreißers zugeschrieben werden, und gleichsam erhält der Possenreißer Eigenschaften Zarathustras. Andererseits bezeichnet sich Zarathustra als „Mitte", was ihn an die Stelle des Seiltänzers auf dem Seil versetzt (Nietzsche, Za I S. 23). Die Verweisstruktur der drei Figuren macht deutlich, dass sich jede der Figuren sowohl in der bedrohten als auch in der bedrohenden Position befindet und sich die Figuren so letztlich selbst bedrohen, weil sich ihre Sprechakte gegen sie selbst wenden.

Eine solche Wendung gegen sich selbst vollzieht auch der Text *Also sprach Zarathustra*:

> Da aber geschah Etwas, das jeden Mund stumm und jedes Auge starr machte. Inzwischen nämlich hatte der Seiltänzer sein Werk begonnen: er war aus einer kleinen Thür hinausgetreten und gieng über das Seil, welches zwischen zwei Thürmen gespannt war, also, dass es über dem Markte und dem Volke hieng. Als er eben in der Mitte seines Weges war, öffnete sich die kleine Thür noch einmal, und ein bunter Gesell, einem Possenreisser gleich, sprang heraus und gieng mit schnellen Schritten dem Ersten nach „Vorwärts, Lahmfuss, rief seine fürchterliche Stimme, vorwärts Faulthier, Schleichhändler, Bleichgesicht! Dass ich dich

---

34 Mit Foucault gesprochen könnte es ihm ferner misslingen, die Blindstellen des Diskurses offenzulegen, die aufgrund der Blindheit oder Taubheit der andern nicht gesehen oder gehört werden (Foucault, CV S. 16).
35 Auf die Verknüpfung zwischen Seiltänzer, Possenreißer und Zarathustra verweist u. a. Stegmaier, Werner: Anti-Lehren. Szene und Lehre. In: Friedrich Nietzsche: „Also sprach Zarathustra". Hrsg. von Gerhardt, Volker. Berlin 2012, S. 143–169, hier S. 150.

nicht mit meiner Ferse kitzle! Was treibst du hier zwischen Thürmen? In den Thurm gehörst du, einsperren sollte man dich, einem Bessern, als du bist, sperrst du die freie Bahn!" – Und mit jedem Worte kam er ihm näher und näher: als er aber nur noch einen Schritt hinter ihm war, da geschah das Erschreckliche, das jeden Mund stumm und jedes Auge starr machte: – er stiess ein Geschrei aus wie ein Teufel und sprang über Den hinweg, der ihm im Wege war. Dieser aber, als er so seinen Nebenbuhler siegen sah, verlor dabei den Kopf und das Seil; er warf seine Stange weg und schoss schneller als diese, wie ein Wirbel von Armen und Beinen, in die Tiefe. Der Markt und das Volk glich dem Meere, wenn der Sturm hineinfährt: Alles floh aus einander und übereinander, und am meisten dort, wo der Körper niederschlagen musste. (Nietzsche, Za I S. 21)

Es ist die Anwesenheit des Possenreißers, vor allem aber sind es seine Worte, die den Seiltänzer bedrohen. Mit Blick auf das Verhältnis zwischen dargestelltem Geschehen und Textstruktur ergibt sich genaugenommen sogar, dass sich der Text selbst zur Bedrohung wird, denn der Seiltänzer, der sein Werk aufgrund eines Missverständnisses beginnt – „'Wir hörten nun genug von dem Seiltänzer; nun lasst uns ihn auch sehen!' Und alles Volk lachte über Zarathustra. Der Seiltänzer aber, welcher glaubte, dass das Wort ihm gälte, machte sich an sein Werk." (Nietzsche, Za I S. 16) –, gelangt in die Mitte des Seiles, während Zarathustra seine Rede hält. Für die Narration im sechsten Abschnitt der Vorrede bedeutet das, dass sie, wie der Possenreißer den Seiltänzer, den Einsatz der Erzählung aufholen muss. Beginnend mit „Inzwischen" holt die Narration auf, bis sie an der Stelle angelangt ist, an der sie im sechsten Teil begonnen hat, an der Textstelle also, an der „Etwas" geschieht (Nietzsche, Za I S. 21). Wenn der Possenreißer den Seiltänzer bedroht, indem er ihm „mit jedem Worte näher und näher" kommt, kommt auch der Text seinem Anfang immer näher (Nietzsche, Za I S. 21).[36] Wenn der Possenreißer zum Sprung ansetzt, hat der Text den Sprung aufgeholt, den er zu Beginn der Erzählung machen musste, um zu dem Punkt zu gelangen, an dem der Possenreißer zum Sprung ansetzt und der Seiltänzer stürzt. Text und Possenreißer müssen also den Seiltänzer bzw. den Anfang der Erzählung einholen. Nicht der Possenreißer allein, sondern die Worte und der Text bringen den Seiltänzer

---

[36] Auch Honneth verweist auf die Parallele zwischen den Schritten des Possenreißers und seinen Worten, er lenkt allerdings ein, dass eine Gleichsetzung von Worten und Taten Nietzsches Insistieren auf Differenzen ignorieren würde (Honneth, Andreas: Das Paradox des Augenblicks: „Zarathustras Vorrede" und Nietzsches Theorem der ewigen Wiederkunft des Gleichen. Würzburg 2004, S. 239). M. E. performiert diese Passage jedoch das zum Sprechakt hinzugedichtete und ihm vorausgesetzte Subjekt. Honneth, so könnte man sagen, forciert jenen Unterschied zwischen Täter*in und Tun, zwischen Blitz und Leuchten, den Nietzsche in der Genealogie der Moral beschreibt (Nietzsche, GM I, KSA 5, S. 279).

in Gefahr. Nicht nur der Körper des Seiltänzers bedroht die Menge auf dem Marktplatz, sondern der Textkörper des *Zarathustra* bedroht sie. Der Text wendet sich gegen sich selbst, wird sein eigenes Risiko und zerbricht an sich selbst.

Das „Nachtwandler-Lied" kann als reiner Vollzug einer solchen riskanten Rede betrachtet werden, die sich selbst aufs Spiel setzt, sich vernichtet und vernichtet werden will. Anhand von unterschiedlichsten Wiederholungsfiguren bilden sich immer wieder neue Wortverkettungen und Kontexte, die, sobald sie entstehen, zerstört werden, indem die Wörter aus ihnen hausbrechen, weil sie aufgrund ihrer Dichte die Rede übersättigen.

> Du alte Glocke, du süesse Leier! Jeder Schmerz riss dir in's Herz, Vaterschmerz, Väterschmerz, Urväterschmerz, deine Rede wurde reif, —
> — reif gleich goldenem Herbste und Nachmittage, gleich meinem Einsiedlerherzen — nun redest du: die Welt selber ward reif, die Traube bräunt,
> — nun will sie sterben, vor Glück sterben. (Nietzsche, Za I S. 399–400)

Der Text mobilisiert etliche Wiederholungen, welche die Sättigung der Rede generieren: „Vaterschmerz, Väterschmerz, Urväterschmerz" – und Reife – reif, — /— reif [...] die Welt selber ward reif" (Nietzsche, Za I S. 399). Die Rede erschöpft und verausgabt sich durch die sich steigernden Wiederholungen und überlässt sich selbst dem Sterben, in dem sie neu entsteht. Zarathustras Rede ist ihrer Reife überdrüssig und will vergehen. Sie ist die Lust, welche „nicht Erben noch Kinder", sondern nur sich selbst, sich auch selbst vernichten will (Nietzsche, Za I S. 402–403). Deswegen folgt dem „trunkene[n] Mitternachts-Sterbeglücke" bald der Weinstock, der jene preist, die ihn schneiden, denn „[w]as vollkommen ward, alles Reife — will sterben!" (Nietzsche, Za I S. 400–401). Der glückliche Augenblick wird nicht festgehalten, sondern verscheucht – „du gefällst mir, Glück! Husch! Augenblick!" – und das nicht „Ein Mal" sondern „Zwei Mal" (Nietzsche, Za I S. 402). Die Rede bejaht sich selbst, das heißt, sie bejaht das Vergehen der einen und das gleichzeitige Entstehen der anderen Wortverknüpfung. Sie vernichtet nicht, um neu zu entstehen, und entsteht nicht, um zu vernichten/vernichtet zu werden, sondern aus reiner Verwendung, Verschwendung und Lust.

## 3.6 Die andere Ökonomie der redlichen Rede

Mit dieser Struktur verweist das „Nachtwandler-Lied" auf eine spezifische Ökonomie der Rede im *Zarathustra*, die nicht Zurückhaltung und Beherrschung fordert, sondern einen maßlosen Gebrauch. Rede ist auch hier nicht aus Mangel, Not und Bedürftigkeit oder aus der Notwendigkeit der Kommunikation entstanden, sondern aus „überquellendem Reichtum",[37] der verschenkt und verausgabt werden will.

> „Du großes Gestirn! Was wäre dein Glück, wen du nicht Die hättest, welchen du leuchtest!
> Zehn Jahre kamst du hier herauf zu meiner Höhle: du würdest deines Lichtes und dieses Weges satt geworden sein, ohne mich, meinen Adler und meine Schlange.
> Aber wir warteten deiner an jedem Morgen, nahmen dir deinen Überfluss ab und segneten dich dafür.
> Siehe! Ich bin meiner Weisheit überdrüssig, wie die Biene, die des Honigs zu viel gesammelt hat, ich bedarf der Hände, die sich ausstrecken. (Nietzsche, Za I S. 11)

Zarathustra setzt sich in ein Verhältnis zur Sonne, weil er (wie sie) seinen Überfluss, das heißt seine Weisheit, loswerden muss. In der Vorrede werden dann auch etliche Formen der Verausgabung thematisiert. So muss Zarathustra den von der Sonne empfangenen Überfluss nicht nur loswerden, sondern er muss bis auf den letzten Tropfen leer werden: „Segne den Becher, welcher überfliessen will, dass das Wasser golden aus ihm fliesse und überallhin den Abglanz deiner Wonne trage! / Siehe! Dieser Becher will wieder leer werden " (Nietzsche, Za I S. 12). Und sein Weg zu den Menschen ist nicht durch maßvolles Geben motiviert,[38] sondern durch radikale Verausgabung und rückhaltlose Verschwendung;

---

[37] So Lacoue-Labarthe über die griechische Sprache, die er als exzessive Sprache und mit Bataille als die „Frucht rückhaltloser Verausgabung" bezeichnet (Lacoue-Labarthe, Der Umweg, S. 135).

[38] Häufig wurde darauf hingewiesen, dass Nietzsche mit dem *Zarathustra* auch eine Theorie der Gabe vorlege. Die mit dem Zarathustra formulierten Theorien unterscheiden sich dabei grundlegend, da, wie Zittel argumentiert, das Schenken im Zarathustra unterschiedlich dargestellt und gewertet wird (Zittel, Ästhetisches Kalkül, S. 151). Shapiro zum Beispiel betont auf der Grundlage des Gespräches zwischen Zarathustra und dem Einsiedler, dass Zarathustra ein Redner ist, „and what he has to give are his words. That we call conversation exchange suggests that there is an economy of speech [...]" (Shapiro, Gary: Alcyone: Nietzsche on Gifts, Noise, and Women. Albany 1991, S. 22). Doch obwohl Zarathustra meist auf der Suche nach Gesprächspartnern ist, braucht er sie nicht, um sich redlich zu verausgaben. So werden etliche Reden ohne Zuhörerschaft gehalten und nicht selten geht Zarathustra mit sich selbst ins Gespräch, woraus Shapiro ableitet, dass Zarathustra hier zugleich Geber und Nehmer sei (Shapiro, Alcyone, S. 38). Hitz hingegen sieht im *Zarathustra* die Gegengabe in Form einer Weitergabe, das heißt, wenn die Reden Zarathustras weitergegeben würden, sei das als Gegengabe zu denken (Hitz, Torsten: Gift, Gaben, Geschenke. Bataille und Heidegger als Leser Nietzsches. In: Georges Bataille: Vorreden zur Überschreitung. Hrsg. von Hetzel, Andreas/Wiechens, Peter. Würzburg 1999, S. 133–156, hier S. 145). Hitz stellt sich in die Tradition von Marcel Mauss und verknüpft Gabe/Geschenk und Gift als das Zerstörende. Das „gute" Geschenk erweise sich im *Zarathustra* als eigentlich „böse", weil es Mitleid und Hochmut verursache. Das „böse" Gift hingegen sei das eigentlich

deswegen ist sein Gang ein Untergang: „Zarathustra muss untergehen, wie die Sonne, damit sein Überfluss sich sonnengleich verbreitet" (Nietzsche, Za I S. 12).[39]

Georges Bataille zufolge – der wiederum vor allem von Nietzsches Darstellungen der überschüssigen Energie der Sonne zu seiner allgemeinen Ökonomie angeregt wurde – hat nur ein kleiner Teil der gesamten produzierten Energie einen Zweck.[40] Das heißt, der größte Teil der produzierten Energie ist entsprechend überschüssig und wird unproduktiv verausgabt:

---

„gute", weil es unbemerkt zum Empfänger gelange, dort nach einer Inkubationszeit ausbreche und auf diese Weise nicht als Geschenk erkannt werde und trotzdem Wirkung zeige. Zarathustras Lehren können, so Hitz, bei seinen Gefährten als ein solch unerkanntes Geschenk wirken (Hitz, Gift, Gaben, Geschenke, S. 133–156). Zur Ökonomie des Gebens bei Nietzsche siehe ferner Winkler, der sie im Dialog mit der Ökonomie bei Mauss, Bataille und Derrida liest (Winkler, Rafael: I Owe You: Nietzsche, Mauss. In: Journal of the British Society for Phenomenology 38.1 (2007), S. 90–108). Während Shapiro meint, dass die Gabe-Theorie im *Zarathustra* vor allem auf die Notwendigkeit der Reziprozität hinweise, welche die Nehmenden immer in eine Schuld versetze, die es auszugleichen gelte, sieht Vanessa Lemm im *Zarathustra* eine Theorie der Gabe, die sich der Gabe-Struktur Derridas nähert (Lemm, Vanessa: Justice and Gift-Giving in „Thus Spoke Zarathustra". In: Nietzsche's Thus Spoke Zarathustra: Before Sunrise. Hrsg. von Luchte, James. New York 2008, S. 165–206.) In *Donne le temps* argumentiert Derrida, dass eine Gabe nur dann eine Gabe sein könne, wenn sie sich außerhalb jeglicher Ökonomie befinde. Da aber bereits ein Gefühl der Dankbarkeit, die Anerkennung einer Gabe und selbst eine Ablehnung die Gabe in die Ökonomie eingliedere, annulliert sich die Gabe Derrida zufolge immer selbst (Derrida, Jacques: Donner le temps. 1. La fausse monnaie. Paris 1991; dt.: Falschgeld. Zeit geben I. Übers. von Knop, Andres/Wetzel, Michael. München 1993). Lemm argumentiert folglich gegen die bei Shapiro immer vorausgesetzte Asymmetrie des Gebens, die auch einschließt, dass die Leserschaft in der Schuld des *Zarathustra* stehe (Shapiro, Alcyone, S. 35). Lemm sieht in der Tugend des Gebens im *Zarathustra* eine neue Gerechtigkeit, die weder Rache noch Schuld kenne, weil Zarathustra die vergessene Gabe als Ideal darstelle (Lemm, Justice and Gift-Giving, S. 180). Zur Verdrängung des Konzeptes einer grundlosen Gabe in der abendländischen Philosophie siehe Hetzel, Andreas: Interventionen im Ausgang von Mauss: Derridas Ethik der Gabe und Marions Phänomenologie der Gebung. In: Gift – Marcel Mauss' Kulturtheorie der Gabe. Hrsg. von Moebius, Stephan/Papilloud, Christian. Wiesbaden 2006, S. 269–291.

[39] Zur Analogie zwischen Sonne und Zarathustra siehe etwa Honneth *Das Paradox des Augenblicks* S. 111; Pieper, Annemarie: Ein Seil geknüpft zwischen Tier und Übermensch. Philosophische Erläuterungen zu Nietzsches erstem „Zarathustra". Stuttgart 1990, S. 32–33; Nehamas, Alexander: For whom the Sun shines. A Reading of „Also sprach Zarathustra". In: Friedrich Nietzsche: „Also sprach Zarathustra". Hrsg. von Gerhardt, Volker. Berlin 2012, S. 123–142, hier S. 123–124; Villwock, Jörg: Rhetorik und Psychologie. Überlegungen zu Nietzsches Konzeption dionysischer Rede. In: Nietzsche oder „Die Sprache ist Rhetorik". Hrsg. von Kopperschmidt, Josef. München 1994, S. 137–158; Gasser, Peter: Rhetorische Philosophie: Leseversuche zum metaphorischen Diskurs in Nietzsches „Also sprach Zarathustra". Bern/Berlin 1992.

[40] Vgl. v. a. Bataille, Georges: La part maudite, précédé de la notion de dépense. Paris 1967, S. 23–45; dt.: Bataille, Georges: Die Aufhebung der Ökonomie. In: Bataille, Das theoretische

> Je partirai d'un fait élémentaire : l'organisme vivant, dans la situation que déterminent les jeux de l'énergie à la surface du globe, reçoit en principe plus d'énergie qu'il n'est nécessaire au maintien de la vie : l'énergie (la richesse) excédante peut être utilisée à la croissance d'un système (par exemple d'un organisme) ; si le système ne peut plus croître, ou si l'excédent ne peut en entier être absorbé dans sa croissance, il faut nécessairement le perdre sans profit, le dépenser, volontiers ou non, glorieusement ou sinon de façon catastrophique. (Bataille, La part maudite, S. 59–60).[41]

Batailles Begriff der verschwenderischen Ausgaben bezeichnet im Grunde alles, was nicht auf „processus de production et de conservation"/„Prozesse der Produktion und Reproduktion" (Bataille, La part maudite, S. 28; dt. S. 12) reduziert werden kann. In der Vorrede des *Zarathustra* lassen sich mindestens zwei solcher Handlungselemente ausmachen: die theatrale Vorführung des Seiltänzers und des Possenreißers sowie die Beerdigung des Seiltänzers durch Zarathustra. Vor allem Trauerzeremonien, Spiele, Theater und Künste gehören laut Bataille zu den unproduktiven Formen der Konsumption, weil sie „ont leur fin en elles-mêmes"/ „ihren Zweck in sich selbst haben" (Bataille, La part maudite, S. 28; dt. S. 12). Kontrastiert wird die Verschwendung mit notwendigen Ausgaben. So ist Zarathustra gezwungen, seine Suche nach einer geeigneten Beerdigungsstätte für den Seiltänzer zu unterbrechen, weil er vom Hunger überfallen wird und sich auf die Suche nach einer Herberge begeben muss (Nietzsche, Za I S. 24).

Abgesehen von der Handlungsebene ist die Struktur der Rede im vierten Teil der Vorrede vom Überschuss gekennzeichnet.[42] Bereits die achtzehnmalige Wiederholung des „Ich liebe Die/Den [...]" (Nietzsche, Za I S. 17–18) in der Rede Za-

---

Werk. Bd. 1. Hrsg. von Bergfleth, Gerd/Matthes, Axel. Übers. von Traugott König/Heinz Abosch. München 1967, S. 7–31. Zum Einfluss Nietzsches auf Bataille siehe zum Beispiel Honneth, Das Paradox des Augenblicks und Stöckinger, Ingo: Gabe und Spiel. Foucault – Mauss – Bataille. In: Parrhesia: Foucault und der Mut zur Wahrheit. Hrsg. von Gehring, Petra/Gerhard, Andreas. Zürich 2012, S. 187–202. Zu Batailles Theorie der Verschwendung siehe Bergfleth, Gerd: Theorie der Verschwendung. Einführung in Georges Batailles Antiökonomie. München 1986.

41 „Ich gehe von einer elementaren Tatsache aus: Der lebende Organismus erhält, dank des Kräftespiels der Energie auf der Erdoberfläche, grundsätzlich mehr Energie, als zur Erhaltung des Lebens notwendig ist. Die überschüssige Energie (der Reichtum) kann zum Wachstum eines Systems (zum Beispiel eines Organismus) verwendet werden. Wenn das System jedoch nicht mehr wachsen und der Energieüberschuß nicht gänzlich vom Wachstum absorbiert werden kann, muß er notwendig ohne Gewinn verlorengehen und verschwendet werden, willentlich oder nicht, in glorioser oder in katastrophischer Form" (Bataille, Die Aufhebung der Ökonomie S. 45).

42 Auch Shapiro verweist auf die verschwenderische Verausgabung von Zarathustra (Shapiro, Alcyone S. 36).

rathustras ist hyperbolisch und lenkt mit dem dadurch entstehenden emphatischen Moment die Aufmerksamkeit auf weitere Tropen, wie zum Beispiel auf die Litotes. Die zeigt sich dort, wo Zarathustra das Gegenteil von dem verneint, was er sagt: „Ich liebe Den, welcher *nicht* einen Tropfen Geist für sich zurückbehält […]" (Nietzsche, Za I S. 17, Hervorh. NT). Positiv formuliert könnte „nicht zurückbehalten" auch „verschenken", „geben" oder „verausgaben" bedeuten. Die Verausgabung findet aber eben darum statt, weil es nicht „verschenken", „geben" oder „verausgaben" heißt, denn die negative Bestimmung des Gemeinten ist nie mit der positiven Formulierung identisch, sondern geht immer über diese hinaus (Groddeck, Reden über Rhetorik, S. 226). Die Litotes demonstriert den Überschuss der Bedeutung, weil sie immer mehr sagt, als sie sagen müsste. In ihrer Zugehörigkeit zur Emphase, die in ihrer Nachdrücklichkeit selbst schon überflüssig ist, verweist die Litotes auf ihre eigene Funktion und markiert die Rede als Erzeugnis eines allgemeinen Überflusses der Sprache (Groddeck, Reden über Rhetorik, S. 227).

Aus dem Überfluss heraus verschenkt Zarathustra, was er zu vergeben hat: seine Reden. In „Von der großen Sehnsucht"[43] wird die Geste des Schenkens durch Überfluss thematisiert, während der Text den Überfluss zugleich performativ vollzieht. Zarathustra spricht hier nicht nur von seiner „überreichen Seele", von „Überfluss" und „Über-Fülle", er wiederholt auch „oh meine Seele" zweiundzwanzigmal (Nietzsche, Za III S. 278–279), wodurch die Über-Fülle und der Überfluss der Seele vom Text erzeugt werden (Zittel, Das ästhetische Kalkül S. 193). Darüber hinaus verweisen die Gesten des Gebens – „ich lehrte dich", „ich gab dir", „ich gab dir Alles" (Nietzsche, Za III S. 278–279) – durch mannigfaltige Bezüge auf andere Textstellen,[44] die als Gaben den Überfluss der Seele quasi erzeugen: „Oh meine Seele, jede Sonne goss ich auf dich und jede Nacht und jedes Schweigen und jede Sehnsucht: — da wuchsest du aus mir auf wie ein Weinstock" (Nietzsche, Za III S. 278). Die ausgegossene Sonne greift das überfließende Wasser aus dem übervollen Becher der Vorrede auf, die Sehnsucht verweist auf den Titel der Rede selbst und die Nacht auf „Das Nachtlied", in welchem Verausgabung gleichermaßen Produktion bedeutet:

---

[43] Villwock verweist darauf, dass Zarathustra seiner Seele die Gewährleistung zur *parrhesia* gebe, wenn er in „Von der großen Sehnsucht" zu ihr sagt: „Ich gab dir das Recht, nein zu sagen wie der Sturm" (Villwock, Rhetorik und Psychologie, S. 148; Nietzsche, Za III S. 278).
[44] Zu einigen dieser Textstellen siehe Gasser, Rhetorik und Philosophie, S. 128–129.

> Nacht ist es: nun reden lauter alle springenden Brunnen. Und auch meine Seele ist ein springender Brunnen. Ein Ungestilltes, und Unstillbares ist in mir; das will laut werden. Eine Begierde nach Liebe ist in mir, die redet selber die Sprache der Liebe. (Nietzsche, Za II S. 136)

Das „Ungestillte" und das „Unstillbare" zeugen einerseits von der Begierde, die Silbe „still" steht andererseits aber auch im Kontrast zu den laut redenden und springenden Brunnen und verweist darauf, dass das Ungestillte zwar noch nicht laut, aber ebenso wenig still ist. Auch diese Rede generiert eine Vielzahl an Verweisen, die mit der Wiederholung der ersten vier Zeilen am Ende der Rede nicht abgeschlossen sind. Die Fortsetzung dieser Struktur wird durch den Gedankenstrich, der den Text (nicht) abschließt, verdeutlicht, wobei der Strich auch als Resultat der absoluten Verausgabung und Erschöpfung lesbar wird, das heißt als Markierung einer Frequenz, die nur minimal in Bewegung bzw. so überreizt ist, dass keine einzelnen Buchstaben mehr wahrnehmbar sind. Auch hier wird also die „Begierde nach Begehren" performativ vollzogen, denn je mehr von dem verausgabt wird, was begehrt wird, desto mehr wird produziert (Nietzsche, Za II S. 137): „Nacht ist es: nun bricht wie ein Born aus mir mein Verlangen – nach Rede verlangt mich" (Nietzsche, Za II S. 138). Die Rede gibt nicht etwas, sie hat keine Gründe, zu reden, und sie will auch nicht auf den Grund von Dingen gehen.[45] Sie verausgabt sich zur Todesökonomie: „Ich liebe Den, dessen Seele sich verschwendet, der nicht Dank haben will und nicht zurückgiebt: denn er schenkt immer und will sich nicht bewahren" (Nietzsche, Za I S. 17). In dieser rückhaltlosen Verausgabung zeigt sich eine Struktur, die Georges Bataille im Potlatsch sieht: „En tant que jeu, le potlatch est le contraire d'un principe de conservation" (Bataille, La part maudite, S. 35).[46] Ob der Potlatsch nun aus der Schenkung beträchtlicher Reichtümer oder aus der Vernichtung des Eigentums zum Zweck der Erniedrigung des Rivalen besteht; die Verausgabung ist nach Bataille immer an den Erwerb von Macht gebunden, genauer: an eine "pouvoir de perdre"/„Macht des Verlustes", denn nur „par la perte que la gloire et l'honneur lui sont liés"/„durch den Verlust sind Ehre und Ruhm mit ihm [dem Reichen, NT] verbunden", das heißt durch die bedingungslose Verausgabung (Bataille, La part maudite, S. 35; dt. S. 19). Aufgrund der Unkontrollierbarkeit des Systems ist die Praxis

---

[45] Zur Performativität einer Sprache, die keinen Grund braucht, um gesprochen zu werden, siehe Hetzel, Ohne Grund, S. 213–230.
[46] „In seiner Eigenschaft als Spiel ist der Potlatsch das Gegenteil eines Prinzips der Bewahrung" (Bataille, Aufhebung der Ökonomie, S. 20).

des Potlatsches absolut riskant.⁴⁷ Jeder Spieler verliert zunächst und muss darauf hoffen, kann „aber nie davon ausgehen [...], dass er in anderer Form zurückerhält, was er im Potlatsch verloren hat" (Stöckinger, Gabe und Spiel, S. 192). In der extremen Form des Potlatsches, in der nicht nur Gegenstände zerstört, sondern auch Menschen hingerichtet werden, geht es allein um das Ansehen des Gebenden.

Schon Marcel Mauss beschreibt in seinem *Essai sur le don* die Gefahr, die das Subjekt unabhängig von dessen Vermögen bedroht:

> [...] c'est vraiment la « face », c'est le masque de danse, le droit d'incarner un esprit, de porter un blason, un totem, c'est vraiment la persona, qui sont ainsi mis en jeu, qu'on perd au potlach, au jeu de dons comme on peut les perdre à la guerre ou par une faute rituelle.⁴⁸

Die sich im Potlatsch aufs Spiel setzende *persona* markiert die Schnittstelle mit Foucaults Konzept der *parrhesia* (vgl. Stöckinger, Gabe und Spiel). Beide, der Geber im Potlatsch und der *parrhesiastes* im *parrhesiastischen* Spiel, begeben sich absolut in die Hände des Gegenüber (Stöckinger, Gabe und Spiel, S. 192). Genau hier ist auch die Schnittstelle zwischen Potlatsch und Redlichkeit. Im *Zarathustra* muss der Zauberer bei seiner Begegnung mit Zarathustra im vierten Teil des Buches die Gefahr des Spiels und den Verlust des Gesichts bzw. der Maske leibhaftig erfahren. Und der Verlust ist eben das, was seine Redlichkeit auszeichnet: Der Zauberer „versucht" Zarathustra mit seinem „Schauspiel" und seiner „Kunst" (Nietzsche, Za IV S. 317) und erntet dafür Zarathustras Stockschläge. Wie in der Vorrede sind auch hier Worte Handlungen, wenn Zarathustra den Zauberer mit seinem Stock zum Schweigen bringt: „du bist h a r t, du weiser Zarathustra! Hart schlägst du zu mit deinen ‚Wahrheiten', dein Knüttel erzwingt von mir – d i e s e Wahrheit!" (Nietzsche, Za IV S. 317). Zarathustras Wahrheiten fordern die Wahrheit des Zauberers. Wie der *parrhesiastes* die Verbindlichkeit des Wahrsprechens eingeht und die Gebenden im Potlatsch ihren Besitz dem Gegenüber überlassen oder zerstören, so binden Zarathustras Wahrheiten den Zauberer an die seinen.

---

47 Siehe dazu auch Stöckinger, der zeigt, inwiefern sich Potlatsch und Spiel bei Bataille darin gleichen, dass in beiden Praktiken das Leben aufs Spiel gesetzt wird (Stöckinger, Gabe und Spiel, S. 195).

48 Mauss, Marcel: Essai sur le don. Forme et raison de l'échange dans les sociétés archaïques. Paris 2002, S. 143; dt.: Die Gabe. Form und Funktion des Austauschs in archaischen Gesellschaften. Übers. von Eva Moldenhauer. Frankfurt am Main 1990, S. 93: „[...] es ist wirklich das ‚Gesicht', die Tanzmaske, das Recht, einen Geist zu verkörpern, ein Wappen oder Totem zu tragen – es ist wirklich die *persona*, die auf dem Spiel steht und die man beim Potlatsch, dem Spiel der Gabe, verliert".

Wenn der Zauberer gegenüber Zarathustra seine Schauspielerei, Lüge und Maskerade zugibt, bezeichnet Zarathustra genau diese Rede als das „Redlichste" des Zauberers (Nietzsche, Za IV S. 319). Was dieser vollzieht ist jene Bewegung, die im *Zarathustra* immer wieder mit der Paronomasie „sprechen"/„zerbrechen" beschrieben wird.

> „[...] Einen grossen Menschen wollte ich vorstellen und überredete Viele: aber diese Lüge gieng über meine Kraft. An ihr zerbreche ich.
> Oh Zarathustra, Alles ist Lüge an mir; aber dass ich zerbreche – diess mein Zerbrechen ist ä c h t " – (Nietzsche, Za IV S. 319)

Das Redlichste ist nicht die Übereinkunft über eine Wahrheit oder eine wohl begründete Meinung. Es geht nicht um einen bestimmten Gegensand, über den die Wahrheit gesagt oder gelogen werden könnte. Die zur Debatte stehende Größe des Zauberers scheint dies zwar zu suggerieren, sie wird jedoch mit Zarathustras ausleitenden Worten noch im gleichen Gespräch karikiert (Nietzsche, Za IV S. 320). Vielmehr geht es um die Wahrhaftigkeit des Zauberers, denn unter der Maske der Lüge zeigt sich ein Gesicht, in dem er „ächt" ist (Nietzsche, Za IV S. 319). Aber das „Beste" und „Redlichste" des Zauberers ist „nur für einen Hauch und Huschen" da, nur für „diesen einen Augenblick" (Nietzsche, Za IV S. 319). Redlichkeit beschreibt in ihrer Flüchtigkeit also nicht den Charakter des Zauberers oder eine richtende Norm, sondern einen spezifischen Sprechakt, in dem der Zauberer nicht nur wahrhaft ist, sondern an dem er auch zerbricht, weil dieser Sprechakt vorhergehende Sprechakte vernichtet und sich der Zauberer Zarathustra ausliefert. Redlichkeit ist keine Gabe, die etwas gibt, sie ist ein Sich-Geben.

Das macht die Redlichkeit für Zarathustra gleichermaßen zu einer der nutzlosesten, wertvollsten und unbeständigsten Tugenden (in Wert und Werden). Nutzlos ist sie, weil sie, wie das überschüssige Licht der Sonne, gibt, ohne zu nehmen, sie ist wertvoll, weil sie sich schenkt, und sie ist unbeständig, weil sie ihren eigenen Tod und ihre eigene Zerstörung in sich trägt. Diese Verknüpfung von Nutzen, Wert und Unbeständigkeit der Redlichkeit zeigt die Rede „Von der schenkenden Tugend", in der die Redlichkeit mit dem Wert des Goldes und der Ökonomie der Sonne in Bezug gesetzt wird. Hier überreichen die Jünger Zarathustra zum ersten Abschied „einen Stab, an dessen goldenem Griffe sich eine Schlange um die Sonne ringelte" (Nietzsche, Za I S. 97). Zarathustra fragt daraufhin, wie das Gold zu seinem höchsten Wert kam, und antwortet selbst: „Darum, dass es ungemein ist und unnützlich und leuchtend und mild im Glanze: eine schenkende Tugend ist die höchste Tugend" (Nietzsche, Za I S. 97). Das Gold erhielt seinen Wert, weil es, ebenso wie die Redlichkeit und die Gabe, sich schenkt oder sich gibt. In der „Vorrede" wird die Sonne weder als dasjenige Gestirn gekennzeichnet, das Leben ermöglicht und aus diesem Grund gepriesen werden muss, noch als Metapher für das Wahre, Schöne und Gute.[49] Die Bedeutung der Sonne und damit derjenigen Metapher, die in der Geschichte der westlichen Metaphysik eine so zentrale Rolle spielt,[50] repräsentiert hier nicht mehr eine zentristische Quelle der Wahrheit, sondern schüttet sich selbst aus und verschiebt ihre Bedeutung hin zum Überfluss, zur Gabe und zur Rede. Mit der Rede wird die Sonne genau dann kurzgeschlossen, wenn Zarathustra sich, wie die Sonne, „verschenken und austeilen will", was er mit seinen Reden vollzieht (Nietzsche, Za I S. 97): „Zarathustra darf wieder reden und schenken und das Liebste tun" (Nietzsche, Za I S. 106).[51]

Wie das „Nachtwandler-Lied" zeigt, haben Zarathustras Reden vor allem sich selbst zum Ziel, sie haben keinen Grund, geredet zu werden, und sind deswegen – mit Bataille gelesen – Resultat eines Energieüberschusses und damit nutzlos. Gleichzeitig sind sie eine der höchsten Tugenden, weil sie sich verschwenden. Die Sonne (das Licht) als eine der zentralen Metaphern der Metaphysik und die ausgeblichene (Gold)Münze als eine der wichtigsten Metaphern der Metapherntheorie verweisen wiederum auf die Ökonomie der Redlichkeit als der nutzlosen

---

**49** Für diese drei Werte steht die Sonne traditionell in der westlichen Metaphysik. Vgl. dazu Blumenberg, Hans: Das Licht als Metapher der Wahrheit. Im Vorfeld der philosophischen Begriffsbildung. In: Studium Generale 10 (1957), S. 432–44.
**50** So meint Blumenberg: „[I]n der Licht*metapher* ist die Licht*metaphysik* angelegt" (Blumenberg, Das Licht als Metapher der Wahrheit, S. 434). Auch Derrida geht der Bedeutung der Sonnen-/Lichtmetapher in der Metaphysik nach (Derrida, La mythologie blanche, S. 247–324; dt.: Die weiße Mythologie, S. 205–258).
**51** Mit der Sonnen-Metaphorik im *Zarathustra* setzt sich besonders Gasser auseinander: Wie die Laufbahn der Sonne sei auch der Text elliptisch, nicht nur bezüglich seines rhetorischen Aufbaus, sondern auch bezüglich der Bewegungen, die sowohl Zarathustra als auch der Text vollziehen. Dadurch wird, wie Gasser selbst einlenkt, eine Totalität suggeriert, welche die Reden nicht postulierten. Gasser zufolge arbeitet der Text so an seiner eigenen Dekonstruktion (Gasser, Rhetorische Philosophie, S. 104–105). Dagegen lässt sich einwenden, dass der *Zarathustra* mehr auf den Überfluss der Sonne und weniger auf ihren zyklischen Lauf verweist, der wird vielmehr an einigen Stellen irritiert. Am Ende des Buches ist zum Beispiel nicht von der Sonne als Gestirn die Rede, sondern Zarathustra selbst kommt aus der Höhle wie eine Morgensonne (Nietzsche, Za IV S. 408). Dadurch wird sie buchstäblich aus ihrer Bahn geworfen. In der Rede „Mittags" legt sich Zarathustra schlafen, „als die Sonne gerade über Zarathustra's Haupte stand", als er aber aufwachte, „stand die Sonne immer noch gerade über seinem Haupte" (Nietzsche, Za IV S. 343–145). Diese Störungen im Lauf der Sonne und in der Sonnenmetaphorik, ebenso wie die vielen zeitlichen Verschiebungen und Unterbrechungen im *Zarathustra*, problematisieren das Konzept einer systematischen Bewegung der Sonne und damit die von Gasser gelesene Totalität.

und wertvollen Tugend, die sie nie bleiben kann, weil sie, wie die Metapher, ihren Tod immer mit sich trägt (Derrida, La mythologie blanche, S. 323; dt. S. 258). Die permanente Supplementierung von Rede, Redlichkeit, Gabe, Gold, Sonne, Wert, die auch permanenter (Aus)Tausch ist, zeugt davon.

## 3.7 Redliche Philosophie

> Mein Zarathustra zum Beispiel sucht einstweilen noch nach Solchen – ach! er wird noch lange zu suchen haben! – Man muss dessen w e r t h sein, ihn zu hören […] Und bis dahin wird es Niemanden geben, der die K u n s t, die hier verschwendet worden ist, begreift: es hat nie Jemand mehr von neuen, von unerhörten, von wirklich erst dazu geschaffnen Kunstmitteln zu verschwenden gehabt.
>
> Nietzsche, Ecce Homo.[52]

> „Wo meine Redlichkeit aufhört, bin ich blind und will auch blind sein. Wo ich aber wissen will, will ich auch redlich sein, nämlich hart, streng, eng, grausam, unerbittlich."
>
> Der Gewissenhafte des Geistes zu Zarathustra. Nietzsche, Zarathustra, S. 311.

In seiner Vorlesung *Le courage de la vérité* unterscheidet Foucault das Wahrsprechen des *parrhesiastes* mit dem des Weisen, des Propheten und des Lehrers, um das Spezifische am Wahrsprechen als *parrhesia* hervorzuheben. Der Prophet spricht Foucault zufolge als Vermittler, das heißt, die eingenommene diskursive Position sei nicht die des Propheten selbst. Er sage nicht, was ist, sondern was sein wird, und spreche außerdem bevorzugt in Rätseln. Beides unterscheide ihn vom *parrhesiastes*, der sage, was ist, und sich dabei so deutlich und verständlich artikuliere, dass keine Missverständnisse entstehen können – ganz im Unterschied zur Sprache des Propheten. Der Weise spricht laut Foucault zwar unabhängig und in seinem eigenen Namen, er müss aber nicht sprechen und tue dies auch meist nur auf Nachfrage. Ferner gebe er keinen Rat, sondern stelle die Dinge dar, wie sie sind. Letztendlich unterscheide sich der *parrhesiastes* von Lehrenden, weil letztere ein Wissen, das sie selbst von Lehrenden bekommen haben, nur weitergeben. Lehrende gehen nach Foucault folglich kein Risiko ein, ganz im Gegensatz zum *parrhesiastes* (vgl. Foucault, CV S. 3–22; dt. S. 13–51).

Im *Zarathustra* lassen sich verschiedene Modalitäten des Wahrsprechens ausmachen: Es gibt den Wahrsager, der Zarathustra die Zukunft voraussagt, Zarathustra selbst spricht gern in Rätseln und nimmt mit Foucault betrachtet so die

---

[52] Nietzsche, Friedrich: Ecce Homo. In: Nietzsche, Sämtliche Werke: Kritische Studienausgabe in 15 Bänden. Hrsg. von Colli, Giorgio/Montinari, Mazzino. Bd. 6. München 1999, S. 255–374, hier S. 304.

Rolle eines Weisen ein. Was das *parrhesiastische* Sprechen von anderen Modi des Wahrsprechens unterscheidet, ist, dass der *parrhesiastes* erst durch den *parrhesiastischen* Sprechakt zu diesem wird. Weise, Propheten und Lehrende verkörpern ihre Positionen auch unabhängig von ihrer momentanen Sprechposition. Der *parrhesiastes* ist nur dann *parrhesiastes*, wenn er wahrspricht. Ebenso wie die Redlichen nur dann redlich sind, wenn sie redlich reden, wenn sie performativ wahrsprechen, das heißt, wenn sie sich (als Wahrsprechende) mit dem Wahrsprechen ins Spiel bringen und aufs Spiel setzen.

Redlichkeit zeigt sich als eine Form des Wahrsprechens, die bei Nietzsche immer rhetorisch ist und insofern auch immer performativ, als sich das Subjekt im Akt des Sprechens konstituiert und sich als wahrsprechendes (aufs Spiel) setzt. Damit ist das Risiko bereits markiert, das mit dem redlichen Sprechakt einhergeht, denn mit ihm stellt sich das Subjekt ins Offene, indem es die eigenen Masken zerstört und sich so den Adressierten ausliefert. Im Potlatsch der Rede gibt das Subjekt nicht seine Reichtümer – wie etwa Propheten, Weise und Lehrende –, sondern sich selbst.

Das eindeutige und deutliche Wahrsprechen, das Foucault in der antiken *parrhesia* findet, erfährt im Zarathustra eine wesentliche Umschrift: Die nicht versiegen wollende Quelle der Rede, wie sie in verschiedenen Reden im *Zarathustra* zu finden ist, scheint dann und wann aus der Not heraus zu entstehen, sich im Reden immer wieder neu generieren zu wollen, bis sich die Rede zu einem Schrei steigert, in dem die Worte konturlos ineinander übergehen. Dieser Schrei ist im *Zarathustra* immer wieder zu hören: von der Vorrede – „Spracht ihr schon so? Schriet ihr schon so? Ach, dass ich euch schon so schreien gehört hätte!" (Nietzsche, Za I S. 16) – und dem Schrei des Possenreißers – „er stiess ein Geschrei aus wie ein Teufel und sprang über Den hinweg, der ihm im Wege war" (Nietzsche, Za I S. 21) – über die schreiende Wahrheit in „Von alten und jungen Weiblein" (Nietzsche, Za I S. 86) und Zarathustras Alptraum-Schrei (Nietzsche, Za II S. 174), dem Schrei des Hirten, der von einem Schrei Zarathustras abgelöst wird (Nietzsche, Za I S. 201), bis zum Notschrei, der fast den gesamten vierten Teil durchzieht. Wenn sich die Rede als Schrei an der Grenze zur Artikulation positioniert, besteht das Wahrsprechen am entschiedensten auf seinen (Nicht-)Ort außerhalb jeglicher Verifikation.[53]

Als preisgebende und wahrhafte Rede ist die Redlichkeit angesichts der westlichen Metaphysik vielleicht das, was der Wahnsinn bei Foucault angesichts der Psychologie ist:

---

[53] Zum Schrei und v. a. zum Schrei als Nicht-Ort siehe Vogl, Joseph: Über den Schrei. Göttingen 2013.

Il y a une bonne raison pour que la psychologie jamais ne puisse maîtriser la folie ; c'est que la psychologie n'a été possible dans notre monde qu'une fois la folie maîtrisée, et exclue déjà du drame. Et quand, par éclairs et pas cris, elle reparaît comme chez Nerval ou Artaud, comme chez Nietzsche ou Roussel, c'est la psychologie qui se trait et reste *sans mot* devant ce langage qui emprunte le sens des siens à ce déchirement tragique et à cette liberté dont la seule existence des « psychologues » sanctionne pout l'homme contemporain le pesant oubli.[54]

Vielleicht obliegt es im *Zarathustra* der Redlichkeit, der Logik der Metaphysik beizukommen, ohne ihr Äquivalent zu bilden. Die redliche Rede wird zu einem Schrei der Philosophie, der nicht danach trachtet, Wahrheiten zu (er)finden, sondern danach, sich im Wahrsprechen zu konstituieren. Darin folgt die Redlichkeit einer „Begierde", die laut und hörbar ist – und wahrhaft: „Jedes redlichen Schritt redet; die Katze aber stiehlt sich über den Boden weg. Siehe, katzenhaft kommt der Mond daher und unredlich. –" (Nietzsche, Za II S. 156). Die „Rein-Erkennenden", wie Zarathustra sie nennt, heucheln bezüglich ihrer „Begierden" und behaupten, dass sie das Irdische verachten. Deswegen werden sie nie gebären, „und wenn [sie] auch breit und trächtig am Horizonte" liegen (Nietzsche, Za II S. 156–157). Wahrheiten, die geboren werden, sind jene, die nicht dazu gebraucht werden, Begierden zu verdecken, indem über sie „hinweggelogen" wird (Nietzsche, Za II S. 156). Wahrheiten, die geboren werden, sind die Wahrheiten einer Rede, die offenlegt und preisgibt, die selbst neue Wahrheiten erzeugt, dadurch sich selbst preisgibt und aufs Spiel setzt. Nietzsches Zarathustra ist nicht nur als Figur, sondern auch als Text ein Schrei riskanter Philosophie, die, weil und indem sie wahrspricht, sich selbst das Risiko ist.

---

54 Foucault, Michel: Maladie mentale et psychologie. Paris 2005, S. 104; dt.: Psychologie und Geisteskrankheit. Übers. von Anneliese Botond. Frankfurt am Main 1968, S. 132: „Daß die Psychologie niemals den Wahnsinn meistern kann, hat einen Grund: die Psychologie ist in unserer Welt erst möglich geworden, als der Wahnsinn bereits gemeistert, als er vom Drama schon ausgeschlossen war. Und wenn der Blitz, ein Schrei, bei Nerval oder bei Artaud, bei Nietzsche oder Roussel wieder auftaucht, so verstummt die Psychologie ihrerseits und steht wortlos vor dieser Sprache, die den Sinn *ihrer* Worte jenem tragischen Aufriß und jener Freiheit entlehnt, denen gegenüber die bloße Existenz von „Psychologen" dem heutigen Menschen ein bedrückendes Vergessen gewährleistet."

# 4 Redlichkeit auf dem Schlachtfeld. Heinrich von Kleist

> Eine Nietzsche-Redlichkeit hat nicht ein Zollbreit mehr gemein mit [...] der vierschrötigen bullenhaften Michael Kohlhaas-Redlichkeit mancher Denker [...], die, mit Scheuklappen rechts und links, nur auf eine, nur auf ihre Wahrheit tollwütig losstürzen.
>
> Zweig, Der Kampf mit dem Dämon, S. 266.

Immer wieder steht das Thema der Gewalt im Zentrum von Untersuchungen zu Kleists Texten.[1] Die folgenden Auseinandersetzungen mit *Über die allmähliche Verfertigung der Gedanken beim Reden*, *Amphitryon*, *Penthesilea* und *Michael Kohlhaas*[2] folgen dieser Tendenz insofern, als sie der Frage nachgehen, wie sich Redlichkeit zeigt und zur Darstellung kommt, wenn sie im Angesicht von Gewalt stattfindet. Die Lektüren eruieren, wie sich Redlichkeit in einer Welt denken lässt, in der Körper, Dinge, Sprache, Rede, Schrift, Figuralität, Literalität austauschbar werden und sich gegenseitig sowohl generieren als auch verletzen und zerstören. Welche Wirkweisen, Darstellungen und Funktionen also hat Redlichkeit, wenn

---

[1] Siehe zum Beispiel Bay, Hansjörg: Mißgriffe: Körper, Sprache und Subjekt in Kleists „Über das Marionettentheater" und „Penthesilea". In: Krisen des Verstehens um 1800. Hrsg. von Heinen, Sandra/Nehr, Harald. Würzburg 2004, S. 169–190; Bergengruen, Maximilian/Borgards, Roland: Bann der Gewalt. Theorie und Lektüre (Foucault, Agamben, Derrida/„Kleists Erdbeben in Chili"). In: Deutsche Vierteljahrsschrift für Literaturwissenschaft und Geistesgeschichte 81.2 (2007), S. 228–256; Carrière, Mathieu: Für eine Literatur des Krieges, Kleist. Frankfurt am Main 1990; Chaouli, Michel: Die Verschlingung der Metapher. In: Kleist-Jahrbuch (1998), S.127–149; Greiner, Bernhard: Gewalt und Recht. Kleists juridische Genealogie der Gewalt. In: Heinrich von Kleist. Konstruktive und destruktive Funktionen von Gewalt. Hrsg. von Schmidt, Ricarda/Allan, Seán/Howe, Steven. Würzburg 2012, S. 43–56; Schneider, Manfred: Die Welt im Ausnahmezustand. Kleists Kriegstheater. In: Kleist-Jahrbuch (2001), S. 104–119; Stephens, Anthony: Kleist: Sprache und Gewalt. Freiburg 1999; Vardoulakis, Dimitris: Sovereignty and its Other. Toward the Dejustification of Violence. New York 2013; Krüger-Fürhoff, Irmela Marei: Der versehrte Körper. Revisionen des klassizistischen Schönheitsideals. Göttingen 2001.

[2] Kleists Texte werden nach der Brandenburger Ausgabe (BKA) mit den üblichen Kürzeln zitiert: Kleist, Heinrich von: Über die allmähliche Verfertigung der Gedanken beim Reden. In: Kleist, Sämtliche Werke. Sonstige Prosa. Brandenburger Ausgabe. Bd. II/9. Hrsg. von Reuß, Roland/Staengle, Peter. Basel 1996, im Folgenden im Text abgekürzt: BKA II/9 VG; Kleist, Heinrich von: Amphitryon. In: Kleist, Sämtliche Werke. Brandenburger Ausgabe. Bd. I/4. Hrsg. von Reuß, Roland/Staengle, Peter. Basel 1991, im Folgenden im Text abgekürzt: BKA I/4 A; Kleist, Heinrich von: Penthesilea. In: Kleist, Sämtliche Werke. Brandenburger Ausgabe. Bd. I/5. Hrsg. von Reuß, Roland/Staengle, Peter. Basel 1992. Im Folgenden im Text abgekürzt: BKA I/5 P; Kleist, Heinrich von: Michael Kohlhaas. In: Kleist, Sämtliche Werke. Brandenburger Ausgabe. Bd. II/1. Hrsg. von Reuß, Roland/Staengle, Peter. Basel 1990. Im Folgenden im Text abgekürzt: BKA II/1 MK.

sie sich immer auf dem Schlachtfeld befindet und sie nie weiß, welche Tücken, Finten und Hinterhalte sich hier verbergen? Das Schlachtfeld zeigt sich bei Kleist in verschiedenen Formen, etwa als Szene der *Penthesilea*, als ein von Naturgewalten verursachter Trümmerhaufen in *Das Erdbeben von Chili*, als rhetorisches Schlachtfeld in *Über die allmähliche Verfertigung der Gedanken beim Reden* oder als syntaktisches in etlichen Versen, Erzählungen und Anekdoten. In Kleists Texten ist der Krieg kein Ausnahmezustand und damit der Stoff für das Theater oder die Erzählung, sondern der Normalzustand, aus dem heraus Kleist dann die Welt aus den Fugen hebt (Schneider, Kleists Kriegstheater, S. 110).[3] Kleist interessiert also weniger das Schlachtfeld als vielmehr das, was selbst noch das Schlachtfeld erschüttert – und sollte es die Ordnung sein. Der Krieg, der das Schlachtfeld begleitet, bedeutet dabei immer auch das gewaltsame Lösen von Bindungen und Verträgen.[4] Dabei handelt es sich nicht allein um Verträge zwischen Göttern und Menschen, Souverän und Volk, Eltern und Kindern, sondern auch zwischen Signifikat und Signifikant (*Amphitryon*), zwischen Ich und anderem Ich (Sosias und Merkur), zwischen Innen und Außen (*Penthesilea*). Kleists Figuren versuchen, in und mit diesen gelösten Verbindungen zu agieren, wobei die Frage danach, ob dieser Versuch erfolgreich oder erfolglos sein wird, keinen logischen Strategien unterliegt. Die offenen Enden gelöster Bindungen suchen sich wie freie Radikale neue Verbindungen und gehen neue Verträge ein, deren Verlauf auch deswegen ungewiss ist, weil die Bindungen keine Beständigkeit haben. Eine dieser brisanten Verbindungen ist sicherlich die zwischen Körper und Sprache, die es erlaubt, Redlichkeit zum einen in ihrer Verschränkung mit Körperlichkeit, zum anderen im Angesicht von Gewalt zu analysieren. So gehen die folgenden Lektüren unter anderem der Frage nach, ob Redlichkeit, wo sie Gefahren ausgesetzt ist, eine Form der *parrhesia* ist. Ist also Redlichkeit auf dem Schlachtfeld ein Wahrsprechen im Angesicht des Feindes und des Todes? Stellt sich Redlichkeit der Gewalt entgegen oder ist sie selbst eine Form der Gewalt bzw. unter welchen Bedingungen zeigt Redlichkeit gewaltsame Strukturen?

---

**3** Vor allem in den letzten Jahren gab es einige Untersuchungen, die Kleists Texte in einen Bezug zu Giorgio Agambens Ausführungen zum Ausnahmezustand gesetzt haben. Siehe unter anderem Bergengruen und Borgards, Bann der Gewalt, S. 228–256, Giuriato, Davide: ‚Wolf der Wüste'. „Michael Kohlhaas" und die Rettung des Lebens. Ausnahmezustand der Literatur: Neue Lektüren zu Heinrich von Kleist. Hrsg. von Pethes, Nicolas. Göttingen 2011, S. 290–306 und Frey, Christiane: The Excess of Law and Rhetoric in Kleist's Michael Kohlhaas. In: Phrasis 47.1 (2006), S. 9–18.
**4** Deleuze, Gilles/Guattari, Félix: Capitalisme et schizophrénie. Mille plateaux. Paris 1980, S. 435–436; dt.: Kapitalismus und Schizophrenie. Tausend Plateaus. Übers. von Gabriele Ricke/Ronald Voullié. Berlin 1997, S. 483.

Die Analysen von der *Verfertigung der Gedanken*, von *Amphitryon* und *Penthesilea* setzen sich vor allem mit den Verbindungen von Körper, Sprache und Gewalt auseinander, indem sie Strukturen und Rhetoriken der Texte in den Blick nehmen. Vor diesem Hintergrund diskutieren sie Möglichkeiten von Wahrhaftigkeit und Wahrsprechen. Die das Kapitel abschließende Lektüre von *Michael Kohlhaas* diskutiert die Möglichkeit von Redlichkeit unter diesen Voraussetzungen und reflektiert unter Berücksichtigung der sprechakttheoretisch und rhetorisch relevanten Ergebnisse der vorhergehenden Analysen die Dynamik der Redlichkeit in Kleists Novelle. Berechtigterweise werden Kleists Texte häufig vor dem Hintergrund der Aufklärung gelesen, der Kleist gleichermaßen mit Faszination bezüglich ihrer Gesetzmäßigkeiten, wie auch mit Entsetzen angesichts der Totalität ihrer Ideale begegnete.[5] Redlichkeit ist eine von der Aufklärung propagierte Tugend und Kleists Texte sind, wie die folgenden Lektüren zeigen, eine Reflexion der Bedingungen und Dynamiken dieser Tugend.

## 4.1 Performativität und Risiko des Redens. *Über die allmähliche Verfertigung der Gedanken beim Reden*

Laut Titel geht es in Kleists Texts *Über die allmähliche Verfertigung der Gedanken beim Reden* explizit um die Rede,[6] weswegen er für eine Lektüre der Redlichkeit

---

[5] Zum Thema Kleist und die Aufklärung sei zum Beispiel auf die Publikationen von Mehigan hingewiesen (Mehigan, Tim (Hrsg.): Heinrich von Kleist und die Aufklärung. Rochester 2000; Mehigan, Tim: Heinrich von Kleist: Writing after Kant. New York 2013) und auf den Sammelband von Rehwinkel, Dieter/Haller-Nevermann, Marie: Kleist – ein moderner Aufklärer? Göttingen 2005. Das sind nur drei Bände, die sich explizit mit Kleist und der Aufklärung auseinandersetzen. Der Eintrag „Deutsche Aufklärung" im Kleist-Handbuch gibt außerdem einen kurzen Überblick zum Thema (Schneider, Helmut: Deutsche Aufklärung. In: Kleist Handbuch. Leben – Werk – Wirkung. Hrsg. von Breuer, Ingo. Stuttgart 2013, S. 203–206) und viele Monographien zu Kleist erörtern ihrerseits spezifische Themenfelder in diesem Zusammenhang. So untersucht beispielsweise Justus Fetscher Kleists Beziehung zu Ernst Christian Wünsch (Fetscher, Justus: Verzeichnungen. Kleists „Amphitryon" und seine Umschrift bei Goethe und Hofmannsthal. Köln 1998, S. 93–134) und Dagmar Fischer Kants Struktur des Als-Ob bei Kleist (Fischer, Dagmar. Kants Als-Ob-Wendungen in Kleists und Kafkas Prosa. Frankfurt am Main/New York 2009). Zur Kant-Krise Kleists siehe u. a. Fink, Kristina: Die sogenannte „Kantkrise" Heinrich von Kleists: ein altes Problem aus neuer Sicht. Würzburg 2012 und zu Kleists Distanzierung von der Aufklärung Klüger, Ruth: Tellheims Neffe: Kleists Abkehr von der Aufklärung. In: Klüger: Katastrophen. Über deutsche Literatur. Göttingen 1994, S. 163–188.

[6] Vgl. zum Beispiel Jill Ann Kowalik, die den Fokus auf den Gebrauch der Sprache richtet (Kowalik, Jill Anne: Kleist's Essay on Rhetoric. In: Monatshefte 81.4 (1989), S. 434–446). Einige andere gewinnbringende Lektüren der *Verfertigung der Gedanken* konzentrieren sich vor allem auf

als Modus des Redens besonders vielversprechend ist. Kleist schreibt sich mit diesem Text einerseits zwar in die zeitgenössische sprachphilosophische Debatte um das Verhältnis von Sprache und Gedanken ein – um sie zu durchkreuzen –, verleiht dabei aber speziell der Rede einen besonderen Status:[7]

> Aber weil ich doch irgendeine dunkle Vorstellung habe, die mit dem, was ich suche, von fern her in einiger Verbindung steht, so prägt, wenn ich nur dreist damit den Anfang mache, das Gemüt, während die Rede vorschreitet, in der Notwendigkeit, dem Anfang nun auch ein Ende zu finden, jene verworrene Vorstellung zur völligen Deutlichkeit aus [...] (Kleist, BKA II/9 VG S. 27–28)

---

das Verhältnis von Bewusstsein und Sprache. Siehe zum Beispiel Paß, Dominik: Die Beobachtung der allmählichen Verfertigung der Gedanken beim Reden. Kleist-Jahrbuch (2003), S. 107–136 und Pavlik, Jennifer: Normierung durch (Pro)Thesen. In: Kleist. Vom Schreiben in der Moderne. Hrsg. von Heimböckel, Dieter. Bielefeld 2013, S. 50–68. Pavlik liest die *Verfertigung der Gedanken* mit Foucault, um zu zeigen, dass der Text eine radikale Umdeutung von dem der Sprache mächtigen und autonom über sie verfügenden Subjekt der Aufklärung sei. Sie liest in der *Verfertigung der Gedanken* ein Subjekt, das der Sprache zum Opfer falle, weil die Sprache vom Bewusstsein unabhängig und diesem vorgelagert sei. Das Subjekt müsse sich deswegen „gegenüber der Sprache und der Welt" behaupten (Pavlik, Normierung durch (Pro)Thesen, S. 65–67). Peter Philip Riedl meint, die *Verfertigung der Gedanken* stelle das res-verba-Verhältnis der klassischen Rhetorik auf den Kopf. Er verweist zwar auf die Simultanität von Gedanken und Sprache, meint aber auch, dass die Sprache das Bewusstsein steuere (Riedl, Peter Philipp: Eine bessere Ordnung der Dinge? Die Psychologie revolutionärer Gewalt im Werk Heinrich von Kleists. In: Heinrich von Kleist. Konstruktive und destruktive Funktionen von Gewalt. Hrsg. von Schmidt, Ricarda/Allan, Seán /Howe, Steven. Würzburg 2012, S. 97–116).

[7] V. a. Heinrich C. Seeba liest diesen Text als Kommentar zur sprachphilosophischen Debatte zwischen Kant und Herder, in welcher Kant von der „Vorgängigkeit der Gedanken vor der Sprache, ja sogar von der Unsprachlichkeit des Denkens" ausgehe, Herder hingegen die Überzeugung vertrete, dass die Sprache dem Denken vorgängig sei (Seeba, Hinrich C.: Kunst im Gespräch: Über Kleist und die allmähliche Verfertigung der Gedanken beim Reden. In: Publications of the English Goethe Society 78.1–2 (2009), S. 89–105, hier S. 91). Laut Seeba hat Kleist sich deutlich auf die Seite Herders geschlagen und sich dadurch auch „für die Verwandlung der Erkenntnistheorie in Sprachphilosophie" entschieden (Seeba, Kunst im Gespräch, S. 91). Heimböckel hingegen meint, Kleist grenze sich von Herder ab und nähere sich Wilhelm von Humboldt an, weil dieser betone, dass in der Abhängigkeit von Gedanken und Wort letzteres die Wahrheit nicht darstelle, sondern „die vorher unbekannte Wahrheit" erst entdecke (Heimböckel, Dieter: Emphatische Unaussprechlichkeit. Sprachkritik im Werk Heinrich von Kleists. Ein Beitrag zur literarischen Sprachskepsistradition der Moderne. Göttingen 2003, S. 81). Zum Einfluss von Herder, Humboldt und Kant auf Kleist siehe auch Angela Esterhammer, die in ihrer Untersuchung die Verschränkung von Sprache und Körper bzw. deren gegenseitige Beeinflussung analysiert (Esterhammer, Angela: "The Duel": Kleist's Scandal of the Speaking Body. European Romantic Review 10.1–4 (1999), S. 1–22).

Die „dunkle Vorstellung" steht von Anfang an mit dem Gesuchten, wenn auch „von fern her", in „Verbindung" und gewinnt im Prozess des Redens an Deutlichkeit. Dieser Prozess ist ohne wechselseitige Hervorbringung von Vorstellung, Gesuchtem und Rede gar nicht zu denken. Das, was gefunden wird, ist nichts, was ohne die Beteiligung der Rede gefunden werden könnte oder vor der Rede da wäre. Vielmehr kommt die „völlige Deutlichkeit" zustande, weil sie im Prozess der Rede hergestellt wird. Die Rede ist an der ständigen Produktion und damit auch an der Veränderung des zu Findenden beteiligt. Diese Untrennbarkeit der sich gegenseitig hervorbringenden Komponenten wird auch in folgendem Zitat deutlich:

> Ein solches Reden ist ein wahrhaft lautes Denken. Die Reihen der Vorstellungen und ihrer Bezeichnungen gehen nebeneinander fort, und die Gemütsakten, für eins und das andere, kongruieren. Die Sprache ist alsdann keine Fessel, etwa wie ein Hemmschuh an dem Rade des Geistes, sondern wie ein zweites mit ihm parallel fortlaufendes, Rad an seiner Achse. (Kleist, BKA II/9 VG S. 30)

Im Prozess des Redens greifen Sprache und Geist ineinander, sodass die Arbeit des Gemütes gleichermaßen Resultat wie auch Teil des Prozesses und jeder neue Prozess schon eine Vielzahl neuer Akte ist. Die beiden Räder an einer Achse demonstrieren diesen Prozess: Wenn die Bewegung von Sprache und Geist während des Redens nie ohne die Bewegung des jeweils anderen funktioniert, weil das eine Rad aufgrund der Achse immer das andere in Bewegung versetzt, dann sind auch Gemüt und Achse in Bewegung. Geist und Sprache sind hier nur im Reden und aus der Differenz zum jeweils anderen heraus produktiv.[8] Sprache kann nicht als Abbild eines inneren oder geistigen Zustandes verstanden werden, was nicht zuletzt auf die Körperlichkeit des Redens und auf die Materialität der Rhetorik zurückzuführen ist:

> Ich mische unartikulierte Töne ein, ziehe die Verbindungswörter in die Länge, gebrauche auch wohl eine Apposition, wo sie nicht nötig wäre, und bediene mich anderer, die Rede

---

[8] Die Parallele dieser Passage zu einer vielzitierten Passage in Saussures *Grundlagen der allgemeinen Sprachwissenschaft* bezüglich der Arbitrarität des Zeichens ist eklatant und weist folglich auf die Arbitrarität des Zeichens bei Kleist hin. „Die Sprache hat also dem Denken gegenüber nicht die Rolle, vermittelst der Laute ein materielles Mittel zum Ausdruck der Gedanken zu schaffen, sondern als Verbindungsglied zwischen dem Denken und dem Laut zu dienen, dergestalt, daß deren Verbindung notwendigerweise einander entsprechenden Abgrenzungen von Einheiten führt." (Saussure, Ferdinand de: Grundfragen der Allgemeinen Sprachwissenschaft. Hrsg. von Bally, Charles/Sechehaye, Albert. Übers. von Herman Lommel. 2. Aufl. Berlin 1967. S. 133–134.)

ausdehnender, Kunstgriffe, zur Fabrikation meiner Ideen auf der Werkstätte der Vernunft, die gehörige Zeit zu gewinnen. (Kleist, BKA II/9 VG S. 28)

Die „unartikulierten Töne" und „in die Länge gezogenen Verbindungswörter" zeigen, dass es nicht darum geht, einen guten und passenden Ausdruck für etwas zu finden. Vielmehr geht es darum, überhaupt etwas zu sagen, Rede zu produzieren, die Produktion der Rede selbst anzukurbeln, wobei die Artikulation, die Dehnung und Ziehung der Wörter, sprich: ihre Materialität, zum entscheidenden Prozess des Verfahrens wird.[9] Diese Produktivität unterstreichend, verfährt der Briefschreiber H. v. K. in diesem kurzen Zitat gleich mehrfach performativ.[10] Zum einen zieht er sein Schreiben, durch eben jenen Einschub, der die Taktik der Ausdehnung beschreibt, in die Länge („und bediene mich anderer, die Rede ausdehnender, Kunstgriffe"). Zum anderen verwendet er selbst Kunstgriffe der Rhetorik, genauer Metaphern, wenn es heißt, dass er sie manchmal „zur Fabrikation seiner Ideen auf der Werkstätte der Vernunft" verwende. Und die Apposition führt sich mit dem Einschub „wo sie nicht nötig wäre", der selbst eine Apposition ist, vor oder auf. Wenn der Einschub auf den vorhergehenden Satzteil „gebrauche auch wohl eine Apposition" zurückverweist, zeigt sich, dass dieses Verfahren weder linear noch zielgerichtet ist (Kleist, BKA II/9 VG S. 28). Es sind vor allem die Umwege, die rückwärts gerichteten Bewegungen, das heißt auch die rhetorischen und performativen Verfahren, durch welche „die gehörige Zeit" gewonnen wird (Kleist, BKA II/9 VG S. 28). Räder und Achse können sich vorwärts, rückwärts und um sich selbst bewegen. Hervorgehoben wird die stetige Bewegung der Produktion mit dem paradoxen Ende des Satzes, mit dem der Schreiber den Prozess der dunklen Vorstellung bezeichnet, die sich auf eine Weise zur Deutlichkeit ausprägt, „daß die Erkenntnis zu meinem Erstaunen mit der Periode fertig ist"

---

[9] Dominik Paß argumentiert in diese Richtung, wenn er meint, dass Kleist zufolge Sprache nur in der Verwendung, im Gebrauch geschehen kann (Paß, Die Beobachtung der allmählichen Verfertigung der Gedanken beim Reden, S. 125). Er liest jedoch die „Verbindungswörter" und „Töne" als Geräusche, die daraus entstehen, dass entweder die Rede oder die Gedanken zu schnell sind und sich folglich die Stimme überschlägt oder unbeabsichtigte „Fülltöne" entstehen (Paß, Die Beobachtung der allmählichen Verfertigung der Gedanken beim Reden, S. 129).
[10] Groddeck verweist auf die performative Struktur dieser Passage, um zu zeigen, inwiefern die hier als spontan dargestellte Rede höchst konstruiert ist (Groddeck, Wolfram: Die Inversion der Rhetorik und das Wissen von Sprache. Zu Heinrich von Kleists Aufsatz „Über die allmählige Verfertigung der Gedanken beim Reden". In: Kleist lesen. Hrsg. von Schuller, Marianne/Müller-Schöller, Nikolaus. Bielefeld 2003, S. 101–116, hier S. 10).

(Kleist, BKA II/9 VG S. 28).[11] Auf den ersten Blick scheint die Erkenntnis hier tatsächlich mit der Periode, also mit dem Ende des Satzes, fertig zu sein. Auf den zweiten Blick erweist sich dieses Ende als paradox, weil eine Periode auch einen Zeitabschnitt bezeichnet, der in regelmäßigen Abständen wiederkehrt. Wenn eine Periode „fertig" sein kann, dann nur für eine gewisse Dauer. Bezeichnet die Periode hier hingegen einen Satz, der sich durch seine Vielgliedrigkeit, das heißt durch seine vielen Nebensätze, auszeichnet, dann ist der Satz grammatisch „fertig", wenn der Punkt platziert wird. Semantisch schließt der folgende Satz jedoch genau dort an und der Gedanke des vorhergehenden wird im neuen Satz ausgeführt, wodurch er das fast gewaltvoll gesetzte Ende seines Vorgängers, also dessen „Fertig"-Sein, ausstreicht. Es gibt weder einen Absatz im Text[12] noch einen größeren gedanklichen Sprung: „[...] dergestalt, daß die Erkenntnis zu meinem Erstaunen mit der Periode fertig ist. Ich mische unartikulierte Töne ein, ziehe Verbindungswörter in die Länge [...]" (Kleist, BKA II/9 VG S. 28). Der neue Satz wird im Ende des vorhergehenden Satzes gefunden, so dass der folgende aus dem vorhergehenden Satz gleichsam seinen Anfang zieht.

Wie der Punkt am Ende des Satzes wird auch das Ende der Erkenntnis gesetzt, das ohne diese Setzung zu keinem Ende kommen würde. Dadurch wird eine Erkenntnis, die eine Markierung oder ein Endpunkt eines Erkenntnisprozesses ist, insofern als performativer Akt ausgewiesen, als das Ende eines Prozesses immer ein Akt der Setzung ist. Der Akt des Setzens bestimmt nicht nur das Ende, sondern auch den Anfang des Satzes. Sowohl im obigen Zitat – „wenn ich nur

---

**11** So meint auch Andreas Gailus, dass in der *Verfertigung der Gedanken* das, was sich aus einer Perspektive als „bloße Entdeckung einer bereits feststehenden Lösung ausnimmt, aus einer anderen Perspektive ein schöpferischer Akt ist, also die Erfindung eines neuen Gedankens", und dass damit in diesem Text das epistemologische Feld überschritten werde (Gailus, Andreas: Passions of the Sign. Revolution and Language in Kant, Goethe, and Kleist. Baltimore 2006, S. 156) Es wird sich jedoch noch zeigen, dass auch das Erfinden bzw. der schöpferische Akt in diesem Text problematisch wird. Auch Groddeck weist darauf hin, dass Kleists Aufsatz „bei der Grenze oder gar beim Versagen des reinen, wissenschaftlichen Erkennens" einsetze und zur „Vorwärtsflucht ins Chaos der Sprache" rate (Groddeck, Die Inversion der Rhetorik, S. 105).

**12** Rohrwasser betont, dass es im Text keine Absätze gibt, was darauf hinweise, dass der Text keine Verfertigung von Gedanken darstelle, sondern vielmehr den Eindruck hinterlasse, dass es sich um eine Assoziationskette Kleists handle (Rohrwasser, Michael: Eine Bombenpost. Über die allmähliche Verfertigung der Gedanken beim Schreiben. In: Heinrich von Kleist. Text + Kritik. Sonderband. Hrsg. von Arnold, Heinz Ludwig/Reuss, Roland/Staengle, Peter. München 1993, S. 151–162, hier S. 154). Groddeck nimmt darauf Bezug und argumentiert, dass diese scheinbare Unmittelbarkeit des Schreibens, die den Redefluss vielleicht simulieren soll, derart von rhetorischen Raffinessen durchzogen sei, dass der Brief zeige, inwieweit die Gedanken durchaus vor der Rede fertig gewesen seien (Groddeck, Die Inversion der Rhetorik, S. 110).

dreist damit den Anfang mache" – als auch an anderer Stelle wird auf diesen Setzungsakt verwiesen: „Aber die Überzeugung [...] machte ihn dreist genug, den Anfang, auf gutes Glück hin, zu setzen" (Kleist, BKA II/9 VG S. 28). Eine Aussage markiert demnach ihren Anfang mit der Aussage „Ich fange jetzt an ...", wodurch das Reden/der Anfang immer schon bereits vollzogen wurde.[13] Anfang und Ende können dann aber nur grammatisch gedacht werden, weil es einen Anfang der Rede nicht gibt. Jedes Setzen eines Anfangs wird, wie Bettine Menke schreibt, immer ein Ein-setzen in ein System von Zeichen und Tropen gewesen sein (Menke, Anfangen, S. 24).[14] Durch die Unmöglichkeit des Anfangs und des Endes ist die Setzung nicht als „sich selbst begründende und über sich selbst [...] souverän verfügende" konzipiert, „sondern vielmehr als ein Sich-Aussetzen an die Zufälle der ‚Umstände', unter denen die Rede ergeht, die [...] deren Produktivität erst ermöglichen" (Menke, Anfangen, S. 17).

Dass die Bewegung des Sich-Aussetzens in Kleists Texten absolut riskant ist, wird am Beispiel Mirabeaus deutlich. Dieser setzt sich mit seiner Rede nicht nur völlig ungewissen Zuständen, sondern auch den Bajonetten aus: Das Ein-setzen in die Rede ist zugleich der Einsatz des Lebens. Wenn Mirabeau sich erklärt – „Und damit *ich mich* Ihnen ganz deutlich erkläre" (Kleist, BKA II/9 VG S. 29, Hervorh. NT) –, dann vollzieht er nicht nur einen expliziten performativen Sprechakt, sondern setzt sich, weil er den Befehl des Königs missachtet, dem Risiko des Todes aus.[15] Gleichzeitig setzt er sich, wie Foucault es bezügliche des *parrhesiastes* formuliert, in eine Beziehung zu sich selbst – „ich mich" – und bindet sich an seine eigene Wahrheit. Er konstituiert sich im Akt des Redens als Wahrsprecher und setzt sich aufs Spiel. Was hier am Beispiel Mirabeaus als Einsatz des

---

**13** Vgl. Menke: „Das Anfangen der Rede ist ein paradoxal gespannter oder sogar aporetisch blockierter Vorgang, obwohl wir, wenn wir ‚den Anfang' hören oder lesen, uns je schon nach dem Angefangen-Sein und im Text befinden" (Menke, Bettine: Anfangen. Zur Herkunft der Rede. In: Herkünfte: historisch – ästhetisch – kulturell. Beiträge zu einer Tagung aus Anlass des 60. Geburtstags von Bernhard Greiner. Hrsg. von Thums, Barbara u. a. Heidelberg 2004, S. 13–37, hier S. 17). Zum Anfang als Stottern bei Kleist siehe auch Neumann, Gerhard: Das Stocken der Sprache und das Straucheln des Körpers: Umrisse von Kleists kultureller Anthropologie. In: Heinrich von Kleist: Kriegsfall – Rechtsfall – Sündenfall. Rombach 1994, S. 13–30.
**14** Dabei wird sich, wie Menke zeigt, der Einsatz selbst als reiner Einsatz löschen, weil jeder Einsatz der Rede immer schon sprachlich geworden ist (Menke, Anfangen, S. 24). Zum Einsatz der Rede und zum Anfang, der kein Anfang ist, siehe auch Zeeb, Ekkehard: Die Unlesbarkeit der Welt und die Lesbarkeit der Texte. Ausschreitungen des Rahmens der Literatur in den Schriften Heinrich von Kleists. Würzburg 1995.
**15** Deswegen handelt es sich hier m. E. nicht um eine Rede, die einer Handlung gleichkommt (vgl. Rohrwasser, Bombenpost, S. 158), sondern vielmehr Handlung ist.

Lebens, das heißt als Reaktion auf einen Sprechakt, dargestellt wird, ist gleichzeitig die Inszenierung eines Sprechaktes, der sich selbst das Risiko ist. Denn wenn es heißt: „ich bin gewiß, daß er bei diesem humanen Anfang, noch nicht an die Bajonette dachte, mit welchen er schloß" (Kleist, BKA II/9 VG S. 28), dann verweist das zwar auf die Erwähnung der Bajonette im letzten Satz Mirabeaus – „so sagen Sie Ihrem Könige, daß wir unsere Plätze anders nicht, als auf die Gewalt der Bajonette verlassen werden" (Kleist, BKA II/9 VG S. 29) –, es bezeichnet aber gleichzeitig die Rede Mirabeaus als Bajonette, bezeichnet also den Sprechakt als Waffe. Die Rede selbst wird bei Kleist zum Bajonett und unterscheidet sich dadurch vom *parrhesiastischen* Sprechen im Angesicht des Tyrannen bei Foucault.

Dass dieses Risiko aber durchaus nicht nur negativ konnotiert ist, wird am Beispiel der Szene mit der Schwester des Briefeschreibers deutlich, die im Gespräch fortwährend im Begriff ist, ihn zu unterbrechen. Das Gemüt des Redners wird durch den „Versuch von außen, ihm [dem Gemüt, NT] die Rede, in deren Besitz es sich befindet, zu entreißen", angeregt, schneller zu arbeiten (Kleist, BKA II/9 VG S. 28). Die Schwester ist die Andere, die zur Feindin wird[16] – in der Terminologie Foucaults zur Todesdrohung –, wenn sie dem Redner die Rede entwenden will.[17] Der Vergleich des Gemüts mit einem General versetzt die Rede sogleich wieder auf ein Schlachtfeld.

---

[16] Das und der Andere, das Fremde und der Feind sind Elemente, die immer wieder als produktive Momente in der *Verfertigung der Gedanken* gelesen wurden. Vgl. dazu Gailus, Andreas: Über die plötzliche Verwandlung der Geschichte durchs Sprechen. Kleist-Jahrbuch (2002), S. 154–164, bes. S. 157 und Blamberger, Günter: Das Geheimnis des Schöpferischen: Ingenium est ineffabile? Studien zur Literaturgeschichte der Kreativität zwischen Goethezeit und Moderne. Stuttgart 1991. Blamberger hebt v. a. die agonalen Strukturen des Textes als kreative Prozesse hervor (Blamberger, Das Geheimnis des Schöpferischen, S. 12–22). Campe weist darauf hin, dass die andere Sprache – das Französische –, die „eigentlich die des Feindes" ist, ebenfalls in den Brief einfließt (Campe, Rüdiger: Verfahren. Kleists allmähliche Verfertigung der Gedanken beim Reden. In: Sprache und Literatur 43 (2012), S. 2–21, hier S. 10) und auch Riedl zeigt, dass „der Dialog bei Kleist, auch der nonverbale, den Charakter eines Kampfes" annimmt (Riedl, Peter Philipp: Über die allmähliche Verfertigung der Gedanken beim Reden. An R. v. L. In: Kleist Handbuch: Leben – Werk – Wirkung. Hrsg. von Breuer, Ingo. Stuttgart 2013, S. 150–152, hier 151).

[17] Die Schwester will aber eine Rede entwenden, die dem Redner ohnehin nicht gehört und derer er sich nie vollständig bemächtigen wird, weil er sie zwar besitzen, sie aber nie als sein Eigentum bezeichnen kann (Menke, Anfangen, S. 35). Deswegen fehlt dem Redner im Examen die Rede, wenn es heißt: „Was ist Eigentum?", wodurch nach Menke gleichfalls deutlich wird, dass bei Kleist, die „‚eigene' Rede [...] von woanders her zugestellt" wird (Menke, Anfangen, S. 35).

Auf unterschiedlichste Weisen werden die Risiken der einzelnen Situationen in der *Verfertigung der Gedanken* bewertet.[18] Anders: Der Text entsteht erst entlang der Darstellung verschiedener Risiken. So könnte man die Beobachtung von Gailus, dass Kleists Sprechen „unter der Bedingung einer permanenten Krise" operiere (Gailus, Verwandlung der Geschichte, S. 158), umformulieren und behaupten: Kleists Rede operiert unter der Bedingung eines permanenten Risikos. Unterstrichen wird dieser Eindruck durch die ständige Bemühung von Kriegsmetaphern, die vor allem zeigt, dass Redende sich auf dem Schlachtfeld und in Lebensgefahr befinden.[19] An „die Stelle der Wissensfrage" tritt bei Kleist „das Problem des Überlebens" im Reden (Gailus, Verwandlung der Geschichte, S. 158). Erkenntnis- und Wissensfragen werden insofern abgelöst, als hier nicht mehr im Zentrum steht, ob und wie Sprache repräsentieren kann und inwiefern sie angesichts eines authentischen Ausdrucks innerer Zustände versagen muss. Vielmehr steht ihre agonale Qualität im Zentrum des Briefes. Rede ist damit in diesem Text anders zu verstehen als jene Unzulänglichkeit der Sprache, die Kleist zum Beispiel in seinen Briefen immer wieder thematisiert und die in der Forschung häufig als Sprachskepsis oder Sprachkrise diskutiert wird.[20] Vor allem gegenüber Wilhelmine von Zenge betont und bedauert Kleist, dass er sein Herz nicht aufschreiben kann: „Du willst aber schwarz auf weiß sehen, und so will ich Dir denn

---

**18** So meint auch Blamberger, dass Kleist unter anderem in der *Verfertigung der Gedanken* das Risiko aktiv suche (Blamberger, Das Geheimnis des Schöpferischen, S. 41).
**19** Siehe dazu auch Carrière, der zeigt, inwiefern v. a. die Gemüts-Rede bei Kleist „eine Form des Krieges" ist. Das Gemüt ist nach Carrière wiederum „die Aktion, das Klima oder der Ort, der jedesmal dort Koordinaten bekommt, wo ein maschinistisches Agencement entsteht [...]" (Carrière, Für eine Literatur des Krieges, S. 63) Auf die exzessive Kriegsmetaphorik verweisen auch Rohrwasser in „Eine Bombenpost" S. 157–159 und Strässle, Die keilförmige Vernunft, S. 161–165.
**20** Die Forschungsliteratur zu Kleists Sprache und Sprachkrise ist überaus umfangreich. Häufig wird darauf verwiesen, dass sich im Zusammenhang mit Kleists sogenannter Kant-Krise eine gewisse Wende in Kleists Schreiben vollzogen habe, die sich von einem Sprachoptimismus im Zeichen der Aufklärung zu einer Sprachskepsis gesteigert habe. Viele dieser Studien verbinden die Untersuchung der Sprache mit (Sprach)Gewalt. So zum Beispiel Stephens, Kleist: Sprache und Gewalt; Arntzen, Helmut: Heinrich von Kleist: Gewalt und Sprache. In: Die Gegenwärtigkeit Kleists. Reden zum Gedenkjahr 1977 im Schloß Charlottenburg zu Berlin Hrsg. von Arntzen, Helmut u. a. Berlin 1980, S. 62–78. Allgemeiner zu Sprache und Sprachkrise siehe zum Beispiel Holz, Hans Heinz: Macht und Ohnmacht der Sprache. Frankfurt am Main 1962 sowie den einschlägigen Aufsatz von Kommerell, Max: Die Sprache und das Unaussprechliche. Eine Betrachtung über Heinrich von Kleist. In: Geist und Buchstabe der Dichtung: Goethe, Schiller, Kleist, Hölderlin. Hrsg. von Kommerell, Max. Frankfurt am Main 1944, S. 243–317. Zu einem kurzen Überblick über einige Studien (bis 2009) zum Thema Kleist und Sprache siehe auch Bartl, Andrea: Sprache. In: Kleist-Handbuch: Leben – Werk – Wirkung. Hrsg. von Breuer, Ingo. Stuttgart 2009, S. 361–363.

mein Herz so gut ich kann auf dieses Papier malen, wobei Du aber nie vergessen mußt, daß es bloße Kopie ist, welche das Original nie erreicht, nie erreichen kann" (Kleist, BKA IV/1 Briefe S. 180). Und an anderer Stelle heißt es: „Ich weiß nicht, was ich Dir über mich unaussprechlichen Menschen sagen soll. – Ich wollte ich könnte mir das Herz aus dem Leibe reißen, in diesen Brief packen, und Dir zuschicken. – Dummer Gedanke!" (Kleist, BKA IV/1 Briefe S. 244). Die Rede der *Verfertigung der Gedanken* ist kein Kampf um den richtigen und passenden Ausdruck. Mit dem Brief gewinnt sie ein eigenes Leben und eine eigene Dynamik, die mit den Gedanken zwar im Zusammenhang steht, ihnen aber nicht untergeordnet wird. Ausschlaggebend ist bei dieser Rede die Körperlichkeit, die mit und in der Rede auf dem Spiel steht, während es in den Briefen an seine Schwester unmöglich zu sein scheint, den Körper/das Herz buchstäblich zu involvieren.

In der *Verfertigung der Gedanken* ergreift das Risiko des Redens das ganze Subjekt, wenn sein Setzen zum einen immer ein Ein-setzen in ein unsicheres Feld von Zeichen ist und Reden zum anderen eine Bewegung des (dauerhaften) Sich-Aussetzens bedeutet. So ist in der *Verfertigung der Gedanken* auch derjenige, der schnell sprechen kann, in einem klaren Vorteil, weil „er gleichsam mehr Truppen ins Feld" führt (Kleist, BKA II/ 9 VG S. 28). Kleists Beispiel missglückter Sprechakte von „Leute[n], die sich, weil sie sich der Sprache nicht mächtig fühlen [...], plötzlich mit einer zuckenden Bewegung die Sprache an sich reißen und etwas Unverständliches zur Welt bringen", markiert also nicht nur eine Lappalie, sondern eine Niederlage in einer Schlacht, die immer wieder aufs Neue ausgetragen wird (Kleist, BKA II/9 VG S. 28). Das Risiko des im Krieg Gefallenen oder Verschollenen ist auch dem Text selbst eigeschrieben, wenn es am Ende heißt „Fortsetzung folgt" (Kleist, BKA II/9 VG S. 32). Diese Ankündigung verweist auf das Ende als Nicht-Ende, auf den Text als Periode und auf seine Unvollständigkeit. Sei es aufgrund von Verlust oder versäumter Einhaltung: Der Text stellt seine eigene (Unter)Brechung dar. Er performiert das Risiko, von dem er spricht, indem das Ende des Sich Aussetzens offen ist und suspendiert wird.

Wie kann sich Redlichkeit als Modus dieser Rede artikulieren, wenn sie nie wissen kann, was bei ihrem Ein-setzen und Sich-Aussetzen passieren wird? Wie, wenn sie immer unartikulierte Töne hervorbringt? Wenn wahre Rede zum Bajonett wird, das sich gegen sich selbst richtet, hat dann auch Redlichkeit eine selbstzerstörerische und selbstvernichtende Tendenz? Durch die Materialität der Rede und ihre agonale Struktur setzen sich Sprechende im Reden einem Risiko aus, das nicht die Bedrohung eines Arguments und einer diskursiven Position ist, sondern die des Lebens.

## 4.2 Wahrhaftigkeit des Nicht-Wissens. *Amphitryon*

Im *Amphitryon* wird gern verlangt, dass die Adressierten alles sagen, in einem gewissen Sinne also *parrhesia* betreiben: „Und steh mir Rede, pünktlich, Wort für Wort", fordert Amphitryon Sosias auf (Kleist, BKA I/4 A V. 619); seinem Volk befiehlt er: „Und sagt mir an, und sprecht, und steht mir Rede:/Wer bin ich?" (Kleist, BKA I/4 A V. 2110–2111) Und Merkur weist Amphitryon mit den Worten zurecht: „Sprich, soll man dir Rede stehen" (Kleist, BKA I/4 A V. 1719). Von Merkur in Sosias' Gestalt erfahren wir jedoch, dass ein Zuviel der Rede auch nicht erwünscht ist: „Denn ich bin, sag ich dir, Sosias,/[...] dem man/Noch kürzlich fünfzig auf den Hintern zählte,/Weil er zu weit die Redlichkeit getrieben" (Kleist, BKA I/4 A V. 310–314). Derselbe, der Sosias unter Drohungen auffordert (Kleist, BKA I/4 A V. 600), ihm Rede zu stehen, bestraft ihn für ein „Zuviel der Rede". Eine erneute Bestrafung droht ihm, wenn Merkur, in der Gestalt von Sosias, Amphitryon reizt: „Ich zittre selbst, Sosias, wenn ich denke,/Was du mit diesen Reden dir bereitest./Wie viele Schläg entsetzlich warten dein!" (Kleist, BKA I/4 A V. 1740–1743) Die Schläge, die Sosias riskiert, wenn er redlich – das heißt hier auch: redefreudig – ist, verweisen auf ein grundlegenderes Risiko, das die Figuren im *Amphitryon* eingehen: Sie laufen immer Gefahr, mehr oder weniger zu sagen, als sie zu sagen meinen. Einerseits sind die Figuren angehalten, zu reden und sich zu erklären, andererseits hat das, was sie sagen, immer auch überschüssige Bedeutung, von der sie nichts wissen und deren Auswirkung sie dementsprechend nicht kalkulieren können.

Erika Fischer-Lichte stellt in ihrer Untersuchung „Theatralität. Zur Frage nach Kleists Theaterkonzeption"[21] dem semantischen Körper des Theaters der Aufklärung den Kleistschen performativen Körper gegenüber und zeigt, wie sich der Prinz in *Prinz Friedrich von Homburg oder die Schlacht bei Fehrbellin* mit seinen gestischen Handlungen den Deutungsversuchen seiner Zuschauer im Stück permanent entzieht. Obwohl Kleists Inszenierungen „auf den Blick des anderen hin ausgelegt" sind, gehen die Deutungen nicht im Zeichencharakter auf, wodurch ein körperlicher Überschuss generiert wird (Fischer-Lichte, Theatralität, S. 25–27). Fischer-Lichte folgt mit dieser Argumentation einem Weg, den Paul de Man in „Aesthetic Formalization. Kleist's Marionettentheater"[22] eingeschlagen

---

21 Fischer-Lichte, Erika: Theatralität. Zur Frage nach Kleists Theaterkonzeption. In: Kleist-Jahrbuch (2001), S. 25–37.
22 Man, Paul de: Aesthetic Formalization: Kleist's „Über das Marionettentheater". In: de Man, The Rhetoric of Romanticism. New York 1984, S. 263–314; dt.: Ästhetische Formalisierung: Kleists „Über das Marionettentheater". In: de Man, Allegorien des Lesens. Übers. von Werner Hamacher und Peter Krumme. Frankfurt am Main 1988, S. 205–232.

hat und der auch für eine Analyse der Redlichkeit fruchtbar gemacht werden soll. De Man hat gezeigt, dass Kleist „Marionettentheater" durch Finten Gefahren und tödliche Fallen generiert, denen auch Lesende des Textes ausgesetzt sind. Die rhetorischen Strukturen der Kleistschen Texte, das zeigen de Man und Fischer-Lichte, entziehen sich der Deutbarkeit und damit jeglichen Versuchen, Texte und Figuren zu entschlüsseln. Anhand der Geschichte von Herrn C. aus dem „Marionettentheater", in welcher er von seiner Begegnung mit dem fechtenden Bären erzählt, entwickelt de Man seine Überlegungen. Herrn C., selbst ein guter Fechter mit besonderem Talent im Fintieren, gelingt es nicht, den Bären zu täuschen, die echten Stöße weiß der Bär jedes Mal zu parieren. De Man zeigt, dass, ebenso wie C.'s Stöße immer „in error"/„falsch platziert" und „off-target"/„fehlgeleitet" sind (de Man, Aesthetic Formalization, S. 285; dt. S. 227), jede Interpretation an dem Versuch, die Wahrheit des Textes zu treffen, scheitern muss. Es gibt also eine Parallele zwischen den Figuren Kleists, die versuchen, die Welt zu entziffern und zu verstehen, und der Lektüre von Kleists Texten, die sich der Erkennbarkeit und dem Verstehen entziehen.

Inwiefern die Finten im *Amphitryon* auch ein Problem der Rede sind, macht bereits Sosias' Bericht an Amphitryon im ersten Akt deutlich, in dem die rhetorische mit der wahren Rede erst kontrastiert, dann aber Letztere karikiert und folglich als Farce demaskiert wird: Der Aufforderung Amphitryons „[u]nd steh mir Rede, pünktlich, Wort für Wort" (Kleist, BKA I/4 A V. 619) will Sosias zwar nachkommen, bittet ihn aber vorab, den Ton „der Verhandlung anzugeben", weil er weiß, dass sein „Geschwätz" ihn „an den Galgen bringen" könnte (Kleist, BKA I/4 A V. 622; 602–603):

> Soll ich nach meiner Überzeugung reden,
> Ein ehrlicher Kerl, versteht mich, oder so,
> Wie es bei Hofe üblich, mit euch zu sprechen?
> Sag ich euch dreist die Wahrheit, oder soll ich
> Mich wie ein wohlerzogener Mensch betragen? (Kleist, BKA I/4 A V. 623–627)

In dieser Unterhaltung schlägt Sosias zwar gewissermaßen die Möglichkeit eines Sprechens jenseits von Rhetorik vor, negiert sie dann in seiner Rede jedoch, denn auch Sosias' „wahrhaftige" Berichterstattung ohne „Fratzen" ist keinesfalls frei von rhetorischen Wendungen und Finessen (Kleist, BKA I/4 A V. 664 und 628). Auf die Frage Amphitryons, was Sosias gemacht habe, nachdem er den Befehl bekommen hat, Alkmene auszurichten, dass Amphitryon heimkehren wird, antwortet Sosias:

AMPHITRYON. Auf den Befehl, den ich dir gab – ?
SOSIAS.   Ging ich
Durch eine Höllenfinsternis, als wäre
Der Tag zehntausend Klaftern tief versunken,
Euch allen Teufeln, und den Auftrag gebend,
Den Weg nach Theben, und die Königsburg. (Kleist, BKA I/4 A V. 633–637)

Nicht nur zeigt sich hier, dass auch wahre Rede nicht auf Kunstgriffe verzichten kann – zum Beispiel bezeichnet Sosias die Nacht als Höllenfinsternis –, das Zitat zeitigt darüber hinaus ein philologisches Skandalon. Die Forschung hat sich zum Teil darauf geeinigt, dass es sich bei „und die Königsburg" um einen Kasusfehler handle, weil es grammatikalisch korrekt „Den Weg nach Theben, und *der* Königsburg" (Hervorh. NT) heißen müsse.[23] Szondi hingegen weist darauf hin, dass man „und die Königsburg" ebenso gut als eine kühne Fernstellung lesen könne, in dem Fall würde sich die Königsburg auf „Euch allen Teufeln" rückbeziehen. Aufgrund dieser beiden Möglichkeiten ist die Philologie hier mit einer Textpassage konfrontiert, über deren Bedeutung kein endgültiges Urteil gefällt werden kann, wodurch sie laut Szondi die Frage nach Bedeutung allererst aufwirft. Die sich damit eröffnende Ambiguität der Bedeutung sei das Skandalon der Philologie, das Anlass gebe, die Philologie als perpetuierende Erkenntnis zu begreifen, die wiederum dazu anhalte, statt eine Entscheidung über Fehler oder Fernstellung zu treffen, die Textstellen immer wieder neu zu evaluieren (Szondi, Hölderlin-Studien, S. 29). Sosias' Rede performiert hier gleichermaßen die Unmöglichkeit, außerhalb der Rhetorik zu sprechen, sowie die Unsicherheit darüber, ob das Gesagte noch weitere Finten und Unentscheidbarkeiten hervorbringt. Amphitryons Frage „Wie soll ich das verstehn?" (Kleist, BKA I/4 A V. 650) adressiert genau dieses hermeneutische Problem, richtet sich jedoch nicht nur auf das von Sosias berichtete unglaubliche Geschehen, sondern vor allem auf die Sprache und ihre Bedeutung, die sich im *Amphitryon* mindestens verdoppelt hat.

Wie Amphitryon das verstehen soll, weiß allerdings auch Sosias nicht: „Wie Ihrs verstehen sollt?/Mein Seel! Da fragt ihr mich zu viel./Sosias störte mich, da ich mich übte" (Kleist, BKA I/4 A V. 650–651). Sosias kann zwar von seiner Begegnung mit Merkur berichten, kann aber nicht verstehen, was er berichtet, weil Merkur als der gespenstische andere, als jenes Ich, „[n]icht dieses Ich von hier,/Doch das vermaledeite Ich vom Hause," welches „das alleinge Ich will sein", also „das Ich, das mich halb tot geprügelt hat", immer mitredet (Kleist,

---

[23] Szondi, Peter: Hölderlin-Studien: mit einem Traktat über philologische Erkenntnis. Frankfurt am Main 1977, S. 29-30.

BKA I/4 A V. 728–729, 745 und 747). Die Anwesenheit Merkurs ist die Verdoppelung von Sosias' Körper und mit ihr verdoppelt sich die dem Verstand nicht mehr zugängliche Rhetorik des zweiten Ich.[24] Deutlicher als mit der Doppelgänger-Struktur kann die Überlegung, dass der Körper, der hier zugleich einer und zwei ist, immer mitspricht und dadurch überschüssige Bedeutung generiert, vielleicht nicht gezeigt werden.

Das Mitsprechen des zweiten Ich verweist gleichsam auf das für den Bedeutungsüberschuss konstitutive Nicht-Wissen der Figuren, das vor allem durch die Verdoppelung der Zeichen hervorgerufen wird: „Was seh ich? Himmel! Zwei Amphitryonen" (Kleist, BKA I/4 A V. 1840). Die Verdoppelung verlagert oder usurpiert die Referenz nicht nur, wie Sosias glaubt – „Und kurz bin ich entsosiatisiert,/Wie man Euch entamphitryonisiert." (Kleist, BKA I/4 A V. 2158–2159) –, sondern sie streicht sie aus: „Mein Seel, der Platz ist leer" (Kleist, BKA I/4 A V. 896). Die Götter sind allerdings nicht Ursache oder einziger Grund potenzierter Zeichen, denn mit seiner Theaterprobe verdoppelt Sosias bereits zu Beginn des Stücks die Szene[25] und auch Alkmene verdoppelt sich selbst, wenn sie sich aufs Schlachtfeld träumt und zugleich am Spinnrad sitzt (Kleist, BKA I/4 A V. 930–394).

Verdoppelung und Ausstreichung werden von den Figuren vor allem deswegen als so radikal wahrgenommen, weil sie, wie Gerhard Neumann schreibt, eine Erschütterung des Eigennamens darstellen.[26] Der Eigenname, so Neumann, soll

---

**24** Vgl. auch Monika Schmitz-Emans, die anhand von Kleists *Der zerbrochene Krug* zeigt, dass Metaphern immer mehr Wahrheit verbürgen, als Sprechende wissen können: „Vordergründig setzt hier Adams Arbeit an seinem Lügengespinst ein, hinter der Lüge scheint jedoch sofort die Wahrheit hervor. Das jeweils buchstäblich Gesagte verweist auf etwas Unausgesprochenes, das – bildlich gesprochen – ›hinter‹ den Worten steckt. Das buchstäblich Gesagte ist (zumindest, was Adam angeht) verlogen: Trug, Schein, falsche Vorspiegelung. Und doch ist sein Gerede von einer hintergründigen Wahrheit, und zwar deshalb, weil die Sprache (ohne daß es dem jeweiligen Benutzer bewußt sein oder er dies wollen mag) eine metaphorische Dimension besitzt. Die gesprächsweise verwendeten Metaphern sagen von sich aus mehr, als ihnen zu sagen zugedacht ist, sie geben mehr Licht, als ihre Benutzer es ahnen und wollen mögen. Dies bedeutet unter anderem, daß Metaphern gegen denjenigen zeugen können, der sie verwendet, daß man also nicht Herr seiner Worte ist." (Schmitz-Emans, Monika: Das Verschwinden der Bilder als geschichtsphilosophisches Gleichnis. In: Kleist-Jahrbuch (2002), S. 42–69, hier S. 48.)
**25** Clouser sieht in Sosias' Theaterprobe den Grund für den Besuch der Götter (Clouser, Robin: Sosias tritt mit einer Laterne auf. Messenger to Myth in Kleist's „Amphitryon". The Germanic Review: Literature, Culture, Theory 50.4 (2010), S. 275–293).
**26** Neumann, Gerhard: Hexenküche und Abendmahl: Die Sprache der Liebe im Werk Heinrich von Kleists. In: Codierungen von Liebe in der Kunstperiode. Hrsg. von Hinderer, Walter. Würzburg 1997, S. 169–196, hier S. 173. So sagt zum Beispiel Amphitryon: „Begraben bin ich schon, und meine Witwe/Schon einem andern Ehegemahl verbunden" (Kleist, BKA I/4 A V. 1781–1782).

doch eigentlich im Kontrast zu den deiktischen Pronomen „ich" und „du" von Individualität und individueller Verwendung zeugen (Kleist, BKA I/4 A V. 175).[27] Wenn aber die Verse „Sosias! Welch' ein Sosias! Was für/Ein Galgenstrick, Halunke, von Sosias" metrisch korrekt gelesen werden (Kleist, BKA I/4 A V. 653–654), liegt die Hebung des Namens Sosias zweimal auf der mittleren Silbe und einmal auf der ersten. So wird, wie Szondi bemerkt, die Auffassung eines individuellen Eigennamens bis in die Mikroebene hinein erschüttert.[28] Dass es eine bürgende Instanz für die Bedeutung von Zeichen nicht gibt, zeigt sich vor allem immer dann, wenn sich die Sterblichen im Stück an die Götter wenden:

> Wer von euch beiden ist Amphitryon?
> Ihr seid es, gut; doch jener ist es auch.
> Wo ist des Gottes Finger, der uns zeigte,
> In welchem Busen, einer wie der andere,
> Sich lauernd das Verräterherz verbirgt? (Kleist, BKA I/4 A V. 1878–1872)

Gerade diejenigen, die vermeintlich menschliche Mängel ausgleichen und die labyrinthischen Strukturen lösen sollen, sind diejenigen, die die verwickelten Strukturen verursachen. Im *Amphitryon* gibt es kein einfaches Wort, keinen Finger, der auf eine Wahrheit verweist, und kein Zeichen, das einen eindeutigen referentiellen Zweck erfüllen könnte. Das Wort ist immer „Wort für Wort" (Kleist, BKA I/4 A V. 619), das heißt, das in sich gedoppelte, sich nicht selbst gleiche Wort.[29] Mit der Referenzlosigkeit potenziert sich der semantische Gehalt, der den Zeichen zugeschrieben wird. Das weiß vor allem Jupiter: „Es hat mehr Sinn und Deutung als du glaubst" (Kleist, BKA I/4 A V. 507).[30] Damit verweist *Amphitryon*

---

[27] Neumann verweist auch darauf, dass jeder, „der sich mit Hilfe dieses ‚shifters' als das ‚einzige' Ich identifiziert", „sich damit als Subjekt" setzt (Neumann, Hexenküche und Abendmahl S. 173).

[28] Szondi, Peter: Amphitryon, Kleists „Lustspiel nach Molière" In: Szondi, Schriften II. Frankfurt am Main 1978, S. 155–169, hier S. 162–163. Vgl. dazu auch Neumann, Hexenküche und Abendmahl, S. 173 und Strässle, Die keilförmige Vernunft, S. 215.

[29] Pahl zeigt, dass die Verwendung „Wort für Wort" in der *Penthesilea* weder Wahrheit noch Ganzheit garantiere (Pahl, Katrin: Gefühle schmieden. Gefühle sehen. In: Kleist-Jahrbuch (2008/09), S. 151–165, hier S. 161).

[30] Dass die Figur Jupiter sowohl als Kommentar zur Kunst als auch zur Rhetorik gelesen werden kann, ist in der Forschung zu *Amphitryon* hin und wieder thematisiert worden. So verweist zum Beispiel Fetscher auf Jupiters „Genius" (Fetscher, Verzeichnungen, S. 142) und Wittkowski zeigt, dass Jupiters Sprache „nuancenreicher, mächtiger, lyrischer, geistvoller und raffinierter" ist als die der anderen Figuren (Wittkowski, Wolfgang: Der neue Prometheus. Kleists Amphitryon zwischen Molière und Giraudoux. In: Jahresgabe der Heinrich-von-Kleist-Gesellschaft (1968), S. 27–82, hier S. 38). Jupiters Rhetorik quält Alkmene – „ach, du quälst mich" (Kleist, BKA I/4 A V. 1555)

auf die Möglichkeit bzw. Unmöglichkeit wahrsprechender Rede, die nicht in dem Maße, in dem sie wahrspricht, auch als wahrsprechend erkannt wird. Das Stück experimentiert mit Sprechakten, die ihren gewohnten Kontext sprengen, und verweist sowohl auf deren Komik als auch auf deren Tragik.

In *The Scandal of the Speaking Body* verknüpft Felman Tragik und Komik, indem sie mit Bezug auf Sophokles' *Ödipus* zeigt, dass die der Tragödie zugrunde liegende Handlung nicht nur der Mord ist – das seit Aristoteles wichtigste Element der Tragödie –, sondern vor allem auch die Sprechhandlung, also der Fluch (Felman, The Scandal of the Speaking Body, S. 66–67). Ödipus ist gleichermaßen derjenige, der den Fluch gegen den Mörder seines Vaters ausspricht, wie derjenige, den der Fluch trifft. Die Unentrinnbarkeit aus dem eigenen Fluch (das heißt aus dem Sprechakt) ist das tragische Moment, nicht der Mord allein. Die Sprechhandlung (das Versprechen) als körperlicher Akt ist wiederum ebenso für die Komödie konstitutiv:

> The tragic and the comic both stem in fact from the relation between language and body: a relation consisting at once of incongruity and of inseparability. The speaking body is *scandalous* precisely to the extent that its *performance* is, necessarily, either *tragic* or *comic*. (Felman, The Scandal of the Speaking Body, S. 67)[31]

*Amphitryon* zeigt diese Tragik und Komik, wobei sich nicht notwendig die Frage stellt, ob etwas tragisch oder komisch ist, vielmehr zeigt sich mit dem Nicht-Wissen der Figuren das Komische am und im Tragischen und umgekehrt. So findet zum Beispiel das Wiedersehen von Alkmene und Amphitryon unter „zweideutig[en] Zeichen" statt (Kleist, BKA I/4 A V. 782): Alkmene will den Göttern ein Opfer bringen, um sich für ihren Gatten – Jupiter in Gestalt Amphitryons – zu bedanken, als sie Amphitryon erblickt: „Oh Gott! Amphitryon!" (Kleist, BKA I/4 A V. 775) Da Jupiter erst kurz zuvor die Bühne verlassen hat, ist die Vieldeutigkeit dieses Ausrufes eklatant, für die Sprecherin selbst aber unüberblickbar. Alkmene ist vielleicht nur überrascht, ihren Gatten wiederzusehen, und verwendet einen Ausdruck der Überraschung – „Oh Gott!" – zusammen mit dem Namen ihres Mannes – „Amphitryon!". Weil sie damit aber Amphitryon zum Gott macht, bricht Alkmene das gerade gegebene Versprechen, Jupiter von Amphitryon zu

---

– wodurch er sie buchstäblich im Griff hat: „Meinst du, dich diesem Arme zu entwinden?" (Kleist, BKA I/4 A V. 1320)

31 „Das Tragische und das Komische rühren beide tatsächlich von der Beziehung zwischen Körper und Sprache her: eine Beziehung, die zugleich aus Unstimmigkeit und Untrennbarkeit besteht. Der sprechende Körper ist genau deswegen *skandalös*, weil seine *Performance* notwendigerweise entweder *tragisch* oder *komisch* ist." (Übersetzungen NT)

unterscheiden (Kleist, BKA I/4 A V. 1471–1473). Und wenn der jetzt vor ihr Stehende zum Gott wird, spricht sie Jupiter das Gottsein gleichzeitig ab. Amphitryon nimmt die Zuschreibung Alkmenes wenige Verse später an, ohne von dem göttlichen Besuch zu wissen: „Und mit Befremden nehm ich wahr, daß ich/Ein Überlästiger aus den Wolken falle" (Kleist, BKA I/4 A V. 791–792). Aus den Wolken gekommen ist jedoch nicht er, sondern Jupiter, wodurch er sich an die Stelle Jupiters setzt.

Die Fehladressierungen tragen nicht nur wesentlich zur Komik des Stückes bei, sondern markieren darüber hinaus die Reden der Figuren als Handlungen,[32] genauer: Sprechhandlungen. Weil Alkmene mit ihren floskelhaften[33] Äußerungen wie „Oh Gott! Amphitryon!" Jupiter zu Amphitryon und Amphitryon zum Gott macht, sind sie komisch, verweisen aber gleichermaßen auf ihre ausweglose Situation. Einmal von dem hohen Besuch und der Verdopplung Amphitryons erfahren, entschließt sich auch Charis, Alkmenes Dienerin, zu „prüfen" (Kleist, BKA I/4 A V. 1595), wen sie vor sich hat, und fällt, in der Annahme, sie stehe vor einem Gott in der Gestalt ihres Gatten, vor ihrem Mann Sosias in den Staub, wodurch sie riskiert, verlacht zu werden: „CHARIS. Sieh mich in Staub" (Kleist, BKA I/4 A V. 1654–1667). Alkmene will hingegen von ihren Fehl(sprech)handlungen „nichts wissen" (Kleist, BKA I/4 A V. 1006), setzt sich der Situation also nicht aus, sondern zieht es vor, sich – wie Foucault es bezüglich derjenigen sagt, die nicht wahrsprechen – „in the security of a life"/„in der Sicherheit eines Lebens" auszuruhen, „where the truth goes unspoken"/„in dem die Wahrheit unausgesprochen bleibt" (Foucault, FS S. 17; dt. S. 15): „ALKMENE [...] Bleibt mir nur alles freundlich wie es war" (Kleist, BKA I/4 A V. 1414).

Das Nicht-Wissen, das hier zur Komik des Stückes beiträgt, ist an anderen Stellen auch für die Tragik bzw. für die Tragik im Komischen verantwortlich. In der letzten Szene, wenn Alkemene Amphitryon beschimpft, in dem Glauben, sie stehe Jupiter gegenüber, weiß sie mehr als sie weiß:

Jetzt erst, was für ein Wahn mich täusch', erblick ich.
Der Sonne heller Lichterglanz war mir nötig,
Solch einen feilen Bau gemeiner Knechte,
Vom Prachtwuchs dieser königlichen Glieder,

---

[32] Vgl. auch Stierle, der schreibt, dass das Komische „am Sprechen nie allein die Sprachlichkeit, sondern ihre Verankerung in der Welt des Handelns" ist (Stierle, Karlheinz: Komik der Handlung, Komik der Sprachhandlung, Komik der Komödie. In: Das Komische. Hrsg. von Preisendanz, Wolfgang/Warning, Rainer. Paderborn 1976, S. 237–268, hier S. 254).
[33] Zum Ausmaß der Floskeln im *Amphitryon* siehe v. a. Reuß, Roland: „...daß man's mit Fingern läse"/Zu Kleists „Amphitryon". In: Berliner Kleist-Blätter 4 (1991), S. 3–26.

> Den Farren von dem Hirsch zu unterscheiden?
> Verflucht die Sinne, die so gröblichem
> Betrug erliegen. O verflucht der Busen,
> Der solche falschen Töne gibt! (Kleist, BKA I/4 A V. 2247–2254)

Der Fluch, als Kern des Tragischen, trifft hier Alkmene im Moment der Äußerung des Fluchs. Wieder zeigt sich die Ökonomie des Sprechaktes darin, dass er mehr sagt und damit tut als er weiß oder glaubt zu wissen, denn zuvor hatte Alkmene Charis gegenüber von Jupiter als dem schöneren Amphitryon gesprochen:

> Du müsstest denn die Regung mir mißdeuten,
> Daß ich ihn [Jupiter NT] schöner niemals fand als heut.
> Ich hätte für ein Bild ihn halten können,
> Für ein Gemälde, sieh, von Künstlerhand,
> Dem Leben treu, ins Göttliche verzeichnet. (Kleist, BKA I/4 A V. 1186–1190)

Es bleibt offen, warum sich Alkmene für den einen und gegen den anderen entscheidet und ob es hierfür Gründe gibt.[34] Verfehlt ist der Sprechakt, weil der Adressierte Amphitryon ist, weil sich also die Schimpftirade, die Jupiter treffen soll, an den Falschen wendet. *Amphitryon* wendet das tragische Moment durch das grundlegende Element der Komödie ab ins Komische: die Verwechslung. Komik und Tragik bleiben im *Amphitryon* nicht als separate Dramenformen bestehen, sondern werden durch die Verschränkung von Fluch und Verwechslung aufs Engste miteinander verknüpft. Im Tragischen wird das Komische und die Komödie generiert. Mit und abweichend von Felman könnte man folglich sagen, dass der sprechende Körper skandalös ist, nicht weil seine Performanz tragisch *oder* komisch ist (Felman, The Scandal of the Speaking Body, S. 67), sondern tragisch *und* komisch sein kann.

Auch hier ist das Skandalon wieder ein dezidiert philologisches, wenn die Verwirrung durch Alkmenes einleitende Worte potenziert wird: „Jetzt erst, was für ein Wahn mich täuscht', erblick ich" (Kleist, BKA I/4 A V. 2247). Das Elisionszeichen von „täuscht'" kann nur gelesen, nicht aber gehört werden. Nur dieses Zeichen zeigt, dass Alkmene im Präteritum spricht (Reuß, „...daß man's mit Fingern läse" S. 14). Überhört oder überliest man es, spricht sie im Präsens und performiert ihre Täuschung, die sich im Sprechakt ereignet. Darüber hinaus wird an keiner Stelle deutlich, ob Alkmene, wenn sie im Präteritum spricht, erst im Moment des Sprechaktes den Betrug (die Täuschung durch Jupiter) erkennt oder ob sie jetzt erst das Fehlen von Amphitryons „königlichen Glieder[n]" bemerkt

---

[34] Bevor Alkmene überhaupt zu Wort kommt, haben die Feldherren bereits entschieden, wen Alkmene als Amphitryon erkennen wird (Kleist, BKA I/4 A V. 2194–2231).

(Kleist, BKA I/4 A V. 2250). Indem Alkmene einen Unterschied zwischen den beiden Protagonisten macht, den sie an ihnen nicht sieht, erzeugt sie mit dem verfehlten Sprechakt Differenz. So schreibt Felman über Austins Performative: „The act of failing thus opens up the space of referentiality – or of impossible reality – not because *something else is done*, or because something else is said: the term 'misfire' does not refer to an absence, but to the enactment of a difference." (Felman, The Scandal of the Speaking Body, S. 57)[35] Was sich zwischen Alkmene, Amphitryon und Jupiter ereignet, kann sich nur in der Verschränkung von Körpern und Sprachhandlungen abspielen. Alkmene versucht, den richtigen Körper zu erwischen und ihm wieder die Position Amphitryons zuzuweisen. Wenn Alkmene Amphitryon beschimpft, spricht sie unwissend wahr, weil sie denjenigen mit dem „gemeinen Bau" beschimpft und damit sowohl Jupiter die Position Amphitryons als auch Amphitryon die Position Jupiters zuweist. Gleichzeig wird die Intention des Sprechaktes unterwandert, weil sie denjenigen ansprechen will, mit dem sie die vergangene Nacht verbracht hat.[36] Alkmenes Versuche, die Wahrheit zu sagen, erinnern an die Stöße von C., der gegen den Bären kämpft. „His blows are always off the mark, displaced, deviant, in error, off-target. Such is language: it always thrusts but never scores. It always refers but never to the right referent." (de Man, Aesthetic Formalization, S. 285)[37]

In dieser Verschränkung von Körper und Sprechakt, von Tragik und Komik findet jedoch eine Reformulierung von Wahrhaftigkeit statt, deren wesentlicher Zug die Erzeugung von Differenz ist. Amphitryons Reaktion auf Alkmenes Fluchen zieht die Wahrhaftigkeit Alkmenes der Wahrheit vor und wirft, so Blamberger, die Frage auf, ob in einer Welt, in welcher die Zeichen täuschen und sich permanent verändern bzw. unkontrollierbar viele Bedeutungen haben,[38] die

---

[35] „Der verfehlte Akt eröffnet also den Raum der Referenzialität – oder der unmöglichen Realität –, nicht weil etwas anderes getan wurde oder weil etwas anderes gesagt wurde: Der Begriff ‚fehlschlagen' bezieht sich nicht auf eine Absenz, sondern auf den Vollzug einer Differenz." (Übersetzung NT)

[36] Dass die Rede eigentlich Jupiter treffe, meint zum Beispiel Wittkowski, Der neue Prometheus S. 27–82.

[37] „Seine Stöße gehen daneben, treffen fehl, sind falsch platziert, gleiten aus der Bahn und weichen ab. So auch die Sprache: sie stößt immer und trifft nie. Sie referiert immer, aber nie auf den richtigen Referenten." (de Man, Ästhetische Formalisierung, S. 227)

[38] Diesbezüglich wird auch das Ende von *Amphitryon* noch einmal interessant, wenn Jupiter sich zu erkennen gibt, denn hier heißt es: „Blitz und Donnerschlag, die Szene verhüllt sich mit Wolken. Es schwebt ein Adler mit dem Donnerkeil aus den Wolken nieder" (Kleist, BKA I/4 A nach V. 2308). Das heißt, Jupiter legt nicht seine Maske ab oder verwandelt sich in eine andere Gestalt und offenbart ein „wahres Gesicht", sondern eben jene Zeichen, die sich im Stück als so wandelbar und flüchtig erwiesen haben, sollen ihn jetzt identifizieren.

Wahrheit generell von der Wahrhaftigkeit abgelöst werde.[39] Denn wenn die Wahrheit nicht gefunden/benannt oder wenn nicht entschieden werden kann, was die Wahrheit ist (oder wenn es keine Wahrheit gibt), dann „könnte es eine Lösung sein, die Wahrhaftigkeit an die Stelle der vergeblichen Suche nach Wahrheit zu setzen" (Blamberger, Heinrich von Kleist Biographie, S. 278). Wie aber gestaltet sich diese Wahrhaftigkeit? Im Amphitryon kann sie sich nicht auf eine Innerlichkeit beziehen, an die zum Beispiel Jupiter bei Alkmene gern appelliert: „So öffne mir dein Innres denn, und sprich" (Kleist, BKA I/4 A V. 455). Denn wenn Sosias sagt „[m]ein Seel, der Platz ist leer", dann bezieht sich das nicht nur auf das Diadem, das sich nicht mehr an seinem Platz befindet, auch nicht allein auf die Ausstreichung der Referenz, sondern vor allem auf Sosias' Seele, die nicht mehr dort ist, wo er sie erwartet (Reuß, „...daß man's mit Fingern läse" S. 4), die er vielmehr in Merkur vermuten muss. Wenn dieser Platz leer ist und wenn außerdem auf den „Busen,/Der solche falschen Töne gibt" (Kleist, BKA I/4 A V. 2253–2254), kein Verlass ist, dann muss sich Wahrhaftigkeit, für welche die Topoi der Innerlichkeit bürgen sollen, an anderer Stelle verorten:

> O ihrer Worte jedes ist wahrhaftig,
> Zehnfach geläutert Gold ist nicht so wahr.
> Läs ich, mit Blitzen in die Nacht, Geschriebenes,
> Und riefe Stimme mir des Donners zu,
> Nicht dem Orakel würd ich so vertraun,
> Als was ihr unverfälschter Mund gesagt. (Kleist, BKA I/4 A V. 2281–2286)

Amphitryon behauptet nicht, dass Alkmene die Wahrheit sagt, wenn sie meint, er sei nicht er. Was er zu sehen meint, ist die Wahrhaftigkeit ihrer Worte, weshalb er anerkennt, dass „er [Jupiter] Amphitryon ihr [Alkmene] ist" (Kleist, BKA I/4 A V. 2290). Wahrhaftigkeit wird von Amphitryon definiert als ein Binden an die Wahrheit im Moment des Redens, also als Wahrsprechen. Amphitryon sagt sich von allen referierenden Zeichen los, die ihm bisher im Stück eine Wahrheit verbürgt haben. Dadurch steht er für eine Wahrhaftigkeit Alkmenes ein, für ihre im Sprechakt erzeugte Differenz zwischen Amphitryon und Jupiter. Mit diesem Zugeständnis riskiert Amphitryon den Verlust seines Amphitryon-Seins und lässt Alkmenes Lektüre der Ereignisse gelten.

Dass die Figuren im *Amphitryon* trotz dieser reformulierten Wahrhaftigkeit nur sehen, dass ihre Rede nicht trifft und permanent abgleitet, ist im Wesentlichen auf zwei Knotenpunkte zurückzuführen: zum einen auf den von Rede und

---

[39] Blamberger, Günter: Heinrich von Kleist Biographie. Frankfurt am Main 2011, S. 278.

Rhetorik, zum anderen auf den von Rede und Körper. Erstens scheinen die Figuren nicht zu wissen, dass es im *Amphitryon* keine Rede gibt, die frei von Rhetorik wäre, was dazu führt, dass die überschüssige Bedeutung, die von der rhetorischen Dimension generiert wird, den Figuren verborgen bleiben muss. Zweitens bedeutet die Verdoppelung von Amphitryon und Sosias gleichsam die Ausstreichung von Referenz. *Amphitryon* erprobt, wie eine Form der Wahrhaftigkeit und des Wahrsprechens trotz permanenter Fehladressierungen und trotz des Nicht-Wissens der Figuren denkbar ist. Beide Strukturen sind für eine Reformulierung der Redlichkeit insofern interessant, als sie die Frage zuspitzen, was Redlichkeit ist, wenn sie nicht trifft und nichts weiß, wenn sie keine Referenz hat, auf die sie sich beziehen könnte, und keine Innerlichkeit, an der sich etwas ablesen ließe.

## 4.3 Penthesileas Wahr-Fragen

Das heikle Verhältnis von Körper und Sprache, das sich im *Amphitryon* durch Alkmenes Erzeugung von Differenz im Sprechakt sowie durch die vom (zweiten) Körper generierte überschüssige Bedeutung nur andeutet, wird in der *Penthesilea* radikalisiert. Nun gehört dieses Stück wohl zu den meist gelesenen Stücken Kleists, weshalb die Analysen überaus zahlreich und vielfältig sind. Ziel des folgenden Kapitels ist daher keinesfalls, eine umfangreiche *Penthesilea*-Lektüre vorzulegen. Vielmehr sollen vor allem die theoretisch ausgerichteten Arbeiten genutzt werden, um zu fragen, was Redlichkeit bedeutet, wenn sich permanent versprochen, versehen, vergriffen, verhört wird, und um zu analysieren, was Sprache tut, wenn das vermeintlich Innere und Unaussprechliche zur absoluten Äußerlichkeit wird.

Die Verschränkung von Körper und Sprache spitzt sich in der *Penthesilea* so zu, dass eine wortwörtliche Umsetzung der Redewendung „jemanden zum Fressen gern haben" ermöglicht wird und zwar durch die Kollision von literaler und figurativer Rede:[40]

---

[40] Menke, Bettine: Körper-Bild und -Zerfällung, Staub. In: Körper – Gedächtnis – Schrift: der Körper als Medium kultureller Erinnerung. Hrsg. von Ölschläger, Claudia/Wiens, Birgit. Berlin 1997, S. 122–156, hier S. 151. Vgl. dazu auch Jacobs, Carol: Uncontainable Romanticism. Shelley, Brontë, Kleist. Baltimore 1989, hier bes. S. 98 sowie Bay, Mißgriffe, S. 169–190 und Koelb, der argumentiert, dass Penthesilea sich durch das Stück hindurch darin übe, rhetorische Figuren in Fakten umzuwandeln (Koelb, Clayton: Inventions of Reading. Rhetoric and the Literary Imagination. Ithaca 1988, S. 65–83). Zu einer Lektüre, die weniger von der Verwandlung von Körper und Sprache, Gefühl und Ding ausgeht und vielmehr von gegenseitiger Sättigung und Durchdringung, siehe Pahl, Katrin: „Geliebte, sprich!" – wenn Frauen sich haben. In: Penthesileas

> Wie manche, die am Hals des Freundes hängt,
> Sagt wohl das Wort: sie liebt ihn, o so sehr,
> Daß sie vor Liebe gleich ihn essen könnte
> […]
> Hab' ich's wahrhaftig Wort für Wort gethan; (Kleist, BKA I/5 P V. 2991–2995)[41]

Das intrikate Verhältnis von Körper und Sprache zeigt sich aber vor allem dann, wenn Sprechen als „*Ver*-sprechen bestimmt ist" (Menke, Körper-Bild, S. 151), was besonders in Penthesileas viel besprochener Darstellung von Achills Tod deutlich wird:

> So war es ein Versehen. Küsse, Bisse,
> Das reimt sich, und wer recht von Herzen liebt,
> Kann schon das Eine für das Andere greifen. […]
> Du ärmster aller Menschen, du vergibst mir!
> Ich habe mich, bei Diana, bloß versprochen,
> Weil ich der raschen Lippe Herr nicht bin;
> Doch jetzt sag' ich dir deutlich, wie ichs meinte:
> Dies, du Geliebter, war's und weiter nichts.
> (sie küsst ihn) (Kleist, BKA I/5 P V. 2981–2989)

In dieser Passage ballt sich das „Beieinander von Bedeutung und Gestalt, Zeichen und Symbol, Rhetorik und Mimesis", sodass „Wörter, Körper bzw. Dinge und Gefühle nicht mehr zu entheddern sind" (Pahl, Gefühle schmieden, S. 162). Penthesilea meint erst, die Tötung Achills sei ein „Versehen", also ein visuelles Fehlgehen, legt es dann aber als Missverstehen aus – „Küsse, Bisse, /Das reimt sich […]" –, um es daraufhin als haptischen Irrtum zu bezeichnen: „und wer recht von Herzen liebt,/Kann schon das Eine für das Andere greifen". Wenn sie sich schließlich Achills Leiche zuwendet, um ihn um Vergebung zu bitten, dann ist es ein Versprechen gewesen – „Ich habe mich, bei Diana, bloß versprochen" –, wenn sie ihm schließlich deutlich sagen will, wie sie es meinte, küsst sie ihn. Ob sie bei diesem Kuss der „raschen Lippe Herr" ist, bleibt offen, denn nicht nur „[d]ie Ordnung der Rhetorik, die das Verhältnis von Gesagtem und Gemeintem soll regulieren können", auch Küsse und Bisse, die Teil der (Un)ordnung der Rhetorik sind, werden „trügerisch" (Menke, Körper-Bild, S. 131).

---

Versprechen. Exemplarische Studien über die literarische Referenz. Hrsg. von Campe, Rüdiger. Freiburg im Breisgau/Berlin; Wien 2008, S. 165–187. Allgemeiner zur „Verwischung" von Grenzen in *Penthesilea* siehe auch Reuß, Roland: „Im Geklüft" Zur Sprache von Kleists „Penthesilea". In: Berliner Kleist-Blätter 5 (1992), S. 3–27.

**41** Inwiefern es ein Risiko ist, Metaphern wörtlich zu nehmen, siehe zum Beispiel Chaouli, Die Verschlingung der Metapher S. 127–149.

Mit den verschiedenen Lektüren des Geschehens stellt *Penthesilea* den Lektüreprozess in Frage, der sich dann auch im Wesentlichen als Verlesen strukturiert, sodass jede Repräsentation als verfehlt erscheint bzw. keine Repräsentation mehr ist, sondern die Erzeugung/Performance eines (Bühnen)Geschehens.[42] Die Mauerschauen und Botenberichte verlagern das Geschehen nicht einfach in ein Außerhalb der Bühne,[43] sondern verweisen vor allem auf die selbstreferenzielle Dimension der Sprache. Während es auf dem Schauplatz *Penthesilea* vor allem „um die Referenz der Literatur" geht (Campe, Intensiv und Extensiv, S. 15), kommentiert auch die Rede sich permanent selbst: Nachdem Achill ausführlich von einem Kampf zwischen den Griechen und den Amazonen berichtet hat, kommentiert Antilochos: „So, Wort für Wort, der Bote, den du sandtest;/Doch keiner in dem ganzen Griechenlager,/Der ihn begriff" (Kleist, BKA I/5 P V. 103–105). Indem Achill nicht nur den Botenbericht wiederholt, sich seine Rede also auf eine Rede bezieht (und nicht etwa auf eine Schlacht), und er darüber hinaus etwas wiederholt, was schon beim Bericht des Boten nicht verstanden wurde, zeigt sich hier deutlich, dass die Referenz der Rede die Rede ist (vgl. Reuß, „Im Geklüft", S. 11). Immerfort werden die Botenberichte und Teichoskopien, die das Drama dominieren, in ihrer Funktion als Wiedergabe eines Geschehens in Frage gestellt. Die Szene der *Penthesilea* – ein „Schlachtfeld bei Troja" (Kleist, BKA I/5 P vor V. 1) – ist nicht nur durchzogen von Wald und Geklüft (zum Beispiel Kleist, BKA I/5 P V. 280) und wirft dadurch die Frage auf, inwiefern Berichte und Teichoskopien sich überhaupt auf ein beobachtetes oder beobachtbares Geschehen beziehen können, sie ist außerdem immer wieder in Staub gehüllt, was eine Wahrnehmung des Geschehens unmöglich macht: „Staub aufqualmend, wie Gewitterwolken" und „Staub rings umqualmt sie" (Kleist, BKA I/5 P V. 387 und 282). Wenn sich Wetterwolken, welche die Sicht nehmen, endlich auftun und die Sonne durch den entstandenen „Riß" scheint (Kleist, BKA I/5 P V. 1033), verwandelt sich die Dunkelheit in Blendung: „der Saphir,/Der Chrysolith, wirft solche Strahlen nicht!" (Kleist, BKA I/5 P V. 1038) Bei aller Uneinsehbarkeit der Szene wird aber „[d]as Angesicht, das funkelnde", von Penthesilea beschrieben und sogar ihr

---

[42] Vgl. dazu auch Brandstetter, Gabriele: Inszenierte Katharsis in Kleists Penthesilea. In: Gewagte Experimente und kühne Konstellationen. Kleists Werk zwischen Klassizismus und Romantik. Hrsg. von Lubkoll, Christine/Oesterle, Günter. Würzburg 2001, S. 225–248. Auch Fetscher konzipiert Alkmenes Lesen als Verlesen (Fetscher, Verzeichnung, S. 268).
[43] Zum Thema der Referenzen in der *Penthesilea* siehe vor allem den Sammelband von Campe, Rüdiger: Penthesileas Versprechen. Exemplarische Studien über die literarische Referenz. Freiburg im Breisgau/Berlin/Wien 2008 und darin vor allem die Einleitung (Campe, Intensiv und Extensiv, S. 7–18).

Blick wahrgenommen (Kleist, BKA I/5 P V. 283–284), was eine unmittelbare Nähe oder eine Großaufnahme voraussetzt.

Das Geschehen des Kampfes ist ebenso wenig einsehbar, wie der Sprechakt seine Bedeutung und sein Risiko kalkulieren kann. Folglich zeigt sich vor allem im siebten Auftritt, dass die Berichte nicht von der Wahrnehmung eines der Sprache äußerlichen Geschehens abhängen, sondern vielmehr von der Produktion eines Geschehens im Reden:

> EINE PRIESTERINN.
> Wer rasch erfleucht den Hügel dort?
> DIE MÄDCHEN.
>     Ich! Ich!
> (Sie ersteigen den Hügel)
> [...]
> DIE ERSTE PRIESTERINN. (zu den Mädchen)
> Seht ihr sie? sprecht!
> DAS ERSTE MÄDCHEN. (auf dem Hügel)
>     Nichts, gar nichts sehen wir!
> Es läßt kein Federbusch sich unterscheiden.
> Ein Schatten überfleucht von Wetterwolken
> Das weite Feld ringsher, das Drängen nur
> Verwirrter Kriegerhaufen nimmt sich wahr,
> Die im Gefild' des Tod's einander suchen.
> DIE ZWEITE PRIESTERINN.
> Sie wird des Heeres Rückzug decken wollen.
> DIE ERSTE.
> Das denk' ich auch.— (Kleist, BKA I/5 P V. 997–1017)

Die Mädchen, die den Hügel erkletterten, sehen nichts: „Nichts, gar nichts sehen wir!" Einzig das Drängen „[v]erwirrter Kriegshaufen nimmt *sich* wahr" (Kleist, BKA I/5 P V. 994, Hervorh. NT). Das heißt, dass die einzig mögliche Wahrnehmung die reflexive ist. Die Perspektive von außen auf ein Geschehen wird unmöglich. Aber das hält die Figur der Hauptmänninn, die nicht einmal „nichts" sieht, weil sie nicht auf dem Hügel steht, keinesfalls davon ab zu sagen, was passiert:

> Zum Kampf steht sie gerüstet,
> Ich sag's euch, dem Peliden gegenüber,
> Die Königinn, frisch, wie das Perserroß,
> Das in die Luft hoch aufgebäumt sie trägt,
> Den Wimpern heiß're Blick', als je, entsendend,
> Mit Athemzügen, freien, jauchzenden,
> Als ob ihr junger kriegerischer Busen
> Jetzt in die erste Luft der Schlachten käme. (Kleist, BKA I/5 P V. 1017–1024).

Die Betonung, dass sie diejenige ist, die spricht – „Ich sag's euch" (Kleist, BKA I/5 P V. 1011) – ist die Betonung und Etablierung der Sprechinstanz, die die Szene nicht im Blick hat, und gleichzeitig ist die Aussage die Versicherung der Wahrheit des Gesagten. Die Lektüre des Geschehens richtet sich ganz an der Sprecherin aus. Nicht weil sie es beobachtet hätte, sondern weil sie weiß, dass es wahr ist, ist es wahr – das heißt, weil sie wahrspricht und weil sie es ist, die spricht.

Die Berichterstattungen und Teichoskopien sind keine Übertragungen, keine Akte der Ersetzung (Brandstetter, Inszenierte Katharsis, S. 232). Sie sind Akte des Lesen einer ungewissen und uneinsichtigen Szenerie, die ein Geklüft ist und deren Risse und Spalten als Schrift gelesen, gedeutet und interpretiert, dabei aber von Staub, Licht und Wald irritiert werden.[44] Lesen als Lesen der Risse und Spalten markiert genau dann einen Schnittpunkt mit dem Akt des Schreibens, wenn Penthesilea Achill *reißt* (Kleist, BKA I/5 P V. 2658 und 2669), wenn ihre Zähne zu Schreibwerkzeugen werden, zu Keilen, mit denen sie Achill (be)schreibt.[45] Der deutlichste Leseprozess, der gleichsam seinen Text selbst erzeugt, ist dann konsequenterweise auch Penthesileas Lektüre von ihrem Mord an Achill. Die Lektüre beginnt mit einem leeren Blatt, das während des Leseprozesses Zeile für Zeile, Vers für Vers geschrieben wird, wodurch sich der Schluss des Dramas in einem Prozess des Wahrsprechens selbst schreibt.

> Jetzt steht sie lautlos da, die Grauenvolle,
> Bei seiner Leich', umschnüffelt von der Meute,
> Und blicket starr, als wär's ein leeres Blatt,
> Den Bogen siegreich auf der Schulter tragend,
> In das Unendliche hinaus, und schweigt. (Kleist, BKA I/5 P V. 2694–2698)

Wenngleich die Rede mit der Bezeichnung des Mordes an Achill als Versprechen und als absolut riskant gezeigt wird, wird hier das Risiko als Möglichkeit und Chance der Neu-Schreibung und Umschrift ausgestellt. Denn in eben dem Risiko, das Penthesilea eingeht, wenn sie spricht, öffnet sich der Raum für ihr Wahrsprechen bzw. ihr Wahr-Fragen: „PENTHESILEA. [...] So ist es wahr? PROTHOE. Was, fragst du, wahr, Geliebte?" (Kleist, BKA I/5 P V. 2871–2872) Es ist die Nuance, das „h" in Prothoes „wahr", die die Frage nach Versicherung, ob das Angenommene

---

44 Brandstetter weist darauf hin, dass die Lesbarkeit immer wieder eine Rolle spielt, untersucht sie aber vor allem bezüglich der Protagonistin und „ihres Körpers, ihrer Seele und ihrer Gefühle" (Brandstetter, Inszenierte Katharsis in Kleists Penthesilea, S. 229).
45 Vgl. dazu Chaouli, der in seiner *Penthesilea*-Lektüre darauf verweist, dass „Riß" etymologisch verwandt ist mit ritzen und schreiben, aber auch die Bedeutung von Furche, Spaltung und Beute hat (Chauli, Die Verschlingung der Metapher, S. 147–149).

wahr ist, umschreibt zu einem Wahr-Fragen. Laut Prothoe geht es in Penthesileas Frage nicht darum, was geschehen ist, also „was war", sondern darum, was sie wahr-fragt. So ermöglicht sich Penthesilea an dieser Stelle eine Neuordnung und Relektüre des Geschehens. Ihr Wahr-Fragen bringt eine Flut von Fragezeichen mit sich – in Vers 2978 sind es gleich vier –, sodass sogar das grammatisch im Imperativ stehende „sprecht?" (Kleist, BKA I/5 P V. 2978) als Frage markiert wird. Aber die Amazonen folgen dieser fragenden Aufforderung oder auffordernden Frage nicht. Sie kommentieren zwar die Figur Penthesilea, lassen die Fragen aber unbeantwortet, wodurch sie zu rhetorischen Fragen werden, die der Antwort nicht bedürfen. Nicht, weil die Antwort bekannt sei oder sich aus dem Gesagten selbst ergebe, sondern weil die Antwort eine weitere Lektüre erfordern würde, die ebenso wenig Versicherung des Geschehenen oder einer Un/Wahrheit wäre wie Penthesileas eigene Darstellungen. Sie bedarf keiner Antwort, weil die Frage nach dem „was wahr?" die Vergangenheit in der Zukunft öffnet und das Vergangene als noch Ausstehendes ausweist. Dadurch kann Penthesilea in der Befragung wahrsprechen, indem sie sich performativ an die eigene Wahrheit bindet, wenngleich die anderen Amazonen ihr die Wahrhaftigkeit und damit auch die Möglichkeit der Konstitution absprechen wollen, wenn sie Achill verhüllen und ihn vor ihr verstecken – Prothoe „winkt den Priesterinnen die Leiche, die aufgehoben wird, mit ihren Leibern zu verbergen" (Kleist, BKA I/5 P nach V. 2872). In ihrem Wahr-Fragen behauptet Penthesilea eine Sprechposition, die sie in einer Mauerschau, deren Gegenstand sie selbst wird, produziert. Penthesilea wird sich selbst das Bühnengeschehen, auf das ihre teichoskopischen Reden nicht einfach nur projiziert, sondern produziert werden.[46] Sprache und Subjekt fallen in einem performativen Akt zusammen und das Risiko der Redlichkeit blitzt auf, wenn Dolch und Wort eine neue Verbindung eingehen, die die letzte Szene vorbereitet: Am Ende des Stücks will Prothoe Penthesilea die Waffen entwenden, um sie vor sich selbst zu schützen. In diesem kurzen Austausch inszeniert der Text eine Verschiebung, die das Wort zum Dolch und den Dolch zum Wort werden lässt:

PROTHOE. So laß mich dir ein Wort, mein Schwesterherz –
*Sie sucht ihr den Dolch wegzunehmen.*
PENTHESILEA.
    Nun denn, und was? – – Was suchst du mir am Gurt?

---

[46] Siehe dazu Jacobs: „Es ist kein Bericht von etwas, das außerhalb der Sprache liegt [...] Penthesilea tut, was sie sagt" (Jacobs, Carol: Der Dolch der Sprache. Die Rhetorik des Feminismus. In: Penthesileas Versprechen. Exemplarische Studien über die literarische Referenz. Hrsg. von Campe, Rüdiger. Freiburg im Breisgau/Berlin/Wien 2008, S. 19–46, hier S. 41).

> – Ja, so. Wart' gleich! Verstand ich dich doch nicht.
> – – Hier ist der Dolch.
> *Sie löst den Dolch aus dem Gurt, und gibt ihn der Prothoe.* (Kleist, BKA I/5 P V. 3015–3018).

Weil „lassen" in Prothoes Vers die Funktion eines Modalverbes hat und weil an Stelle des zweiten Verbes der Gedankenstrich steht, (ver)liest sich diese Passage so, als wolle Prothoe Penthesilea „ein Wort" wegnehmen. Die Austauschbarkeit von Wort und Dolch markiert die Gewalt und das Risiko, das vom Wort ausgeht, und sie gibt dem Dolch eine sprachliche Dimension. Das Zusammenspiel von sprachlichen und körperlichen Gesten durchkreuzt zum einen eine binäre Unterscheidung zwischen Sprache und Körper und zum anderen zwischen dem Text als Bühnenstück und Lese-Text.[47] Im Zusammenfallen sowohl von Subjekt und Sprache als auch von Sprache und Dolch, zeigt sich das nicht endgültig kalkulierbare Risiko von Redlichkeit.

Das Präfix ver-, von dem *Penthesilea* bestimmt ist – „versehen", „versprechen", „verstehen", „verlesen" – und mit dem sich überall das Risiko einschreibt, ist nicht nur Bürge von Unmöglichkeit, sondern gleichermaßen von Möglichkeit, auch von der Möglichkeit des Wahrsprechens. Am eindrücklichsten zeigt sich das in den letzten Versen Penthesileas, wenn sie sich an ihre eigene Wahrheit bindet, indem sie wahrspricht und sich mit einem redlichen Sprechakt selbst tötet.[48]

> Denn jetzt steig' ich in meinen Busen nieder,
> Gleich einem Schacht, und grabe, kalt wie Erz,
> Mir ein vernichtendes Gefühl hervor.
> Dies Erz, dies läutr' ich in der Glut des Jammers
> Hart mir zu Stahl; tränk' es mit Gift sodann,
> Heißätzendem, der Reue, durch und durch;
> Trag' es der Hoffung ew'gem Amboß zu,
> Und schärf und spitz es mir zu einem Dolch;

---

[47] Zu Kleists Texten als Dramen-Texte einerseits und Lese-Texte andererseits siehe Reuß, „...daß man's mit Fingern läse" und Menke, Bettine: Intertextualität, Aussetzung der Darstellung und Formeln der Passion. In: Penthesileas Versprechen. Exemplarische Studien über die literarische Referenz. Hrsg. von Campe, Rüdiger. Freiburg im Breisgau/Berlin/Wien 2008, S. 211–152, hier S. 242.

[48] Zu einer ausführlichen Lektüre dieser Passage als performativer Sprechakt siehe vor allem Jacobs, Uncontainable Romanticism, S. 85–114, Pahl liest sie hingegen als gleichermaßen konstativ und performativ (Pahl, Katrin: Forging Feeling. Kleist's Theatrical Theory of Re-Layed Emotionality. In: Modern Language Notes 124.3 (2009), S. 666–682, bes. S. 680).

> Und diesem Dolch jetzt reich' ich meine Brust:
> So! So! So! So! Und wieder! — Nun ist's gut.
> (Sie fällt und stirbt) (Kleist, BKA I/5 P V. 3025–3034)

Die vielzitierten Verse sind bezüglich einer Untersuchung von Redlichkeit deswegen interessant, weil mit ihnen die Relationen von Gefühlen/Gedanken und Sprache, von Innen und Außen, von Konstativ und Performativ erneut auf dem Spiel stehen. Deleuze und Guattari haben in Kleists Texten eine Exteriorität der Gefühle gesehen, die das bürgerliche Ideal der reinen und authentischen Innerlichkeit durchkreuzen[49] und das Gefühl als Fabrikation der Sprache ins Außen kehrt (Deleuze/Guattari, Mille plateaux, S. 440–441; dt. S. 488–489). Redlichkeit, so ließe sich schlussfolgern, kann bei Kleist nicht eingeteilt werden in ein Innen und Außen, in ein Meinen und Sagen. Sie ist nach Außen gekehrte Innerlichkeit, in der das Sagen das Meinen in sich trägt und vice versa.

Penthesilea schreibt sich mit ihrem Dolch und ihrem zerrissenen Körper selbst in den Mythos als diejenige ein, die Achill getötet hat, wodurch sie überhaupt erst lesbar wird.[50] Sie wechselt mit ihrem letzten Monolog von einem fragenden zu einem konstituierenden und setzenden Modus, zu einer Performativität, in der sie eine Sprechposition begründet, die über Leben und Tod bestimmt.[51] Der Dolch als redliches Wort zeitigt das Zusammenfallen sowohl von Wort und Ding als auch von Sprecherin und Rede, wobei Penthesilea sich an den Sprechakt und die ganze Vielfalt unüberblickbarer Bedeutungen bindet. Solch ein redlicher Akt wird im Entstehen aber auch bereits wieder umgedeutet und umgeschrieben. Wo die Rede der Redlichkeit immer einen neuen redlichen Akt herbeiführt, da ist sie vergleichbar mit jener Struktur der Erkenntnis in der *Verfertigung der Gedanken*, deren Ende immer der Anfang einer neuen Rede und Erkenntnis ist. Das Ende eines redlichen Aktes ist dann gleichzeitig der Anfang eines weiteren Aktes. So muss auch Penthesilea die drohende ewige Wiederholung und Fortschreibung ihres gewalttätigen Sprechaktes – „So! So! So! So! Und wieder!" –, wie H. v. K. in

---

[49] Auch Pahl geht dieser Lektüre nach (Pahl, Forging Feeling, S. 666–667).

[50] Krüger-Fürhoff zeigt, inwiefern Körper bei Kleist aufgrund ihrer Verletzungen erst lesbar werden (Krüger-Fürhoff, Der versehrte Körper, S. 158 und 180–181).

[51] Dass es sich dabei nicht um ein Subjekt handelt, das mit sich identisch ist, wurde in der Kleist-Forschung oft betont. Bay zum Beispiel diskutiert Penthesileas Zerrissenheit nicht nur bezüglich ihrer Position zwischen den Gesetzen ihres Staates einerseits und ihren Bedürfnissen andererseits, sondern auch bezüglich ihrer körperlichen Versehrtheit, die ihr durch die abgerissene Brust auf den Leib geschrieben sei (Bay, Mißgriffe, S. 170 und 186–187). Zu einem Forschungsüberblick und zu den Bedeutungen von Penthesileas und Achills Brust siehe v. a. Gallas, Helga: Kleist: Gesetz, Begehren, Sexualität. Zwischen symbolischer und imaginärer Identifizierung. Frankfurt am Main 2005, S. 165.

der *Verfertigung der Gedanken* das Ende der Erkenntnis, gewaltsam beenden: „Nun ist's gut" (Kleist, BKA I/5 P V. 3025). Im Reden etabliert sie ihre Position und beendet ihr Sprechen im gleichen Moment. Die Wiederholung des „so" hat sich dabei selbst zur Referenz und vernichtet sich selbst. Es ist der Dolch, der im redlichen Sprechakt das Bühnengeschehen und den Körper zerreißt, das heißt, gleichermaßen schreibt und zerstört. Dieser Prozess selbst ist die Konstitution des Geschehens. In der wahr-fragenden Haltung zeigt der redliche Sprechakt eine konstitutive und selbstzerstörerische Tendenz.

## 4.4 Entsetzliche Redlichkeit. *Michael Kohlhaas*

Aufgrund der engen etymologischen Verknüpfung zum Begriff der Rechnung wurde Redlichkeit zu einer Tugend der Kaufmänner stilisiert und auch Kohlhaas ist jemand, der rechtschaffen zu Werke geht, seinen Geschäften gründlich und ehrlich nachgeht und ehrliche Geschäftspartner schätzt.[52] Redlichkeit steht im *Kohlhaas* aber auch im Zusammenhang mit dem ganzen Bedeutungsspektrum von „Tausch" und „Austausch", dem „Begleichen von Rechnungen", „abrechnen" und „eine Rechnung offen haben", mit der „wohlausgeführten Rechnung" und mit „Schulden", „Schuld", „Recht", „rächen" und „Rache".[53] Letzteres wird besonders dann evident, wenn es heißt, dass Kohlhaas sich dem „Geschäft der Rache" (Kleist, BKA II/1 MK S. 116) zuwendet, bei dem er ebenso redlich vorgeht, wie bei seinen kaufmännischen Tätigkeiten. Was genau also ist das redliche Moment im *Kohlhaas*? Was macht Kohlhaasens Handel, Geschäfte, Rache und letztlich sogar die Erzählung redlich?

Die Lektüren von *Amphitryon* und *Penthesilea* haben gezeigt, dass Rede, wie de Man sagt, gern stößt, aber selten den richtigen Referenten trifft, weil Referenz in den Texten generell in Frage gestellt wird. Die Lektüren haben auch gezeigt, dass Körper bei Kleist gern überschüssige Bedeutungen produzieren und dass Körper und Sprache sich insofern nicht kategorisch unterscheiden lassen, als ein Versprechen – die Verwechslung von Küssen/„Küssen" und Bissen/„Bissen" zum Beispiel – Mord sein kann. Dieses Verhältnis von Körper und Sprache folgt

---

[52] Siehe dazu auch Oesterle, Günter: Redlichkeit versus Verstellung – oder zwei Arten, böse zu werden. In: Interpretationen: Kleists Erzählungen. Hrsg. von Hinderer, Walter. Stuttgart 1998, S. 157–180.
[53] Darauf verweist auch Künzel, Christine: Die Rächenfehler der Kaufleute. Anmerkungen zu „Michael Kohlhaas" und „Der Findling". In: Tauschen und Täuschen: Kleist und (die) Ökonomie. Hrsg. von Künzel, Christine/Hamacher, Bernd. Berlin 2013, S. 183–198.

in der *Penthesilea* oder dem *Amphitryon* anderen Darstellungsverfahren als in einer Erzählung, weil die dramatische Darstellung durch die direkte Rede und die Nennung der Sprecher*innen immer auch auf die *dramatis personae* als dem Körper auf der Bühne verweist. Und obgleich Kleists Dramen, vor allem *Penthesilea*, viele epische Passagen aufweisen, trägt sich im *Michael Kohlhaas* Körperlichkeit anders, zum Beispiel über die Materialität der Rede, in den Text ein. Besonders deutlich wird das in der durchaus auch dramatisch inszenierten Rede von Kohlhaasens Knecht Herse, in welcher er berichtet, wie er vom Schloss des Junkers von Wenzel verjagt wurde:

> [...] heraus aus dem Schloßhof! Schreit der Voigt, und: hetz, Kaiser! hetz, Jäger! erschallt es, und: hetz, Spitz! und eine Koppel von mehr denn zwölf Hunden fällt über mich her. Drauf brech' ich, war es eine Latte, ich weiß nicht was, vom Zaune, und drei Hunde todt streck' ich neben mir nieder; doch da ich, von jämmerlichen Zerfleischungen gequält, weichen muss: Flüt! gellt eine Pfeife; die Hunde in den Hof, die Thorflügel zusammen, der Riegel vor [...] (Kleist, BKA II/1 MK S. 89)

Die Syntax dieser Passage ist angesichts der unvollständigen oder verschachtelten Sätze und elliptischen Strukturen ebenso zerfleischt wie Herse, sodass nicht mehr klar ist, ob Herse tatsächlich eine Latte vom Zaune gebrochen hat oder nicht vielmehr Satzteile, die jetzt seiner Erzählung fehlen. Die sprichwörtliche Wendung „einen Streit vom Zaun brechen"[54] wird in die literale Bedeutung überführt, wodurch sich die Materialität des Zauns in den Text einträgt. Die häufige Wiederholung des Wortes „hetz" in Verbindung mit dem Namen „Spitz" erinnert an die „unartikulierte[n] Töne" aus der *Verfertigung der Gedanken*, die die Materialität der Rede ausstellen ( Kleist, BKA II/1 MK S. 28). Die durch die Anhäufung der Interpunktion auffällige Typographie trägt hier wesentlich zum Verständnis des Textes bei und zieht dadurch die Aufmerksamkeit auf sich. Würde man die vielen Ausrufungszeichen, von denen es in Herses Rede gleich zwölf gibt, nebeneinanderstellen, würden sie den Zaun darstellen, aus dem Herse eine Latte bricht. Gegen die Hunde wehrt sich Herse folglich mit einem abgebrochenen Ausrufungszeichen, sie werden von einem Satzzeichen erschlagen. Das onomatopoetische „Flüt" erinnert eher an eine Flöte als an eine Pfeife, wodurch eine phonetische Differenz entsteht, die bereits zu Beginn der Erzählung eine richtungsweisende

---

54 Nach Luther liegt der Ursprung der Redewendung „[e]ine Sache von eim [sic] alten Zaun brechen" tatsächlich in Streitsituationen, in denen, wie hier beschrieben, gern ein Stück Holz von Zäunen abgebrochen wurde, um sich besser verteidigen zu können (Luther, Martin: Sprichwörtersammlung. Hrsg. von Thiele, Ernst. Weimar 1900, Nr. 32, S. 59).

Rolle spielt: Wenn Kohlhaas die Pferde als Pfand für den „Paßschein" beim Junker Wenzel lassen soll, dann macht die Alliteration – Pferd, Pfand, Paßschein – darauf aufmerksam, dass der Austausch nicht nur zwischen Pfand und Pferd stattfindet, die Pferde also Pfand werden, sondern dass der Tausch gleichzeitig die Buchstaben „er" und „an" betrifft und so den Wert des Pf*er*des zum Wert des Pf*an*des umschreibt.[55] Immer wieder macht sich die Materialität der Sprache auf diese Weise bemerkbar und verschränkt Text und Geschehen auf eine Weise, in der Geschehen und Text aufeinander verweisen, ohne dabei die Differenzen – und Differenz heißt im *Kohlhaas* sowohl Unterschied/Abweichung als auch Auseinandersetzung/Streit – zu nivellieren.

Eine der Grundproblematiken im *Michael Kohlhaas* ist aber, dass Kohlhaas keine Differenzen akzeptiert, da er glaubt, den Wert der Dinge genau zu kennen und dadurch sämtliche Tauschmöglichkeiten sowie -unmöglichkeiten bestimmen zu können. Er akzeptiert keine anderen Substitute als diejenigen, die er im Handel als gerechtfertigt anerkennt. Die Meinung der Handelspartner interessiert ihn dabei wenig.[56] Kurz: Die Ökonomie des Tausches und des Wertes tritt in den Vordergrund der Erzählung: „Nun! Was bin ich schuldig?" fragt Kohlhaas gleich zu Beginn und wirft damit eine der wichtigsten Fragen der Erzählung auf (Kleist, BKA II/1 MK S. 65). Weder Junker Wenzel noch die beteiligten Staaten und zuständigen Behörden werden diese Frage je an Kohlhaas richten und sind auch nicht gewillt, ihre Schulden bei ihm abzutragen oder Kohlhaasens Forderungen zur Tilgung der Schulden nachzukommen. Während Kohlhaas jetzt eine Rechnung begleichen will, fordert er später mit Gewalt das Begleichen einer Rechnung ein. Und als Händler hat er eine genaue Vorstellung vom Wert der Dinge:

---

[55] Zur Bedeutung und Funktion des Pfandes im *Kohlhaas* siehe vor allem Pircher, Wolfgang: Geld, Pfand und Rache. Versuch über ein Motiv bei Kleists „Kohlhaas". In: Kleist-Jahrbuch (2002), S. 104–117.

[56] Sowohl zur Ökonomie als auch zur Differenz, die Kohlhaas nicht akzeptiert, siehe Frey, Christiane: Spiegelfechtereien mit dem Leser. Trügerische Ökonomien der Schrift in Kleists „Michael Kohlhaas". In: Beiträge zur Kleist-Forschung. Hrsg. von Jordan, Lothar. Frankfurt (Oder) 2003, S. 296–317. Frey, Christiane: „The Excess of Law and Rhetoric" sowie Gailus, Passions of the Sign, S. 107–148. Das Thema der Ökonomie hat sich in der Kleist-Forschung erst in den späten 1990ern etabliert. Im Sammelband von Künzel, Christine/Hamacher, Bernd (Hrsg.): Tauschen und Täuschen: Kleist und (die) Ökonomie. Frankfurt am Main 2013 finden sich neben einem ausführlichen Forschungsüberblick (S. 7–16) zwei Untersuchungen zur Ökonomie im *Michael Kohlhaas* (Biebl, Sabine: Eigentumsverhältnisse in Kleists „Michael Kohlhaas". In: Tauschen und Täuschen: Kleist und (die) Ökonomie. Hrsg. von Künzel, Christine/Hamacher, Bernd. Frankfurt am Main 2013, S. 183–192 und Künzel, Die Rächenfehler der Kaufleute, S. 183–198.

> Er sagte zum Junker: „Herr, die Rappen habe ich vor sechs Monaten für 25 Goldgülden gekauft; gebt mir 30, so sollt ihr sie haben." Zwei Ritter, die neben dem Junker standen, äußerten nicht undeutlich, daß die Pferde wohl so viel wert wären. (Kleist, BKA II/1 MK S. 69)

Da der Junker die Pferde aber nicht zum Preis ihres Wertes erwerben möchte, will Kohlhaas in das Geschäft nicht einwilligen und weiterziehen, was ihm aufgrund des fehlenden „Paßscheins" verwehrt wird. Kohlhaas ist nicht bereit, über den Preis zu verhandeln, um sein Weiterziehen zu ermöglichen, sondern besteht auf dem Wert der Pferde.[57] Nachdem der Junker die Pferde als Pfand bei sich behält und herunterwirtschaftet, sodass sie an Wert verlieren, meint Kohlhaas: „das sind nicht meine P f e r d e , gestrenger Herr! Das sind die Pferde nicht, die dreißig Goldgülden wert waren! Ich will meine wohlgenährten und gesunden Pferde wieder haben!" (Kleist, BKA II/1 MK S. 78)

Der gesamte *Kohlhaas* ist von ökonomischen Prinzipien geprägt. Nicht nur der Handel, sondern auch die Rache ist, wie bereits erwähnt, ein Geschäft, der Kampf um die Pferde hat Kohlhaas seine „Frau gekostet" und die Prophezeiung der Wahrsagerin dient als „Unterpfand" (Kleist, BKA II/1 MK S. 116, 154 und 266). Gleichzeitig fällt ein Missverhältnis zwischen den „Tauschobjekten" auf, wie Christiane Frey zeigt (Frey, Spiegelfechtereien, S. 307).[58] So muss Kohlhaas zum Beispiel die Pferde als Pfand für einen Paßschein hinterlassen, den er nie bekommen wird und der wahrscheinlich gar nicht existiert. Frey hat ebenso gezeigt, dass Kohlhaas auch die Differenzierung von Geist und Buchstabe, von *sensus litteralis* und *sensus spiritualis*, von Signifikat und Signifikant verweigert und damit am Buchstaben der Repräsentation festhält (Frey, Spiegelfechtereien, S. 300). Was im *Kohlhaas* also verhandelt wird, ist die „Frage nach der Logik der Repräsentation" (Frey, Spiegelfechtereien, S. 301),[59] das heißt die Frage der Darstellung. Kohlhaas ist bemüht, im Tausch keine Differenzen und somit auch keine

---

[57] Ingeborg Harms zufolge zeigt Kohlhaasens Unfähigkeit, Preise als Variablen zu betrachten, dass er ein schlechter Kaufmann ist, da es zum Geschäft des Kaufmannes gehöre, zu verhandeln (Harms, Ingeborg: Tod und Profit im „Michael Kohlhaas". In: Heinrich von Kleist und die Aufklärung. Hrsg. von Mehigan, Tim. Rochester 2000, S. 226–236).

[58] Frey verweist hier v. a. auf die Repräsentanten, die im *Kohlhaas* nicht unüblich sind und die, wie sie sagt, „ungedeckte Substitute" seien, weil zum Beispiel das Pfand im *Kohlhaas* nie eine tatsächliche Schuld substituiere (Frey, Spiegelfechtereien, S. 308). Zu Repräsentanten und vor allem Stellvertretern im *Kohlhaas* siehe auch Trüstedt, Katrin: Novelle der Stellvertretung: Kleists „Michael Kohlhaas". In: Zeitschrift für deutsche Philologie 130.4 (2011), S. 545–568.

[59] Für eine detaillierte Lektüre von *Kohlhaas* mit der Zeichentheorie Jacques Lacans siehe Gallas, Helga: Das Textbegehren des „Michael Kohlhaas". Die Sprache des Unbewussten und der Sinn der Literatur. Reinbek bei Hamburg 1981 und im Anschluss an sie auch Gailus, Passions of the Sign.

Schulden entstehen zu lassen.[60] Im Falle der Pferde entstehen nach Kohlhaas die Schulden von Junker Wenzel dadurch, dass die Pferde massiv an Wert verlieren und die Verantwortlichen nicht bereit sind, sie durch „Dickfütterung" wieder in den früheren Zustand zu bringen (zum Beispiel Kleist, BKA II/1 MK S. 117).

Während aber Kohlhaas um die Differenzlosigkeit bemüht ist und sie permanent einzuklagen sucht, beharrt der Text auf Differenz, wodurch die Erzählung eine doppelte Ökonomie aufweist: Eine Dynamik drängt auf unendliche Substituierbarkeit, die andere akzeptiert genau das nicht. Die erste und auffälligste Differenz, die der Text aufwirft, ist Kohlhaasens Charakterisierung. Erst in der späteren Version der Erzählung von 1810 hat Kleist Kohlhaas mit den drei Adjektiven „rechtschaffen", „entsetzlich", „außerordentlich" (Kleist, BKA II/1 MK S. 63) beschrieben. Im Unterschied zur Version von 1808 – in der er als „außerordentlich", „fürchterlich", „merkwürdig" charakterisiert wird (Kleist, BKA II/1 MK (1808) S. 7) – macht die zweite Version deutlich, dass Kohlhaas nicht als Figur der Devianz erscheint, sondern gerade „*in* seiner Rechtschaffenheit entsetzlich" wird; das heißt, er ist sowohl in seiner Rechtschaffenheit als auch in seiner Entsetzlichkeit außer-ordentlich (Giuriato, Wolf der Wüste, S. 296). So schlägt sich Kohlhaasens „Quärulanz" (Kleist, BKA II/1 MK S. 100)[61] in der Erzählung nieder und bewirkt, dass Gleichungen und Gegensätze, wie Rechnungen, nicht aufgehen. Genau daraus entsteht eine Bewegung, in welcher der Text auf Differenz beharrt, während Kohlhaas dafür kämpft, die Differenz aufzuheben. Diese doppelte Bewegung, die Gegenläufigkeit dieser beiden Dynamiken, ist das redliche Prinzip oder die redliche Ökonomie, die genau darin überaus ambivalent ist und auf den prekären Status beider Dynamiken verweist. Denn die Redlichkeit des Kaufmannes will die Schulden begleichen, während die Redlichkeit des Textes immer wieder beharrlich Differenzen erzeugt. Die redliche Ökonomie bestimmt sowohl den Handel als auch den Krieg: „Einen so heillosen Ausgang nahm der wohlgemeinte und redliche Versuch, dem Roßhändler wegen des Unrechts, das man ihm zugefügt, Genugtuung zu verschaffen" (Kleist, BKA II/1 MK S. 194).

Während der „entsetzliche Mensch" Kohlhaas (zum Beispiel Kleist, BKA II/1 MK S. 150) immer wieder versucht, die Ordnung im staatlichen Gefüge durch Gewalt herbeizuführen, sorgt der Text – selbst nicht ohne Gewalt – für das Aussetzen von Kohlhaasens Vorhaben. Dieses Aussetzen wird durch die Performanz des

---

[60] Eine Ausnahme gibt es auch hier, wenn Kohlhaas seinen gesamten Besitz weit unter Wert verkauft.
[61] Zu einer dreifachen Querulanz Kohlhaasens siehe Gaderer, der auch von einer „Poetologie der Querulanz" spricht (Garderer, Rupert: „Michael Kohlhaas" (1808/10): Schriftverkehr – Bürokratie – Querulanz. In: Zeitschrift für deutsche Philologie 130.4 (2011), S. 531–544).

Textes immer dann sichtbar, wenn sich Kohlhaas wie zu Beginn der Erzählung Steine in den Weg legen: Eine Lektüre, die die Funktion des Schlagbaumes in seiner rhetorischen und typografischen Dimension in den Blick nimmt, zeigt, dass der Schlagbaum Kohlhaas buchstäblich – oder genauer: in der Verschränkung von Typografie, Rhetorik und Semantik – einen Strich durch die Rechnung macht, indem er sich auf Kohlhaasens Weg querlegt. Kohlhaas überlegt gerade, wie er den Gewinn, den seine Reise einbringen soll, „anlegen wolle: teils, nach Art guter Wirte, auf neuen Gewinst, teils aber auch auf den Genuß der Gegenwart" (Kleist, BKA II/1 MK S. 64), als er auf den Schlagbaum trifft. Damit findet ein erstes Eingreifen in Kohlhaasens Weg statt, das für den Moment dafür sorgt, dass Kohlhaas seine Reise unterbrechen muss. Doch damit nicht genug: Der Text spielt mit den Differenzen der Signifikanten, wenn der Schlag des Schlagbaums auch im Kompositum „Schlagfluß" auftaucht – der alte Herr desjenigen Landes, das Kohlhaas betritt, ist am Schlagfluß also an einem Schlaganfall gestorben – und der Text über die Paronomasie „Handel und Wandel" vor sich hinplätschert (Kleist, BKA II/1 MK S. 65). Die nächste Erwähnung des Schlagbaums antizipiert das Ende von *Kohlhaas*, da man Kohlhaas bereits unter dem Beil des Scharfrichters sieht: „Er war noch kaum unter den Schlagbaum gekommen [...]" (Kleist, BKA II/1 MK S. 66). Und Kohlhaasens Bemerkung, dass es doch besser gewesen sei, wenn der „Baum [der Schlagbaum, NT] im Walde stehen geblieben wäre", wird genau dann eingelöst, wenn der Burgvogt „schief gegen die Witterung" in eine Reihe mit den anderen Bäumen des Waldes gestellt wird (Kleist, BKA II/1 MK S. 65). Wie der Zaun in Herses Bericht ragt hier über die Verknüpfung von sprichwörtlicher und literaler Rede die Körperlichkeit der Erzählung in den Text hinein und stellt sich Kohlhaas in den Weg. Die Rhetorik des Textes macht auf diese Weise darauf aufmerksam, dass Differenzen – von Signifikanten, von Text und Erzählung, von Rhetorik und Semantik – wesentliche Strukturen des Erzählens sind.

Wo der Schlagbaum Kohlhaas den Weg versperrt, wo der Wetterstrahl neben Kohlhaas einschlägt und so verhindert, dass das Kloster angezündet wird, und wo der Windstoß den Junker Wenzel davon abhält, mit Kohlhaas zu verhandeln, werden Kräfte bemerkbar, die den Verlauf der Handlung unterbrechen. Diese Kräfte lassen sich mit Hamachers Konzept des Afformativen konkreter beschreiben. Während das Afformativ Hamacher zufolge zwar die Darstellung zulässt, aber auf keine Darstellung reduzierbar ist (Hamacher, Afformativ, Streik, S. 360–361), wird es im *Kohlhaas* rhetorisch markiert. Das die Handlung aussetzende Tun des Schlagbaums entfaltet sich erst im Kontext der vielen rhetorischen und semantischen Verweise des Textes und auch der Blitz/Wetterstrahl ist bei Kleist rhetorisch konnotiert, was in der Anekdote „Der Griffel Gottes" besonders deutlich wird.⁶² Das heißt, im *Michael Kohlhaas* vollzieht sich das Aussetzen der Handlung durch das Einfallen der Rhetorik des Textes in die Erzählhandlung. Wie der Gedankenstrich das Aussetzen der Handlung markiert, funktioniert in der Verschränkung von Typologie und Rhetorik auch der Schlagbaum als Gedankenstrich. Was aber vollzieht die Gegenläufigkeit von Erzählhandlung und Rhetorik – wobei erstere ständig durch den Einfall letzterer bedroht wird – oder, um es im Vokabular des *Kohlhaas* zu sagen, die Querulanz des Textes und was bedeutet sie für die Redlichkeit? Wenn Kohlhaasens Bemühungen, Schulden zu begleichen oder einzutreiben, das heißt, Differenzen auszugleichen, auf seine Redlichkeit zurückzuführen sind, ist die Darstellung dann nicht auf eine ebenso ambivalente redliche Ökonomie zurückzuführen? Erweist sich also die Darstellung selbst als redlich?

Zu Beginn charakterisiert die Erzählung Kohlhaas als einen „der rechtschaffensten zugleich und entsetzlichsten Menschen seiner Zeit" (Kleist, BKA II/1 MK S. 63) und gibt damit das implizite Versprechen, mit der folgenden Erzählung zu erklären, wie dieses vermeintliche, „zum Leben erwachte[] Oxymoron" zustande kommt.⁶³ Anders formuliert: Mit dieser Charakterisierung macht der Text eine Differenz auf, mit der er sich in ein Schuldverhältnis begibt, das im Laufe der Erzählung beglichen werden muss, indem er erzählt, wie es zu einem solchen Charakter kommen konnte. Dass die Tilgung einer Schuld keine einfache und einmalige Angelegenheit ist, wird durch die immer neu aufgeworfenen Differenzen und Auseinandersetzungen deutlich, die verlangen, dass Verhältnisse immer wieder neu evaluiert und ausgehandelt werden. Dazu gehört zum Beispiel die Begegnung zwischen Kohlhaas und der Wahrsagerin, denn als okkultische oder märchenhafte Figur bildet sie einen vermeintlichen Kontrast zu dem historischen Anspruch, den *Michael Kohlhaas* gemäß des Untertitels *Aus einer alten Chronik* zu haben scheint.⁶⁴ Die Forschung hat deswegen häufig eine Einteilung der Erzäh-

---

62 In dieser Anekdote schlägt der Blitz in den Grabstein einer grausamen und geizigen Dame ein und hinterlässt die Buchstaben „*sie ist gerichtet!*" (Kleist, Heinrich von: Berliner Abendblätter. In: Kleist, Sämtliche Werke. Brandenburger Ausgabe (BKA). Bd. II/7. Basel 1997, S. 28.) Auf dem Grabstein war die Dame zuvor als großzügig gelobt worden, weil sie dem Kloster, auf dessen Friedhof sie begraben wurde, ihr Vermögen vermacht hatte.
63 Földényi, F. László: Heinrich von Kleist. Im Netz der Wörter. Übers. von Akos Doma. München 1999, S. 390.
64 Zu einem Vergleich der historischen Figur Hans Kohlhase und Kleists Michael Kohlhaas siehe Diesselhorst, Malte: Hans Kohlhase/Michael Kohlhaase. In: Kleist-Jahrbuch (1988), S. 334–356.

lung vorgenommen, die das historische von dem märchenhaften Element unterscheidet.[65] Dieser Einteilung widerspricht jedoch die Erzählung: Die Begegnung mit der Wahrsagerin, obwohl von ihr erst in der zweiten Hälfte die Rede ist, findet bereits kurz nach dem Tod von Kohlhaasens Frau, also im ersten Viertel der Erzählung, statt. Kohlhaas trägt demnach die Kapsel mit dem Zettel, den die Wahrsagerin ihm überreicht, bei sich, bevor er davon berichtet. Ferner ist es ausgerechnet der „Paßschein", der als „Märchen" (Kleist, BKA II/1 MK S. 73) bezeichnet wird (vgl. Gaderer, Schriftverkehr – Bürokratie – Querulanz, S. 532). Der sogenannte historische Teil wird also, wenn auch verkapselt, fast die gesamte Zeit vom märchenhaften begleitet.[66] Was als Paradox erscheint (Gailus, Passions of the Sign, S. 110), als Ironie[67] oder auch als unzuverlässiges Erzählen,[68] generiert vor allem einen Bedeutungsüberschuss, der nicht in eindeutigen Beschreibungsmodellen aufgeht. Anders gesagt: Durch den Bedeutungsüberschuss ist die Erzählung permanent auf der Suche nach redlichen Darstellungsformen, solchen zum Beispiel, die versuchen, die entstandenen Differenzen zu versöhnen und Rechnungen sowie Schulden zu begleichen.

Die zahlreichen Schriften sind eine Darstellungsform; eine andere sind Gespräche, in denen versucht wird, den Streit, das heißt auch die Differenzen, zu schlichten. Ein zentrales Gespräch der Erzählung ist jenes zwischen Kohlhaas und Dr. Luther, in dem sich zeigt, dass Kohlhaas keine Differenz zwischen Signifikat und Signifikant anerkennt (Frey, Spiegelfechtereien, S. 299–300). Indem Luther aber Kohlhaas dazu anhält, zwischen dem Landesherren – dem Kohlhaasens Klage unbekannt ist – und dem Verfasser des Schreibens an Kohlhaas – auch wenn er offizieller Repräsentant des Landesherren ist – zu unterscheiden,

---

[65] Zu der Frage, warum die Forschung den vermeintlich märchenhaften Teil von Michael Kohlhaas ablehnte und sogar urteilte, Kleist habe die Erzählung mit der Prophezeiungsgeschichte verdorben, siehe Koelb, Clayton: Incorporating the Text: Kleist's „Michael Kohlhaas". In: PMLA 105.5 (1990), S. 1098–1107. Für einen Überblick über die Forschung (bis 1967), die *Michael Kohlhaas* vor allem hinsichtlich dieser scheinbar konträren Geschichten gelesen hat, siehe Bernd, Clifford: On the two Divergend Parts of Kleist's „Michael Kohlhaas". In: Studies in Germanic Languages and Literature. Hrsg. von Fowkes, Robert A./Sander, Volkmar. Reutlingen 1967, S. 47–56.
[66] Zum historischen Anspruch der Geschichte siehe Diesselhorst, Hans Kohlhase/Michael Kohlhaas S. 334–356 und Boockmann, Hartmut. Mittelalterliches Recht bei Kleist: Ein Beitrag zum Verständnis des „Michael Kohlhaas". In: Kleist-Jahrbuch (1985), S. 84–108.
[67] Hamacher, Bernd: Michael Kohlhaas. In: Kleist-Handbuch: Leben – Werk – Wirkung. Hrsg. von Breuer, Ingo. Stuttgart 2009, S. 97–106, hier S. 102.
[68] Schmidt, Jochen: Heinrich von Kleist. Die Dramen und Erzählungen in ihrer Epoche. Darmstadt 2003, S. 183.

plädiert Luther für eine Differenzierung von Geist und Buchstabe (Frey, Spiegelfechtereien, S. 299). Darin gleicht der Kleistsche Luther dann aber mehr dem historischen Aufklärer Lessing als dem historischen Luther. Für letzteren ist der Buchstabe „eine Art Siegel", das den Geist des Buchstabens gewissermaßen beglaubigt (Frey, Spiegelfechtereien, S. 300). Lessing argumentiert im Unterschied zum historischen Luther, dass eine Kritik an den Buchstaben nicht gleichbedeutend ist mit Vorwürfen gegen Geist und Religion selbst, folglich muss es bei Lessing, wie beim Kleistschen Luther, eine Differenz zwischen Buchstabe und Geist geben (Frey, Spiegelfechtereien, S. 300).[69] Kleists Luther ist also zum einen dann aufklärerisch, wenn er jene Differenz anerkennt, die Kohlhaas nicht akzeptieren will. Zum anderen nimmt er eine aufklärerische Position ein, wenn er die Meinung vertritt, dass ein Austausch mit Worten und ein vernünftiges Gespräch mögliche und friedliche Wege seien, um Missstände zu beenden. Auf „ein tüchtiges Element in der Brust des Mordbrenners bauend", hofft Luther, „den Kohlhaas, durch die Kraft beschwichtigender Worte", in die „menschliche Ordnung zurückzudrücken" (Kleist, BKA II/1 MK S. 143). Der aufklärerische Luther forciert ein oppositionelles Verhältnis von Rede und Gewalt sowie von Körper und Sprache, dem der *Kohlhaas* rhetorisch entgegenwirkt. Allein in der Formulierung „zurückdrücken" konterkariert der Text diese Gegenüberstellung, da „zurückdrücken" von jener Gewalt zeugt, die Luther vermeiden will.

Da kaum eines der knapp 90 Schriftstücke „seinen eigentlichen Zweck" erfüllt (Frey, Spiegelfechtereien, S. 296), stellt sich die Frage, welche Funktion sie eigentlich haben.[70] Permanent werden Briefe geschrieben, Paßscheine ausgestellt, Abschriften von Urteilen verlesen, Poster angeschlagen und agitatorische Schriften verfasst, deren aggressive Rhetorik sich zu steigern scheint (Riedl, Eine bessere Ordnung der Dinge?). Während Frey, wie auch Hillis Miller,[71] über die Schriften zur Rolle der Leserin und zur Lesbarkeit von *Michael Kohlhaas* kommt, stellt sich hier die Frage, welche Rolle sie innerhalb des Textes hinsichtlich Kohlhaasens Redlichkeit spielen. Die Schriftstücke sind überwiegend Deklarationen und Mandate, Kundmachungen und Befehle, also explizit performative Schreibakte. Die von Kohlhaas verfassten Schriften sind häufig Drohungen und

---

[69] Frey bezieht sich auf Lessing, Gotthold Ephraim: Axiomata. In: Lessing, Werke und Briefe. Hrsg. von Barner, Wilfried u. a. Bd. 9: Werke 1774–1778. Frankfurt am Main 1989, S. 53–89.

[70] Zur Erfolglosigkeit der Schriften siehe auch Balke, Kohlhaas und K. S. 510–512 sowie spezifischer zum Thema der gescheiterten Kommunikation in und mit den Schriften Gaderer, Schriftverkehr — Bürokratie — Querulanz.

[71] Miller, Hillis: Laying Down the Law in Literature: The Example of Kleist. In: Cardozo Law Review 11 (1989), S. 1491–1514.

gehen dem Krieg voraus, versetzen aber derart in Aufruhr, dass ihnen selbst kriegerische Züge zukommen (zum Beispiel Kleist, BKA II/1 MK S. 130). Diejenigen Schreiben, die er erhält, treffen Kohlhaas meist gezielt. So schäumt er zum Beispiel vor Wut wegen einer Nachricht (Kleist, BKA II/1 MK S. 100) und die Worte auf einem Plakat haben die Kraft, ihn in seiner Kriegsführung zu schwächen: „Mehr als dieser wenigen Worte bedurfte es nicht, um [Kohlhaas], in der ganzen Verderblichkeit, in der er dastand, plötzlich zu entwaffnen" (Kleist, BKA II/1 MK S. 148). Die Schriften zeigen, dass Kohlhaas einen doppelten Krieg führt: jenen in den Städten und jenen auf dem Papier. Die Parallele zwischen Schreiben und Krieg verweist im Gegenzug darauf, dass der Krieg selbst eine Form der Sprache ist und dass Reden und Schreiben als Modi des Krieges zu verstehen sind. Krieg und Sprache beziehen sich dabei im Querverweis auf das jeweils andere (zum Beispiel im Papierkrieg) sowie auf ihre Differenzen. Die Briefe, Mandate und Deklarationen sprechen und setzen im *Kohlhaas* Recht und Gesetz und ent-setzen sie gleichermaßen. Die Plakate und Anschläge werden vor allem an Kirchen, Marktplätzen und Stadtmauern angebracht, der schriftliche Austausch vollzieht sich also vornehmlich im öffentlichen Raum. Gewissermaßen sind das „Anplacken" (Kleist, BKA II/1 MK S. 156) und „Anschlagen" (Kleist, BKA II/1 MK S. 170) – Begriffe, die selbst nicht frei von Gewalt sind – dem Brief(geheimnis) entgegengesetzt. Fast die gesamte Kommunikation spielt sich wie der Krieg in der Öffentlichkeit ab. Während der ebenso öffentlichen Hinrichtung wird allerdings die Schrift – sollte der Zettel der Wahrsagerin tatsächlich beschrieben sein – nur von Kohlhaas gelesen. Dadurch endet *Kohlhaas* mit einem doppelten Aus-setzen: Der Inhalt der Kapsel bleibt verborgen und die Begründung, warum die Wahrsagerin aussieht wie Kohlhaasens verstorbene Frau, ist durch den doppelten Gedankenstrich „– –" (Kleist, BKA II/1 MK S. 285) eine Aus-setzung der Darstellung.[72] Der Zettel ist ein „Unterpfand" für die Prophezeiung der Wahrsagerin und somit Substitut. Wenn Kohlhaas den Zettel schluckt, anstatt ihn dem Kurfürsten von Sachsen auszuhändigen und mit diesem Tausch sein Leben zu retten, dann zeigt er erneut, dass er erstens keine Substitute akzeptiert und zweitens mit Substituten keinen Tausch eingeht – und sei es ein Tausch, in dem es um Leben und Tod geht. Und wie verhält sich die Erzählung zu dieser Form der Nicht-Substituierbarkeit? Obwohl Kohlhaas am Ende der Erzählung „Recht" erhält (Kleist, BKA II/1 MK S. 287), das heißt, obwohl ihm seine Schulden bezahlt und damit die Differenzen

---

[72] Zur Typographie bei Kleist siehe Nehrlich, Thomas: „Es hat mehr Sinn und Deutung, als du glaubst" – Zu Funktion und Bedeutung typographischer Textmerkmale in Kleists Prosa. Hildesheim/New York 2012, zum Gedankenstrich siehe vor allem S. 117–123.

weitestgehend ausgeglichen werden, kündigt sich doch am Ende mit den zwei Söhnen auf den zwei Pferden die Fortsetzung der Differenzen an.

Der Text fällt immer wieder in Kohlhaasens Logik der Nicht-Substituierbarkeit ein und subvertiert die totalitäre Tendenz des Kaufmanns. Wenn aber Kohlhaas ein redlicher Pferdehändler ist, dann auch genau deswegen, weil er weiß, wie eine Rechnung beglichen werden kann. Das heißt, dass Redlichkeit und Entsetzlichkeit nicht im Widerspruch zueinander stehen; Redlichkeit ist vielmehr die Verschränkung beider und kann folglich strukturell kein Ende finden.[73] Insofern sich vor allem die literarischen Texte Kleists immer wieder querulatorisch zu den Postulaten der Aufklärung verhalten, indem sie Widersprüche, Oppositionen und Systeme problematisieren, und sich dabei selbst ent-setzen, sind Kleists Texte redlich. Wie Schlagbäume fallen sie in die Ordnungsversuche der Aufklärung ein und ent-setzen sie und ihre Systeme und Ideale.

Ein Postulat der Aufklärung ist der Aufruf zur Redlichkeit, der sich im ersten Vers des 1775 entstandenen Gedichts *Der alte Landmann an seinen Sohn* von Ludwig Heinrich Christoph Hölty zu einem Leitspruch verdichtete: „Üb' immer Treu' und Redlichkeit". Indem dieser Vers sowie der überwiegende Teil des Gedichts im Modus des Imperativs verfasst ist, reiht er sich in die Aufforderungen, Mandate und Deklarative im *Kohlhaas* ein, und wirft Fragen auf: Kann ein Imperativ, der Redlichkeit verlangt, aber einer Drohung gleicht, selbst redlich sein?[74] Muss ein Aufruf zur Redlichkeit selbst redlich sein? Kleist macht mit *Michael Kohlhaas* genau auf diese Ambivalenzen der Redlichkeit aufmerksam, indem er sie einer Kritik mit ihren eigenen Mitteln unterzieht. Es zeigt sich, dass das Postulat, ebenso wie Kants Wahlspruch und Imperativ der Aufklärung – „Habe Mut, dich deines e i g e n e n Verstandes zu bedienen!"[75] – nicht ohne den Wiederspruch auskommt, dass sich des eigenen Verstandes zu bedienen, nun gleichermaßen bedeutet, einen Befehl zu befolgen. Im *Amphitryon* muss Alkmene an genau diesem Satz: „Üb' immer Treu' und Redlichkeit" verzweifeln. Aber nicht, weil sie, wie es im Gedicht weiter heißt, einen „Finger breit/Von Gottes Wegen" abweicht, sondern weil sie die Wege des Gottes Jupiter geht, im Glauben, es seien ihre und die

---

[73] Anders scheint zum Beispiel Oesterle die Verbindung vom Redlichen und, wie er mit Kant sagt, dem Bösen zu sehen, wenn er darauf hinweist, dass ein Ausweg aus dem Bösen nur durch eine „Art Wiedergeburt" möglich sei (Oesterle, Redlichkeit versus Verstellung, S. 178).

[74] Der weitere Text des Gedichts droht vor allem damit, dass den Guten Gutes widerfahren wird und den Bösen Schlechtes und dass Letzteren niemand nachtrauern wird.

[75] Kant, Immanuel: Beantwortung der Frage: Was ist Aufklärung? In: Kant, Werkausgabe in 12 Bänden. Bd. XI: Schriften zur Anthropologie, Geschichtsphilosophie, Politik und Pädagogik. Hrsg. von Weischedel, Wilhelm. Frankfurt am Main 1977, S. 53–63, hier S. 53.

Amphitryons. Auf diese Weise schafft es die Komplexität Kleistscher Texte, sich nicht einfach gegen, sondern auf eine spezifische Art, eben querulatorisch und sich selbst befragend, zur Aufklärung zu verhalten. Und genau diese Strukturen ermöglichen die sprechakttheoretische und rhetorische Lektüre der Redlichkeit, die sich quer zur Aufklärung verhält.

In einem letzten Racheakt verschluckt Kohlhaas den Zettel der Wahrsagerin, führt also das, was die Wahrsagerin wahrsagte, in den Mund zurück, etabliert sich erneut als „rechtschaffenster" und „entsetzlicher Mensch" (Kleist, BKA II/1 MK S. 63) und beendet damit die Regentschaft des Kurfürsten, der „zerrissen an Leib und Seele" zurückgelassen wird (Kleist, BKA II/1 MK S. 291). Die Redlichkeit Kohlhaasens liegt hier darin, die Bewegung des Redens umzudrehen und dadurch in aller Konsequenz und Radikalität nur den Tausch einzugehen, den es in seinen Augen einzugehen wert ist. Der Text antwortet mit dem Beil, unter dem Kohlhaasens Haupt fällt und das gleichermaßen die Geschichte abschließt: „Hier endigt die Geschichte vom Kohlhaas" (Kleist, BKA II/1 MK S. 290).

Redlichkeit bezeichnet die paradoxe Verschränkung gegenläufiger Dynamiken: die des Entsetzens und der Ent-setzung einerseits, die der Totalität und ihrer Außerkraftsetzung andererseits. Wo Redlichkeit auch jenseits des Postulats der Aufklärung lesbar wird, wird ihre Körperlichkeit sichtbar, durch die wiederum ihr Selbstbezug und somit auch ihre Selbstkritik, die sich nicht ohne Streit vollzieht, zum Tragen kommen. In dieser ambivalenten und radikalen Dynamik deutet sich schon mit Penthesileas tödlichem Sprechakt – aber auch im Tod von Kohlhaas – die Frage nach einer ethischen Dimension der Redlichkeit an, die bei Kleist aus dem moralischen und imperativischen Kontext heraus entsteht und sich bei Kafka, wie das folgende Kapitel zeigen wird, unter Erschütterung dieses Kontextes, zu einer Ethik jenseits des Subjekts entwickelt.

# 5 Unaufrechte Redlichkeit. Franz Kafkas *Proceß*

> Kafkas Welt ist ein Welttheater. Ihm steht der Mensch von Haus aus auf der Bühne.
> Benjamin über Kafka.[1]

> Le » il « narratif destitue tout sujet [...].
> Blanchot, De Kafka à Kafka.[2]

> Die Person wird aus einem Substantiellen zum bloßen Organisationsprinzip somatischer Impulse.
> Adorno, Aufzeichnungen zu Kafka.[3]

Redlichkeit ist keines der prominenten Kafka-Themen, weil sie aber in seinen Texten nirgends und zugleich überall zu finden ist, weist sie darin eine Struktur auf, die der Kafkaschen Welten nicht fremd ist. Die folgenden Analysen zweier Texte – *Der Proceß* und Kafkas Brief an Oskar Pollak vom 20.12.1902 – eruieren die Möglichkeit von Redlichkeit innerhalb von Anordnungen, die sie scheinbar verunmöglichen. Dazu gehören zum einen Täuschung und Korruption und zum anderen die Unmöglichkeit, in Kafkas Texten ein Subjekt ausfindig zu machen. Genau diese Aspekte sind gleichzeitig der Grund, warum seine Texte für eine Untersuchung der Redlichkeit so geeignet sind, denn sie befragen Redlichkeit am effektivsten und aus ihrer Mitte heraus. Zum ersten Aspekt gehört, dass sich Kafkas Figuren häufig in Situationen befinden, in denen sie nicht wissen, ob sie einem Scherz ausgesetzt oder Opfer eines Hinterhalts geworden sind, ob sie einer Täuschung unterliegen oder korrupten Strukturen, aus denen sie sich nicht befreien können, weil es kein Jenseits dieser Strukturen gibt. Hier stellt sich die Frage, wie es innerhalb der permanenten Täuschung und innerhalb von korrupten Strukturen und Systemen Redlichkeit geben kann. Zugespitzt ließe sich fragen: Wie kann eine Redlichkeit gedacht werden, die selbst Täuschung und Korruption ist? Der zweite Aspekt bezieht sich auf das „entthronte Subjekt" (Blanchot, Von Kafka zu Kafka, S. 147): Bei Kafka sprechen keine autonomen Subjekte und es werden auch keine Subjekte durch oder mit Sprache konstituiert. Vielmehr sprechen hier die vielen Sprachen der Institutionen, der Gerichte, der

---
[1] Benjamin, Walter: Benjamin über Kafka. Texte, Briefzeugnisse, Aufzeichnungen. Hrsg. von Schweppenhäuser, Hermann. Frankfurt am Main 1981, S. 22.
[2] Blanchot, Maurice: De Kafka à Kafka. Paris 1981, S. 180; dt.: „Das Erzählerische ‚Er/Es' entthront jedes Subjekt [...]" Blanchot, Maurice: Von Kafka zu Kafka. Übers. von Elsbeth Dangel. Frankfurt am Main 1993, S. 47.
[3] Adorno, Theodor W.: Aufzeichnungen zu Kafka. In: Prismen. Kulturkritik und Gesellschaft. Bd. 1. München 1963, S. 254–287, hier S. 262.

Gesetze und der anderen Figuren mit. Das zeigt sich letztendlich in den Serien und Netzen von Fürsprechern, Stellvertretern und Advokaten, die Kafkas Texte durchziehen.[4] Stellvertreter und Fürsprecher entfernen sich über weitere Fürsprecher so weit von denen, für die gesprochen werden soll, dass diese letzte oder erste Instanz nicht mehr aufzufinden ist. Das heißt, die Urheber*innen des Sprechaktes sind ebenso wie der einzelne autoritative Sprechakt nirgends auszumachen. Es sind genau diese Strukturen, die eine Redlichkeit scheinbar verunmöglichen. Denn wie kann eine performative Redlichkeit gedacht werden, wenn performative Sprechakte über Fürsprecher vollzogen werden? Wer oder was wird im Akt der Redlichkeit konstituiert, wenn nicht ein Subjekt? Und wie kann sich Redlichkeit zeigen, wenn Kafkas Welten durchweg korrumpiert sind?

Wenn also Täuschung, Wahrheit, Korruption und Subjekt keine Referenzen für die Analyse von Redlichkeit darstellen, weil sie auch keine Referenzen für Kafkas Texte und Figuren sind, dann muss sich die Lektüre auf andere Elemente des Textes richten. Und weil Kafkas Texte mit Buchstäblichkeiten, Figurationen und Konstellationen experimentieren, wird die folgende Lektüre genau diese in den Blick nehmen. Hierdurch wird nicht nur Unredlichkeit und ihr resignifiziertes Verhältnis zur Redlichkeit entscheidend, sondern auch die Scham, die sich bei Kafka unentwirrbar mit der Unredlichkeit verknüpft. Scham schreibt sich über gestreckte, aufgerichtete oder aufrechte Figuren, die sich entblößen oder exponieren und deswegen nicht selten schamlos sind, in die Rhetorik der Redlichkeit ein. Zu dieser Verkettung von Figuren und Figurationen gehören aber auch die gebückten Figuren, die, über ihren Tisch gebeugt, schreiben wollen. Wenn es bei Kafka um Redlichkeit geht, werden die Haltungen der Figuren und Texte interessant, wobei die doppelte Bedeutung von Haltung – als körperliche und ethische – wesentlich wird. Auch in diesem letzten Aspekt zeigt sich die Relevanz der folgenden Lektüre für die Kafka-Forschung: Anhand der Analyse von Redlichkeit lässt sich mit Kafka in Ansätzen eine Ethik jenseits des Subjekts konzipieren.

---

4 Siehe dazu besonders Campe, Rüdiger: Kafkas Fürsprache. In: Kafkas Institutionen. Hrsg. von Höcker, Arne/Simons, Oliver. Bielefeld 2007, S. 189–212 und Densky, Doreen: Proxies in Kafka: Koncipist FK and Prokurist Josef K. In: Kafka for the Twenty-First Century. Hrsg. von Gross, Ruth V./Corngold, Stanley. Rochester, NY 2011, S. 120–135.

## 5.1 Zum Deutungsproblem im *Proceß*

In Kafkas *Proceß* gleitet die Suche nach einer zuverlässigen und zugänglichen Wahrheit in permanente Auslegungs- und Deutungsprozesse ab.⁵ Als beispielhaft gilt dafür häufig das Kapitel „Im Dom", das die Deutungsproblematik expliziert.⁶ Hier diskutieren K. und der Gefängniskaplan über die Täuschungsabsichten des Türhüters in den „einleitenden Schriften zum Gesetz" (Kafka, KA P S. 226).⁷ Die Frage nach der Täuschung ist, wie Joseph Vogl sagt, „Ausgangspunkt der Geschichte und Angelpunkt ihrer Interpretation, wird niemals bejaht und nie negiert, sondern von Instanz zu Instanz weitergegeben bis ins Innerste des ‚Gesetzes', das immer unerreichbar bleibt und keine Entscheidung über Wahrheit und Täuschung zuläßt" (Vogl, Ort der Gewalt, S. 193). Und so kommen der Gefängniskaplan und K. zu keinem Urteil über die Geschichte, schieben dieses vielmehr auf,⁸ was zu K.s vorläufigem Urteil führt: „‚Trübselige Meinung', sagte K. ‚Die Lüge wird zur Weltordnung gemacht.'/ K. sagte das abschließend, aber sein Endurteil war es nicht" (Kafka, KA P S. 233). Die Türhüterlegende stellt sich damit quer zu „einer phonozentrisch orientierten ‚wahren Rede'", wie Gerhard Neumann sagt.⁹ Es gibt weder Eigentlichkeit noch Uneigentlichkeit, es gibt keine klare Trennung von Wörtlichkeit und Figuralcharakter (Neumann, Verfehlte Anfänge und offenes Ende, S. 65).

Die Verhandlung über Täuschung und Wahrheit ist aber nicht nur das Thema des Kapitels „Im Dom" und der Schriften zum Gesetz, sie stellt nicht nur den Auslegungsversuch eines unlesbaren Urtextes dar,¹⁰ sondern ist gleichfalls Ausdruck

---

5 Zu einem Überblick über die Deutungsproblematik, die zur „Folie einer wissenschaftlichen Lektüre von Kafkas Literatur geworden ist", vgl. Vogl, Joseph: Ort der Gewalt. Kafkas literarische Ethik. Zürich 2010, S. 183.
6 Vgl. Derrida, Jacques: Préjugés. Devant la loi. In: La Faculté de juger. Hrsg. von Derrida, Jacques u. a. Paris 1985; dt.: Derrida, Jacues: Préjugés. Vor dem Gesetz. Hrsg. von Engelmann, Peter. Übers. von Detlef Otto/Axel Witte. Wien 1992 und Binder, Hartmut: Kafka-Handbuch in zwei Bänden. Bd. 2: Das Werk und seine Wirkung. Stuttgart 2009, S. 426–432 sowie Vogl, Ort der Gewalt, S. 181–205.
7 Kafka, Franz: Der Proceß. In: Gesammelte Werke in zwölf Bänden. Nach der Kritischen Ausgabe (KA). Hrsg. von Koch, Hans-Gerd. Frankfurt am Main 2011. Im Folgenden im Text abgekürzt: KA P.
8 Zur Struktur des Aufschubs im *Proceß* vgl. vor allem Derrida, Préjugés. Devant la loi.
9 Neumann, Gerhard: Verfehlte Anfänge und offenes Ende. Franz Kafkas poetische Anthropologie. München 2011, S. 66.
10 Vgl. zum Beispiel Derrida, Préjugés. Devant la loi, S. 193. Zur Unlesbarkeit von Texten vgl. auch Hecker, Axel: An den Rändern des Lesbaren. Dekonstruktive Lektüren zu Franz Kafka: „Die Verwandlung", „In der Strafkolonie" und „Das Urteil". Wien 1998, bes. S. 13–14.

von K.s Situation im *Proceß*: wie K. sich hier als Leser und Ausleger der Geschichte des Kaplans zeigt, versucht er von Anfang an, die ihm unzugänglich gewordene Welt zu entziffern. Wie der Urtext der Geschichte bleibt auch die Welt von Josef K. uneinsichtig und rätselhaft – „Wirklichkeit ist also weder evident noch gegeben" (Vogl, Ort der Gewalt, S. 20). So ist K. nicht nur auf der Suche nach den Funktionsweisen der fiktiven Wirklichkeit, sondern zugleich auch „Instrument zur Herstellung des Wirklichen".[11] Trotz der Unbestimmbarkeit von Täuschung und Wirklichkeit ist die Wirklichkeit keinesfalls wahllos, auch wenn das die „merkwürdige Struktur" des Romans zuweilen suggeriert.[12] Diese Struktur besteht vor allem darin, dass K. permanent Mutmaßungen über das Gericht anstellt und sich so in ein „eigentümliches Spannungsfeld zwischen überraschender Bestätigung und zugleich Widerlegung durch die Wirklichkeit" begibt (Allemann, Kafka, „Der Prozess", S. 242). Die Wirklichkeit K.s unterliegt aber nicht keinem Gesetz, es ist vielmehr unmöglich, die Gesetze zu kennen. Wenn Gilles Deleuze und Félix Guattari über Kafka sagen, dass er weder deuten könne noch Bedeutungen nachgehe, so trifft das auch auf K. zu, denn auch er versucht nicht, das Gericht und seinen eigenen Prozess zu ergründen, er ist vielmehr an den Funktionsweisen des Gerichts interessiert: „Le problème : pas du tout être libre, mais trouver une issue, ou bien une entrée, ou bien un côté, un couloir, une adjacence, etc."[13]

Einen kleinen Einblick in diese Funktionsweisen des Gerichts bekommt K., als er verhaftet wird und die Wächter ihm eine Regel des Gerichts erklären, die besagt, dass die Verhafteten ihre Wäsche für die Zeit der Verhandlung abgeben müssen und es zu diesem Zweck ein Depot gebe. Die Wächter legen ihm jedoch nahe, seine Wäsche besser ihnen zu geben, da im Depot Sachen häufig verkauft würden, bevor die Verhandlungen vorüber seien. Der Erlös aus diesen Verkäufen würde zudem nicht an der Höhe des Angebots, sondern an der Höhe der Bestechung errechnet (Kafka, KA P S. 11–12). K. hat demnach nur die Wahl zwischen zwei korrupten Alternativen.

Aufgrund dieses korrupten Systems sowie der Ausstreichung ontologischer oder essenzieller Sicherheiten und Referenzen lässt sich Redlichkeit in Kafkas

---

[11] Eisele, Ulf: Die Struktur des modernen deutschen Romans. Tübingen 1984, S. 29.
[12] Allemann, Beda: Kafka „Der Prozess". In: Der deutsche Roman vom Barock bis zur Gegenwart. Struktur und Geschichte. Hrsg. von Wiese, Benno von. Düsseldorf 1963, S. 234–290, hier S. 242.
[13] Deleuze, Gilles/Guattari, Félix: Kafka. Pour une littérature mineure. Paris 1975, S. 14–15; dt.: „Das Problem ist nicht, wie man frei wird, sondern wie man einen Ausweg findet oder einen Eingang, einen Seitenweg, einen Korridor usw." Deleuze, Gilles/Guattari, Félix: Kafka. Für eine kleine Literatur. Übers. von Burkhart Kroeber. Frankfurt am Main 1976, S. 13.

Texten vielleicht am effektivsten auf die Probe stellen: Wie und wo zeigt sich Redlichkeit, wenn das „abschließende Urteil" (Kafka, KA P S. 233) über Bedeutungen immer ausbleibt. Wie lässt sich Redlichkeit denken, wenn sich Wirklichkeit entzieht? Was bedeutet die Verschiebung von der Frage nach dem Wesen des Gerichts zu jener nach dessen Funktionsweise für die Redlichkeit? Was ist die Funktion der Redlichkeit, wenn es keine Beständigkeit gibt und das Gewohnte und Bekannte immer auf dem Spiel steht? Und wie ist Redlichkeit möglich, wenn sie permanent korrumpiert wird und womöglich selbst korrupt ist?

## 5.2 Die indirekte Rede der Redlichkeit

Eine erhebliche Schwierigkeit für die Redlichkeit bei Kafka stellt sich in Bezug auf die Frage nach der Sprechinstanz. Es wurde mehrfach darauf hingewiesen, dass bereits der erste Satz des *Proceß* vor allem darin spezifisch ist, dass unentscheidbar bleibt, wer ihn äußert: „Jemand musste Josef K. verleumdet haben, denn ohne daß er etwas Böses getan hätte, wurde er eines Morgens verhaftet" (Kafka, KA P S. 7). In diesem Satz begegnet man niemandem[14] und doch gibt es da den Verweis auf ein Jemand.[15] Die Unpersönlichkeit der Äußerung lässt die Fragen danach, ob es sich um eine auktoriale oder personale Rede handelt oder ob der Satz gar von K. selbst geäußert wird, unbeantwortet. Zu dieser Unbestimmbarkeit trägt wesentlich die Verwendung der Verben bei: Weil es nicht heißt „Jemand hatte K. verleumdet," sondern weil Kafka mit der Ambivalenz des „musste verleumdet haben" (Kafka, KA P S. 7) arbeitet, wird die Verleumdung sowohl einer Notwendigkeit unterstellt als auch in Ungewissheit belassen (vgl. Allemann, Kafka „Der Proceß", S. 236). Die doppelte Valenz des „musste" wird durch die indirekte Rede potenziert, die wiederum auch nicht eindeutig ist, sondern als „eine Vermischung von direkter und indirekter Rede präsentiert" wird (Vogl, Vierte Person, S. 751; vgl. auch Allemann, Kafka „Der Proceß", S. 236). Die Antwort auf die in der Erzähltheorie wichtige Frage „Wer spricht?" verliert sich insofern, als sie an einen Ursprung der Rede gerichtet ist, der sich in einem Subjekt bündelt, das in diesem Beispiel entzogen bleibt. Wenn bei Nietzsche die Metapher oder die Trope die Bestimmung der Sprache ist, so Deleuze und Guattari, ist es bei Kafka die indirekte Rede, weil „langage ne s'établit pas entre quelque chose

---

14 Vogl, Joseph: Vierte Person: Kafkas Erzählstimme. In: Deutsche Vierteljahrsschrift für Literaturwissenschaft und Geistesgeschichte 68.4 (1994), S. 745–756, hier, S. 756.
15 Dass jemand auch N/niemand sein kann, zeigt Kafka auch eindrücklich in „Der Ausflug ins Gebirge". (Kafka, Franz: Ausflug ins Gebirge. In: Kafka, Drucke zu Lebzeiten. Hrsg. von Kittler, Wolf/Koch, Hans-Gerd/Neumann, Gerhard. Frankfurt am Main 1996, S. 20.)

de vu (ou de senti) et quelque chose de dit, mais va toujours d'un dire à un dire" (Deleuze/Guattari, Mille plateaux, S. 97).[16] Deswegen verweist das Ausgesagte bei Kafka weder „à un sujet d'énonciation qui en serait la cause, pas plus qu'à un sujet d'énoncé qui en serait." (Deleuze/Guattari, Kafka, S. 32)[17] In Kafkas Texten kann Redlichkeit, weil sie hier als dezidiert sprachliches Konzept gedacht wird, weder auf eine ihr vorausgehende Instanz zurückgeführt werden noch kann die Wirkung von Redlichkeit ein Subjekt sein. Vielmehr muss auch Redlichkeit von Rede zu Rede oder genauer: von Redlichkeit zu Redlichkeit gehen.

Der erste Satz im *Proceß* verweist also nicht auf den Ursprung der Verleumdung, sondern auf ein „Jemand" und auf das in Unbestimmtheit gelassene Subjekt. Die Fragen „Wer ist Jemand?" und „Wer hat K. verleumdet?" markieren dann gleichsam die paradoxe Suche nach dem Ursprung der Sprache und ihren Urhebern. Vielleicht werden sie deswegen weder von K. noch vom Text gestellt. Die Frage „Wer spricht?", die eine Subjektposition und einen Ort des Subjekts forciert und damit immer von seiner Existenz ausgeht,[18] kann nicht beantwortet werden bzw. verweist die Antwort immer auf ein unspezifisches „Jemand" oder „Niemand". Dem Je*man*d der Verleumdung kommt dadurch die Funktion des *man* oder der vierten Person Singular zu, in der alles singulär „et par là collectif et privé à la fois, particulier et général, ni individuel ni universel" ist.[19] Die Gleichzeitigkeit von Privatem und Kollektivem ist im Kapitel „Verhaftung" durch die Merkwürdigkeit ausgestellt, dass K.s neugierige Nachbarin nicht nur in dessen Zimmer, sondern in sein Bett schauen kann. K. wiederum kann aus seinem Bett heraus an ihr eine „ungewöhnliche[ ] Neugierde" beobachten, was von einer irritierenden Nähe zeugt, die eine Trennung von kollektiv/öffentlich und privat stört (Kafka, KA P S. 7). Zum öffentlichen Ereignis wird K.s Verhaftung in aller Deutlichkeit dann, wenn seine Nachbarn von Fenster zu Fenster gehen, um alles

---

[16] „Sprache sich nicht zwischen etwas Geschehenem (oder Gefühltem) und etwas Gesagtem bildet", sondern „immer von einem Sagen zum nächsten geht." (Deleuze/Guattari, Kafka, S. 107).

[17] „auf ein Subjekt der Aussage als seine Ursache, noch auf ein Subjekt des Ausgesagten als seine Wirkung." (Deleuze/Guattari, Kafka, S. 26) Auch Vogl verweist auf diese Struktur, wenn er zeigt, dass durch die Art und Weise des Sprechens im ersten Kapitel eine Dissonanz zwischen Subjekt und Aussage generiert wird (Vogl, Ort der Gewalt, S. 186).

[18] Derrida, Jacques/Nancy, Jean-Luc: ‚Il faut bien manger' ou le calcul du sujet, entretien avec J.-L. Nancy. In: Cahiers confrontation 20 (1989), S. 91–114.

[19] Deleuze, Gilles: Logique du sens. Paris 1969, S. 178, dt.: „und dadurch gleichzeitig kollektiv und privat, in eines besonders und allgemein, weder individuell noch universell" (Deleuze, Gilles: Logik des Sinns. Übers. von Bernhard Dieckmann. Frankfurt am Main 1993, S. 190).

genau beobachten zu können, wodurch die Szene an ein Theater oder Panoptikum erinnert.

Wenn das *man* spricht, dann wird die subjektlose Rede deutlich bzw. jene Rede, die gleichermaßen die Rede des Besonderen wie des Allgemeinen ist. Der unbestimmbare Ort der vierten Stimme oder des *man* wirft die Frage auf, wie Redlichkeit gedacht werden kann, wenn sie nicht an ein Subjekt gebunden oder auf ein Subjekt zurückgeführt werden kann, sondern Teil einer Kette von Aussagen ist.[20] Was ist die Performativität der Redlichkeit, wenn sich der Ort des Agens permanent entzieht oder verschiebt? Und was wird mit ihr vollzogen, wenn nicht die Positionierung und Konstituierung der Sprechinstanz? Die Suche nach Redlichkeit in Kafkas Texten wird, wie die Suche nach einem Subjekt, an immer weitere Segmente einer Kette von Aussagen verwiesen. Dabei ist Redlichkeit bereits Teil dieser Kette, aus welcher sie auch ihre performative Kraft generiert.

## 5.3 *Peculiar performatives*. K.s Verhaftung

Die Relevanz von Performativität im *Proceß* wird bereits mit dem ersten Satz deutlich, denn mit ihm wird K. verhaftet, indem der Text ihn an die Stelle des Akkusativobjekts setzt. Damit ist Josef K. der die Anklage betreffende Fall oder genauer: der Angeklagte.[21] Hierin zeigt sich eine erste Performanz des Satzes, denn der Akt der Verhaftung ist nichts anderes als ein explizit performativer Sprechakt und als solcher ge- und misslingt er gleichermaßen. Hillis Miller schreibt mit Bezug auf Austin, die Performativa im *Proceß* seien unter anderem deswegen „peculiar", weil sie inkorrekt vollzogen werden, weil sie „infelicities" oder „misfires" seien: „The Trial is a large-scale example of how not to do things with words, or of how not to do anything with words, or of how to do nothing with words, how to use the words to stop forward movement in a perpetual wavering".[22] Mit der

---

20 Siehe dazu Deleuze und Guattari, die bei Kafkas Sprache von Aussagenketten sprechen, die kein bestimmbares Subjekt zulassen, aber erlauben, Wesen und Funktionen der Aussagen zu bestimmen (Deleuze/Guattari, Kafka, S. 145–157; dt. S. 112–122).
21 Emmanuel Levinas folgend, diskutiert Judith Butler auf der Grundlage desjenigen Falls, der eine Anklage ausdrückt, die Rolle der Anklage im Zustandekommen eines „Sich" (Butler, Judith: Giving an Account of Oneself. New York 2005, S. 84–85. Im Folgenden im Text abgekürzt: GAO; dt.: Butler, Judith: Kritik der ethischen Gewalt. Übers. von Reiner Ansén/Michael Adrian. Frankfurt am Main 2003, S. 116. Im Folgenden im Text abgekürzt: KG). Siehe in der deutschen Version auch die Fußnote der Übersetzer auf der gleichen Seite.
22 Miller, Hillis: (In)Felicitous Speech Acts in Kafka's "The Trial". URL: http://www.usc.edu/dept/comp-lit/tympanum/4/miller.html, 2000 (02.05.2016).) Miller argumentiert im Ansatz ähnlich wie Koelb, wenngleich mit sprechakttheoretischem statt rhetorischem Vokabular. Koelb

Sonderbarkeit der Performative wird auch in die Redlichkeit ein korrumpierender Aspekt eingetragen; denn der explizit performative Sprechakt des Verhaftens – „hiermit verhafte ich Sie (im Namen des Gesetzes)" – wird im *Proceß* nicht ausgeführt (vgl. Miller, (In) Felicitous Speech Acts). Und auch diejenigen Aussagen der Wächter, die einem explizit performativen Akt grammatisch am stärksten ähneln, werden von Modalpartikeln korrumpiert (vgl. auch Koelb, Kafka's Rhetoric, S. 38): „Sie dürfen nicht weggehen, Sie sind ja gefangen" (Kafka, KA P S. 11). Die Modalpartikel „ja" zeigt an, dass K. der mitgeteilte Sachverhalt bereits bekannt sein müsste und die Aussage des Wächters nur eine Erinnerung ist. Ein weiteres Mal nimmt der Wächter Bezug auf den ersten Satz, wenn K. fragt, warum Frau Grubach sein Zimmer nicht betreten dürfe: „Sie sind doch verhaftet" (Kafka, KA P S. 13). Wieder wird eine Modalpartikel verwendet, um zu verdeutlichen, dass K. mit dem Umstand seiner Verhaftung bereits vertraut sein müsste.[23] Wieder verweist die Struktur darauf, dass dieser Satz bereits geäußert wurde und hier als Zitat oder indirekte Rede wiederholt wird. Dass sich etwas verändert hat, bemerkt K. aber allein an der „Störung" in seinem Tagesablauf (Kafka, KA P S. 8).[24] So heißt es zum Beispiel: „Die Köchin der Frau Grubach [...] kam diesmal nicht. Das war noch niemals geschehen" (Kafka, KA P S. 7). Erst als K. trotz der Störungen versucht, seinem gewöhnlichen Ablauf nachzugehen, zeigt sich, dass die Wächter voraussetzen, dass K. bereits von seiner Verhaftung wissen müsse.

Immer wieder verweisen also die Reden der Wächter auf den ersten Satz des Roman-Fragments und nicht auf eine Verhaftung. Die Reden sind eine Erinnerung an die mit dem ersten Satz des Romans performativ vollzogene Verhaftung K.s in den Text des Roman-Fragments. Mit anderen Worten: Mit dem ersten Satz wird K. in den *Proceß* verhaftet und bleibt in ihm gefangen. Die Wächter erinnern ihn daran. Der erste Satz wird damit zu jenem Gesetz, das K. verhaftet: „Josef K." als Akkusativobjekt der Anklage ist Teil des Satzes oder Teil der Satzung. K. wird nicht von einem Gericht außerhalb des Textes verhaftet, sondern vom Text selbst.

---

liest den ersten Satz als Prolepsis, also als Aussage, die im Folgenden widerlegt werde, weil K. nicht wirklich verhaftet sei. Sowohl für ihn als auch für Miller scheint es für die Interpretation ausschlaggebend zu sein, dass die (perlokutionäre) Wirkung der Verhaftung eine Festnahme beinhalten müsste. Da das nicht geschehe, geht der performative Akt Miller zufolge fehl (Miller, (In) Felicitous Speech Acts) und wird laut Koelb die Prolepsis inszeniert (Koelb, Clayton: Kafka's Rhetoric: The Passion of Reading. Ithaca: Cornell University Press, 1989, S. 32–38. Und Koelb, Clayton: Kafka's Rhetorical Moment. In: PMLA 98.1 (1983), S. 37–46, hier S. 38).

**23** Benjamin hat diese Struktur auf das Motiv des Vergessens zurückgeführt (Benjamin, Benjamin über Kafka, S. 29).

**24** Zur Störung im *Proceß* siehe auch Walser, der meint, dass durch Störungen bei Kafka immer etwas in Gang gesetzt werde (Walser, Martin: Beschreibung einer Form. München 1961, S. 69).

Damit ist der Text das Gesetz sowie diejenige Kraft, die K. leitet, ohne dass er jemals in der Lage sein könnte, das Gesetz zu kennen, dessen Protagonist er ist. Der Text ist es, der Josef K. zuallererst hervorbringt, indem er ihn anruft, jedoch nicht als Subjekt, sondern als Angeklagten. Die perlokutionäre Kraft des Performativs bewirkt weder einen Gefängnisaufenthalt noch die Subjektivierung K.s oder die Individualisierung aus einer Allgemeinheit, die ein Subjekt produziert.[25] Auch hierin zeigt sich, was Peter-André Alt als das Spiel mit dem Doppelsinn des Begriffs „Proceß" als Titel und als gerichtliches Verfahren bezeichnet.[26] Wenn Alt in Zitaten wie „er hatte kaum mehr die Wahl, den Proceß anzunehmen oder abzulehnen" (Kafka, KA P S. 167) reflexive Kommentare des Autors über seinen Schreibprozess sieht (Alt, Der ewige Sohn, S. 406–407), beziehen sich die Kommentare auch darauf, dass K., weil er in den Text verstrickt ist, keine andere Wahl hat, als damit umzugehen. Aber wie genau funktioniert die Festnahme K.s und was sind ihre Folgen? Worin besteht die Performanz des Satzes und vor allem: Wie lässt sich Performanz denken, wenn Jemand (oder Niemand) den Satz äußert?

Mit Émile Benveniste ließe sich die Verhaftung als Allokution lesen, deren Lokutor verborgen bleibt, die aber den Allokutor hervorruft:

> En tant que réalisation individuelle, l'énonciation peut se définir, par rapport à la langue, comme un procès d'appropriation. Le locuteur s'approprie l'appareil formel de la langue et il énonce sa position de locuteur par des indices spécifiques, d'une part, et au moyen de procédés accessoires, de l'autre. Mais immédiatement, dès qu'il se déclare locuteur et assume la langue, il implante l'autre en face de lui, quel que soit le degré de présence qu'il attribue à cet autre. Toute énonciation est, explicite ou implicite, une allocution, elle postule un allocutaire.[27]

---

[25] Zur Performanz des *Proceß* vgl. Fallowes, Graham: Power and Performativity. ‚Doing Things With Words' in Kafka's „Proceß". In: Oxford German Studies 44.2 (2015), S. 199–225. Fellowes Fokus liegt auf der Machtlosigkeit des Subjekts, mit Äußerungen eine produktive und kontrollierte Kommunikationssituation herbeizuführen, und auf der perlokutiven Kraft des Sprechaktes.

[26] Alt, Peter-André: Franz Kafka. Der ewige Sohn. Eine Biographie. München 2005, S. 406–407.

[27] Benveniste, Émile: L'appareil formel de l'énonciation. In: Langages 17.5 (1970), S. 12–18, hier S. 14; dt.: „Als individuelle Realisierung kann sich die Äußerung im Verhältnis zur Sprache als Aneignungsprozess definieren. Der Lokutor eignet sich den formellen Apparat der Äußerung an und äußert seine Sprechposition einerseits über spezifische Indizes, andererseits mittels akzessorischer Prozeduren. Aber unmittelbar, wenn er sich als Sprecher erklärt und die Sprache annimmt, setzt er den Anderen gegenüber sich ein, was auch immer der Grad der Anwesenheit ist, den er diesem Anderen beimisst. Jede Äußerung ist, explizit oder implizit, eine Allokution; sie richtet sich an einen Allokutor". Übersetzung zitiert nach Angermüller, Johannes: Diskurs als

Benveniste geht allerdings von einer starken Unterscheidung zwischen subjektiven Personen einer Unterhaltung – „ich" und „du" – und den Nicht-Personen – „es" und „man" aus.[28] Bei Kafka wird eine solche Unterscheidung von Beginn an problematisiert und die Anwesenheit sowohl des Lokutors als auch des Allokutors durch die Dominanz des *man* irritiert.

Alexander Honold hat vorgeschlagen, das Kapitel „Im Dom" und vor allem die Erzählung „Vor dem Gesetz" mit Louis Althussers Theorie der Subjektkonstitution durch Interpellation zu lesen,[29] mit der sich vielleicht auch der erste Satz beschreiben lasse.[30] Honold meint, dass sowohl die Anrufungen des Aufsehers im ersten Kapitel als auch die des Kaplans im Dom analog zu jener Szene bei Louis Althusser betrachtet werden könne, in welcher der Polizist „Hé vous là-bas!"/„He, Sie da!"[31] ruft und das vermeintlich adressierte Individuum im Umwenden subjektiviert wird. Das Individuum wird in diesem Moment zum Subjekt, wobei Individuen Althusser zufolge immer schon Subjekte sind, weil die Anrufung immer bereits geschehen ist (Althusser, Positions, S. 116; dt. S. 144). Wenn der Geistliche im Dom „Josef K.!" ruft (Kafka, KA P S. 286 und 288), dann scheint sich hier tatsächlich eine ähnliche interpellative Struktur wie bei Althusser lesen zu lassen.[32] Im ersten Satz des *Proceß*-Romans gibt es allerdings insofern keine direkte Anrufung, als der Satz in der indirekten Rede operiert. Das ist genau der

---

Aussage und Äußerung – Die enunziative Dimension in den Diskurstheorien Michel Foucaults und Jacques Lacans. In: Diskurslinguistik nach Foucault. Theorie und Gegenstände. Hrsg. von Warnke, Ingo. Berlin/New York 2007, S. 53–80, hier S. 62.
**28** Siehe Benveniste, Émile: Problèmes de linguistique générale II. Paris 1966, S. 225–227; dt.: Benveniste, Émile: Probleme der allgemeinen Sprachwissenschaft. Übers. von Wilhelm Bolle. München 1974, S. 254–255.
**29** Vgl. auch Höcker, Arne: Literatur durch Verfahren: „Beschreibung eines Kampfes". In: Kafkas Institutionen. Hrsg. von Höcker, Arne/Simons, Oliver. Bielefeld 2007, S. 235–253, bes. S. 244.
**30** Honold, Alexander: Kafka: Die Falle der Subjektion. In: Das Argument 37 (1995), S. 693–710, hier S. 699.
**31** Althusser, Louis: Idéologie et appareils idéologiques d'Etat. In: Positions (1964–1975). Paris 1976, S. 67–125, hier S. 114; dt.: Althusser, Louis: Ideologie und ideologische Staatsapparate. Anmerkungen für eine Untersuchung. In: Ideologie und ideologische Staatsapparate. Aufsätze zur marxistischen Theorie. Übers. Von Rolf Löpe/Klaus Riepe/Peter Schöttler. Hamburg/Westberlin 1977, S. 108–153, hier S. 142.
**32** Ein signifikanter Unterschied der beiden Anrufungen ist jedoch, dass der Geistliche K. mit Namen anspricht, statt mit Althussers „He, Sie da!". Das Unspezifische der Anrufung bei Althusser (d. h. die Möglichkeit, dass sich die Anrufung an jemand anderen richtet) ist jedoch eine wesentliche Struktur, denn die Reaktion auf die anonyme Anrufung macht die das Subjekt konstituierenden Schuldgefühle deutlich, die es bereits vor der Anrufung hat (Althusser, Positions, S. 114–115; dt. S. 143–144).

Punkt, an dem Judith Butler mit ihren Ausführungen zur Interpellation bei Althusser ansetzt, da sie die Anrufung als subjektkonstitutiven Akt von der „figure of the voice"/„Figur der Stimme" ablösen will, „in order to become the instrument and mechanism of discourses whose efficacy is irreducible to their moment of enunciation" (Butler, ES S. 32).[33] Sie geht davon aus, dass nicht einzelne göttliche und gottähnliche Autoritäten die Kraft zur Anrufung haben, sondern dass die Anrufung durch den Diskurs stattfindet. Individuen können den Diskurs zwar nie kontrollieren, ihn aber durchaus weiterführen (Butler, ES S. 34; dt. S. 59). Butler antwortet damit gewissermaßen auf ein Problem, das auch Slavoj Žižek mit Kafka an Althusser bemerkt:

> [W]e can say that Kafka develops a kind of criticism of Althusser *avant la lettre*, in letting us see that which is constitutive of the gap between 'machine' and its 'internalization'. Is not Kafka's irrational bureaucracy, this blind, gigantic, nonsensical apparatus, precisely the Ideological State Apparatus with which a subject is confronted *before* any identification, any recognition – any *subjectivation* – takes place? What, then, can we learn from Kafka?[34]

Bei Kafka finde zwar Interpellation „by a mysterious bureaucratic entity"/„von einer mysteriösen bürokratischen Entität" statt, sie könne jedoch nicht verstanden werden (Žižek, The Sublime Object of Ideology, S. 43). Daraus ergeben sich laut Žižek zwei Konsequenzen: Erstens handle es sich bei Kafka um Interpellation ohne Subjektivation, zweites setze es die Suche nach einem „trait"/Zug in Gang, mit dem sich die Angerufenen identifizieren können (Žižek

---

33 „damit sie als Instrument und Mechanismus von Diskursen hervortritt, deren Wirksamkeit sich nicht auf den Augenblick der Äußerung reduzieren lässt." (Butler, HSP S. 75)
34 „[W]ir könnten sagen, dass Kafka eine Art Kritik *avant la lettre* an Althusser entwickelt, indem er uns das erkennen lässt, was für die Lücke zwischen der ‚Maschine' und ihrer ‚Verinnerlichung' konstitutiv ist. Besteht nicht Kafkas irrationale Bürokratie, dieser blinde, unsinnige Apparat, genau jener ideologische Staatsapparat, mit dem ein Subjekt konfrontiert ist, *bevor* überhaupt irgendeine Identifikation, irgendeine Anerkennung – irgendeine *Subjektivation* – stattgefunden hat? Was also können wir von Kafka lernen?" (Žižek, Slavoj: The Sublime Object of Ideology. London/New York 1989, S. 43. Übersetzung NT)

The Sublime Object of Ideology, S. 43).³⁵ Die Gerichtetheit der Interpellation Althussers wird bei Butler zur Kraft des Diskurses,³⁶ an dem Subjekte zwar partizipieren, aber keinesfalls die Urheber*innen interpellativer Sprechakte sind, denn „[t]he time of discourse"/„die Zeit des Diskurses" ist nicht „the time of the subject"/„die Zeit des Subjekts" (Butler, ES S. 31; dt. S. 55).³⁷ Selbst die Anrufungs-Szene im Dom durch den Geistlichen, die Althussers Interpellation vorwegzunehmen scheint, hat nichts von der Plötzlichkeit und Anonymität der Althusserschen Szene, denn K. trifft bereits vor dieser Szene auf den Kaplan und erkennt ihn als Geistlichen an, indem er sich vor ihm bekreuzigt und verbeugt. Vor allem fühlt er sich im weiteren Verlauf vom Kaplan beobachtet, er fragt sich sogar, wie er sich aus dessen Fängen befreien kann. Wenn Althussers Interpellation das Einfangen des Individuums meint, dann ist die Anrufung des Geistlichen im *Proceß* eher die Prävention der Flucht. Sie ist keine originäre Anrufung, sondern vielmehr eine Bestätigung dessen, was K. bereits erwartete, also dass der Geistliche mit ihm sprechen möchte. Die eigentümliche Zeitlichkeit, die sich eben darin zeigt, dass die Anrufung bereits vollzogen ist, wenn der Kaplan sie äußert, lässt sich einerseits an Althussers Überlegung rückbinden, dass der Akt der Interpellation ohne zeitliche Abfolge vor sich geht, weil die Ideologie, welche die Individuen als Subjekte anruft, ewig ist und die Individuen deswegen immer schon angerufen hat (Althusser, Positions, S. 98–99; dt. S. 144–145).³⁸ Andererseits ließe sich sagen, dass sich hier das „stimmlose" (im Rückgriff auf Butler) Reden der unbekannten Institutionen andeutet, die in Kafkas Texten und vor allem im *Proceß* unantastbar, das heißt auch unerreichbar, sind und nur im Modus der indirekten Rede

---

**35** In seiner Studie untersucht James Martel fehlgehende Interpellationen. Als Paradebeispiel verweist er auf Kafkas Parabel *Abraham*, in welcher Abraham reagiert, obwohl nicht er gerufen wird (Martel, James R.: The Misinterpellated Subject. Durham 2017. Zu Kafka S. 1–32). Fehlgehende bzw. nicht gerichtete Interpellationen sind Kafkas Texten also nicht fremd.
**36** Die Kraft resultiert bei Butler letztlich aus der Historizität der Begriffe (Butler, ES S. 36; dt. S. 63).
**37** Darin folgt Butler Foucault, der schreibt: „discourse is not life; its time is not yours" (Foucault, Michel: Politics and the study of Discourse. In: The Foucault Effect. Studies in Governmentality. Hrsg. von Burchell, Graham/Gordon, Colin/Miller, Peter. Chicago 1991, S. 53–72, hier S. 72.)
**38** M. E. ist Butlers Lektüre von Althusser sehr stark auf den Aspekt des Rufens gerichtet, der bereits bei Althusser nicht mehr als originär gelesen werden muss, weil auch er meint, dass die Anrufung immer schon stattgefunden hat. Dieser Aspekt deutet bereits bei Althusser auf einen Diskurs hin, der die Anrufung vollzieht bzw. hat hier die Ideologie die Funktion des Diskurses inne.

hörbar werden.³⁹ Für die Redlichkeit bei Kafka und für die Redlichkeit als performative Rede bedeutet das, dass sie weder von einem Subjekt geäußert werden kann noch ein Subjekt hervorruft. Vielmehr sind die Institutionen als Immanenzebenen das Gemurmel oder das Summen des Diskurses,⁴⁰ also jene Aussageketten, die zwar performative Kraft generieren, die aber nicht aus einem beschränkten institutionellen Rahmen heraus autorisiert werden, sondern sich aus einem Erzählverfahren herleiten, das wesentlich von der indirekten Rede bestimmt ist. Deswegen ist auch „K." im ersten Satz Akkusativobjekt und das Subjekt „Jemand". Es ist das unbestimmte und vor allem entsubjektivierte *es gibt*, aus dem Redlichkeit ihre performative Kraft gewinnt, aus einem *es gibt*, wie Nancy schreibt, das selbst keine Präsenz ist, das da ist, bevor es Subjekt, Wissenschaft oder Philosophie gibt.⁴¹ Es ist immer schon da, aber „weder als ‚Sein' (wie eine Substanz) noch als ‚da' (wie eine Präsenz)" (Nancy, Entstehung zur Präsenz, S. 105). Das *es gibt* ist bei Levinas das Unpersönliche des „es regnet" oder „es ist Nacht".⁴² Redlichkeit ist ein Modus einer Rede, die sich innerhalb der Struktur des *es gibt* vollzieht.

Die Kraft des *es gibt* und der indirekten Rede werden im *Proceß* dann deutlich, wenn K. sich in Situationen befindet, aus denen er sich nicht lösen kann, weil er selbst zur indirekten Rede wird. So heißt es zum Beispiel im Kapitel „Onkel – Leni": „Sie könnten mir ja verbieten, wegzufahren sagte K., den die Rede des Onkels ein wenig in ihren Gedankengang gezogen hatte" (Kafka, KA P S. 126). Die Rede zieht K. in ihren Gedankengang, nicht etwa in den seines Onkels. K. wird so zum Mitläufer oder zur Mitsprache der Rede, wodurch wieder der Ursprung irritiert wird und nicht mehr deutlich ist, wer eigentlich redet. Alles, was gewusst werden kann, ist, dass *es redet*. In einem anderen Beispiel vermischen sich die Reden anderer und binden K. an den Prozess: „Wäre er [K.] allein in der Welt gewesen, hätte er den Proceß leicht mißachten können [...] Jetzt aber hatte ihn der Onkel schon zum Advokaten gezogen, Familienrücksichten sprachen mit"

---

**39** Zu Kafkas Institutionen und deren Vertretern siehe v. a. die Untersuchungen in Höcker, Arne/Simons, Oliver: Kafkas Institutionen. Bielefeld 2007.
**40** In eben diesem Summen oder Gemurmel, das Foucault immer wieder beschreibt, sieht Deleuze ein „ON PARLE"/„MAN SPRICHT" (Deleuze, Gilles: Foucault. Paris 2004, S. 62; dt.: Deleuze, Gilles: Foucault. Übers. von Hermann Kocyba. Frankfurt am Main 1992, S. 79.
**41** Jean-Luc Nancy: Entstehung zur Präsenz. In: Was heißt „Darstellen"? Hrsg. von Nibbrig, Christiaan L. Hart. Übers. von Oliver Vogel. Frankfurt am Main 1994, S. 102–106, hier S. 105.
**42** Levinas, Emmanuel: Ethique et infini. Dialogues avec Philippe Nemo. Paris 1982, S. 46; dt. Levinas, Emmanuel: Ethik und Unendliches. Gespräche mit Philippe Nemo. Hrsg. von Engelmann, Peter. Übers. von Dorothea Schmidt. Graz 1986, S. 34.

(Kafka, KA P S. 167). Diese Beispiele verweisen darauf, dass die Kraft des Performativen nicht aus dem einzelnen, autorisierten Sprechakt resultiert, sondern aus dem *es gibt* der Rede und den endlosen Aussageverkettungen, die K. übersteigen. Weil Redlichkeit ein Modus dieser Rede ist, muss auch sie K. insofern übersteigen, als sie eigenständige, das heißt von Sprechenden unabhängige, Rede sein kann. Diese Struktur wird anhand eines sehr frühen Textes von Kafka deutlich.

## 5.4 Die groteske Körperlichkeit der Redlichkeit

In einem Brief an Oskar Pollak, der einen Poststempel vom 20.12.1902 trägt, schreibt Kafka „die vertrackte Geschichte vom schamhaften Langen und vom Unredlichen in seinem Herzen".[43] Wie dieser erste Satz der Erzählung ankündigt, experimentiert Kafka hier mit der Beziehung zwischen Scham und Unredlichkeit. Er setzt sie in ein parasitäres Verhältnis und markiert so die Unredlichkeit als Verlängerung des schamhaften Körpers. Gedanken an eine parasitäre Struktur werden vor allem dann evoziert, wenn der Unredliche in seinem Herzen als „Fremder" und zweimal als „Gast" bezeichnet wird (Kafka, Briefe 1902–1924, S. 15–16). Etymologisch betrachtet ist der Parasit der eingeladene Fremde, der Mitessende oder auch der unerwartete Gast.[44] Abgeleitet von παρά (*para*), „neben", „bei" und σῖτος (*sitos*), „Weizen", „Getreide" wird der Unredliche bei Kafka sogar wortwörtlich zum *para sitos*, wenn er im Haus des schamhaften Langen auf einem Mehlsack Platz nimmt (Kafka, Briefe 1902–1924, S. 15). Und wenn er an die Plankentür seines Wirtes klopft, wird er zu jenem (Stör)geräusch, mit dem der Parasit Michel Serres zufolge die bestehende Ordnung in eine andere überführt (Serres, Le parasite, S. 9; dt. S. 11). In Kafkas Brief überführt das Klopfen des Unredlichen die Harmonie, in welcher sich der Lange befindet, in eine Ordnung der

---

[43] Der Brief wird im Folgenden zitiert nach der Ausgabe von Max Brod: Kafka, Franz: Briefe 1902–1924. In: Kafka, Gesammelte Werke. Hrsg. von Brod, Max. Frankfurt am Main 1999, S. 14–16, hier S. 14.
[44] Zum Parasiten als der/das Fremde siehe v. a. Serres, Michel: Le parasite. Paris 1980; dt.: Serres, Michel: Der Parasit. Übers. von Michael Bischoff. Frankfurt am Main 1987 und Stullich, Heiko: Parasiten, eine Begriffsgeschichte. Hrsg. von Müller, Ernst. Berlin: Forum Interdisziplinäre Begriffsgeschichte 2.1. Berlin 2013 sowie zum Parasitären bei Kafka Ronell, Avital: Loser Sons. Politics and Authority. Urbana 2012, S. 106–130.

Scham. Wenngleich der Lange von Beginn an schamhaft ist, ist es die Störung durch den Gast, die ihn sich schämen lässt:[45]

> Vor Weihnachten einmal saß der Lange geduckt beim Fenster. In der Stube hatten seine Beine keinen Platz; so hatte er sie bequem aus dem Fenster gestreckt, dort baumelten sie vergnüglich. [...]
> Jemand klopfte fein an die Plankentür. Das war der Unredliche in seinem Herzen. Der Lange riß das Maul auf. Der Gast lächelte. Und schon begann sich der Lange zu schämen. Seiner Länge schämte er sich und seiner wollenen Strümpfe und seiner Stube. – Aber bei alldem wurde er nicht rot, sondern blieb zitronengelb wie zuvor. Und mit Schwierigkeit und Scham setzte er seine Knochenbeine in Gang und streckte schämig dem Gast die Hand entgegen. (Kafka, Briefe 1902–1924, S. 15)

Obwohl der schamhafte Lange nie in seine Umgebung passt, weil die Gassen zu eng sind und sein Haus zu klein ist, lässt er zu Beginn der Geschichte doch „bequem" die Beine aus dem Fenster hängen, wo sie „vergnüglich" baumeln. Die Ankunft des Gastes verändert diese Harmonie.

Das heißt aber nicht, dass erst hier die parasitäre Struktur einsetzt, denn auch die Geschichte ist gewissermaßen ein Fremdkörper,[46] ein Parasit des Briefes.[47] Sie ist etwas *Bei*gegebenes, etwas *Mit*verabreichtes. Ferner kann der Brief zum Parasiten werden, wenn er vielleicht mit einem Klopfen übergeben und damit selbst zum Störgeräusch und zum Gast wird. So setzt sich die Kette des parasitären Verhältnisses fort, wobei immer wieder die Grenzen zwischen Parasit und Wirt verwischt und durchbrochen werden, weil der Wirt ebenso Parasit wie der Parasit Wirt sein kann. Auch das zeigt der vorliegende Brief. Die Geschichte „vom

---

45 Auch Cersowsky betrachtet im Anschluss an Martin Walser die Störung bei Kafka im Allgemeinen und in dieser Geschichte im Besonderen als signifikantes Geschehen. Er versteht die Störung als Moment, durch den Bewusstseinsvorgänge in Gang gesetzt werden (Cersowsky, Peter: „Die Geschichte vom schamhaften Langen und dem Unredlichen in seinem Herzen." Zu Fremdeinflüssen, Originalität und Erzählhaltung beim jungen Kafka. In: Sprachkunst 7.1 (1976), S. 17–37).
46 Zum Fremdkörper als Parasit bei Kafka siehe auch Krapp, Peter: Der Parasit der Parasiten. In: Politiken des Anderen. Eingriffe im Zeitalter der Medien. Hrsg. von Pfeil, Hannelore/Jäck, Hans Peter. Bornheim-Roisdorf 1995, S. 43–54 und Honold, Alexander: Exotische Verhandlungen. Fremdkörper in Kafkas „Process". In: Kafka verschrieben. Hrsg. von Wirtz, Irmgard. Göttingen 2010, S. 13–36.
47 Hier ließe sich die Frage nach dem Gesetz der Gattungen anschließen, das Derrida zufolge eine „économie du *parasite*"/„Ökonomie des *Parasitären*" ist, weil es die Reinheit der Gattung fordert, aber gleichzeitig die Unmöglichkeit markiere, Gattungen nicht zu vermischen (Derrida, Jacques: La loi du genre. In: Parages. Paris 2003, S. 249–287, hier S. 256; dt. Derrida, Jacues: Das Gesetz der Gattung. In: Derrida, Gestade. Hrsg. von Engelmann, Peter. Übers. von Monika Buchgeister/Hans-Walter Schmidt. Wien 1994, S. 245–283, hier S. 252.

schamhaften Langen und vom Unredlichen in seinem Herzen" befindet sich zwischen den Sätzen „Vielleicht überlegst Du es Dir bis zum Karneval" und „Also überleg es Dir bis zum Karneval. Dein Franz" (Kafka, Briefe 1902—1924, S. 16). Dadurch wird sie zwar vom Rest des Briefes unterschieden, aber auch sie beginnt mit einer Adressierung – „Du hast schon viel gelesen [...]" (Kafka, Briefe 1902—1924, S. 14) –, wodurch die Geschichte Briefcharakter annimmt. Umgekehrt hat der Brief durchaus märchenhafte Züge, wenn es heißt: „Prag läßt nicht los. Uns beide nicht. Dieses Mütterchen hat Krallen." (Kafka, Briefe 1902—1924, S. 14)[48] Die Gattungen der Texte/des Textes sind weder eindeutig bestimmbar noch klar voneinander zu trennen, weil sich die verschiedenen Elemente in ihrer Unterscheidbarkeit gegenseitig durchdringen.[49] Obwohl die Geschichte ein Mitgegebenes des Briefes ist, stellt sich aufgrund der parasitären Struktur dennoch die Frage, ob die Geschichte Teil des Briefes oder der Brief Teil der Geschichte ist. Schreibt Kafka den Brief an Pollak, um die Geschichte zu erzählen, oder erzählt er die Geschichte, um den Brief zu schreiben? Ist die Geschichte der Brief oder ist der Brief die Geschichte? Und warum „oder"? Ist das Verhältnis ein disjunktives? Ist es vielleicht gerade die Disjunktion, welche die Fragen am Ende der Geschichte zu jenen „kranken Fragen" macht, deren Fragezeichen den schamhaften Langen „drosseln"?

> Weine ich aus Mitleid mit mir oder mit ihm?
> Hab ich ihn am Ende lieb oder haß ich ihn?
> Schickt ihn mein Gott oder mein Teufel?
> So drosselten den schamhaften Langen die Fragezeichen. (Kafka, Briefe 1902—1924, S. 16).

Drosseln ihn die Fragenzeichen möglicherweise nicht nur deshalb, weil sich das Fragezeichen als angedeutete Schlinge um den Hals des Langen legt, sondern

---

[48] Es wurde mehrfach darauf hingewiesen, dass sich die Geschichte vom schamhaften Langen vor allem durch die vielen Diminutive auszeichnet (vgl. Cersowsky, „Die Geschichte vom schamhaften Langen", S. 24–26). Gerhard Kurz verweist außerdem darauf, dass die Diminutive das wesentliche Stilmittel des Märchens sind, wodurch auch der Brief märchenhaften Charakter erhalte (Kurz, Gerhard: Schnörkel und Schleier und Warzen. Die Briefe Kafkas an Pollak und seine literarischen Anfänge. In: Der junge Kafka. Hrsg. von Kurz, Gerhard. Frankfurt am Main 1984, S. 68–101).

[49] In der hier zitierten Ausgabe von Max Brod sind der vermeintliche Anfang und das vermeintliche Ende der Geschichte typographisch durch eine Freizeile und einen Absatz markiert (Kafka, Briefe 1902–1924, S. 14–16). Die Kritische Ausgabe von Hans-Gerd Koch markiert eine deutlichere Trennung der beiden Teile, indem die Geschichte mit zwei Strichen vom Brief getrennt wird (Kafka, Franz: Briefe 1900–1912. Hrsg. von Koch, Hans-Gerd. Frankfurt am Main 1999, S. 17–19). Die Handschrift Kafkas ist nicht überliefert.

auch, weil sie ein Entweder-oder einfordern und dadurch vor allem die möglichen Antworten einschränken, also drosseln?

Die parasitäre Struktur, die der Disjunktion wohl die Konjunktion vorziehen würde, setzt sich bei den Namen fort. Bereits mit dem ersten Satz der Geschichte erschweren sie unter anderem durch ihre grammatische Anordnung eine Aussage über ihre Beziehung zueinander: „Du hast schon viel gelesen, aber die vertrackte Geschichte vom schamhaften Langen und vom Unredlichen in seinem Herzen kennst Du nicht" (Kafka, Briefe 1902–1924, S. 15). Auf den ersten Blick handelt es sich vielleicht um nur eine Figur, die in ihrem Herzen unredlich ist. Spätestens mit der Verschiebung vom Langen zum Unredlichen im vierten Absatz des Briefes zeichnet sich jedoch ab, dass der Unredliche in seinem Herzen auch eine eigenständige Figur bzw. die Verdoppelung des Schamhaften ist:

> Der schamhafte Lange war in einem alten Dorf verkrochen zwischen niedrigen Häuschen und engen Gäßchen. So schmal waren die Gäßchen, dass, wenn zwei zusammen gingen, sie sich freundnachbarlich aneinander reiben mußten, und so niedrig waren die Stuben, dass, wenn der schamhafte Lange von seinem Hockstuhl sich aufreckte, er mit seinem großen eckigen Schädel geradewegs durch die Decke fuhr und ohne sonderliche Absicht auf die Strohdächer niederschauen mußte.
> Der Unredliche in seinem Herzen, der wohnte in einer großen Stadt, die betrank sich Abend für Abend und war rasend Abend für Abend. Dieses ist nämlich der Städte Glück. Und wie die Stadt war, so war auch der Unredliche in seinem Herzen. Dieses ist nämlich der Unredlichen Glück. (Kafka, Briefe 1902–1924, S. 15)

Die unpassende Größe des Langen in dem zu kleinen Dorf und die deutlich werdende Harmonie zwischen dem Unredlichen und der Stadt setzen den Unredlichen an die Stelle des Wünschens- und Erstrebenswerten. Aufgrund seiner Größe muss der Schamhafte auf die Dächer des kleinen Dorfes schauen, während der Unredliche in einer Stadt leben darf, die vielleicht auch für den Langen groß genug wäre. Diese Verschiebung vom Dorf zur Stadt, vom Langen zum Unredlichen, verweist auf das mehrdeutige Verhältnis der beiden Figuren. Weil der Name der „Unredliche in seinem Herzen" das Possessivpronomen „seinem" einschließt, weil er überdies im ersten Satz an zweiter Stelle genannt wird und weil sein Name im Laufe der Geschichte dekliniert wird, liegt es vielleicht nahe, den Unredlichen in seinem Herzen als einen abgespaltenen Teil des schamhaften Langen zu lesen.[50] Anders als in anderen Erzählung Kafkas würde hier der Prozess der „Abspaltung" außerhalb des erzählten Geschehens liegen. Eine andere Lektüre, die

---

50 So zum Beispiel Schiffermüller, die das Geschehen als „Abspaltung eines andern im Herzen des Selbst" liest, „der sich in fremder Gestalt verkörpert" (Schiffermüller, Claudia: Gebärden der

dem Verhältnis von Unredlichkeit und Scham nachgeht, durchkreuzt jedoch die Spaltungshypothese, die zum Dualismus tendiert und der Schamlosigkeit womöglich die Unredlichkeit und der Scham die Redlichkeit zurechnen würde.[51] Scham und Unredlichkeit würden sich dann aber wieder in einem disjunktiven Verhältnis befinden, das die Geschichte gerade problematisiert. Die Spaltungslektüre wird bereits von der Logik der grammatischen Struktur der Eigennamen torpediert, denn sie setzt den Unredlichen und den Schamhaften in ein Verhältnis, das zugleich von Abhängigkeit und Unabhängigkeit gekennzeichnet ist und das die Figuren als Verdoppelung der jeweils anderen ausweisen. Das Possessivpronomen „seinem" zeigt einerseits die grammatische Abhängigkeit des Unredlichen in seinem Herzen vom schamhaften Langen an. Andererseits verlangt es regelrecht nach dem schamhaften Langen, dessen Possessivpronomen es ist. Damit deutet sich zwischen den beiden eine exzentrische Beziehung an, die eben dadurch zustande kommt, dass das Possessivpronomen zwar den Unredlichen ins Außen des Schamhaften verschiebt, ihn aber zugleich an sich bindet, ohne mit ihm zusammenzufallen. Semantisch zeigt sich, dass die beiden Figuren die Verdoppelung der jeweils anderen sind, weil sich die Namen gegenseitig parasitieren, indem sie in ihrer Differenz voneinander abhängig sind, bzw. weil sie in einem doppelt parasitären Verhältnis stehen. In der Logik des Parasiten ist zum Beispiel der Übergang vom guten Fremden zum bösen Fremden (vom Unredlichen zum schamhaften Langen oder umgekehrt) im *para sitos*, im „mit" enthalten. Das bedeutet, so Derrida, „that the *meaning* of parasite parasites itself"/„das die Bedeutung des Parasiten sich selbst parasitiert",[52] wodurch man den guten Parasiten nicht strikt vom bösen unterscheiden könne und auch nicht das Gute vom Bösen allgemein: „The bad is not the opposite of the good. It is its supplementary parasite"/„Das Schlechte ist nicht das Gegenteil des Guten. Es ist sein supplementärer Parasit" (Derrida, Subverting the Signature, S. 18; dt. S. 33). Als

---

Scham. Zur Geste bei Franz Kafka. In: Geste und Gebärde: Beiträge zu Text und Kultur der klassischen Moderne. Hrsg. von Schiffermüller, Isolde. Bozen 2001, S. 232–261, hier S. 95). Ähnlich auch und Heidgen, Michael: Inszenierungen eines Affekts. Scham und ihre Konstruktion in der Literatur der Moderne. Göttingen 2013 und Kurz, Schnörkel, Schleier und Warzen, S. 68–101. Statt von „Abspaltung" sprechen Deleuze und Guattari von Verdoppelung als Wiederholung (Deleuze/Guattari, Kafka, S. 57; dt. S. 44).
**51** Dazu scheint Schiffermüller zu tentieren, wenn sie meint, dass dem schamhaften Langen eine „naive und weltfremde Redlichkeit" zukomme (Schiffermüller, Gebärden der Scham, S. 96).
**52** Derrida, Jacques: Subverting the Signature: A Theory of the Parasite. In: Blast Unlimited (1990), S. 16–21; dt.: Derrida, Jacques: Die Signatur aushöhlen – eine Theorie des Parasiten. In: Politiken des Anderen. Eingriffe im Zeitalter der Medien. Hrsg. von Pfeil, Hannelore/Jäck, Hans-Peter. Übers. von Peter Krapp. Rostock 1995, S. 29–41.

solcher verwischt er alle Grenzen und „first of all the border which separates it from itself. Which cannot tell, therefore, the good parasite from the bad parasite, cannot tell the friend from the enemy, cannot tell the enemy within from the exterior enemy, etcetera. And therefore with the border, the parasite passes meaning. It throws meaning itself into confusion. It jumbles the unity or the universal identity of meaning." (Derrida, Subverting the Signature, S. 18)[53] Kafkas Text experimentiert mit dieser universellen Identität der Bedeutung, mit Dissonanzen von Affekten, Territorien und Paradigmen, die in ihrer nicht-identischen Bedeutung und in ihren scheinbaren Oppositionen entlarvt werden. Der Schamhafte und der Unredliche stehen in keinem oppositionellen Verhältnis, sondern sind die Verdopplung der Differenz ohne Versöhnung.

Die einleitende Gegenüberstellung von Stadt und Dorf mit ihren jeweiligen Bewohnern schreibt die Geschichte in den Dualismus von städtischer Hektik und ländlicher Idylle ein,[54] nur um diesen (buchstäblich)[55] zu durchbrechen, wenn „der schamhafte Lange von seinem Hockstuhl sich [aufreckt und] mit seinem großen eckigen Schädel geradewegs durch die Decke" fährt (Kafka, Briefe 1902–1924, S. 15). Gesteigert wird dieser Eindruck, wenn es heißt, dass sich der Lange im Dorf „verkrochen" habe, was angesichts seiner Größe sonderbar wirkt (Kafka, Briefe, 1902–1924, S. 15). Die parasitäre Logik, die auf verschiedenen Ebenen durchgespielt wird, macht die Geschichte so „vertrackt," dass „Unredlichkeit" zum Januswort wird (UnRedlichkeit), sich also nicht mehr eindeutig sagen lässt,

---

[53] „zuvorderst die Grenze, die ihn von sich selbst trennt. Diese kann daher den guten Parasiten nicht vom Schlechten trennen, nicht den Freund vom Feind, kann den inneren Feind nicht vom äußeren Feind trennen, et cetera. Mit der Grenze überschreitet der Parasit somit die Bedeutung. Er wirft Bedeutungen selbst über den Haufen. Er verwirrt die Einheit oder die universelle Identität der Bedeutung." (Derrida, Die Signatur aushöhlen, S. 33)

[54] Siehe hierzu vor allem Cersowsky, der diskutiert, inwiefern diese Geschichte einen Artikel aus dem *Kunstwart* aufnimmt, der von den Städtern berichtet, die den ländlichen Charakter und die Idylle von Ferienorten gefährden (Cersowsky, „Die Geschichte vom schamhaften Langen" S. 20). Zum Einfluss vom *Kunstwart* auf diese Geschichte siehe auch Peter-André Alt (Alt, Der ewige Sohn, S. 136–137). Kurz verweist auf eine nur scheinbaren Opposition von Stadt und Dorf (Kurz, Schnörkel und Schleier und Warzen, S. 88).

[55] Adorno sagt über Kafkas Texte: „Jeder Satz steht buchstäblich, und jeder bedeutet." (Adorno, Aufzeichnungen zu Kafka, S. 255). Zu der Verwendung und In-Szene-Setzung von Buchstäblichkeit bzw. *literalization* vor allem von Metaphern siehe Corngold: „At times, Kafka inverts the usual order of priorities. He does not appear to use the tropes of rhetoric (and their principles) as devices for the literary representation of experience. Rather, he operates with principles of resemblance and difference as prime reality, and writing, when scrupulously done, is the occasion of their greatest freedom and comprehensiveness of interaction." (Corngold, Stanley: Franz Kafka: The Necessity of Form. Ithaca 1988, S. xi)

ob das Präfix „un" das Fehlen der Redlichkeit oder die extrem ausgeprägte Redlichkeit markiert. Denn der Unredliche ist gleichzeitig der Einzige, der redet; der schamhafte Lange hingegen bleibt stumm: „Der Lange riß das Maul auf" (Kafka, Briefe 1902–1924, S. 15). An anderer Stelle heißt es: „Sein Herz schmerzte ihn und er konnte es niemandem sagen. Aber kranke Fragen krochen ihm von den Beinen zur Seele hinauf" (Kafka, Briefe 1902–1924, S. 16). Die Worte und Satzzeichen, über die der schamhafte Lange verfügt, sind diejenigen des Unredlichen, die ihn auch nach dessen Abschied nicht verlassen. Es gibt also keine genuine Sprache der Scham, vielmehr spricht die Scham die Sprache der UnRedlichkeit.[56] Redlichkeit ist in dieser Geschichte und in diesem Brief nicht die Opposition der Unredlichkeit, sondern sie ist als Mitgift bzw. als Parasit zu denken. Die Figuren, die Kafka hier entwirft, sind keine Gegenspieler und Gegensätze,[57] vielmehr scheinen ihn Differenzen, Berührungen, Infiltrierungen, Durchdringungen, Wiederholungen zu interessieren.

Neben der gewissermaßen wertfreien Bedeutung des Parasiten experimentiert Kafka auch mit dessen pejorativen Assoziationen. Die Augen des schamhaften Langen, die „verlegen an den glänzenden Westenknöpfen des Gastes" krabbeln, erinnern ebenso an störendes Ungeziefer wie die Worte des Gastes, die aus dessen Mund „gehen", sich auf ihre „Stiefelspitzen" stellen, anfangen zu „tänzeln" und dann „zwickend und beißend" an dem Langen hinaufklettern und „sich ihm mühselig in die Ohren" stopfen (Kafka, Briefe 1902–1924, S. 15–16). Gleichzeitig sind die Worte in ihren „englischen Halsbinden" (die nichts anderes als Fliegen sind) diejenigen, die den eckigen Kopf des Langen infiltrieren und somit letztendlich die Geschichte auf das „zitronengelbe" oder vergilbte Papier bringen (Kafka, Briefe 1902–1924, S. 16).[58] Der Spazierstock des Unredlichen wird zum Stift, der Worte auf Papier bringt, wenn es heißt: „Und während er erzählte, stach er nebenbei seinen spitzen Spazierstock dem Langen in den Bauch" (Kafka, Briefe 1902–1924, S. 16). In dieser Passage inszeniert die Geschichte folglich den Akt des Briefeschreibens. Weil sie dabei selbst Teil eines Briefes ist, entsteht dadurch eine Mise en abyme, durch die sich die Verdoppelung der Figuren unendlich vervielfacht.[59] Der schamhafte Lange verdoppelt sich in seiner Sehnsucht

---

56 Die Majuskel „R" markiert hier und im Folgenden die Janusköpfigkeit der Redlichkeit.
57 Dazu tendiert Cersowsky, „Die Geschichte vom schamhaften Langen" S. 32.
58 Zu Kafkas gelben Figuren, die als Papier gelesen werden können, siehe Lehmann, Hans-Thies: Der buchstäbliche Körper. Zur Selbstinszenierung der Literatur bei Franz Kafka. In: Der junge Kafka. Hrsg. von Kurz, Gerhard. Frankfurt am Main 1984, S. 213–241, hier S. 222–223.
59 Wenn hier die Hand des Briefeschreibers und die Wörter sichtbar werden, die aufgrund ihrer „Anzüglichkeit" als „feine Herren" bezeichnet werden, also vielleicht im Frack auftreten, dann zeichnet sich eine starke Parallele zu Friedrich Hebbels „Das Komma im Frack" ab, wo er die

nach der großen Stadt im Unredlichen, der Unredliche vervielfältigt sich im Schamhaften in seiner Rede, die sich dem ersten in die Ohren stopft und sich wiederum im Unredlichen verdoppelt.[60] Der Unredliche in seinem Herzen ist dann nicht nur der ins Außen gestülpte schamhafte Lange, sondern umgekehrt ist auch der Schamhafte der ins Außen gestülpte Unredliche. Die UnRedlichkeit ist das Außen der Scham und das Außen der UnRedlichkeit nistet sich in der Scham ein, deren Außen die UnRedlichkeit ist. Das Innen dieses Außen ist es immer nur insofern, als es das nach Außen gestülpte Innen ist.[61]

---

detaillierten Darstellungen des Realismus als Beschreibungen des Bekannten bemängelt. Dass dabei das Komma den Frack anzieht und „selbstgefällig auf den Satz herab" lächelt, „dem es doch alleine seine Existenz verdankt", dass also der Text als Text sichtbar wird, ist bei Hebbel Grund zur Missachtung (Hebbel, Friedrich: Werke. Hrsg. von Fricke, Gerhard/Keller, Werner/Pörnbacher, Karl. 2. rev. Aufl. Bd. 3. München 1987, S. 685). Kafkas Brief hingegen scheint die Sichtbarkeit des Textes geradezu herauszufordern. Zum Text als Darstellung seiner selbst bei Kafka siehe auch Lehmann, Der buchstäbliche Körper.

60 Deleuze und Guattari beschreiben den Briefwunsch bei Kafka wie folgt: „il transfère le mouvement sur le sujet d'énoncé, il confère au sujet d'énoncé un mouvement apparent, un mouvement de papier, qui épargne au sujet d'énonciation tout mouvement réel. Comme dans les Préparatifs, celui-ci peut rester sur son grabat, tel un insecte, puisqu'il envoie son double tout habillé dans la lettre, avec la lettre. Cet échange ou ce renversement de la dualité des deux sujets, le sujet d'énoncé assumant le mouvement réel qui revenait normalement au sujet d'énonciation, produit un *dédoublement*" (Deleuze/Guattari, Kafka, S. 57). „Die Bewegung wird auf das Subjekt des Ausgesagten verlagert; dem zweiten, in den Brief verlegten Subjekt wird eine scheinhafte, papierne Bewegung zugewiesen, die dem ersten jede reale Bewegung erspart. Diese kann nun, wie in den Hochzeitsvorbereitungen auf dem Lande, bewegungslos liegenbleiben, denn es hat ja sein Double im Gewand des Briefes ausgesandt. Eine solche Vertauschung oder Verkehrung, bei der das zweite Subjekt die reale Bewegung übernimmt, die normalerweise dem ersten Subjekt zukäme, produziert eine Zweiteilung oder *Verdoppelung*." (Deleuze/Guattari, Kafka, S. 44).

61 Im Unterschied zum Beispiel zu Kurz, der im Unredlichen eine äußere Wirklichkeit sieht, die das nach Außen projizierte Innere des Schamhaften ist, und der deswegen von einer Personifizierung des Innern spricht (Kurz, Schnörkel und Schleier und Warzen, S. 89), ist das nach Außen gestülpte Innere nie nur in eine Richtung denkbar und muss auf jegliche Formen der Teilung oder Spaltung, vor allem als aktive Handlung, gänzlich verzichten. Vielleicht lässt sich das Verhältnis von Innen und Außen mit Benjamins Strumpf-Erlebnis in der *Berliner Kindheit um 1900* beschreiben, wobei der Strumpf bei Kafka selbst die Bewegung wäre, die sich ohne „ich" vollzieht: „Ich mußte mir Bahn bis in ihren hintersten Winkel schaffen; dann stieß ich auf meine Strümpfe, die da gehäuft und in althergebrachter Art gerollt und eingeschlagen ruhten. Jedes Paar hatte das Aussehen einer kleinen Tasche. Nichts ging mir über das Vergnügen, die Hand so tief wie möglich in ihr Innerstes zu versenken. Ich tat das nicht um ihrer Wärme willen. Es war ‚Das Mitgebrachte', das ich immer im eingerollten Innern in der Hand hielt, was mich in ihre Tiefe zog. Wenn ich es mit der Faust umspannt und mich nach Kräften in dem Besitz der weichen, wollenen Masse bestätigt hatte, begann der zweite Teil des Spieles, der die Enthüllung

Genau diese Bewegung beschreibt auch das Spezifische der Scham. Sie will sich bedecken, verbergen. „Scham versucht noch, verschämt, sich zu verhüllen", sie entsteht aber nur, weil sie sichtbar, einem Blick ausgesetzt, Zeigen und Offenbarung ist;[62] eine Bewegung, die sich bei Kafka durch die dem Gast „schämig" hingestreckte Hand, die zu allem Übel auch noch „durch die ganze Stube" langt, manifestiert (Kafka, Briefe 1902–1924, S. 15). Die UnRedlichkeit ist die Sprache dieser Scham: Sich „anzüglich" ausstellend „tanzen" die Worte zum Langen und verkriechen sich bald in ihm. Der Unredliche sitzt vor dem Langen, „dreht die Augenlider in die Höhe" und „erzählt von sich, von Westenknöpfen, von der Stadt, von seinen Gefühlen – bunt" (Kafka, Briefe 1902–1924, S. 15–16). Er, oder besser: die UnRedlichkeit, exponiert sich und verbirgt sich gleichzeitig in ihrer Scham, die ihr gegenübersitzt.

In Kafkas Brief an Pollack ist das Verhältnis von UnRedlichkeit und Scham ein dezidiert körperliches. Wenn sich im Dorf zwei begegnen und sich „freundnachbarlich aneinander reiben" müssen, um aneinander vorbeigehen zu können, dann vollziehen auch die Buchstaben d und n im Kompositum „freundnachbarlich" diese Reibung. Wenn die Augen des Schamhaften „verlegen an den glänzenden Westenknöpfen des Gastes" krabbeln, dann nicht nur aus Verlegenheit, sondern auch, weil der Schamhafte seine Augen verlegt, das heißt, weil sich seine Augen buchstäblich an den Westenknöpfen des Gastes befinden (Kafka, Briefe 1902–1924, S. 15). Sie zeitigen ebenso Körperlichkeit wie die Wörter, die aus dem Mund des Unredlichen gehen. Reden ist nicht deswegen ein körperlicher Akt, weil es eines redenden Körpers bedarf – den brauchen die „feinen Herren" in dieser Geschichte nicht. Die Rede findet hier ihre Artikulation und Figuration in eigenständigen Körpern, die als Dritte zu den Figuren hinzutreten, aus dem Mund des Einen gehen und sich in die Ohren des anderen stopfen.[63] Das Dritte, dessen Medialität die Rede ist, das als Serie oder Kette auftritt und das *man* mar-

---

brachte. Denn nun machte ich mich daran, ‚Das Mitgebrachte' aus seiner wollenen Tasche auszuwickeln. Ich zog es immer näher an mich heran, bis das Bestürzende sich ereignete: ich hatte ‚Das Mitgebrachte' herausgeholt, aber ‚Die Tasche', in der es gelegen hatte, war nicht mehr da. Nicht oft genug konnte ich die Probe auf diesen Vorgang machen. Er lehrte mich, daß Form und Inhalt, Hülle und Verhülltes dasselbe sind. Er leitete mich an, die Wahrheit so behutsam aus der Dichtung hervorzuziehen wie die Kinderhand den Strumpf aus ‚Der Tasche' holte" (Benjamin, Walter: Berliner Kindheit um neunzehnhundert. Frankfurt am Main 2010, S. 58).

62 Lehmann, Hans-Thies: Das Welttheater der Scham. Dreißig Annäherungen an den Entzug der Darstellung. Merkur 45 (1991), S. 824–839, hier S. 824.

63 Mit den Worten, die sich erst auf den Weg zum Schamhaften begeben müssen und unterwegs noch tänzeln, wird hier wieder auf den Brief als Medium der zeitlichen Verzögerung verwiesen.

kiert (vgl. Serres, Le parasite, S. 75; dt. S. 81), ist erstens unabhängig von den Figuren und geht ihnen und jeglicher anderen möglichen Singularität voraus und trägt zweitens deutliche Züge des Parasitären.[64] Rede, vor allem redliche Rede – das manifestiert sich in der UnRedlichkeit –, irritiert also permanent die Identität der eigenen Bedeutung

Diese und andere Szenen – wie jene mit dem durch die Decke fahrenden Schädel – machen aus der Geschichte eine „méditation sur le territoire et la maison"/„Meditation über Territorium und Haus"[65] und lassen ihre grotesken Züge deutlich werden, die sie, wie man mit Mikhail Bachtin sagen könnte, auch zu einer Meditation über die „Grenzen zwischen Leib und Welt und zwischen Leib und Leib" werden lassen.[66] Dass sich die Geschichte zwischen zwei Erwähnungen des Karnevals schiebt, lässt die Referenz zum Grotesken umso deutlicher erscheinen. Der Karneval stülpt sich durch seine doppelte Erwähnung aus den Briefzeilen von beiden Seiten in die Geschichte ein bzw. bildet die doppelte Erwähnung des Karnevals eine klaffende Öffnung, in der die Geschichte ihre grotesken Züge annimmt. Bachtin ist in seinem kurzen Text „Die groteske Gestalt des Leibes" vor allem an der Verbindung vom Leibeskanon und den Normen der Rede interessiert: „Das Groteske hat es nur mit herausquellenden Augen zu tun: mit allem, was aus dem Körper herausstrebt, was die Grenzen des Leibes überschreiten will" (Bachtin, Literatur und Karneval, S. 16). Die „wohlanständige" und „geziemende" Rede der Neuzeit hingegen verbiete die „Redefreiheit" der grotesken Gestalt (Bachtin, Literatur und Karneval, S. 20–21). Alle Öffnungen, „die in die Tiefe des Leibes hineinführen", werden zugedeckt, während in der grotesken Darstellung die Öffnung und vor allem der „aufgerissene Mund", „diese[r] klaffende[] und verschlingende[] leibliche[] Abgrund[]," dominiert (Bachtin, Literatur und

---

64 Zum Dritten als dem Parasiten siehe Serres, Le parasite, S. 75; dt. S. 83 und im Anschluss an Serres und mit Bezug auf Kafka auch Neumann, Gerhard: Franz Kafka: Experte der Macht. München 2012, S. 165–157.
65 Deleuze, Gilles/Guattari, Félix: Qu'est-cs que la philosophie? Paris 1991, S. 157; dt.: Deleuze, Gilles/Guattari, Félix: Was ist Philosophie? Frankfurt am Main 1996, S. 219.
66 Bachtin, Mikhail: Literatur und Karneval. Zur Romantheorie und Lachkultur. Frankfurt am Main 1985, S. 15. Kurz definiert die Groteske in seiner Besprechung dieses Briefes als Anomalität, „die eine unauflösbare Konfusion von Komik und Schrecken erzeugt" und klassifiziert die Geschichte vom schamhaften Langen deswegen als „Komik mit groteskem Einschlag" (Kurz, Schnörkel und Schleier und Warzen, S. 85). Auch Norbert Kassel verweist auf den Brief in seiner Studie über das Groteske bei Kafka. Ihm zufolge ist vor allem die Personifizierung von Unredlichkeit und von Worten das, was der Geschichte groteske Züge verleiht (Kassel, Norbert: Das Groteske bei Franz Kafka. München 1969, S. 40–41).

Karneval, S. 16–29). Wenn sich der schamhafte Lange und der Unredliche in seinem Herzen begegnen, sind beide nur das: Münder: „Der Lange riß das Maul auf. Der Gast lächelte" (Kafka, Briefe 1902–1924, S. 15). Während aber Bachtin vor allem zeigt, wie die „geziemende Rede" den Leib normiert, experimentiert Kafkas Geschichte mit den Grenzen zwischen Rede und groteskem Leib. Die Rede, genauer die un/redliche Rede, die „anzüglich" antwortet und von Blut spricht, wird zur grotesken Verlängerung des Körpers (auch Körperflüssigkeiten wie Blut sind ein beliebtes Thema der Groteske). Die Groteske ist das, was die Grenzen des Körpers ausreizt und gleichermaßen Redende wie auch Hörende infiltriert. Die parasitäre Struktur der UnRedlichkeit markiert diese selbst, wie auch die Scham, deren Sprache sie ja ist, als das, was sich an der Grenze von Innen und Außen, von Körper und Welt, Körper und Körper exponiert. Während sich die Scham inwendig falten will (vgl. Lehman, Welttheater der Scham, S. 824), faltet sich die UnRedlichkeit auswendig, wobei sowohl die eine Bewegung als auch die andere immer auch die jeweils andere ist. Anhand der Scham sowie des Verhältnisses von Scham und UnRedlichkeit zeigt Kafka, dass der Scham die Sprache der UnRedlichkeit zukommt und sich Redlichkeit und Unredlichkeit gegenseitig parasitieren, sodass die Nicht-Identität ihrer Bedeutungen hervortritt.

## 5.5 Scham im *Proceß*

Mit der Scham trägt sich die Redlichkeit in den *Proceß* ein, wodurch es möglich wird, mit dem *Proceß* eine Redlichkeit zu formulieren, die auf eine Ethik der Verantwortung jenseits des Subjekts verweist. Und da der Brief an Oskar Pollak gezeigt hat, dass Redlichkeit sich vor allem dort einstellt oder anklopft, wo Scham und Körperlichkeit aufeinandertreffen, ist eine Lektüre von Szenen, die diese Verknüpfung im *Proceß* aufnehmen, besonders vielversprechend. Wenn Kafka im Brief die Idee von Innen und Außen vor allem durch die Bewegung des Stülpens und durch die des Parasitären problematisiert, ist es im *Proceß* eine membranhafte Verbundenheit zwischen Figuren, die eine Unterscheidung von Innen und Außen erschwert. Mit dieser sich abzeichnenden Durchlässigkeit zwischen den Figuren verweist der *Proceß* auf eine Entsubjektivierung, vor deren Hintergrund sich Scham entfaltet. Wenn K. im Kapitel „Ende" von zwei Herren in den Steinbruch gebracht wird, weisen ihr gemeinsamer Gang und ihre Art des Gehens eine spezifische Verbindung ihrer Körper auf:

> Gleich aber vor dem Tor hängten sie sich in ihn in einer Weise ein, wie K. noch niemals mit einem Menschen gegangen war. Sie hielten die Schultern eng hinter den seinen, knickten

die Arme nicht ein, sondern benützten sie, um K.s Arme in ihrer ganzen Länge zu umschlingen, unten faßten sie K.'s Hände mit einem schulmäßigen, eingeübten, unwiderstehlichen Griff. K. gieng straff gestreckt zwischen ihnen, sie bildeten jetzt alle drei eine solche Einheit, daß wenn man einen von ihnen zerschlagen hätte, alle zerschlagen gewesen wären. Es war eine Einheit, wie sie fast nur Lebloses bilden kann. (Kafka, KA P S. 306)[67]

Erica Weitzman schreibt mit Rückbezug auf Charles Darwin und Silvan Tompkins, dass es für die Scham zwei Bedingungen gebe: Erstens müsse man einen Begriff von einer „Grenze zwischen dem Selbst und den Anderen, zwischen Innerem und Äußerem haben" und zweitens müsse die Grenze „undicht, verletzbar, überschreitbar" sein.[68] Es sind eben diese zwei Aspekte, die im *Proceß* wichtig werden. Die Aussageverkettungen der indirekten Rede werden überführt in Körperketten, die durch drei und später vier Personen, die weder getrennt noch eins sind, eine Figur des Seriellen inszenieren. Da sich die Arme der Personen der Länge nach berühren und nicht punktuell aufeinandertreffen, erinnert die Grenze zwischen ihnen an eine Membran, die von Durchlässigkeit zeugt.[69]

Und obwohl K. mit den Herren eine Einheit bildet, besteht diese Einheit aus drei Teilen, so dass das serielle Moment auch in dieser Einheit bestehen bleibt. Die Einheit kann nicht aufgehoben, aber erweitert werden. Letzteres tritt ein, wenn K. und die Herren einer Gestalt hinterherlaufen, die Fräulein Bürstner ähnelt, und K. bald bemerkt, wie sich seine Schritte im Gleichmaß mit den Schritten der anderen befinden (Kafka, KA P S. 308). Was hier widerhallt, ist die tänzelnde Unredlichkeit des schamhaften Langen. Dass dieses Gleichmaß, wenn es die Schritte von sechs Füßen beschreibt, gleichzeitig auf einen gewissen Rhythmus des Textes, auf die Versfüße sozusagen, und damit auf die Materialität des Sprachlichen verweist, wird spätestens dann deutlich, wenn sich K. fragt: „Soll

---

[67] Kafka schrieb am 11./12. Februar 1913 folgenden Brief an Felice Bauer: „Wie soll ich es also nur beschreiben, wie wir im Traum gegangen sind! Während beim bloßen Einhängen sich die Arme nur an zwei Stellen berühren und jeder einzelne seine Selbstständigkeit behält, berührten sich unsere Schultern und die Arme lagen der ganzen Länge nach aneinander. Aber warte, ich zeichne es dir auf." Diesen Zeilen folgt eine Zeichnung, in welcher Kafka beide Arten des Einhängens skizziert (Kafka, Franz: Briefe 1902–1924. In: Gesammelte Werke. Hrsg. von Brod, Max. Frankfurt am Main 1989, S. 87).
[68] Weitzman, Erica: Scham – oder die Metaphysik. In: Rücksendungen zu Jacques Derridas „Die Postkarte". Ein essayistisches Glossar. Hrsg. von Schmidt, Matthias. Wien/Berlin 2015, S. 329–340, hier S. 331.
[69] Für eine ausführlichere Lektüre dieses Verhältnisses wäre Derridas Begriff des Hymens fruchtbar, mit dem er die Struktur der Gleichzeitigkeit von Innen und Außen beschreibt. Derrida, Jacques: La double séance. In: La dissémination. Paris 1972, S. 199–318; dt.: Derrida, Jacques: Die zweifache Séance. In: Derrida, Dissemination. Hrsg. von Engelmann, Peter. Übers. von Hans-Dieter Gondek. Wien 1995, S. 193–322.

ich als ein begriffsstütziger Mensch abgehen?" (Kafka, KA P S. 308) Aufgrund des Umlautes lässt sich die Schreibweise von „begriffsstutzig" als Stütze lesen. Als solche fungieren die beiden Herren, von denen K. annimmt, dass sie am Theater spielen oder Tenöre sind (Kafka, KA P S. 306 und 307). Es ist die Körperlichkeit und Theatralität von Darstellung und Rhetorik, die im *Proceß* zeigen, dass Scham auch hier als Figur der Redlichkeit operiert.

In diesem Kontext überrascht es wenig, dass K. in der gleichen Szene von „abgehen" und nicht etwa von sterben spricht, das heißt, dass er Vokabular von Inszenierung und Bühne bemüht, kurz bevor er sich auf der Bühne des Steinbruchs einrichtet:

> Die Herren setzten K. auf die Erde nieder, lehnten ihn an den Stein und betteten seinen Kopf obenauf. Trotz aller Anstrengung, die sie sich gaben, und trotz allem Entgegenkommen, das ihnen K. bewies, blieb seine Haltung eine sehr gezwungene und unglaubwürdige. Der eine Herr bat daher den anderen, ihm für ein Weilchen das Hinlegen K.s allein zu überlassen, aber auch dadurch wurde es nicht besser. Schließlich ließen sie K. in einer Lage, die nicht einmal die beste von den bereits erreichten Lagen war. (Kafka, KA P S. 311).

Mit K.s Positionierung im Steinbruch, die unhandlich, unelegant, unpassend ist, ist die Kulisse der Scham bereitet, die im letzten Satz im Kapitel „Ende" kulminiert: „‚Wie ein Hund!' sagte er, es war, als sollte die Scham ihn überleben" (Kafka, KA P S. 312). In der Forschung wird diese Scham oft als Schuld K.s gelesen bzw. wird sie als Zeichen dafür gelesen, dass sich K. schuldig gemacht hat und sich genau dafür schämt.[70] Es heißt jedoch nicht, dass sich K. (für etwas) schämt,

---

[70] Menninghaus zum Beispiel meint, dass die Scham bei Kafka immer die Scham angesichts „eines Mangels oder eines Versagens" ist, „das jemand – im Medium der Beobachtung eines beobachtenden Anderen – an sich selbst erfährt" (Menninghaus, Winfried: Ekel. Theorie und Geschichte einer starken Empfindung. Frankfurt am Main 1999, S. 448). Sokel zufolge schämt sich K., weil er den Erwartungen, die man an ihn gestellt hat, nicht habe entsprechen können und weil er es versäumt habe, das Messer der Herren zu nehmen und sich selbst zu töten, kurz: weil er versagt habe (Sokel, Walter: Franz Kafka – Tragik und Ironie. Zur Struktur seiner Kunst. München 1964, S. 290). Emrich zufolge ist Scham bei Kafka immer Ausdruck eines sinnlosen Scheiterns (Emrich, Wilhelm: Franz Kafka. Bonn 1958, S. 217) und auch Heidgen liest sie als Resultat der Schuldigkeit des Subjekts (Heidgen, Inszenierungen eines Affekts, S. 77). Allemann verknüpft Scham und Schuld, wenn er meint, dass K.s Schuld darin bestehe, dass er es nicht schaffe, seine Eingabe zu schreiben, was die Scham bei ihm auslöse (Allemann, Beda: Noch einmal: Kafkas „Process". In: Nach erneuter Lektüre: Franz Kafkas „Der Prozeß". Hrsg. von Zimmermann, Hans Dieter. Würburg 1992, S. 109–120). Anders sieht es zum Beispiel Vogl, der schreibt, dass die Scham die „Innervation einer Rede" sei, „aus der Ich und Nicht-Ich zugleich sprechen" (Vogl, Ort der Gewalt, S. 62). Zum Thema der Scham bei Kafka siehe ferner Simons, Oliver: Schuld und Scham: Kafkas episches Theater. In: Kafkas Institutionen. Hrsg. von Höcker,

sondern dass es sei, „als sollte die Scham ihn überleben."[71] Dieser Unterschied ist erstens deswegen wichtig, weil hier nicht mehr K., sondern wieder das „es" Subjekt des Satzes ist. Die Scham hat weder einen Träger (geschweige denn ein Subjekt) noch einen konkreten Inhalt.[72] Zweitens verzeichnet der *Proceß* mit diesem Satz eine Verschiebung von Schuld zu Scham[73] und zu einer absoluten Destabilisierung jeglichen ontologischen Anspruchs. Diese Verschiebung vollzieht sich

---

Arne/Simons, Oliver. Bielefeld 2007, S. 269–294; Danchev, Alex: „Like a Dog!": Humiliation and Shame in the War on Terror. In: Alternatives 31.3 (2006), S. 259–283; Ellrich, Lutz: Diesseits der Scham. Notizen zu Spiel und Kampf bei Plessner und Kafka. In: Textverkehr: Kafka und die Tradition. Hrsg. von Liebrand, Claudia/Schößler, Franziska. Würzburg 2004, S. 243–272; Goltschnigg, Dietmar: Die unendliche Scham. Das elende Ende Josef K.s im Kontext von Kafkas Leben und Werk. In: Literature, Culture and Ethnicity: Studies on Medieval, Renaissance and Modern Literatures. Festschrift für Jenaz Staninik. Hrsg. von Jurak, Mirko. Ljubliana 1992, S. 181–191; Kalka, Joachim: Kafkas Sätze (51): Scham bedeutet Hoffnung. In: Frankfurter Allgemeine Zeitung, 3. Sep. 2008; Tiedemann, Rolf/Krapp, Peter: Kafka Studies, the Culture Industry, and the Concept of Shame: Improper Remarks between Moral Philosophy and Philosophy of History. In: Cultural Critique 60.1 (2005), S. 245–258; Schirrmacher, Frank: Kafkas Sätze (1): Neunzehn Worte Kafka. Frankfurter Allgemeine Zeitung, 3 Juli 2008. Zu einem Überblick über diejenige Forschung, die von K.s Schuld ausgeht (bis 1989), siehe Hiebel, Hans Helmut: Die Zeichen des Gesetzes. Recht und Macht bei Franz Kafka. 2., korr. Aufl. München 1989, S. 213.

**71** In seinem Buch *Was von Auschwitz bleibt* setzt sich Agamben in einem Kapitel ausführlich mit Scham auseinander und verweist auch auf diese Stelle im *Proceß*. Obwohl seine Analyse sehr produktiv ist, weicht sie von der hier entwickelten Lektüre unter anderem deswegen ab, weil auch Agamben in der Scham ein subjektkonstitutives Moment sieht, das allerdings nur durch eine gleichzeitige Entsubjektivierung zustande komme (Agamben, Giorgio: Was von Auschwitz bleibt. Das Archiv und der Zeuge. Übers. von Stefan Monhardt. Frankfurt am Main 2003, S. 90).

**72** Joachim Kalka geht davon aus, dass es immer einen Menschen geben müsse, der die Scham empfindet, deswegen schwinge am Ende des Romans trotz des Todes von K. auch Hoffnung mit (Kalka, Kafkas Sätze. Scham bedeutet Hoffnung). Honold spricht von der Abspaltung der Scham von K. (Honold, Exotische Verhandlungen, S. 22) und Simons verweist auf die Verschiebung von einem Subjekt, das sich schämt zu einer Scham, die das Subjekt bestimmt: „Das Subjekt verschwindet in der Scham" (Simons, Schuld und Scham, S. 289).

**73** Von dieser Verschiebung spricht auch Wurmser in seiner psychologischen Studie *Die Maske der Scham*, welche er in der 3. Auflage um ein Kapitel zur Scham im *Proceß* erweitert. Allerdings liest auch er in der Scham eine Schuld (Wurmser, Leon: Die Maske der Scham. 3., erw. Aufl. Berlin 2012, S. 82). Ganz ähnlich argumentieren auch Heidgen und Geisenhanslüke, wobei letzterer meint, dass sich in der Scham das Subjekt auch als Objekt konstituiere, weil sich das Subjekt für sich vor Anderen schäme (Heidgen, Inszenierungen eines Affeks; Geisenhanslüke, Masken des Selbst, S. 200–204). Schiffermüller hingegen schreibt: Die Scham „steht keineswegs im Zeichen der Schuld, wie oft behauptet wurde, sie bezeugt vielmehr, jenseits von gut und böse, ein ‚letztes Lebensgefühl' – wie es im Wortlaut der ersten Variante [des *Proceß*-Romans, NT] heißt. Ähnlich wie die ‚große Scham' des Zarathustra vor dem ‚häßlichsten Menschen', die im Unterschied zu Kafka noch das antike *eidos* des Menschen hochhalten wollte, behauptet sie ein letztes *ethos*,

aber im Konjunktiv, das heißt auch im Modus der indirekten Rede. Mit diesem Satz wird also erneut die Problematik des ersten Satzes aufgegriffen und gezeigt, dass kein (der Aussage schuldiges) Subjekt ausgemacht werden kann. Während Scham vor allem zwischen Selbst und anderen entsteht – und seien diese auch das Selbst selbst – orientiert sich Schuld an Taten und forciert nicht nur eine Tat-Täter-Unterscheidung, sondern auch den verteidigenden Monolog. Scham entsteht und vergeht im Dialog oder im Blick der anderen.[74]

Wie die Suche nach der Sprechinstanz ist im *Proceß* auch die Suche nach der Schuld K.s vergeblich, weil es weder eine bestimmte Tat gibt, für die K. verantwortlich gemacht werden könnte, noch eine, für die er nicht verantwortlich gemacht werden könnte. Schuld verliert dadurch ihre subjektkonstitutive Kraft, die sie zum Beispiel bei Nietzsche hat.[75] Anstatt zu versuchen, eine Ursache für K.s Verhaftung zu finden, lohnt es sich, wie K. den funktionalen Mechanismen des Gerichts, den funktionalen Mechanismen von Schuld im *Proceß* nachzugehen und damit letztendlich auch denen der Redlichkeit.

Eine der wichtigsten Szenen für die Betrachtung dieser Mechanismen ist K.s Besuch bei Titorelli, bei dem er versucht, genaueres über das Gericht zu erfahren.

---

das die Diskurse der Schuld und Rechtfertigung überlebt und Zeugnis ablegt für die Entstellung der menschlichen Gestalt" (Schiffermüller, Gebärden der Scham, S. 147–148). Saul Friedländer hat ein Buch mit dem für die Scham- und Schuldanalyse vielversprechenden Titel *Kafka. The Poet of Shame and Guilt* vorgelegt. Der Titel ist jedoch insofern irreführend, als Friedlanders Betrachtungen sehr persönlich und stark (auto)biographisch ausgerichtet sind und eine detaillierte Analyse von Schuld und Scham nicht verfolgt wird (Friedländer, Saul: Franz Kafka. The Poet of Shame and Guilt. New Haven/London 2013).

**74** In seinem Buch *Shame and Necessity* untersucht Bernard Williams die unterschiedlichen Funktionsweisen von Schuld- und Schamkulturen, ohne eine kategoriale Trennung zwischen den beiden Kulturen zu vollziehen. Während in sogenannten Schamkulturen das Streben nach Ansehen der Einzelnen eine Norm aufrechterhalte, sei es in Schuldkulturen die verinnerlichte universelle Norm, welche es zu erreichen und der es zu genügen gelte. Da Williams zufolge die griechische Antike eine Schamkultur war, analysiert er als Beispiel das Abkommen, das Achill und Agamemnon in der *Ilias* beschließen, nachdem Agamemnon Briseïs geraubt hat. Wenn Agamemnon meint, dass er die Tat begangen habe, weil Zeus ihn in einen Verrückten verwandelt habe, dann würde ein Schuldsystem ihn, so Williams Überlegungen, aufgrund von Unzurechnungsfähigkeit vielleicht freisprechen. Nach den antiken Gesetzen, d. h. in einer Schamkultur, sei sein Verrücktsein kein Ausweg aus seiner Verantwortung. Agamemnon leistet Wiedergutmachung, ob er nun im Sinne eines Schuldsystems verantwortlich ist oder nicht, weil er nach eigener Aussage trotz des Einflusses von Zeus vorsätzlich gehandelt habe und für seine Taten verantwortlich sei (Williams, Bernard: Shame and Necessity. Sather Classical Lectures 57. Berkeley 1993, v. a. S. 50–76).

**75** Siehe dazu vor allem die zweite Abhandlung der *Genealogie der Moral* „'Schuld', 'schlechtes Gewissen' und Verwandtes." (Nietzsche, GM II, KSA 5 S. 291–337).

K. berichtet gerade, dass alle von ihm befragten Personen sich in den meisten Punkten über das Gericht und dessen Gesetze uneinig waren, und fährt fort:

> „Darin stimmten aber alle überein, daß leichtsinnige Anklagen nicht erhoben werden und daß das Gericht, wenn es einmal anklagt, fest von der Schuld des Angeklagten überzeugt ist und von dieser Überzeugung nur schwer abgebracht werden kann." „Schwer?" fragte der Maler und warf eine Hand in die Höhe. „Niemals ist das Gericht davon abzubringen. Wenn ich hier alle Richter neben einander auf eine Leinwand male und Sie werden sich vor dieser Leinwand verteidigen, so werden Sie mehr Erfolg haben als vor dem wirklichen Gericht." (Kafka, KA P S. 201)

Das „wirkliche Gericht", das für K. weniger wirklich sein muss als das in der Vorstellung gezeichnete, ist weniger zum Dialog bereit als die gemalten Richter auf der Leinwand. K. ist zwar in permanenter Auseinandersetzung mit dem Gericht, es steht jedoch aus, ob sich das Gericht auch mit ihm auseinandersetzt. Mit dem ersten Satz im *Proceß* wird ein schuldiger Angeklagter installiert und mit ihm die Verantwortung des Angeklagten, sich immer wieder neu vor einer uneinsichtigen Instanz zu verteidigen.[76] Im Gespräch mit dem Geistlichen erfährt aber die Dynamik zwischen der unbekannten respektive unbestimmbaren Instanz und K. eine Wendung.

> „Weißt Du, daß dein Proceß schlecht steht?" fragte der Geistliche. „*Es* scheint mir auch so", sagte K. „Ich habe mir alle Mühe gegeben, bisher aber ohne Erfolg. Allerdings habe ich die Eingabe noch nicht fertig." „Wie stellst du dir das Ende vor", fragte der Geistliche. „Früher dachte ich *es* müsse gut enden", sagte K., „jetzt zweifle ich daran manchmal selbst. Ich weiß nicht, wie *es* enden wird. Weißt Du *es*?" „Nein", sagte der Geistliche, „aber ich fürchte *es* wird schlecht enden. *Man* hält dich für schuldig. Dein Prozeß wird vielleicht über ein niedriges Gericht nicht hinauskommen. *Man* hält wenigstens vorläufig deine Schuld für erwiesen." „Ich bin aber nicht schuldig", sagte K. (Kafka, KA P S. 288, Hervorh. NT)

Die häufige Verwendung des *man* zeigt, dass es weder eine individuelle noch universelle Meinung über den Prozess gibt, die damit gleichzeitig eine erhebliche und keine Aussagekraft hat. Zum *man* gesellt sich das *es*, das hier nicht mehr den Zweck eines Pronomens erfüllt, sondern ausschließlich funktionell operiert, indem es einen Platz besetzt, den möglicherweise irgendwann einmal ein schuldiges Subjekt innehatte. Der Satz „Früher dachte ich *es* müsse gut enden" müsste eigentlich, wenn das „es" als Pronomen fungieren sollte, lauten: „Früher dachte

---

[76] Ex negativo zeigt sich das an K.s. Aussage gegenüber Titorelli, wenn es heißt, dass er besondere Freude daran habe, auf die Frage, ob er unschuldig sei, mit einem „Ja" zu antworten, eben weil es vor einem Privatmann und deswegen „ohne jede Verantwortung erfolgte" (Kafka, KA P S. 200).

ich *er* [der Prozess] müsse gut enden".[77] Das *es* markiert den eigenen Ort als besetzt unbesetzt, kann aber auch auf die allgemeine Anwesenheit, eine generelle Beschaffenheit oder eine Allgegenwärtigkeit verweisen. Im Kapitel „Advokat Fabrikant Maler" heißt es:

> War er müde dann war es schlimm.
> Zu übertriebener Sorge war allerdings vorläufig kein Grund. Er hatte es verstanden, sich in der Bank in verhältnismäßig kurzer Zeit zu einer hohen Stellung emporzuarbeiten und sich von allen anerkannt in dieser Stellung zu erhalten, er mußte jetzt nur die Fähigkeiten, die ihm das ermöglicht hatten, ein wenig dem Proceß zuwenden und es war kein Zweifel, daß es gut ausgehen mußte. Vor allem war es, wenn etwas erreicht werden sollte, notwendig, jeden Gedanken an eine mögliche Schuld von vornherein abzulehnen. Es gab keine Schuld. Der Proceß war nichts anderes als ein großes Geschäft, wie er es schon oft mit Vorteil für die Bank abgeschlossen hatte, ein Geschäft, innerhalb dessen, wie das die Regel war, verschiedene Gefahren lauerten, die eben abgewehrt werden mußten. Zu diesem Zwecke durfte man allerdings nicht mit Gedanken an irgendeine Schuld spielen, sondern den Gedanken an den eigenen Vorteil möglichst festhalten. (Kafka, KA P S. 167)

Die gesamte Passage scheint K.s Gedankengang darzustellen, in den sich nur der Satz „Es gab keine Schuld" einschleicht, da er sich als universelles Urteil vom Rest des Textes absetzt. Die Universalität der Schuld ist es auch, die K. im Gespräch mit dem Geistlichen anspricht: „‚Es ist ein Irrtum. Wie kann denn ein Mensch überhaupt schuldig sein? Wir sind hier doch alle Menschen, einer wie der andere.' ‚Das ist richtig' sagte der Geistliche, ‚aber so pflegen die Schuldigen zu reden.'" (Kafka, KA P S. 288) Die Funktionalität von Schuld lässt nach, weil ihr keine (welt)ordnende Aufgabe zukommt. Deswegen ist es auch nicht die Schuld, die den weiteren Verlauf des Prozesses bestimmt. „Loi"/„Gesetz", „culpabilité"/„Schuld" und „intériorité"/ „Innerlichkeit" kommen bei Kafka überall vor, funktionieren aber nicht (Deleuze/Guattari, Kafka, S. 83; dt. S. 63). Und da „[d]ie schuldhaften Ereignisse" – wenn es solche gibt – „nicht verfügbar" sind, „setzt der Roman mit einer theatralischen Darstellung ein, die bis zuletzt wiederholt werden muss" (Simons, Schuld und Scham, S. 271).[78] Das theatrale Moment spitzt die Problematisierung von Schuld im *Proceß* weiter zu, denn die Rolle, die ein Subjekt im theatralen Kontext spielt, die Maske, die es sich aufsetzen kann, trennt das Subjekt von seiner Rolle und gibt ihm, wie Ellrich meint, „die Chance,

---

77 Man könnte versucht sein, das „es" als Pronomen für „das Ende" zu lesen, dann würde der Satz jedoch etwas holprig und tautologisch ausfallen: „Früher dachte ich das Ende müsse gut enden".
78 Simons leitet diese Überlegung mit der „Automobilgeschichte" Kafkas und der hier wuchernden Bürokratie her (Simons, Schuld und Scham, S. 269–270).

sich jener Verantwortung zu entledigen, die von traditionellen Ethiken gefordert wird" (Ellrich, Diesseits der Scham S. 252). Was an Ellrichs Interpretation exemplarisch deutlich wird, ist die Vorstellung eines Subjekts, in dem sich schuldhaftes Ereignis und Verantwortung bündeln und das sich selbst dann als Verantwortung tragendes transparent und gegenwärtig wird. Dieser Auffassung zufolge kann sich das Subjekt seiner Maske entledigen und als „echtes", „authentisches" auftreten. Im *Proceß* wird bereits auf den ersten Seiten die Frage danach, wer Masken trägt oder Rollen spielt, für unentscheidbar erklärt, wenn K. die Verhaftung für Fräulein Bürstner aufführt. Erst imitiert er den Aufseher, bis ihm auffällt, dass er „die wichtigste Person" vergessen hat und daraufhin eben diese – „mich" – darstellt (Kafka, KA P S. 44). Wenn K. K. spielt, wird mit der Verdoppelung die Möglichkeit eines „Selbst" parodiert. Die Maske des Selbst ist immer auch das Selbst als Maske und das Selbst des und der anderen. In K. können sich Verantwortung und Schuld nicht bündeln, weil Schuld als Konzept, das eine Subjektposition forciert, nicht funktioniert. Deswegen ist K. auch im Kapitel „Ende" und während seiner Hinrichtung nicht ohne Maske, vielmehr spitzt sich die Theatralität und sein Rollenspiel im Steinbruch noch einmal zu. Wenn die Scham K. überlebt, dann wird sie als Affekt markiert, der nicht primär Subjektivität und Individualität produziert.[79] Vielmehr ist sie ein „free radical that [...] attaches to and permanently intensifies or alters the meaning of – of almost anything" (Sedgwick, Touching Feeling, S. 62).[80] Scham als Affekt, der nicht gewaltsam versucht, ein Subjekt zu installieren, überstimmt das Primat der Schuld: „Es gab keine Schuld" (Kafka, KA P S. 167) – aber es gibt vielleicht Scham. Die ist aber konstitutiver Teil des Theaters, ist immer Darstellung, immer ein Exponiertsein vor Zuschauenden: „Wie die Scham das Theater fundiert, so ist sie selbst theatralisch verfasst" (Lehmann, Das Welttheater der Scham, S. 830). Und das zeigt sich auch in der letzten Szene im *Proceß*, in der alles verdoppelt ist (vgl. Lehmann, Das Welttheater der Scham, S. 830): die Henker oder Tenöre, die Gesichter, die Wangen, die brechenden Augen, das zweimalige Drehen des Messers, der doppelte Mord, wenn K. erstochen und erwürgt wird. K. selbst ist doppelt, wenn es heißt, „Wie ein Hund", denn dann verweist seine Haltung auf die eines Hundes und gleicht darin der Haltung der Wächter, mit der sie sich über K. beugen. Auch

---

[79] Scham gilt in der Psychologie, der Philosophie sowie den *Affect* und *Shame Studies* oft als Affekt, der Identität erzeugt. Eve Kosofsky Sedgwick will Scham hingegen nicht an eine essenzielle Vorstellung von Identität binden, sondern als Ort verstehen, „where the question of identity arises most originarily and most relationally" (Sedgwick, Eve Kosofsky: Touching Feeling. Affect, Pedagogy, Performativity. Durham 2003, S. 37).
[80] „freies Radikal, das sich mit allem verbindet und die Bedeutung von – von fast allem dauerhaft intensiviert oder verändert" (Sedgwick, Touching Feeling, S. 62. Übersetzung NT).

die Haltung des Hundes steht im Zeichen der Scham, aber nicht unbedingt wegen der „hündischen Abschlachtung" des Protagonisten (Goltschnigg, Die unendliche Scham, S. 190), sondern weil die Haltung auf allen vieren die Scham verbirgt, wie Kafka es in dem von Max Brod als „Forschungen eines Hundes" betitelten Text beschreibt:

> Denn wie führten sie sich auf, vor lauter Musik hatte ich es bisher nicht bemerkt, sie hatten ja alle Scham von sich geworfen, die elenden taten das gleichzeitig lächerlichste und Unanständigste, sie gingen aufrecht auf den Hinterbeinen. Pfui Teufel! Sie entblößten sich und trugen ihre Blöße zur Schau.[81]

Damit berührt Kafka ein grundlegendes Thema der Anthropologie, das – über die Aufrichtigkeit – zur Redlichkeit zurückführt.[82] Denn mit dem aufrechten Gang beginnt in der Anthropologie sowohl die Menschheitsgeschichte als auch die Scham.[83] Bei Kafka ist die aufrechte Haltung die schamlose, während sich die gebückte und gebeugte Haltung in die Rhetorik der Redlichkeit einschreibt, ohne dabei die Entsprechung von Schuld- und Verantwortungslosigkeit darzustellen.

## 5.6 Gesenkte Köpfe. Die unaufrechte Haltung der Redlichkeit

Das Exponiertsein der Scham ist bei Kafka verbunden mit verschiedenen Körperhaltungen. Wenn der schamhafte Lange „geduckt beim Fenster" (Kafka, Briefe 1902—1924, S. 15) sitzt, dann scheint der gesenkte Kopf das Inwendig-Falten der Scham zu figurieren und damit die konventionellen Anzeichen der Scham zu bedienen, die tendenziell im Abwenden, Verstecken-Wollen usw. bestehen. Der gehobene Kopf, „la tête qui crève le toit ou le plafond"/„der Kopf, der Dach oder

---

**81** Kafka, Franz: Nachgelassene Schriften und Fragmente II. In: Kafka, Schriften, Tagebücher, Briefe. Kritische Ausgabe. Hrsg. von Schillemeit, Jost. Frankfurt am Main 1992, S. 432.
**82** Zu einer Geschichte der aufrechten Haltung siehe Bayertz, Kurt: Der aufrechte Gang. Eine Geschichte des anthropologischen Denkens. München 2012.
**83** Freud zum Beispiel schreibt, dass das Abwenden des Menschen von der Erde und der Entschluss „zum aufrechten Gang, der nun die bisher gedeckten Genitalien sichtbar und schutzbedürftig macht [...], das Schämen hervorruft. Am Beginne des verhängnisvollen Kulturprozesses stünde also die Aufrichtung des Menschen" (Freud, Sigmund: Das Unbehagen in der Kultur und andere kulturtheoretische Schriften. Frankfurt am Main 1994, S. 65). Weitzman zeigt, dass die Scham in der Geschichte von Philosophie und Psychoanalyse einen Unterschied zwischen Mensch und Tier und damit auch den Unterschied zwischen Subjekt und Objekt markiert. Damit ist Scham Weitzman zufolge nicht nur grundlegend, sondern auch konstitutiv für die westliche Philosophie (Weitzman, Scham – oder die Metaphysik).

Decke durchbricht" (Deleuze/Guattari, Kafka, S. 9; dt. S. 8), erscheint als Gegenstück und lässt die Möglichkeit aufblitzen, „rapports binaires"/„binäre Beziehungen" und „relations biunivoques"/„bijektive Relationen" zwischen der körperlichen Haltung und der moralischen zu konstruieren (Deleuze/Guattari, Kafka, S. 14; dt. S. 12). In dieser Logik entspräche die aufrechte Haltung der – moralisch gesprochen – aufrichtigen.[84] Aber allein die Figur des schamhaften Langen, die mal gebückt und dann wieder aufrecht ist und das Dach durchbricht, zeigt, dass sich die Haltung der Figuren nicht in ein moralisches Raster übersetzen lassen. Weil sich aber die vielen gebückten, gebeugten, geduckten und gesenkten Figuren, verknüpft mit den etlichen steifen, gestreckten und aufrechten Figuren, in die Semantik von Aufrichtigkeit und Unaufrichtigkeit einschreiben, lässt sich mit ihnen auch die Frage der Redlichkeit jenseits von moralischen Modellen noch einmal neu stellen. Die Haltung der Figuren ist nicht Ausdruck eines psychologischen Bewusstseins, das körperlich oder physiognomisch lesbar wird,[85] sie ist nicht Ausdruck einer Innerlichkeit, die es zu übersetzen oder übertragen gelte.[86] Vielmehr schreibt sich jede von Kafkas gebückten, geduckten, aufrechten, halb aufrechten und steifen Figuren in eine Serie von Haltungen ein, was dazu führt, dass die Haltungen absolut entpersonalisiert werden. Und da es bei Kafka darüber hinaus keine aufrechte Haltung gibt, die Bestand hat, muss sich Redlichkeit anders zeigen.

---

**84** In ihrer Studie *Inclinations* zeigt Adriana Cavarero, wie stark die westliche Metaphysik von der Vorstellung bestimmt ist, dass sich mit dem aufrechten Gang und mit der aufrechten Haltung eine moralische und integre verbindet. Die aufrechte Haltung ist aber auch jene, die mit dem Maskulinen verbunden werde, das Feminine hingegen werde in Literatur und bildender Kunst häufig gebeugt dargestellt und deswegen aus den Betrachtungen zur Ethik ausgeschlossen (Cavarero, Adriana: Inclinations. A Critique of Rectitude. Übers. von Paul A. Kottman. Redwood City 2016). Zu der Paarung „aufrecht – klug" siehe Stöckmann, Ingo: Die Gemeinschaft der Aufrichtigen. Die Sprache der Nation und der redliche Grund des Sozialen im 17. Jahrhundert. In: Die Kunst der Aufrichtigkeit im 17. Jahrhundert. Hrsg. von Benthien, Claudia/Martus, Steffen. Tübingen 2006, S. 205–230.
**85** Anders zum Beispiel Abraham, der meint, dass „aufrechte" Gesetze „aufrechte Menschen" als Rechtssubjekte verlangen und keine „hündischen Subjekte", wie K. eines sei (Abraham, Ulf: Rechtsspruch und Machtwort. Zum Verhältnis von Rechtsordnung und Ordnungsmacht bei Kafka. In: Franz Kafka: Schriftverkehr. Hrsg. von Kittler, Friedrich/Neumann, Gerhard. Freiburg im Breisgau 1990, S. 248–278, hier S. 251). Dabei sind es im *Proceß* gerade die Institutionen, deren Architektur das Aufrechtsein der Menschen nicht ermöglichen (zum Beispiel die Kanzel im Dom und die Galerie des Gerichts).
**86** Geisenhanslüke argumentiert, dass sich in Kafkas Briefen an Felice der Unterschied zwischen Aufrichtigkeit und Unaufrichtigkeit auflöse (Geisenhanslüke, Masken des Selbst, S. 193–194).

Im *Proceß* werden zum Beispiel eine Reihe von aufrechten Haltungen angekündigt, die aber permanent nicht zustande kommen. Bereits auf der ersten Seite heißt es: „‚Wer sind Sie?' fragte K. und saß gleich halb aufrecht im Bett" (Kafka, KA P S. 7). Wenn K. Einblick in die Gesetzesbücher verlangt und statt der erwarteten Paragrafen *Porno*grafen im Sinne von pornografischen Zeichnungen vorfindet, erachtet er diese als nicht sonderlich gelungen, weil die abgebildeten Figuren „übermäßig aufrichtig" auf dem Kanapee sitzen (Kafka, KA P S. 76–77). Und obwohl es zu Beginn des Kapitels „Verhaftung" noch heißt, „K. lebte doch in einem Rechtsstaat [...], alle Gesetze bestanden aufrecht" (Kafka, KA P S. 11), kann sich K., sei es, weil er keine Luft bekommt oder weil ihm permanent schwindlig wird, nie „aufrechthalten," wenn er sich in den Gebäuden des Gerichts und anderen Institutionen befindet (Kafka, KA P S. 100–101). In der Nebenkanzel im Dom zum Beispiel müssen sich die Gestalten über die Brüstung beugen, weil „die steinerne Einwölbung der Kanzel ungewöhnlich tief" begann und „derartig geschweift in die Höhe" stieg, „daß ein mittelgroßer Mann dort nicht aufrecht stehn konnte" (Kafka, KA P S. 283). Zudem wird K. angewiesen, an einer „Stelle knapp vor der Kanzel" zu stehen, sodass er den „Kopf schon weit zurückbeugen [mußte,] um den Geistlichen noch zu sehen" (Kafka, KA P S. 287). Auch die Erzählung *Das Urteil* inszeniert eine erstaunliche Geometrie, in der die aufrechte Haltung korrumpiert wird: „‚Nein!' rief der Vater, daß die Antwort an die Frage stieß, warf die Decke zurück mit einer Kraft, daß sie einen Augenblick im Fluge sich ganz entfaltete, und stand aufrecht im Bett. Nur eine Hand hielt er leicht an den Plafond."[87] Weil nicht nur der Vater mit einem Sprung aufrecht im Bett steht, sondern auch die Bettdecke sich komplett entfaltet, wird das Aufrechte merkwürdig unwahrscheinlich,[88] so dass es eigentlich wieder unaufrecht ist und sich zur Scham hin verschiebt, wenn der Vater kurz darauf „vollkommen frei" die Beine hochwirft, sodass er „vor Einsicht strahlt" (Kafka, KA U S. 50). Es zeigt sich, dass bei Kafka die aufrechte Haltung immer wieder korrumpiert wird: Manchmal ist sie flüchtig, ein anderes Mal ein Kuriosum (wie es in den „Forschungen eines Hundes" der Fall ist) oder sie wird so übertrieben und geometrisch dargestellt, dass sich der Übergang zur Unaufrichtigkeit einstellt.

Damit ist Haltung immer im Prozess begriffen. Sie hat keine Beständigkeit, die sich an einer Innerlichkeit orientiert oder aus deren Abbildung resultiert. An

---

[87] Kafka, Franz: Das Urteil. In: Kafka, Gesammelte Werke: Ein Landarzt und andere Drucke zu Lebzeiten. Hrsg. von Koch, Hans-Gerd u. a. Bd. 1. Frankfurt am Main 2008, S. 37–52, hier S. 50. Im Folgenden im Text abgekürzt: KA U.
[88] Auch Cavarero sieht eine Unglaubwürdigkeit in „rectitude"/Rechtschaffenheit/Aufrichtigkeit (Cavarero, Inclinations, S. 129).

den Haltungen der Figuren zeigt sich, was den *Proceß* und andere Texte Kafkas prägt: Weil es keine Instanz, kein Referenzsystem gibt, an dem sich Aufrichtigkeit messen und bewahrheiten ließe, müssen sich die Koordinaten verschieben. Im Zuge dessen wird Aufrichtigkeit überführt in rhetorische Figuren. Oder anders: Die Haltung der Figuren wird Teil der Rhetorik von Redlichkeit und verweist damit auf eine ethische Haltung. Wenn es im „Gespräch mit dem Beter" heißt: „Ich legte meine Hände auf die obere Stufe, lehnte mich zurück und sagte in dieser unangreifbaren Haltung, welche die letzte Rettung der Ringkämpfer ist: ‚Ihr habt eine lustige Art Euch zu retten [...]'", dann wird die körperliche Haltung zur Haltung des Redners.[89] Unangreifbar ist nicht nur die Figur auf den Stufen, sondern auch die rhetorische Figur, mit der eine Haltung argumentiert wird[90] bzw. die selbst Haltung ist. Auch K.s „unglaubwürdige" Haltung im Kapitel „Ende" schreibt sich in diese Rhetorik der Rhetorik ein.[91] Haltung ist also einerseits metaphorisch zu verstehen – und die Metapher ist bei Kafka im Werden begriffen und verursacht in ihrer Verwandlung immer weitere Verwandlungen.[92] Anderer-

---

[89] Kafka, Franz: Gespräch mit dem Beter. In: Kafka, Gesammelte Werke. Ein Landarzt und andere Drucke zu Lebzeiten. Hrsg. von Koch, Hans-Gerd u. a. Bd. 1. Frankfurt am Main 2008, S 299–306, hier S. 303.
[90] Anders als Vogl, der schreibt, dass der Körper bei Kafka „kein natürliches Faktum, sondern immer schon rhetorischer Gegenstand und Kristallisationskern eines kulturellen Phantasmas ist" (Vogl, Ort der Gewalt, S. 48), geht es mir hier weniger um den Körper als Gegenstand, sondern um die Figuration des Körpers als rhetorische Figur.
[91] Peter Utz untersucht diese Stelle in den verschiedenen französischen Übersetzungen des *Proceß* und meint, dass die Übersetzer sich nicht entscheiden könnten, ob sich das „unglaubwürdig" auf das Moralische oder das Körperliche beziehe (Utz, Peter: Übersetzte Gesten in Kafkas *Proceß*. In: Geste und Gebärde. Beiträge zu Text und Kultur der klassischen Moderne. Hrsg. von Schiffermüller, Isolde. Innsbruck/Wien/München 2001, S. 262–290). Was dadurch auch deutlich wird, ist, dass Haltung nicht als außersprachliches Pendant zur Sprache gelesen werden kann und an dieser Stelle haben Haltung und Geste einiges gemein, wie Schiffermüllers Ausführungen zur Geste zeigen: „Kafkas Gesten sind kein Fluchtpunkt nostalgischer Sehnsucht nach authentischem Ausdruck, sie bedeuten in diesem Sinne auch keine Rettung von der modernen Sprachkrise, keine Alternative zum konventionellen sinnentleerten Zeichen [...]" (Schiffermüller, Gebärden der Scham, S. 30)
[92] Corngold zeigt, inwiefern Kafka in der *Verwandlung* zwar tatsächlich eine Metapher beim Wort nimmt, dass die Verwandlung vom Metaphorischen zum Wörtlichen oder Buchstäblichen aber immer unabgeschlossen bleibt. Die Rhetorik Kafkas ist demnach nicht eine einfache Umkehrung des figurativen Gebrauchs, sondern in jeder dieser Verkehrung steckt ein neuer Widerspruch bzw. in jeder Wendung zum Wörtlichen steckt eine erneute Wende (Corngold, The Necessity of Form, S. 52). Eine ausführliche Studie zur Metapher bei Kafka legte Sussman vor (Sussman, Henry: Franz Kafka. Geometrician of Metaphor. Madison 1979).

seits ist sie beim Wort zu nehmen. Das heißt, sie ist insofern keine Metapher, sondern Metamorphose, als sie keine eigentliche Bedeutung hat, und ist doch eine Metapher als Trope, das heißt als Wendung, die sich im Moment des Wendens selbst zerstört.[93] Die Haltung der Figuren ist die Nicht-Haltung, weil sie nicht hält, sondern sich durch Körper und Rhetorik hindurchzieht und verwandelt. Und eben darin ist sie Serie und äußerlich.

Weil es in dieser Rhetorik keine subjektive Haltung gibt, lässt sich Redlichkeit nur im Rahmen von Kollektiven denken. So sieht auch K. im *Proceß* bei seinem Eintreten in das Untersuchungszimmer des Gerichts kaum Gesichter, „sondern nur Rücken von Leuten, welche ihre Reden und Bewegungen nur an Leute ihrer Partei richteten" (Kafka, KA P S. 58). Die gesamte Szene entfaltet sich im Ineinandergreifen von politischen und juristischen Begriffen und Verfahren, die das Untersuchungszimmer in ein antikes Gericht oder in eine Versammlung der Polis verwandeln. Und wenn K. überlegt, wie er alle Zuschauer auf einmal oder wenigstens alle zu unterschiedlichen Zeiten gewinnen könne, dann überlegt er sich hier nicht nur strategische Möglichkeiten, mit denen er „Wohlwollen erheischen" kann (*captatio benevolentiae*), sondern auch, wie er seine Zuhörerschaft am besten von seiner Angelegenheit überzeugen oder überreden kann. K.s Rede ist dabei nicht eindeutig als Gerichtsrede (*genus iudiciale*) zu klassifizieren, sondern ist ebenso politische Rede und, wenn es heißt, „[w]as ich will, ist nur die öffentliche Besprechung eines öffentliches Mißstandes", auch eine *parrhesiastische* Rede (Kafka, KA P S. 53). Es verwundert daher nicht, dass an diesem Ort permanent von gebeugten und gebückten und übermäßig aufrichtigen Haltungen die Rede ist: Beim Eintreten sieht K. „ein mittelgroßes, zweifenstriges Zimmer, das knapp an der Decke von einer Galerie umgeben war, die gleichfalls vollständig besetzt war und wo die Leute nur gebückt stehen konnten und mit Kopf und Rücken an die Decke stießen" (Kafka, KA P S. 57). Wenn K.s Antwort auf die Frage des Untersuchungsrichters, ob K. ein Zimmermaler sei, bei der einen Partei ein solch herzliches Gelächter hervorruft, dass die Leute sich „mit den Händen auf ihre Knie" stützten und sich „wie unter schweren Hustenfällen" schüttelten, dann ist die gebeugte Figur auch eine Figur der Zustimmung und der gelungenen Überzeugung, also der Rhetorik (Kafka, KA P S. 57).

---

93 Koelb zeigt genau das in seiner Lektüre von Kafkas Erzählung *Die Brücke*: Die Brücke, die sich an beiden Seiten eines Abgrunds festhält (und damit als Transportweg, d. h. als Metapher funktioniert), fällt selbst in den Abgrund, wenn sie sich umwendet (τροπή, *tropé* ‚Wendung') und zerschellt. Die Wendung als Wendung, die eine eigentliche Bedeutung entweder aufdeckt oder generiert, indem sie eine uneigentliche Bezeichnung hervorbringt, kann nicht vollzogen werden (Koelb, Clayton: The Turn of the Trope: Kafka's „Die Brücke". In: Modern Austrian Literature 22.1 (1989), S. 57–70).

Wie schon die Redlichkeit ist auch die Haltung dieser Massen in der Versammlung nicht personalisiert. Weil sich aber die Haltung in die Semantik von Aufrichtigkeit einschreibt, schreibt sie sich auch in jene der Redlichkeit ein. Die Rhetorik der Haltung ist Redlichkeit, die sich in ihrer Serialität als entpersonalisiertes Redlich-werden sowohl auf das Ethos als auch auf den Körper bezieht. Aber ebenso wie K. im *Proceß* nicht weiß, was Zeichen „dirigieren", und er deshalb darauf verzichtet, „die Bedeutung von Zeichen zu erfahren", entziehen sich die gebeugten und aufrichtigen Figuren der Systematisierung und Kategorisierung (Kafka, KA P S. 67). Sie haben jedoch die Tendenz, sich nicht als Repräsentation einer moralischen Aufrichtigkeit zu artikulieren, sondern als performative Redlichkeit zu figurieren. Letzteres zeigt sich nicht zuletzt an den vielen Figuren, die gebückt und gebeugt über Texten und Blättern sitzen und in dieser Haltung zu lesen und zu schreiben versuchen. Besonders wichtig wird diese Haltung im Hinblick auf K.s Vorhaben, eine Eingabe zu verfassen.

## 5.7 Redlichkeit als Erzählverfahren. K.s Eingabe

Mit K.s Eingabe wird die entpersonalisierte Redlichkeit in eine Schreibpraxis überführt, die sich durch eine doppelte Bewegung auszeichnet: Zum einen kann K. zu viel erinnern, wodurch er zum anderen ein Projekt unternimmt, das niemals fertiggestellt werden kann. Damit einhergehend wird deutlich, dass es sich bei K.s Eingabe um ein Projekt handelt, das nicht nur sein Leben, sondern Leben schreibt, wodurch die Eingabe auf eine wuchernde Verantwortung verweist, die, weil sie entsubjektiviert ist, nie zum Ende kommen kann. Redlichkeit zeigt sich als jenes Erzählverfahren,[94] durch das sich die Eingabe nicht als Repräsentation eines vorhandenen Lebens zeigt, sondern als Produktion von Leben; als das, was

---

94 In den letzten Jahrzehnten hat sich die Literaturwissenschaft immer wieder mit dem Begriff des Verfahrens auseinandergesetzt. Vor allem Rüdiger Campe hat einige Studien vorgelegt, in welchen er spezifische Verfahren einzelner Texte untersucht. Dabei stellt er immer wieder heraus, dass Verfahren „Regularitäten ohne Regeln" zu sein scheinen und sich insofern von einer bestimmten Methode unterscheiden, als es sich nie um *das* Verfahren handeln könne, sondern etwas immer „*[a]ls*, *durch* und *in* Verfahren" Form werde (Campe, Verfahren, S. 3–5). So analysiert er zum Beispiel Georg Christoph Lichtenbergs Aufzeichnungen im *Sudelbuch* als Verfahren (Campe, Rüdiger: Vorgreifen und Zurückgreifen. Zur Emergenz des Sudelbuchs in Georg Christoph Lichtenbergs Heft „E." In: Notieren, Skizzieren, Schreiben und Zeichnen als Verfahren des Entwurfs. Hrsg. von Nasim, Omar W. Zürich 2010, S. 61–87). Bei Campe findet sich außerdem ein ausführlicher Überblick über die Forschungsliteratur zum Thema „Literatur und Verfahren" (bis 2010) (Campe, Verfahren, S. 13) und auch Höcker hat das Verhältnis von Literatur und Verfahren bei Kafka analysiert (Höcker, Literatur durch Verfahren).

zum Detail drängt, das Detail selbst ist und sich über den Tod hinaus fortscheibt.[95]

Weil K. meint, dass seine Vertreter bisher zu wenig in seinem Prozess getan haben, zum Beispiel haben sie seine Eingabe noch nicht geschrieben, will K. die Eingabe eigenständig verfassen. Was zunächst nach einer unmittelbareren Verteidigung aussieht, hat Campe als die doppelte Entfernung von einem Ursprung beschrieben, weil K. dadurch nicht nur zu seinem eigenen Vertreter, sondern zum Vertreter seiner Vertreter wird, das heißt, er wird zum Fürsprecher seiner Fürsprecher (Campe, Schreiben im Process, S. 129).[96] Darin zeigt sich erneut die Unpersönlichkeit des Prozesses: K. spricht nicht einfach für sich, sondern er spricht für die Advokaten, die für ihn sprechen sollen. Gleichermaßen sind alle mit dem Gericht verbundenen Figuren Boten und Advokaten des Gerichts, das heißt, dass sich auch hier die Serie der Vertretungen fortsetzt. Wieder wird mit dieser Serie der verschiedenen Instanzen der Ursprung des Sprechens irritiert.

---

**95** Da Kafka, wie Campe zeigt, die Bedeutung des Schreibens in der Literaturgeschichte verändert hat, ist das Schreiben Kafkas ein in der Forschung viel besprochenes Thema und die folgenden Untersuchungen sind nur einige der einschlägigsten: Campe, Rüdiger: Schreiben im Process. Kafkas ausgesetzte Schreibszene. In: Schreibkugel ist ein Ding gleich mir: von Eisen. Hrsg. von Giuriatto, Davide/Stingelin, Martin/Zanetti, Sandro. München 2005, S. 115–132; Fort, Jeff: The Imperative to Write. Destitutions of the Sublime in Kafka, Blanchot, and Beckett. New York 2014; Lehmann, Der buchstäbliche Körper; Neumann, Gerhard: Der verschleppte Prozeß. Literarisches Schaffen zwischen Schreibstrom und Werkidol. In: Neumann, Kafka-Lektüren. Frankfurt am Main 2013, S. 76–98; Neumann, Gerhard: Schreibschrein und Strafapparat. Erwägungen zur Topographie des Schreibens. In: Neumann, Kafka Lektüren. Berlin/Boston 2013, S. 55–75; Kittler, Wolf: Schreibmaschienen, Sprechmaschienen. Effekte technischer Medien im Werk Franz Kafkas. In: Franz Kafka, Schriftverkehr. Hrsg. von Kittler, Wolf/Neumann, Gerhard. Freiburg im Breisgau 1990, S. 75–163.

**96** Campe hat sich ausführlich mit Fürsprechern und Vertretern bei Kafka beschäftigt (vgl. Campe, Schreiben im Process; Campe, Kafkas Fürsprache; Campe, Rüdiger: Synergoria und Advokatur. Entwurf zu einer kritischen Geschichte der Fürsprache. In: Empathie und Erzählung. Hrsg. von Breger, Claudia/Breithaupt, Fritz. Freiburg im Breisgau 2010, S. 53–84; Campe: Kafkas Institutionenroman. „Der Proceß", „Das Schloß". In: Gesetz. Ironie. Festschrift für Manfred Schneider. Hrsg. von Campe, Rüdiger/Niehaus, Michael. Heidelberg 2004, S. 197–208). Doreen Densky hat sich der Struktur der Fürsprache bei Kafka zugewendet (Densky, Proxies in Kafka). Auf die kürzlich erschienene Monografie zum Thema von Denksy konnte inhaltlich leider nicht mehr eingegangen werden (Densky, Doreen: Literarische Fürsprache bei Kafka. Rhetorik und Poetik. Berlin 2020).

Durch seine verschiedenen Funktionen in der Bank, im Gericht und als Angeklagter steht K. mit allen in Verbindung,[97] gleichzeitig sprechen in diesem Netz an Figuren alle im Namen anderer.

Doch bei Fürsprache und Redlichkeit handelt es sich trotz struktureller Überschneidungen nicht um den denselben Modus des Redens. Was Redlichkeit von Fürsprache unterscheidet, ist die Haltung der Redlichkeit – wieder im doppelten Sinne von körperlicher und ethischer: Weil K. die Eingabe selbstständig, das heißt auch über den Schreibtisch gebeugt, schreiben will, ist es, als ob er selbst spräche, als ob seine Haltung keine Fürsprache sei und folglich als ob K. Verantwortung für sich selbst übernehmen würde. Damit unterscheidet sich die Eingabe zum Beispiel von seinem Auftritt im Gericht, bei dem er behauptet, mit seiner Rede nicht für sich zu sprechen, sondern für all diejenigen einzustehen, die wie er aufgrund eines falschen Verfahrens verhaftet wurden (Kafka, KA P S. 46–47).[98]

Mit der Eingabe steht er also für sich sowie, das wird Folgenden deutlich werden, für andere ein und exponiert sich mit ihr. Vielleicht ist die Eingabe auch aus diesem Grund mit Scham besetzt. Denn obwohl K. gegenüber dem Verfassen der Eingabe quasi schamlos wird – „Früher [...] hatte er nur mit einem Gefühl der Scham daran denken können, daß er einmal genötigt sein könnte, eine solche Eingabe selbst zu machen. [...] Heute wußte K. nichts mehr von Scham, die Eingabe mußte gemacht werden" (Kafka, KA P S. 170)[99] –, steht doch die ganze Szene des Schreibens im Zeichen der Scham:

---

[97] Vgl. dazu Deleuze und Guattari: „Dans le Procès, K. est banquier, et, sur ce segment, en connexion avec toute une série de fonctionnaires, de clients, et avec sa petite amie Elsa ; mais il est aussi arrêté, en connexion avec des inspecteurs, des témoins, et avec Mlle Bürstner ; et il est accusé, en connexion avec des huissiers, des juges, et avec la laveuse ; et il est procédurier, en connexion avec des avocats et avec Leni ; et il est artiste, en connexion avec Titorelli et les petites filles [...]" (Deleuze/Guattari, Kafka, S. 151) dt.: „So ist K. im Prozeß zunächst Prokurist einer Bank und steht durch dieses Segment in Verbindung mit einer ganzen Serie von Bankbeamten und Kunden sowie mit seiner Freundin Elsa; aber er ist auch Verhafteter und dadurch in Verbindung mit Wächtern, mit Zeugen und mit Fräulein Bürstner; und er ist Angeklagter, dadurch in Verbindung mit Advokaten und mit Leni; und er ist Künstler, dadurch in Verbindung mit Titorelli und den Mädchen [...]" (Deleuze/ Guattari, Kafka, S. 117).

[98] Densky beschreibt, inwiefern sich K. in der Gerichtsszene quasi selbst zum Stellvertreter ernennt (Densky, Proxies in Kafka, S. 130–131) und zur Paradoxie, die darin besteht, dass K., wenn er für andere einsteht, auch für sich selbst einsteht, siehe Simons, Schuld und Scham, S. 280.

[99] Zum Imperativ des Schreibens in dieser und in anderen Szenen bei Kafka siehe Fort, The Imperative to Write, bes. S. 133–134.

> Er erinnerte sich, wie er einmal an einem Vormittag, als er gerade mit Arbeit überhäuft war, plötzlich alles zur Seite geschoben und den Schreibblock vorgenommen hatte, um versuchsweise den Gedankengang einer derartigen Eingabe zu entwerfen und ihn vielleicht dem schwerfälligen Advokaten zur Verfügung zu stellen, und wie gerade in diesem Augenblick die Tür des Direktionszimmers sich öffnete und der Direktor-Stellvertreter mit großem Gelächter eintrat. Es war für K. damals sehr peinlich gewesen, obwohl der Direktor-Stellvertreter natürlich nicht über die Eingabe gelacht hatte, von der er nichts wußte, sondern über einen Börsenwitz, den er eben gehört hatte, einen Witz, der zum Verständnis eine Zeichnung erforderte, die nun der Direktor-Stellvertreter, über K.s Tisch gebeugt, mit K.s Bleistift, den er ihm aus der Hand nahm, auf dem Schreibblock ausführte, der für die Eingabe bestimmt gewesen war. (Kafka, KA P S. 169)

Einerseits ist es K. vermutlich peinlich, beim Schreiben der Eingabe vom Direktor-Stellvertreter erwischt zu werden – und das, obwohl dieser nicht weiß, was K. zu schreiben im Begriff ist. Andererseits ist es aber die Zeichnung, die K. peinlich wird, weil sie sein Leben zum Witz macht. Darin zeigt sich eine Form von Gewalt, die sich zuspitzt, wenn der Direktor-Stellvertreter zum Zeichnen der Pointe K. den Stift erst entwenden muss, wodurch diesem erneut das Leben aus der Hand genommen wird. Wenn K.s Leben zum Witz wird, dann auch deswegen, weil es ihm entwendet wird. Nichts Anderes ist also K.s Eingabe, als die Darstellung, Begründung und Beurteilung (s)eines Lebens:[100]

> Er wollte darin [in der Eingabe NT] eine kurze Lebensbeschreibung vorlegen und bei jedem irgendwie wichtigeren Ereignis erklären, aus welchen Gründen er so gehandelt hatte, ob diese Handlungsweise nach seinem gegenwärtigen Urteil zu verwerfen oder zu billigen war und welche Gründe er für dieses oder jenes anführen konnte. (Kafka, KA P S. 149)

Das Verfahren bringt K. dazu, sein Leben zu schreiben und Rechenschaft abzulegen, wodurch er so von der Eingabe eingenommen wird, dass sie zum Leben wird. Schreiben und Leben überlagern sich auf eine Weise, die es nicht mehr möglich macht, zwischen Schrift und Leben zu unterscheiden. Die Eingabe ist nicht die Verdoppelung seines Lebens in Schrift, sondern selbst Leben. Mit Roland Barthes ließe sich sagen, dass die Eingabe eine Form des intransitiven Schreibens ist, durch welches K. in „Mitleidenschaft" gezogen wird, weil die Eingabe ihn nicht

---

[100] In der Forschung wird bezüglich der Eingabe meistens von K.s Autobiographie gesprochen (vgl. Campe, Schreiben im Process; Campe, Kafkas Fürsprache). Allemann spricht von der Eingabe als einer Rechtfertigung (Allemann, Kafka: Der Prozess, S. 284–285). Die Zitate aus dem Proceß legen es m. E. jedoch nahe, dass Rechtfertigung nur einen Teil der Eingabe ausmacht, auch weil K. nicht weiß, wofür er sich rechtfertigen soll.

als „psychologisches Subjekt" erscheinen lässt, sondern K. selbst „Agens der Aktion innerhalb des Schreibens" wird.[101]

> Wenn er im Büro keine Zeit für sie [die Eingabe, NT] fand, was sehr wahrscheinlich war, dann mußte er sie zu Hause in den Nächten machen. Würden auch die Nächte nicht genügen, dann mußte er einen Urlaub nehmen. Nur nicht auf halbem Wege stehenbleiben, das war nicht nur in Geschäften, sondern immer und überall das Unsinnigste. Die Eingabe bedeutete freilich eine fast endlose Arbeit. Man mußte keinen sehr ängstlichen Charakter haben und konnte doch leicht zu dem Glauben kommen, daß es unmöglich war, die Eingabe jemals fertigzustellen. Nicht aus Faulheit oder Hinterlist, die den Advokaten allein an der Fertigstellung hindern konnten, sondern weil in Unkenntnis der vorhandenen Anklage und gar ihrer möglichen Erweiterungen das ganze Leben in den kleinsten Handlungen und Ereignissen in die Erinnerung zurückgebracht, dargestellt und von allen Seiten überprüft werden mußte. (Kafka, KA P S. 170–171)

K.s Schwierigkeiten leiten sich vor allem aus der nicht zu bewältigenden Fülle des zu Erzählenden und Erklärenden her. Bereits hier deutet sich an, dass sich die „kurze Lebensbeschreibung" aufwendiger gestaltet als gedacht, obwohl K.s Prozess eigentlich noch sehr „jung" ist (Kafka, KA P S. 239). Kaufmann Block hingegen, dessen Prozess schon fünf Jahre andauert, ist bereits sein eigener Name geworden, er ist ein von Vertretern der Institution beschriebener Schreib-Block oder eine Ansammlung von Blättern, Schriftsätzen und Eingaben, gewissermaßen also ein „Bündel Papiere, wahrscheinlich Prozeßschriften" (Kafka, KA P S. 247). Block ist permanent mit dem Versuch beschäftigt, die unlesbaren Papiere zu entziffern, ebenso wie K. versucht, sein Leben zu entziffern oder eben seine eigene Eingabe, in der er sich vielleicht immer schon befindet. Denn im Grunde ließe sich schon der erste Satz des Kapitels „Verhaftung" als ein Kapitel der Eingabe K.s lesen. Deswegen kann K., wie sein Onkel meint, auch gestrichen werden: „Willst du denn den Proceß verlieren? Weißt Du was das bedeutet? Das bedeutet, dass du einfach gestrichen wirst" (Kafka, KA P S. 126). Dass K. dabei von sich in der dritten Person schreibt, ist angesichts der Vertreter- und Fürsprecherstrukturen nur konsequent. Dieser Lektüre zufolge ist das Schreiben nicht nur die einzige Möglichkeit, den Prozess hinauszuschieben,[102] sondern gleichzeitig auch der einzige Grund, warum der *Proceß* und damit das Ende K.s vollzogen werden.

---

101 Barthes, Roland: Schreiben, ein intransitives Verb? In: Schreiben als Kulturtechnik. Hrsg. von Zanetti, Sandro. Berlin 2012, S. 240–250. Zum Schreiben als intransitives und transitives Verb bei Kafka vgl. auch Campe, Schreiben im Process.
102 Vgl. Sussman, der sich auf Walter Benjamin bezieht (Sussmann, Geometrician of Metaphor, S. 94).

Obwohl K. für ein asketisches Schreiben bereit ist, weiß er nicht, wofür er Rechenschaft ablegen soll oder ob es überhaupt etwas gibt, für das er sich verteidigen kann.[103] Die Aufgabe, Rechenschaft in einem geschlossenen und kohärenten Narrativ abzulegen, ist nicht zu bewerkstelligen, weil die Fülle an Erinnerungen, durch Details und Nebenhandlungen, der Abschließbarkeit immer entgegenwirken. Das Entdecken immer neuer Details verunmöglicht ein lineares Erzählen und gestaltet sich bald als Suche nach einer Gattung, welche die Unabschließbarkeit erschließt. Während diese Suche nicht besonders erfolgsversprechend ist, lässt sich doch mit Kafka und K.s Eingabe überlegen, wie Rechenschaft und Verantwortung trotz Inkohärenz der eigenen Geschichte und auch ohne einen stabilen Subjektbegriff möglich wird. Und weil K.s Eingabe einen performativen Zug hat, weil K. mit ihr nicht sein Leben beschreiben, sondern Leben schreiben wird,[104] handelt es sich hier vielleicht weniger um Rechenschaft als vielmehr um performative Redlichkeit, mit der K. Leben schreibt und die K. schreibt.

Judith Butler hat anhand des Konzepts *giving an account of oneself*, das generell mit „Rechenschaft ablegen" übersetzt wird, gezeigt, wie auch mit einem instabilen und dezentrierten Subjekt Verantwortung gedacht werden kann.[105] Sie schreibt, dass das Konzept eines Subjektes, von dem nicht permanent gefordert wird, kongruent, transparent und sich selbst gleich zu sein und zu bleiben, einer

---

103 Das wirft erneut das bei Kafka häufig auftauchende Problem der Unmöglichkeit des Ganzen auf. Vgl. dazu Höcker, der meint, dass sich in den späten Erzählungen Kafkas das „Problem des Ganzen" vielmehr als Motiv, denn als Problem des Erzählens zeigt, „an dem es zu scheitern droht" (Höcker, Literatur als Verfahren, S. 243).

104 Neumann schreibt, dass „der Roman Kafkas kein ‚erzähltes Leben' bietet, sondern ein dialektisches Spiel zwischen Lebensprozeß und Schreibakt, zwischen Perspektivenfigur und Autorfunktion entfaltet" (Neumann, Gerhard: ‚Blinde Parabel' oder Bildungsroman? Zur Struktur von Franz Kafkas Process-Fragment. In: Jahrbuch der deutschen Schillergesellschaft 41 (1997), S. 399–427, hier S. 406). Eine Schaltstelle zwischen den Ebenen bilde dabei die Chiffre „K.", die – und hier bezieht sich Neumann auf Tzvetan Todorov – zwischen „sujet de l'énoncé und sujet de l'énonciation [...] oszilliert" (Neumann, Gerhard: Der Zauber des Anfangs und das Zögern vor der Geburt: Kafkas Poetologie des riskantesten Augenblicks. In: Nach erneuter Lektüre: Franz Kafkas „Der Prozeß". Hrsg. von Zimmermann, Hans Dieter. Würzburg 1992, S. 121–142, hier S. 127). Simons spricht von K.s autobiographischer Schrift, die gleichermaßen ein performativer Schreibakt sei (Simons, Schuld und Scham, S. 288). Ähnlich auch Fort, wenn er von der „Autobiografie" vor allem das „-grafie" in den Fokus seiner Studie stellt (Fort, The Imperative to Write, S. 21–22).

105 Butler, Judith: Giving an Account of Oneself. In: Diacratics 31. No. 4 (Winter 2001), S. 22–40. Dieser Artikel ist ein Teil ihres Buches *Giving an Account of Oneself*, das in gekürzter Fassung auch ins Deutsche übersetzt wurde (Butler, Judith: Giving an Account of Oneself. New York 2005, dt.: Butler, Judith: Kritik der ethischen Gewalt. Übers. von Reiner Ansén/Michael Adrian. Frankfurt am Main 2003).

ethischen Gewalt entgegenwirken könne, die eben darin bestehe, von sich und anderen zu fordern, immer mit sich selbst identisch zu sein. Das Subjekt kenne sich, so Butler, immer nur unvollständig und auch nur im Kontext zu einem sozialen Umfeld, das ihm vorausgehe, das nach ihm existiere und es immer bereits in einer Form beeinflusst habe, die ihm nicht in Einzelheiten zugänglich werden könne:

> The „I" cannot tell the story of its own emergence, and the conditions of its own possibility, without in some sense bearing witness to a state of affairs to which one could not have been present, prior to one's own becoming, and so narrating that which one cannot know. (Butler, Giving an Account of Oneself, S. 26)[106]

Von einem Subjekt Kongruenz, Transparenz und Beständigkeit zu fordern, ist Butler zufolge eine Form ethischer Gewalt, weil es Unmögliches verlangt. Wie also, fragt Butler, können wir, wenn wir uns niemals vollständig gegenwärtig sind, Rechenschaft ablegen, ohne permanent Gewalt auszuüben? Wie kann Rechenschaft eingefordert werden, wenn Gründe und Ursachen des Handels immer entgleiten? Im Zuge der Beantwortung dieser Frage diskutiert sie mit Adriana Cavarero (die sich wiederum auf Hannah Arendt bezieht) die Ethik der Frage „Wer bist du?", die wir nie zu stellen aufhören dürfen, weil sich das Du immer verändert, ebenso wie sich die Geschichten verändern, die das Du als Antwort gibt (vgl. Butler, Giving an Account of Oneself, S. 24). Im Unterschied zur am Anfang dieses Kapitels diskutierten Frage „Wer spricht?" fragt Butler nicht nach der Instanz hinter und außerhalb der Sprache oder des Textes, sondern das Sprechen selbst rückt in den Fokus der Betrachtung. Die Frage nach dem Du darf Butler zufolge nicht nach Kongruenz und Geschlossenheit verlangen, sondern erwartet keine befriedigende Antwort und keinen abschließbaren Prozess. Deswegen muss die Frage auch immer wieder aufs Neue gestellt werden.

Diese Gedanken von Butler und Cavarero aufnehmend, werden im Folgenden anhand von K.s Einschreiben die Möglichkeiten der Rechtfertigung erneut betrachtet, denn erstens ist im *Proceß* das Du nicht verfügbar, obwohl auch K. der Gewalt ausgesetzt ist, lückenlosen Bericht ablegen zu müssen. Jedoch werden weder das Gericht noch die Gesprächspartner für K. als Du greifbar, und wenn K. im Schreiben der Eingabe zum Vertreter seiner Vertreter wird, dann entrückt auch er sich als Du und wird selbst Teil der Serie, die auf weitere Dus verweist.

---

[106] „Das ‚Ich' kann die Geschichte der eigenen Entstehung und die Bedingung der eigenen Möglichkeiten nicht erzählen, ohne in einem gewissen Sinne über einen Zustand Zeugnis abzulegen, zu dem man selbst noch nicht da war, der vor dem eigenen Werden war, und muss folglich das erzählen, was es nicht wissen kann." (Übersetzung NT)

K.s Versuch, an eine stabile Instanz zu gelangen, gleitet immer wieder an der Unverfügbarkeit des Du ab, das nicht personalisiert werden kann.[107] Zweitens kann die Eingabe nie fertiggestellt werden, weil immer mehr Details und Erzählstränge wie aus dem Nichts auftauchen und vielleicht auch nur entfernt mit K. in Verbindung stehen. Butlers *giving account of oneself* berücksichtigt vor allem Lücken, Brüche und die Überlegung, dass die Sprache dem Subjekt immer vorausgeht. Damit scheint es ein Narrativ zu geben, das nicht vollständig erzählt werden kann. Redlichkeit, ein redliches Schreiben und eine redliche Haltung im Schreiben werden immer wieder von der Überfülle des zu Erinnernden und der Vielzahl an Perspektiven überrascht, mit denen das Erinnerte betrachtet werden kann, sowie von den vielen Figuren, die sich im Schreiben zu Wort melden (das ist das Plappernde der Redlichkeit). Mit Kafkas *Proceß* verschiebt sich also der Fokus des *giving an account of oneself* von Lücken und Brüchen auf eine Überfülle an Geschichten, die sich der Erzählbarkeit zu entziehen drohen.

Auch Redlichkeit zeugt, wie die Rechenschaft, von der (kaufmännischen) Rechnung, die korrekt ausgeführt wird. Und tatsächlich überlegt K., dass die erfolgreiche Leitung einer Bank nicht wirklich etwas anders sein könne, als einen Prozess zu gewinnen. Wenn aber Rechenschaft durch Lücken und Brüche angesichts der permanenten Transformation des zu Erzählenden definiert wird, das

---

**107** Das zeigt sich zum Beispiel an folgender Szene: „Der Fabrikant beklagte sich, daß er beim Prokuristen so wenig Neigung für das Geschäft gefunden habe, und zeigte auf K., der sich unter dem Blick des Direktor-Stellvertreters wieder über die Papiere beugte. Als dann die beiden sich an den Schreibtisch lehnten und der Fabrikant sich daran machte, nun den Direktor-Stellvertreter für sich zu erobern, war es K., als werde über seinem Kopf von zwei Männern, deren Größe er sich übertrieben vorstellte, über ihn selbst verhandelt. Langsam suchte er mit vorsichtig aufwärts gedrehten Augen zu erfahren, was sich oben ereignete, nahm vom Schreibtisch, ohne hinzusehen, eines der Papiere, legte es auf die flache Hand und hob es allmählich, während er selbst aufstand, zu den Herren hinauf. Er dachte hierbei an nichts Bestimmtes, sondern handelte nur in dem Gefühl, daß er sich so verhalten müßte, wenn er einmal die große Eingabe fertiggestellt hätte, die ihn gänzlich entlasten sollte. Der Direktor-Stellvertreter, der sich an dem Gespräch mit aller Aufmerksamkeit beteiligte, sah nur flüchtig auf das Papier, überlas gar nicht, was dort stand, denn was dem Prokuristen wichtig war, war ihm unwichtig, nahm es aus K.s Hand, sagte: ‚Danke, ich weiß schon alles' und legte es ruhig wieder auf den Tisch zurück. K. sah ihn verbittert von der Seite an. Der Direktor-Stellvertreter aber merkte es gar nicht oder wurde, wenn er es merkte, dadurch nur aufgemuntert, lachte öfters laut auf, brachte einmal durch eine schlagfertige Entgegnung den Fabrikanten in deutliche Verlegenheit, aus der er ihn aber sofort riß, indem er sich selbst einen Einwand machte, und lud ihn schließlich ein, in sein Büro hinüberzukommen, wo sie die Angelegenheit zu Ende führen könnten" (Kafka, KA P S. 173). Die Szene zeigt einen erneuten Versuch K.s, sich mit seiner Eingabe und mit seiner Geschichte an ein Du zu wenden, das aber unverfügbar bleibt.

heißt, von einer strukturellen Unmöglichkeit alles zu erzählen, dann wird Redlichkeit vom Überschuss, von einem „zu viel" des zu Erzählenden bestimmt und befindet sich damit immer wieder an der Grenze zur Redseligkeit. Wenn es ein Genre der Redlichkeit gibt, dann ist es ein unabschließbarer Fortsetzungsroman, der von einem undefinierten Kollektiv geschrieben wird. Redlichkeit wird bei Kafka also zu einer Form von *giving account of oneself*, sie zeichnet sich aber vor allem durch den Überschuss und die entpersonalisierte Form des Erzählens aus, die kein Du braucht, um erzählen zu können. Mit dem *Proceß* lässt sich die ethische Frage „Wer bist Du?" zu der ebenso unbeantwortbaren Frage „Wer wird erzählt?"[108] umformulieren, mit der vielleicht am ausdrücklichsten die absolute Immanenz des Erzählens und Schreibens im *Proceß* deutlich wird.

K.s Eingabe stellt keinen Abschluss in Aussicht. Nicht nur, weil jeder Text den eigenen Ursprung verstellt[109] und es damit keinen Anfang des Erzählens gibt, sondern vor allem, weil jede Episode und jede Handlung eine Vielzahl an weiteren möglichen Episoden oder „blocs"/„Blöcken", Verknüpfungen und Handlungen möglich macht (Deleuze/Guattari, Kafka, S. 131–144; dt. S. 100–111): K. wird zu einer *„fonction générale qui prolifère sur elle-même"/„ allgemeine[n] Funktion, die aus sich selbst heraus wuchert"* (Deleuze/Guattari, Kafka, S. 151; dt. S. 117). Die Erzählungen gewinnen an Eigenständigkeit, sodass K. mit Handlungen konfrontiert ist, deren Anfänge,[110] Enden und Nebenhandlungen ihm permanent entgleiten und er ihnen nacheilen muss. Ein Beispiel dafür findet sich im Kapitel „Erste Untersuchung". Weil K. nicht will, dass jemand weiß, dass er auf der Suche nach dem Gericht ist, kommt ihm der Einfall, nach einem Tischler Lanz zu fragen. Diese Passage zeigt, wie K. zum Protagonisten seines eignen Einfalls wird und damit auch zum Segment seiner Eingabe, die sich bald ohne ihren Erzähler fortschreiben wird. Sie zeigt, wie K. in Erzählungen hineingehen kann und wie sich daraus weitere Erzählungen entwickeln.[111] Zuerst funktioniert K. als Erzähler, der

---

108 Im Rückgriff auf Hannah Arendt diskutiert Cavarero in *Relating Narratives* den Unterschied der Fragen, „was" jemand ist und „wer" jemand ist, und meint, dass „was" nach dem Wesen, der Essenz frage, die Frage nach dem „wer" hingegen den Fokus auf die Erzählung lenke (Cavarero, Adriana: Relating Narratives. Storytelling and Selfhood. Übers. von Paul A. Kottman. London/New York 2000, bes. S. 7–45 sowie das Vorwort von Paul Kottmann S. vii–xxxii).
109 Vgl. dazu v. a. Derrida, Préjugés und Vogl, Ort der Gewalt S. 193–199.
110 Vor allem Neumann hat zum Thema der Anfänge bei Kafka geschrieben (Neumann, Der Zauber des Anfangs; Neumann, Verfehlte Anfänge und offenes Ende; Neumann, Experte der Macht).
111 Kafkas Schreiben wird in der Forschung teilweise ähnlich charakterisiert, zum Beispiel als Rhizom (Neumann, Gerhard: Umkehrung und Ablenkung: Franz Kafkas „Gleitendes Paradox". In: Deutsche Vierteljahrsschrift für Literaturwissenschaft und Geistesgeschichte 42.1 (1968),

eine Figur erschafft, die ihm helfen soll, an den richtigen Ort zu gelangen. Da ihm die Suche aber von den Bewohnerinnen des Hauses aus der Hand genommen wird, wird aus der Erzählung des Erzählers K. ein kollektives Erzählen:

> Im ersten Stockwerk begann die eigentliche Suche. Da er doch nicht nach der Untersuchungskommission fragen konnte, erfand er sich einen Tischler Lanz – der Name fiel ihm ein, weil der Hauptmann, der Neffe der Frau Grubach, so hieß – und wollte nun in allen Wohnungen nachfragen, ob hier ein Tischler Lanz wohne, um so die Möglichkeit zu bekommen, in die Zimmer hineinzusehn. [...] An den Wohnungen, deren Türen geschlossen waren, klopfte K. an und fragte, ob hier ein Tischler Lanz wohne. [...] Viele glaubten es liege K. sehr viel daran den Tischler Lanz zu finden, dachten lange nach, nannten einen Tischler, der aber nicht Lanz hieß, oder einen Namen, der mit Lanz eine ganz entfernte Ähnlichkeit hatte, oder sie fragten bei Nachbarn oder begleiteten K. zu einer weit entfernten Tür, wo ihrer Meinung nach ein derartiger Mann möglicherweise in Aftermiete wohne oder wo jemand sei der bessere Auskunft als sie selbst geben könne. Schließlich mußte K. kaum mehr selbst fragen, sondern wurde auf diese Weise durch die Stockwerke gezogen.
> K. glaubte in eine Versammlung einzutreten. [...] K., dem die Luft zu dumpf war, trat wieder hinaus und sagte zu der jungen Frau, die ihn wahrscheinlich falsch verstanden hatte: „Ich habe nach einem Tischler, einem gewissen Lanz gefragt?" „Ja", sagte die Frau, „gehen Sie bitte hinein." K. hätte ihr vielleicht nicht gefolgt, wenn die Frau nicht auf ihn zugegangen wäre, die Türklinke ergriffen und gesagt hätte: „Nach Ihnen muss ich schließen, es darf niemand mehr hinein." (Kafka, KA P S. 55–57)

Erstens zeigt sich hier erneut die Funktionalität der Serie, deren singuläre Verknüpfungen von Nicht-Identität zeugen: Entweder findet K. einen Tischler, der aber nicht Lanz heißt, oder er findet jemanden, der sich erinnert, dass dort einmal jemand gewohnt hat, der so ähnlich oder tatsächlich Lanz hieß, aber kein Tischler war. Wenn „Tischler Lanz" schließlich als Codewort funktioniert, ist weder ein Tischler noch Lanz da. Zweitens wird K. zum abwesenden Erzähler, der seine Erzählfiguren ihrem Erzählschicksal überlässt, auch wenn an dieser Stelle der Erzähler selbst Gegenstand der Erzählung ist. Das kollektive Erzählen wird hier zum strukturellen Moment des Erzählens – und verweist damit auch auf ein kollektives Erzählen bezüglich der Eingabe K.s –, das sich vor allem dadurch auszeichnet, dass Anfänge und Enden auftauchen und verschwinden, dass die Erzählinstanz nie vollständig weiß, wohin ihre Figuren sie führen, und dass sie selbst immer auch Teil der sich verselbstständigenden Erzählung ist. Auch die Frage „Wer wird erzählt?" muss also immer aufs Neue gestellt werden. Was K. in

---

S. 702–744, hier S. 710). Zu einer erneuten Betrachtung von Kafkas Schreibprozess siehe auch Palmier, Jean-Pierre: Kafkas Lust und Mühe am Schreiben. Leichtsinnige Erzählverfahren im „Proceß" und im „Schloß". In: Kafkas narrative Verfahren: Kafkas Tiere. Hrsg. von Neumeyer, Harald/Steffens, Wilko. Würzburg 2015, S. 129–143.

seiner Eingabe schreiben kann, ist dann auch der Bericht von denjenigen, die ihn über endlose Stellvertretungen begleiten.

Die Passage über den Tischler Lanz kommentiert auf interessante Weise das Wort „nur" in einer Bemerkung, die K. am Anfang des *Proceß* gegenüber den Wächtern macht, nämlich dass das Gesetz, aufgrund dessen er verhaftet werden soll, „wohl auch nur in Ihren Köpfen" bestehe (Kafka, KA P S. 14). Anhand der Suche nach Lanz zeigt sich, dass etwas, das sich in einem Moment „nur im Kopf" befindet, im nächsten bereits die Führung durch die Stockwerke übernimmt, und dass sich die Figur oder der Protagonist der Geschichte im Kopf oder in der Geschichte einer anderen Instanz befindet. Die Geschichten, die in den Köpfen bestehen, bestehen ebenso außerhalb und diejenigen, die auf Papier geschrieben sind, reichen aus dem Papier heraus oder die schreibenden/lesenden Figuren werden Teil der Schrift auf dem Papier.[112] So kann nach Kafka auch nur dann geschrieben werden, wenn man „wie durch alle Poren auf sie [die Geschichten] hin geöffnet" bleibt (Campe, Schreiben im Process, S. 122).[113] Geschichten und Leben sind Teile einer Serie, in der unterschiedliche Segmente ausgemacht werden können, die sich aber durch ihre membranhafte Verbindung permanent verschieben und durchdringen.

Weil K. nicht nach der Gerechtigkeit oder Rechtfertigung des Gerichts fragt, sondern sich bald seiner Eingabe zuwendet, performiert er die Struktur des Gerichts, indem er sich in eben diese einschreibt.[114] Mit der Eingabe und dem Kapitel „Ende" wird aber eine Ethik der Verantwortung skizziert, die vor allem wegen des unverfügbaren Subjekts möglich und wirksam wird, insofern sie weder ein Ich noch ein Du braucht. Das zeigt sich an der Redlichkeit des Einschreibens, die sich radikal auf das hin öffnet, was erzählt werden könnte. In einem Gewebe von Scham, membranhafter Durchlässigkeit und unaufrechter Haltung ist es die Redlichkeit, die K.s Leben befragt und, ihrer ewigen Ökonomie folgend, zum Detail drängt und verlangt, dass das Einschreiben den unverfügbaren Erzählungen nachgeht, nach den Anfängen und Gründen sucht, die aber gleichzeitig weiß, dass diese immer entgleiten und nie greifbar sind. Redlichkeit findet und erfindet

---

[112] Elisabeth Lack zeigt anhand von Kafkas Tagebüchern und Briefen, inwiefern die Oberfläche des Körpers bei Kafka immer als Ort des Transfers gedacht wird (Lack, Elisabeth: Kafkas bewegte Körper. Die Tagebücher und Briefe als Laboratorien von Bewegung. München 2009).

[113] Campe bezieht sich hier auf Kafkas Kommentar zum Schreiben des *Urteils*, in dem es heißt, dass man nur unter der „vollständigen Öffnung des Leibes und der Seele" schreiben könne (Kafka, Briefe 1900–1912, S. 461).

[114] Ähnlich Campe, wenn er sagt, dass K. mit der Eingabe versuche, sich aus dem System zurückzuziehen, sich damit aber immer weiter in das System verstricke (Campe, Schreiben im Process, S. 130).

und wird den Ursprung des Lebens oder der Erzählung nie erreichen, weil die vielen Verzweigungen und Nebenhandlungen das verunmöglichen. Wenn es aber kein Ende der eigenen Geschichte gibt, gibt es auch kein Ende der Verantwortung. Es gibt nur die bedingungslose Übernahme von Verantwortung für all das, was erzählt werden könnte, und es könnte, so scheint der *Proceß* zu zeigen, all das erzählt werden, was auf rhetorische Fragen geantwortet werden könnte. Rhetorische Fragen sind am Ende des *Proceß* jedoch nicht diejenigen Fragen, die eigentlich Behauptungen sind. Vielmehr zeichnen sie sich durch eine maximale Offenheit aus, weil ihre Antworten immer ausstehen. Dadurch markieren sie die Unentscheidbarkeit darüber, inwieweit sie überhaupt rhetorische Fragen sind.[115] Auch wenn die rhetorische Frage ihre Antwort kennen sollte, bleibt sie also dennoch insofern offen, als die Entscheidung darüber, ob es sich um eine rhetorische Frage handelt, aufgeschoben werden muss (de Man, Allegories of Reading, S. 3–19; dt. S. 31–51). Auf diese Struktur der rhetorischen Frage verweist das Kapitel „Ende", wenn K. im Steinbruch auf die Steine gebettet wird und sieht, wie die Fenster eines anliegenden Hauses aufgehen:

> [...] ein Mensch, schwach und dünn in der Ferne und Höhe, beugte sich mit einem Ruck weit vor und streckte die Arme noch weiter aus. Wer war es? Ein Freund? Ein guter Mensch? Einer, der teilnahm? Einer, der helfen wollte? War es ein einzelner? Waren es alle? War noch Hilfe? Gab es Einwände, die man vergessen hatte? Gewiß gab es solche. Die Logik ist zwar unerschütterlich, aber einem Menschen, der leben will, widersteht sie nicht. Wo war der Richter, den er nie gesehen hatte? Wo war das hohe Gericht, bis zu dem er nie gekommen war? Er hob die Hände und spreizte alle Finger. (Kafka, KA P S. 312)

In den Fragen „Wer war es? Ein Freund? War es ein einzelner? Waren es alle?" zeigt sich wieder die Unverfügbarkeit des Du, ohne aber die Möglichkeit eines Du gänzlich zu verwerfen. Die Frage „War noch Hilfe?" wird durch den Verzicht auf ein Subjekt noch weniger konkret als in der geläufigeren Formulierung „Gab es noch Hilfe?". Diese Struktur wird wiederum mit der Frage „Gab es Einwände, die man vergessen hatte?" aufgegriffen, die sich vielleicht auf die Eingabe bezieht, die auch jetzt noch nicht fertig ist bzw. wird auch die Eingabe, wie andere Texte bei Kafka, zum Text ohne Text (Vogl, Ort der Gewalt, S. 203). In ihrer Unab-

---

115 Im Kapitel „Semiology and Rhetoric" hat de Man gezeigt, inwieweit die rhetorische Frage referentielle Verwirrungen stiftet, weil letztendlich nicht zwischen ihrer grammatikalischen und ihrer rhetorischen Funktion unterschieden werden kann. Das Urteil darüber, ob es sich tatsächlich um eine rhetorische Frage handelt, steht deswegen immer aus (de Man, Allegories of Reading S. 3–19; dt. S. 31–50).

schließbarkeit und ihrem seriellen Auftreten verweisen die Fragen auf die Unabschließbarkeit des zu Erzählenden. Sie performieren die Serie hin zu Öffnung und Exposition.

In der gesamten letzten Szene lässt sich eine Ethik lesen, die nicht auf Aufrichtigkeit angewiesen ist, sondern sich durch Öffnung auszeichnet und dabei durchaus gebückt und gebeugt sein kann. Das deutet sich zum Beispiel dann an, wenn K., ebenso wie „jemand" oder „alle" – wie jenes persönliche und zugleich unpersönliche *man* also – die Arme ausstreckt und eine Verantwortung skizziert, die ohne identifiziertes Gegenüber auskommt. Eine Ethik der Öffnung, die ebenso rhetorisch ist wie die Fragen und die Haltungen der Figuren, verweist auf eine Ver-antwortung, die nicht erfordert oder erzwungen, sondern selbst erfragt wird. Redlichkeit wird zum Pendant der rhetorischen Frage, die nicht vollständig beantwortet werden kann, aber immer gestellt wird. Wenn K. Antworten ver-sagt werden, verredet sich Redlichkeit. Sie wird zum Erzählverfahren einer Nicht-Haltung und eines *ethos*, das immer schon korrumpiert oder parasitär ist.[116]

---

[116] Im *Brief an den Vater* bezeichnet Kafka das Parasitentum als Verfahren, mit dem permanent die Grenzen zwischen den Territorien von Vater und Sohn verwischt werden (Weidner, Daniel: Brief an den Vater. In: Kafka-Handbuch. Leben – Werk – Wirkung. Hrsg. von Engel, Manfred/Auerochs, Bernd. Stuttgart 2010, S. 293–301, bes. S. 293), um, wie Deleuze und Guattari gezeigt haben, „[d]éterritorialiser Œdipe dans le monde"/„den Ödipus in die Welt zu deterritorialisieren" (Deleuze/Guattari, Kafka, S. 19; dt. S. 17). Die im Brief wiedergegebene direkte Rede des Vaters vergleicht sein eigenes „Verfahren" mit dem seines Sohnes: „Zuerst lehnst auch Du jede Schuld und Verantwortung von Dir ab, darin ist also unser Verfahren das gleiche" (Kafka, Franz: Brief an den Vater. Faksimile. Hrsg. von Unseld, Joachim. Frankfurt am Main 1994, S. 180). Wenn der Vater fortfährt, beschreibt er das spezifische Verfahren von Franz: „Das könnte Dir jetzt schon genügen, aber es genügt Dir noch nicht. Du hast es Dir nämlich in den Kopf gesetzt, ganz und gar von mir leben zu wollen. Ich gebe zu, daß wir miteinander kämpfen, aber es gibt zweierlei Kampf. Den ritterlichen Kampf, wo sich die Kräfte selbständiger Gegner messen, jeder bleibt für sich, verliert für sich, siegt für sich. Und den Kampf des Ungeziefers, welches nicht nur sticht, sondern gleich auch zu seiner Lebenserhaltung das Blut saugt. Das ist ja der eigentliche Berufssoldat und das bist Du. Lebensuntüchtig bist Du; um es Dir aber darin bequem, sorgenlos und ohne Selbstvorwürfe einrichten zu können, beweist Du, daß ich alle Deine Lebenstüchtigkeit Dir genommen und in meine Taschen gesteckt habe" (Kafka, Brief an den Vater, S. 181). Indem die Antwort des Vaters das Vorgehen des Sohnes als das eines Ungeziefers bezeichnet, macht er deutlich, dass auch er, laut des Sohnes, „schmarotzt", indem er die fremde Lebenstüchtigkeit für sich beansprucht. Am Ende der Antwort des Vaters ist es nicht nur der Sohn, dem vorgeworfen wird, Schmarotzer zu sein, sondern der Vater entlarvt sich quasi auch selbst als solcher, der wiederum meint: „Wenn ich nicht sehr irre, schmarotzest Du an mir auch noch mit diesem Brief als solchem" (Kafka, Brief an den Vater, S. 182). Schmarotzertum oder das Parasitäre zeigt sich als Verfahren, das Territorien überschreitet und Identitäten unterwandert. Da in der überlieferten Handschrift nach der Rede des Vaters das schließende Anführungszeichen fehlt, schlägt sich der territoriale Aspekt auch in der Typographie nieder.

Wenn K. meint, dass das Gericht von ihm eine Eingabe einfordert, in der er sich und sein Leben darstellen soll, dann heißt das, dass er sich dem Gesetzt als Individuum, Identität oder Subjekt vorstellen will. Das Ziel der Eingabe ist also die kohärente und transparente Konstitution eines (un)schuldigen Subjekts. Nichts davon wird am Ende erreicht: Erstens kann die Eingabe, weil sie sich auch nach K.s Tod fortsetzt, nicht zum Abschluss gebracht werden; zweitens ist am Ende des *Proceß* alles verdoppelt, was die Idee des Individuums und des Individuellen durchkreuzt, und drittens wird auch das Ende des Romans durch die vielen Verweise auf andere Texte Kafkas zu einem Teil der seriellen Anordnung.[117]

> Aber an K.s Gurgel legten sich die Hände des einen Herrn, während der andere das Messer ihm tief ins Herz stieß und zweimal dort drehte. Mit brechenden Augen sah noch K., wie die Herren, nahe vor seinem Gesicht, Wange an Wange aneinandergelehnt, die Entscheidung beobachteten. „Wie ein Hund!" sagte er, es war, als sollte die Scham ihn überleben. (Kafka, KA P S. 312)

Es bleibt völlig unklar, welche Entscheidung die Herren hier beobachten: Ist es K.s Entscheidung, sich töten zu lassen? Ist es die Entscheidung, das Töten den Männern zu überlassen?[118] Ist es die Entscheidung des Gerichts, die niemand kennt? Ist es die Entscheidung K.s zu sterben? Niemand trifft eine Entscheidung, sondern sie wird beobachtet bzw. beobachtet K., wie die Herren die Entscheidung beobachten. Und wenn „es war, als sollte die Scham" K. überleben, dann ist es auch die Eingabe, die K. überlebt und sich über seinen Tod hinaus fortschreibt, als Singularität eines Lebens, das sich, wie die Scham, zugleich zeigen und verbergen will.

Beim Schreiben der Eingabe geht es darum, Verantwortung für ein unbestimmtes Handeln zu übernehmen. Dass es keine Szene im *Proceß* gibt, in der K. schreibt (vgl. Campe, Schreiben im Process, S. 118), weist auch hier wieder auf

---

[117] Auch wenn, wie Sussman überzeugend zeigt, die „Motive" in Kafkas Texten keinesfalls die gleiche Bedeutung in ihren verschiedenen Kontexten haben (Sussman, Franz Kafka. Geometrician of Metaphor), bestehen sie doch als Verweise (vgl. Binder, Kafka-Handbuch, S 147). Das Messer zum Beispiel kehrt in Kafkas Texten immer wieder und nicht zuletzt zitiert Kafka seinen eigenen Text, wenn er im *Brief an den Vater* schreibt, er habe in Erinnerung an die Scham, die der Vater ihm bereitet habe, einmal geschrieben: „Er fürchtet, die Scham werde ihn überleben" (Kafka, Brief an den Vater, S. 153). Weil Kafka nicht einfach auf ein Gefühl verweist, das er dem Vater gegenüber hegte, sondern auf das, was er einmal in Erinnerung daran geschrieben hat, wird der Verweis im Brief nicht nur zum Zitat, sondern in eine Mise en abyme überführt. Der Text verweist nicht auf etwas außerhalb des Textes, sondern auf andere Texte. Das heißt auch, dass die Verdoppelung keine Verdoppelung als Repräsentation ist, sondern als Verweis auf den anderen Text.

[118] Darin sieht Sokel eine Schuld K.s (Sokel, Franz Kafka – Tragik und Ironie, S. 290).

eine zugleich persönliche und unpersönliche Struktur hin: Es/man schreibt (sich). Wenn sich aber zeigt, dass die Eingabe nie fertig sein wird, weil sie den Überschuss an Erinnerungen, Nebenhandlungen und Begründungen nicht nacheilen kann und wenn sowohl K. als auch jedes Du unverfügbar ist, wenn vielmehr K. zur vierten Person, zum man, niemand und/oder jemand wird, dann zeigt sich genau hier, dass K. nicht sein Leben, sondern eine Gesamtheit des Lebens, eine Welt, ihre Zukunft, Gegenwart und Vergangenheit schreiben müsste, um seine Handlungen, die im Schreiben stattfinden, bis in die letzten Winkel, in die er nie kommen wird, darzulegen. Deswegen heißt es auch, wenn K. die Eingabe beginnen will, dass er „das ganze Leben" (Kafka, KA P S. 150) schreiben muss und nicht etwa „sein ganzes Leben". In dieser Struktur erinnert die Eingabe an die unterirdischen Gänge, welche Kafka im Bau-Konvolut[119] beschreibt, die sich nicht überblicken, nicht beschützen lassen und an denen immer gearbeitet werden muss. Weil die Gänge des Baus den Weg eines weiteren Baus kreuzen könnten (Kafka, KA Nachgelassene Schriften und Fragmente II, S. 577) und möglicherweise bereits Teil eines anderen Baus sind und von anderen Tieren bewohnt werden, weil der Bau außerdem aufgrund von äußeren und inneren Erschütterungen fortwährend Ausbesserungen und Ergänzungen bedarf, ist er, wie die Eingabe, permanent dem Verdacht der Unvollständigkeit und Unabgeschlossenheit ausgesetzt.[120] Die Unabschließbarkeit der Eingabe markiert K. als Leben jenseits einer Subjektposition und das Schreiben der Eingabe zeugt von einer Verantwortung, die über das, was man das Selbst und das dem Selbst zugehörig nennt, hinausgeht. In der unmöglichen Produktion des Lebens ist Kafkas Eingabe redlich, insofern sich hier ihre drängende Ökonomie abzeichnet und K. sich im Schreiben selbst hervorbringt. Indem es in der Eingabe aber auch darum geht, Verantwortung für alles zu übernehmen, steckt genau hier eine ethische Dimension der Redlichkeit, die sowohl jenseits des Subjekts, das unauffindbar ist, als auch jenseits von moralischen Imperativen und Handlungsanweisungen zu verorten ist.[121] Die Eingabe oder das Leben wird nicht von K. allein geschrieben oder erzählt. Das

---

119  Kafka, Franz: Nachgelassene Schriften und Fragmente II. In: Kafka, Schriften, Tagebücher, Briefe. Kritische Ausgabe. Hrsg. von Schillemeit, Jost. Frankfurt am Main 1992, S. 576–632.
120  Zum konstitutiven Moment des Verdachts in Kafkas *Bau* siehe Strowick, Elisabeth: Epistemologie des Verdachts. Zu Kafkas „Bau". In: The Parallax View: Zur Mediologie der Verschwörung. Hrsg. von Krause, Markus/Meteling, Arno/Stauff, Markus. Paderborn 2009, S. 123–136, zur Parallele von Schreiben und Graben im *Bau* auch Menke, Bettine: Aufgegebene Lektüre: Kafkas „Der Bau". In: Die Aufgabe des Lesers: On the Ethics of Reading. Hrsg. von Verbeeck, Ludo/Philipsen, Bart. Leuven 1992, S. 147–176.
121  Vogl entwickelt unter Bezugnahme auf Kierkegaard und Kant bei Kafka eine literarische Ethik, die v. a. das Lesen fokussiert (Vogl, Ort der Gewalt, S. 181–275).

zeigt sowohl die Tischler-Lanz-Passage als auch der Beginn des *Proceß*, denn die Verleumdung – als korrumpierter Leumund, das heißt als gestörter Ruf oder auch als Gerücht – verweist auf die vielen Reden, die die Eingabe generieren, indem sie sie korrumpieren. Eine Eingabe müsste demnach mit „Es gibt..." oder mit „Jemand..." beginnen.

Nicht zuletzt bildet K. ebenfalls ein Segment in einer Serie von K.s, die sich durch die Texte Kafkas und das Leben ziehen.[122] Diese ethische Dimension der redlichen Verantwortung, die hier aufgeworfen wird, zeigt sich genau darin, dass keine Entscheidung über Schuld oder Unschuld getroffen, dass weder Identität noch Stabilität konstruiert und keine Sicherheit über die Richtigkeit des Urteils, geschweige denn über Gerechtigkeit, festgestellt wird. Schuld und Unschuld gehören zu jenen Größen, die im Namen der Ethik Gewalt ausüben. Wie das Gericht schreibt sich diese andere Ethik in den *Proceß* ein, indem genau das Entsubjektivierte, das *man* oder *es*, aufgrund der radikalen Unabgeschlossenheit auch die radikalste Form der Verantwortung möglich macht.

Die einzige Intersubjektivität, die Scham in der Immanenz der Entsubjetivierung erzeugen kann, ist diejenige ohne Subjekte. Das Abwenden dieser Scham bedeutet gleichzeitiges Sich-Exponieren – im Steinbruch, auf der Bühne, in der Eingabe – und ermöglicht die Haltung einer unaufrichtigen/gebeugten Ethik. Unaufrichtig ist sie in dem Sinne, als sie nicht aufrecht sein muss, das heißt auch, das Antlitz der anderen nicht sehen muss, um Verantwortung zu ermöglichen. Ethik ist Emmanuel Levinas zufolge dadurch unendlich, dass die anderen „me regard" – das heißt gleichermaßen, „mich anschauen" und „mich etwas angehen" – oder mich nichts angehen (Levinas, Ethique et infini, S. 101, dt. S. 72). Jede*r ist verantwortlich für die Verantwortung der jeweils anderen (Levinas, Ethique et infini, S. 101, dt. S. 72). Damit schreibt sich Levinas Cavarero zufolge in die Tradition der aufrechten Ethik ein, die die westliche Metaphysik prägt und mögliche Ethiken der Zuwendung und des Gebeugt- und Gebücktseins ausschließt: zum Beispiel, so Cavarero, die Ethik der sich dem Kind zuwendenden Mutter, aber auch, so ließe sich schlussfolgern, die eine Ethik andeutende Haltung der Figur am Fenster im Steinbruch, die kaum als Figur, geschweige denn als Angesicht ausgemacht werden kann. Satt hier aber eine Ethik zu forcieren, für

---

[122] Aufgrund dieser Verkettung – zum Beispiel von Karl Rossmann (*Der Verschollene*), K. (*Das Schloss*) Josef K. (*Der Proceß*) und Kafka selbst – meint Neumann, dass das „K" in Kafkas Texten als Chiffre funktioniere (Neumann, Der Zauber des Anfangs und das Zögern vor der Geburt S. 121–142 ), doch wie die Tischler Lanz-Passage zeigt, funktioniert sie nur als nicht-identische Chiffre.

die selbst eine Eingabe geschrieben werden müsste, weil auch sie eine unabschließbare Geschichte ist, kann hier von einer Redlichkeit als Erzählverfahren gesprochen werden, in der sich eine Verantwortung jenseits des Subjekts abzeichnet. Für diese Redlichkeit bedarf es, mit Kafka gelesen, weder des Angesichts noch der Aufrichtigkeit.

# 6 Zur Ironie der Redlichkeit. Else Lasker-Schülers *Mein Herz*

> Ich bin Else Lasker-Schüler – wollte Sie nur fragen, ob ich nicht mal einen Preis irgend woher bekomme zum Beispiel von Ihrer Kleiststiftung. Kleist hätte ihn mir sicher gegeben.
> Lasker-Schüler, Werke und Briefe.[1]

Else Lasker-Schülers „schriftstellerische Redlichkeit" wurde in Frage gestellt, weil die in ihren Texten vorgezeichnete autobiographische Bahn nicht vollkommen mit der „wirklichen Lebensgeschichte" Lasker-Schülers übereinstimme.[2] Mit dieser Kritik diskreditiert Dieter Bänsch aus vermeintlich moralischen Motiven, was andere Studien als produktive Herausforderung für die Literaturwissenschaft genutzt haben: Lasker-Schülers spezifische Inszenierung von Wirklichkeit und Literatur. Ihre Texte wurde als „Grenzaufhebung zwischen Fiktion und Authentizität"[3] sowie „Fiktion und Faktizität"[4] bezeichnet, als „Vermischung von Fakten und Fiktionen",[5] als „Verleugnung" der Grenze zwischen Dichtung und Leben[6] und chiastisch als „[r]eale Fiktionen, fiktive Realitäten".[7] Als besonders heikel wurde dieses Verhältnis in Lasker-Schülers *Briefe nach Norwegen/Mein*

---

**1** Lasker-Schüler, Else: Werke und Briefe. Kritische Ausgabe. Briefe 1914–1924. Hrsg. von Skrodzki, Karl Jürgen/Oellers, Norbert. Bd. 2. Frankfurt am Main 2004, S. 123. Im Folgenden im Text abgekürzt: KA WB.
**2** Bänsch, Dieter: Else Lasker-Schüler. Zur Kritik eines etablierten Bildes. Stuttgart 1971, S. 157.
**3** Dick, Ricarda: Nachwort. In: Else Lasker-Schüler: Mein Herz. Ein Liebesroman mit Bildern und wirklich lebenden Menschen. Hrsg. von Dick, Ricarda. Frankfurt am Main 2003, S. 200–213.
**4** Grossmann, Uta: Fremdheit im Leben und in der Prosa Else Lasker-Schülers. Hamburg 2011, S. 197.
**5** Hallensleben, Markus: Zwischen Tradition und Moderne: Else Lasker-Schülers avantgardistischer Briefroman „Mein Herz". In: Else Lasker-Schüler. Ansichten und Perspektiven – Views and Reviews. Hrsg. von Hedgepeth, Sonja/Schürer, Ernst. Tübingen 1999, S. 187–217, hier S. 194.
**6** Kreuzer, Helmut: Die Bohème. Analyse und Dokumentation der intellektuellen Subkultur vom 19. Jahrhundert bis zur Gegenwart. Stuttgart 2000, S. 129.
**7** Di Rosa, Valentina: „Begraben sind die Bibeljahre längst". Diaspora und Identitätssuche im poetischen Entwurf Else Lasker-Schülers. Paderborn 2006. Feßmann fokussiert das „Zwischen" und die „Zwischenwelt", die jenen Ort darstelle, „an dem Lasker-Schüler ihr Ich in eine poetische Figur verwandelt" und die eine „Schaltstelle" bilde, die „Poesie und Leben ineinander übersetzbar macht" (Feßmann, Meike. Spielfiguren. Die Ich-Figurationen Else Lasker-Schülers als Spiel mit der Autorrolle. Ein Beitrag zur Poetologie des modernen Autors. Stuttgart 1992, S. 2).

*Herz. Ein Liebesroman mit Bildern und wirklich lebenden Menschen*[8] wahrgenommen, was sich unter anderem daran zeigt, dass die Briefe häufig unter autobiographischen Aspekten gelesen bzw. als Texte analysiert wurden, die Konzepte von Autobiographie und Autor*innenschaft produktiv befragen. Anlass für diese Lesart gibt vor allem der Titel des Romans, der immerhin „wirklich lebende Menschen" verspricht. Gibt Lasker-Schüler also vor, eine Momentaufnahme ihrer Zeit zu schreiben, wenn sie die Briefe mit diesem Untertitel versieht? Und wenn ihre Erzählungen in den Briefen nicht mit (anderen) Zeugnissen der Zeit übereinstimmen, handelt es sich dann um ‚unredliches' Erzählen? Ist die Frage von Redlichkeit und Unredlichkeit nicht vielmehr dadurch, dass die „wirklich lebenden Menschen" erst erwähnt werden, nachdem das Buch bereits als „Liebesroman" ausgewiesen wurde, eine Frage der un/redlichen Lektüre?[9]

Neben „zahllose[n] Bezüge[n] auf die zeitgenössische Kulturszene, auf Ausstellungen, Ereignisse" (Dick, KA MH Anmerkungen, S. 192), Veranstaltungen und Zeitgenoss*innen gibt es in *Mein Herz* auch etliche Bezüge zu literarischen Motiven und Figuren, auf die nicht nur als solche referiert wird, sondern die aktiv am Leben der Schreibenden[10] teilhaben, indem sie sie zum Beispiel angreifen und der Schreibenden vorwerfen, sie würde „historisch falsch" von sich berichten (Lasker-Schüler, MH S. 57). Das heißt, es ist nicht etwa die historische Figur, die in die literarische Erzählung einbricht, sondern die literarische, wodurch jedes vermeintlich eindeutige Verhältnis von Literatur und Wirklichkeit, von Fiktion und Realität gestört wird. *Mein Herz* zeigt durch solche Inszenierungen immer

---

**8** Die *Briefe nach Norwegen* publizierte Lasker-Schüler ab 1911 in *Der Sturm* und 1912 sind sie unter dem Titel *Mein Herz. Ein Liebesroman mit Bildern und wirklich lebenden Menschen* erneut als Roman erschienen (Lasker-Schüler, Else: Mein Herz. Ein Liebesroman mit Bildern und wirklich lebenden Menschen. Hrsg. von Dick, Ricarda. Frankfurt am Main 2003. Im Folgenden wird diese Ausgabe im Text zitiert und wie folgt abgekürzt: MH). Zu den Unterschieden der *Briefe* und *Mein Herz* siehe v. a. Dick, Ricarda: Anmerkungen. In: Else Lasker-Schüler: Werke und Briefe. Kritische Ausgabe. Prosa 1903–1920. Hrsg. von Dick, Ricarda. Bd. 3.2. Frankfurt am Main 1998, S. 177–236. Im Folgenden abgekürzt: KA MH Anmerkungen.
**9** Dass die Antwort auf diese Fragen für die *Briefe nach Norwegen* wahrscheinlich anders ausfallen müsste als für *Mein Herz*, macht den prekären Status von Aufrichtigkeit und Authentizität in Literatur umso deutlicher.
**10** Im Folgenden zeigt sich, dass die Disparität des Ich oder vielmehr der Ichs der Briefe eine signifikante Struktur des Liebesromans ist. Eine Identität des Ich ist nicht auszumachen, vielmehr stellt der Text gerade dessen Unbestimmtheit und Veränderbarkeit aus. Um diese Disparität zu markieren, wird im Folgenden von den Ichs und den Schreibenden im Plural gesprochen. Da die geschlechtliche Unbestimmbarkeit häufig Teil dieser Struktur ist, wird auch keine geschlechtliche Zuschreibung gemacht, wenn diese nicht aus den jeweiligen Briefen selbst hervorgeht.

wieder, dass es unmöglich ist, zwischen Literatur und Wirklichkeit zu unterscheiden. Und genau darin liegt die Redlichkeit des Textes: Denn in dieser Unmöglichkeit zeigt sich die redliche Ökonomie, die alles sagen und darstellen will und dabei auch immer zeigt, dass sie nicht weiß, ob sie der Wirklichkeit oder der Literatur zuredet. In diesem Verhältnis liegt aber auch die Ironie des Textes: denn, mit de Man gelesen, ist die Ironie im Anschluss an Friedrich Schlegel als performative „permanente Parekbase"[11] zu denken, das heißt als andauernde Unterbrechung, mit der sich Sprache selbst ins Wort fällt. Das Verhältnis von Literatur und Wirklichkeit kann so anhand von *Mein Herz* auf eine Weise reformuliert werden, dass es sich nicht an einer Wirklichkeit messen muss, die außerhalb des Textes, zum Beispiel in der Biographie der Autorin, (nicht) zu finden wäre.[12]

Die Refokussierung macht zum einen die Rhetorik und die Literarizität der Briefe und Zeichnungen sichtbar, zum anderen ermöglicht sie es, das Verhältnis von Redlichkeit und Ironie in den Blick zu nehmen. So lässt sich mit *Mein Herz* Redlichkeit als Teil einer ironischen Struktur lesen, die nicht in die Dichotomie von Meinen und Sagen des Ironie-Konzepts der klassischen Rhetorik verfällt, sondern die Dynamik der Redlichkeit selbst als ironische ausweist. Nicht aber insofern Redlichkeit dann nicht mehr meint, was sie sagt, sondern insofern sie sich ihre eigene Unterbrechung bzw. ihre eigene Parekbase ist. Da *Mein Herz* mit dem Verhältnis von Fiktion und Wirklichkeit auch Redlichkeit zur Disposition stellt, kann mit dem Text Redlichkeit als Darstellungsverfahren analysiert werden, gleichzeitig zeigt der Liebesroman, dass sich in einer Rede, die immer auch das andere meint, Redlichkeit nur dann zeigen kann, wenn sie sich permanent ins Wort fällt.

Konstitutiv für diese Struktur sind die vielen Ichs, die den Liebesroman generieren: In *Mein Herz* spricht und schreibt, wie sich zeigen wird, nicht ein Ich, sondern viele. Die „permanente Parekbase" ist damit auch der Einfall eines Ichs in die Reden der anderen: Sie fallen sich gegenseitig ins Wort und zeitigen eine Ökonomie der Redlichkeit, die, von permanenter Unterbrechung begleitet, immer auf der Suche nach Darstellungsformen, Worten, Haltungen und Stilen ist.

---

**11** Schlegel, Friedrich: Philosophische Lehrjahre 1796–1806 nebst philosophischen Manuskripten aus den Jahren 1796–1828. Erster Teil. In: Schlegel, Kritische Ausgabe. Hrsg. von Behler, Ernst. Bd. 18. München u. a. 1963, S. 85.
**12** Einige Untersuchungen zu Lasker-Schüler blicken insofern durch den Text hindurch, als ihr Interesse vor allem der Berliner Bohème gilt. Zu *Mein Herz* als „Roman der Bohème" siehe Reiß-Suckow, Christine: „Wer wird mir Schöpfer sein!!". Die Entwicklung Else Lasker-Schülers als Künstlerin. Konstanz 1997 und Sprengel, Peter: Literatur im Kaiserreich. Studien zur Moderne. Berlin 1993. Vgl. zu dieser Rezeption des Romans auch Grossmann, Fremdheit im Leben und in der Prosa Else Lasker-Schülers, S. 191.

Es ist jedoch die gleiche Struktur, welche die Möglichkeit der Redlichkeit auf die Probe stellt: Wie, fragt sich, kann Redlichkeit gedacht werden, wenn unsicher bleiben muss, wer und wie viele schreiben bzw. reden? Wie lässt sich Redlichkeit angesichts einer Sprache konzipieren, die von Ironie durchdrungen ist? Wenn in diesem letzten Kapitel einige Fluchtlinien, welche die Lektüren von Nietzsche, Kleist und Kafka durchzogen haben, wieder sichtbar werden, dann nicht, um hier zu enden oder zusammenzulaufen, sondern um, vielleicht durchkreuzt, zersplittert und vervielfältigt, in alle Richtungen zu entfliehen.

## 6.1 Bekenntnisse und ihre Rhetoriken

Der Begriff „Redlichkeit" selbst ist weder bei Lasker-Schüler noch in der Rezeption ihrer Texte von zentraler Bedeutung, in *Mein Herz* taucht er gar nicht auf. Warum also sollte *Mein Herz* überhaupt im Kontext des Begriffs diskutiert werden? Wie bisher deutlich wurde, ist Redlichkeit im semantischen Kontext von Wahrhaftigkeit, Aufrichtigkeit und Rechenschaft zu verorten und damit in einem Umfeld, dem sich auch *Mein Herz* verschreibt. Da das Buch eine Sammlung von Briefen ist, bekenntnisliterarische Züge aufweist und sich „Liebesroman" nennt, reiht es sich in literarische Gattungen ein, die Aufrichtigkeit und Authentizität versprechen. Es zitiert diese literarischen Gattungen, Topoi und Traditionen permanent und markiert gleichsam sein ambivalentes Verhältnis zu ihnen.[13] Gleichzeitig stehen Sprache und Rhetorik des Textes in einem auffallenden Widerspruch zu der Idee von Authentizität, sei sie auch inszeniert,[14] denn die Rhetorik generiert eine endlose Bedeutungsvielheit, mit der die Möglichkeit einer „echten" und „direkten" Kommunikation infrage gestellt wird.

In seinen *Les Confessions*, dem Paradebeispiel weltlicher Bekenntnisse, stellt Jean-Jacques Rousseau in den ersten Zeilen fest, dass er allein sein Herz kenne –

---

[13] Andrea Krauß hat gezeigt, inwiefern Lasker-Schülers Festhalten an und ihre Bezüge zu Traditionen Peter Bürgers Konzeption der historischen Avantgarde als Bruch mit der Tradition in Frage stellt. Anstatt Lasker-Schüler aufgrund ihrer Bezüge aus dem Kreis der Avantgarden auszuschließen, fragt Krauß, ob es nicht gerade „the *questioning* of this break with tradition" ist, „that could serve as a criterion for and maybe even as the attraction of the avant-garde" (Krauß, Andrea: Writing of Attractions: Else Lasker-Schüler's Avant-Garde Techniques. Übers. von Nils F. Schott. MLN 132.3 (2017), S. 602–624, hier S. 622).
[14] Zum Begriff der inszenierten Authentizität vgl. Fischer-Lichte, Erika u. a. (Hrsg.): Inszenierung von Authentizität. 2., überarb. und akt. Aufl. Tübingen 2007 und zum Thema der Authentizität bei den Avantgarden auch Zeller, Christoph: Ästhetik des Authentischen. Literatur und Kunst um 1970. Berlin/New York 2010.

„Moi seul. Je sens mon cœur"[15] – und erhebt das Herz damit zu einem zentralen Topos,[16] den Lasker-Schüler mit dem Titel ihres Liebesromans zitiert. Formal unterscheidet sich ihr Text von kanonischen Bekenntnissen jedoch bereits darin, dass letztere selten Sammlungen von Briefen sind,[17] was vor allem bezüglich des Stichworts der „Unmittelbarkeit" interessant ist. Denn die Gattung des Briefromans impliziert, dass nicht rückblickend ein mehr oder weniger geschlossenes Narrativ erzählt und konstruiert, sondern dass sukzessive von Ereignissen berichtet wird, die folglich meist unmittelbar und ohne großen zeitlichen Abstand ihren Weg aufs Papier finden.[18] Dennoch bemühen die Briefe in *Mein Herz* regelmäßig Rhetoriken des Bekennens, wenn sie etwa signalisieren, dass das Ich „beichtet" (Lasker-Schüler, MH S. 15), dass es den Adressaten ein „Geheimnis anvertrauen" will (Lasker-Schüler, MH S. 19), ihnen etwas „offen sagen" (Lasker-Schüler, MH S. 19) oder „alles sagen" muss (Lasker-Schüler, MH S. 25), dass es so „offenherzig" sei (Lasker-Schüler, MH S. 41), dass die „Offenherzigkeit" sogar gefürchtet werde (Lasker-Schüler, MH S. 40). Die vermeintliche Unmittelbarkeit der Gattung spiegelt sich in dem bereits im Titel prominenten Herzen wider, das nicht nur zentrale Metapher der Bekenntnisse, sondern auch der Briefliteratur ist.[19]

---

**15** Rousseau, Jean-Jacques: Les confessions. In: Rousseau, Œuvre Complète. Hrsg. von Gagnebin, Bernard/Raymond, Marcel. Bd. 1. Paris 1959, S. 5. In der Übersetzung von Dennhardt lautet diese Passage „Ich allein. Ich verstehe in meinem Herzen zu lesen", wodurch eine Verknüpfung von Herz und Lektüre vollzogen wird (Rousseau, Jean-Jacques: Bekenntnisse. Übers. von H. Denhardt. Leipzig 1921, S. 3).
**16** Die Lasker-Schüler-Forschung hat unter anderem die Titel von Lasker-Schülers Texten hinsichtlich ihres „autobiographischen Paktes" untersucht, wie ihn Lejeune konzipiert (Lejeune, Philippe: Der autobiographische Pakt. Hrsg. von Bohrer, Karl Heinz. Übers. von Dieter Hornig/Wolfram Bayer. Frankfurt am Main 1994). Vgl. dazu Feßmann, Spielfiguren S. 23–24 und Krauß, Andrea: Zerbrechende Tradierung. Zu Kontexten des Schauspiels „Ichundich" von Else Lasker-Schüler. Wien 2002, S. 91–98.
**17** Man denke zum Beispiel an die *Bekenntnisse* von Augustinus, an die bereits erwähnten *Bekenntnisse* von Jean-Jacques Rousseau oder auch an die *Bekenntnisse des Hochstaplers Felix Krull* von Thomas Mann.
**18** Das unterscheidet den Briefroman oft von anderen Icherzählungen. In Abgrenzung zu Franz Stanzel hebt Mandelkow hervor, dass das für den Ichroman typische Auseinanderfallen von Erzähl-Ich und Erzähltem-Ich im Briefroman meist zeitlich nah oder sogar identisch ist (Mandelkow, Karl Robert: Der deutsche Briefroman. Zum Problem der Polyperspektive im Epischen. In: Neophilologus 44.1 (1960), S. 200–208, hier S. 201).
**19** Bischoff, Doerte: Herzensbühne und Schriftkörper. Transformationen des Briefromans in der Moderne am Beispiel von Else Lasker-Schülers „Mein Herz". In: Mutual Exchanges. Sheffield-Münster Colloquium II. Hrsg. von Jürgens, Dirk. Frankfurt am Main 1999, S. 41–58, hier S. 43.

So sehr Lasker-Schüler ihre Bekenntnisse, Briefe, Brieffetzen, Telegramme, Gedichte, Zeichnungen und Schriftstücke[20] mit der Zeit, in der sie entstehen, verknüpft, so sehr scheint *Mein Herz* als Briefroman seiner Zeit enthoben, denn der Brief meldet einen „Anspruch des Individuums" an, „dem es heute so wenig mehr gerecht wird, wie die Welt ihn honoriert."[21] In der Zeit der Empfindsamkeit hingegen erlaubte es der Brief, „die empfindsame Innenwelt eines Subjekts darzustellen, das fühlende Herz (und nicht das Hirn) zu einem Zentralorgan und Menschlichkeit zu einem grundlegenden Wert zu machen."[22] Er ermöglicht „ein Erzählen aus der Ich-Perspektive – ein literarisches Verfahren, das einer Zeit, der Mitteilungen des fühlenden Individuums so viel bedeuteten, über die Maßen sympathisch sein musste" (Nickisch, Brief, S. 187) und erlaubt darüber hinaus die Vertrauen und Intimität stiftende Adressierung „Du".[23] Zum einen stellt sich Lasker-Schüler in diese Tradition des Briefes und schreibt sich damit auch in die Tradition weiblicher Autor*innenschaft ein, zum anderen bricht sie immer wieder mit der Tradition des Briefromans, zum Beispiel indem die schreibenden Ichs bei Lasker-Schüler keine genuin weiblichen sind.[24] Für die Gattung, die vermeintlich

---

[20] Nicht alle Schriftstücke adressieren jemanden oder sind unterzeichnet. Dass sie sich trotzdem als Briefe lesen lassen, ist der durchgehenden Verwendung des „ich", „du"/„ihr" in Rechnung zu stellen (vgl. Krauß, Writing of Attractions, S. 6). Formale Aufbaukriterien des Briefes, wie Adressierung, Grußwort, Datum, gewisse Floskeln usw. (vgl. Nickisch, Reinhard M.: Brief. Stuttgart, 1991, S. 9–18), finden sich bei Lasker-Schüler kaum wieder, was zur Disparität der Briefe insofern beiträgt, als die permanente Wiederholung von Floskeln oder die Chronologisierung ihnen Struktur verleihen würde. Eine Datierung der Briefe erfolgt allerdings implizit bei der Erstveröffentlichung im *Sturm* durch das Datum der jeweiligen Ausgabe. Da jedoch meist mehr als ein Brief/Schriftstück in einer Ausgabe abgedruckt waren, haben immer mehrere Schreiben das gleiche Datum.
[21] Adorno, Theodor W.: Benjamin, der Briefschreiber. In: Adorno: Noten zur Literatur. Frankfurt am Main 1991, S. 583–590, hier S. 585–586, vgl. auch Bischoff, Herzensbühne und Schriftkörper, S. 41–42).
[22] So Zymner über die Entstehung des (empfindsamen) Briefromans in der Mitte des 18. Jahrhunderts (Zymner, Rüdiger: Texttypen und Schreibweisen. In: Handbuch Literaturwissenschaft. Gegenstände und Grundbegriffe. Hrsg. von Anz, Thomas. Bd. 1. Stuttgart/Weimar 2013, S. 25–81, hier S. 47).
[23] Vgl. dazu Bohrer, Karl Heinz: Der romantische Brief. Die Entstehung ästhetischer Subjektivität. Frankfurt am Main 1989 und Nickisch, Brief, S. 167.
[24] Die Forschung über den Zusammenhang von Weiblichkeit und Briefliteratur ist mittlerweile sehr vielfältig. Grundlegend sind zum Beispiel Bovenschen, Silvia: Die imaginierte Weiblichkeit. Exemplarische Untersuchungen zu kulturgeschichtlichen und literarischen Präsentationsformen des Weiblichen. Frankfurt am Main 2003, Runge, Anita: Literarische Praxis von Frauen um 1800: Briefroman, Autobiographisches, Märchen. Hildesheim 1997 und Schuller, Marianne. Im

unmittelbar das Innere/die Gefühle der Schreibenden kommuniziert, ist jedoch das Versprechen von Authentizität und Aufrichtigkeit konstitutiv. Gleichzeitig markiert der Briefroman immer auch die „als Heikel erkannte Grenze zwischen Authentizität und Fiktionalität."[25] Diese Ambivalenzen des Briefromans werden bei Lasker-Schüler durch den Titel markiert: *Mein Herz. Ein Liebesroman*, der eine Begegnung *mit wirklich lebenden Menschen* verspricht, greift vor diesem Hintergrund bereits die zentralen Fragen der Gattung auf und markiert gleichsam die Poetologizität des Textes.[26] Der Zusatz *mit Bildern* wirft darüber hinaus einerseits ein märchenhaftes Licht auf den Roman, da er sich einem illustrierten Kinderbuch anverwandelt, andererseits erinnert er an die Erstpublikation der Briefe im *Sturm*, in dem immer auch Zeichnungen zeitgenössischer Künstler*innen zu sehen waren. Dieser Untertitel verleiht dem Buch also gleichsam einen feuilletonistischen Zug, markiert es als kleine Form und kontrastiert damit den angekündigten Roman als große Form.[27]

In all diesen Verweisen, Bezügen und Dissonanzen manifestiert sich die Schwierigkeit, das Buch einer etablierten Gattung zuzuordnen und macht eine Divergenz deutlich, die sich auch durch die Erstpublikation der Briefe in einem öffentlichen Medium zeigt. Eine der Grundkonzeptionen des Briefromans ist, dass er die Innenwelt eines Subjekts oder, wenn es sich um eine Korrespondenz handelt, mehrerer Subjekte darstellt, so dass die Leser*innen gleichsam an die Stelle der Freund*innen rücken, an welche die Briefe gerichtet sind. Leser*innen werden zu Vertrauten der Schreibenden oder Zeug*innen privater Unterhaltung. Aus diesem Grund ist für viele Briefromane die Herausgeberfiktion von zentraler

---

Unterschied. Aufsätze. Frankfurt am Main 1990. Die meisten dieser Untersuchungen beschäftigen sich mit Briefliteratur um 1800 und früher. Inwiefern es auch problematisch ist, die Briefliteratur als dezidiert weibliche Gattung zu bezeichnen, weil dadurch Stereotype einer weiblichen Unmittelbarkeit und Empfindsamkeit gefüttert werden, die einer männlichen Rationalität gegenüberstehen, siehe zum Beispiel Goldsmith, Elisabeth C.: Authority, Authenticity, and the Publication of Letters by Women. In: Writing in the Female Voice. Essays on Epistolary Literature. Hrsg. von Goldsmith, Elisabeth C. London 1989, S. 46–59.

**25** Strobel, Jochen: Brief. In: Handbuch Literaturwissenschaft. Methoden und Theorien. Bd. 2. Hrsg. von Anz, Thomas. Stuttgart/Weimar 2007, S. 166–174, hier S. 167.

**26** Inwiefern das Herz bei Lasker-Schüler immer auf eine Poetik verweist, siehe Hallensleben, Zwischen Tradition und Moderne.

**27** Zum Feuilleton als kleiner Form vgl. zum Beispiel Matala de Mazza, Ethel: Interview mit Ethel Matala de Mazza, in: *microform. Der Podcast des Graduiertenkollegs Literatur- und Wissensgeschichte kleiner Formen*, URL: www.kleine-formen.de/interview-mit-ethel-matala-de-mazza, 2018 (05.03.2018).

Bedeutung, da sie die andauernde Intimität der Briefe besiegelt.[28] Die *Briefe nach Norwegen* hingegen sind von Anfang an für die Öffentlichkeit bestimmt (vgl. Krauß, Writing of Attractions, S. 607). Zu Beginn wird die Reise der Adressierten Herwarth und Kurt als Anlass ausgewiesen, die Briefe zu schreiben, doch schon bald befinden sich die Adressaten wieder in Berlin (Lasker-Schüler, MH S. 66). Die Rückkehr ist jedoch kein Grund, die Korrespondenz einzustellen, es werden nicht etwa „Briefe nach Berlin" geschrieben und die Adressierten bleiben auch nach ihrer Rückkehr weiterhin „die Reisenden" (Lasker-Schüler, MH S. 71).[29] *Mein Herz* konstruiert keinen vertrauten Personenkreis, es ist vielmehr von Anfang an ein offenes Buch.

Im Duktus dieses offenen Buches, das gleichsam das offene Herz ist, wird auch die größte Zeichnung gegen Ende des Romans lesbar. Sie suggeriert, einen Einblick in die Innenwelt der Schreibenden zu geben. Die weitreichende Verweiskraft der Zeichnung irritiert diese Erwartung jedoch. Zu sehen sind hier insgesamt elf Herzen, die zwar alle die typische Herzform haben und sich alle bis auf eines – die „Herz-Angst (zwischen Erde und Himmel)" (Lasker-Schüler, MH S. 111) – nach rechts neigen, sonst jedoch unterschiedlich gezeichnet und/oder schattiert sind und unterschiedliche Bezeichnungen, Erklärungen oder Titel tragen. Weder die Herzen noch ihre Anordnung oder Bezeichnungen lassen eine bestimmte Systematisierung erkennen, vielmehr handelt es sich um eine Pluralität von Herzen in verschiedenen Situationen. Konsequenterweise gehören die Herzen nicht einem Ich allein: „Es gibt einen Menschen in Berlin, der hat dasselbe Herz, wie ich eins habe [...]" (Lasker-Schüler, MH S. 111). Obwohl die Reden über das Herz und seine Offenheit Aufrichtigkeits- und Authentizitätssignale sind, generieren sie immer wieder komplexe Verweise, durch welche jede Eindeutigkeit zerstreut wird. Die folgende Passage ist der Zeichnung der Herzen zur Seite gestellt und demonstriert die Vervielfältigung von Bedeutung:

> Mein Herz ist sehr krank oder fühlt es übergroß? Wenn es übergeht, glaubt man ja immer so kleinlich, man ist krank. Das hat man noch so von Ärzten überliefert. Herwarth, gestern

---

[28] Vgl. dazu zum Beispiel die Einleitung von Takeda, Arata: Die Erfindung des Anderen. Zur Genese des fiktionalen Herausgebers im Briefroman des 18. Jahrhunderts. Würzburg 2008, S. 13 und Wirth, Uwe: Die Geburt des Autors aus dem Geist der Herausgeberfiktion. Editoriale Rahmung im Roman um 1800. Wieland, Goethe, Brentano, Jean Paul und E.T.A. Hoffmann. München 2008, S. 13.
[29] Der Untersuchung von Nickisch zufolge markieren solche Aspekte die Briefe als uneigentliche, da sie strenggenommen nicht „pragmatisch" seien (Nickisch, Brief, S. 19). Nickisch führt diese Unterscheidung jedoch nur ein, um sie wieder zu relativieren, weil die Grenze zwischen einem pragmatischen Brief und einem nicht pragmatischen nicht endgültig bestimmbar sei.

> Abend war mein Herz granatrot, ich konnte die Farbe im Munde vernehmen, kosten. Mein Herz war das Abendrot und ging unter. Draußen kann es in der trüben Winterstimmung nicht mehr geschehen; ich starb am Abendrot. (Lasker-Schüler, MH S. 73)

Das Sprichwort „[w]enn das Herz voll ist, geht einem der Mund über" wird über mehrere Sätze zerstreut und performiert eine nur noch im Halbwissen aufblitzende Überlieferung einer „Herzenssprache" oder „Herzensschrift".[30] Der Brief ruft den Topos einer Sprache des Herzens auf, karikiert ihn durch die zerstreute Zitation und überführt ihn in die dichten Verweisungszusammenhänge der Briefe. Das „Granatrot", das gekostet werden kann, weist auf den „rote[n] Broterwerb", den sich der Prinz von Theben in *Mein Herz* von einem Gedicht erhofft, wenn er es in der *Fackel* veröffentlichen kann. Diesbezüglich schreibt er folgende Zeilen an den „Dalai-Lama":

> Ich werde so lange an das rote Tor Ihrer Fackel rütteln, bis Sie mir öffnen. Ich habe ein neues Gedicht, ein neues Gedicht habe ich gedichtet. Ich habe es mir in den Kopf gesetzt, es muß in Ihre Fackel herein, es hilft mir kein Himmel, es muß in Ihrer Zeitschrift gedruckt werden. Ob Sie die jetzt alleine schreiben oder nicht, ich lasse mich darauf nicht ein, – es muß sein. Ihre Fackel ist mein roter Garten, Ihre Fackel trug ich als Rose über meinem Herzen, Ihre Fackel ist meine rosenrote Aussicht, mein roter Broterwerb. Sie haben nicht das Recht, allein die Fackel zu schreiben, wie soll ich mich weiter rot ernähren? (Lasker-Schüler, MH S. 114)

Die „Herzensschrift" ist auch hier rot bzw. will sie rot werden, indem sie in der *Fackel* gedruckt wird. Der Text selbst – ist er bereits das Gedicht, das gedichtet wurde? – ist ein (An)*Sturm* auf die Festung der *Fackel*, in welcher der Herausgeber nur noch selbst verfasste Texte publiziert.[31] Über die rote Broschur der *Fackel* eröffnet sich für den Text das semantische Feld der Farbe Rot und über sie wiederum die Paronomasie Brot – Rot – Rose. Der drohende ausbleibende „Broterwerb", mit dem der Brief schließt, fügt der Paronomasie noch den Tod hinzu, verweist zurück auf das Abendrot, an dem das Ich im früheren Brief starb und macht ein Erscheinen des Gedichts in der *Fackel* zu einer Frage der Existenz. Die etymologische Figur, die das „gedichtete Gedicht" generiert, unterstreicht die Dringlichkeit des Briefes oder Gedichtes. Im selben Zug kommentiert der Brief/das Gedicht das Verhältnis von Sprache und Rhetorik. Anrede und Grußwort des Briefes

---

[30] Vgl. dazu Hallensleben, der Lasker-Schülers Briefe ebenfalls weder der „Herzensschrift" eines Rousseau noch der „Herzschrift" der Romantiker zuordnen will. Er wiederum bezieht sich auf Schneider, Manfred: Die erkaltete Herzensschrift. Der autobiographische Text im 20. Jahrhundert. München 1986.

[31] Der historische Karl Kraus – „Karl Kraus, der Dalai-Lama in Wien" (Lasker-Schüler, MH S. 23) – hat ab 1912 nur noch seine eigenen Texte in der *Fackel* veröffentlicht.

sind handschriftlich gezeichnet und lauten: „Sehr verehrter Dalai-Lama" und „Wir grüßen Sie, Sire, ich der Prinz von Theben und sein Schwarzer Diener Ossmann und Tecofi der Häuptlingssohn" (Lasker-Schüler, MH S. 114). Wenn zu Beginn des Textes in der Adressierung über dem D von Dalai-Lama noch ein geschmückter Tannenbaum buchstäblich und bildlich als Ornament auftritt, weil er den Text begleitet, dann ist die Bildlichkeit im Abschiedsgruß zum Bestandteil der Schrift geworden: Der Buchstabe H wird durch eine Zeichnung generiert, die eine mit ausgestreckten Beinen sitzende Person zeigt, deren Fußunterseiten die Aufstriche des Hs erkennen lassen. Es ist nur ein Bein zu sehen, das andere ist vom linken Fuß so verdeckt, dass das sichtbare Bein den Arm der Majuskel H darstellt. Erst die Zeichnung erzeugt den Buchstaben, durch welchen das Wort „Häuptlingssohn" lesbar wird. Dem O in Ossmann wird ein Hut aufgesetzt, genauer ein Fez, der traditionell ebenfalls rot ist.[32] Obwohl der Fez selbst als Ornament des Os gelten könnte, wird auch dieser mit einem Posament verziert, mit einer Quaste. Ohne die Quaste wäre der Fez jedoch schlechterdings als Fez zu erkennen – das O mit Fez ohne Quaste könnte ebenso gut eine bauchige Tischlampe sein. Das heißt, das zierende oder rhetorische Element ist nicht nur Schmuck, sondern verändert bzw. generiert die Bedeutung.

Angesichts der Dringlichkeit, mit welcher der Brief die Veröffentlichung des Gedichts erreichen will, irritiert, dass das Schreiben – und wollte man hier dem historischen Verweis folgen, an eine, gelinde gesagt, sprachbewusste Person wie Karl Kraus – mit einem grammatischen Fehler beginnt: Das „rote Tor" müsste in dieser Struktur im Dativ stehen. Der Akkusativ aber bewirkt, dass das „rote Tor" sowohl von links nach rechts als auch von rechts nach links gelesen, das „roTe tor" ist. Es ist in seiner Funktion als Antonomasie Tropus – also „Wendung" – für *Die Fackel*, deren roter Umschlag ihr Erkennungsmerkmal ist, und gleichzeitig ist es als Palindrom ein Stilmittel.[33] Erstens lässt sich hier also zusammenfassend sagen, dass, wie man es auch dreht und wendet, die Sprache Rhetorik bleibt. Zweitens lenkt das Palindrom durch seine Nähe zur Bildschrift die Aufmerksamkeit auch in der Druckschrift auf die Bildlichkeit der Sprache und umgekehrt auf die Rhetorik der Bilder. Dadurch kommentieren sich Text und Zeichnungen gegenseitig, so dass zum Beispiel die Zeichnung die Lektüre instruiert: Das T in der

---

[32] Mehrfach hat auch Lasker-Schüler das Rot des Fezes in Zeichnungen nicht nur aufgenommen, sondern hervorgehoben (vgl. Dick, Ricarda/Schmetterling, Astrid (Hrsg.): Else Lasker-Schüler. Die Bilder. Frankfurt am Main/Berlin 2010, S. 90, 91, 94, 106 und 114).

[33] Da das Palindrom kein Redemittel, sondern dem Sehtext ähnlich ist, ist es in der klassischen Rhetorik nicht zu finden. Es korreliert aber mit rhetorischen Verfahrenstechniken und kann deswegen als Stilmittel gelesen werden (Greber, Erika: Palindrom. In: RWRh. Bd. 6: Must–Pop. Hrsg. von Ueding, Gert. Tübingen 2003, Sp. 484–488).

Signatur „Prinz von Theben" wird beinahe zum P, da der Arm des Ts zu einer Mondsichel oder zu Haaren wird, die wiederum durch eine Linie, die zum Aufstrich des Ts führt und eine Nase erkennen lässt, das Gesicht des Prinzen darstellt. Anders als bei den meisten Profilbildern Lasker-Schülers handelt es sich hier um ein Rechtsprofil. Die Dominanz des Linksprofils in Lasker-Schülers Zeichnungen ist Ricarda Dick zufolge „der Nähe zum Schreiben" zu verdanken: „Schreib- und Zeichenrichtung, von links nach rechts, sind identisch, Gesichter schauen [...] der Schrift entgegen." (Dick u. a., Else Lasker-Schüler. Die Bilder, S. 123) Dicks Beobachtung trifft hier auch auf das Rechtsprofil zu: Es schaut der Schrift entgegen, das heißt, dass der Text, nicht nur das „rote Tor", als Palindrom zu lesen ist oder, wie es an anderer Stelle heißt, als Seil, auf dem vorwärts und rückwärts gesprungen werden kann:

> Ich hätte die Angelegenheit Dalai-Lamas längst zur Sprache gebracht, aber die Leute, wie gesagt, lächeln immer langwierig, wenn ich was sage, auch verstehen sie nicht meinen gaukelnden Worten ein Seil zu spannen. Nur der Minister freut sich meiner Sprünge, er ist ernst genug. (Lasker-Schüler, MH S. 24)

Das Lesen von rechts nach links und umgekehrt, das Hin-und Herspringen im Text und zwischen den Briefen ist nicht bedeutungslos, gerade die Sprünge, das heißt auch die Metaphern,[34] gilt es ernst, also beim Wort zu nehmen. Gottfried Benn nannte Lasker-Schülers Dichtung exhibitionistisch, weil sie „bürgerlich gesehen" ihre „schrankenlosen Leidenschaften" ohne „Moral und ohne Scham" ausgelebt habe.[35] Diese biographische Beobachtung beschreibt zugleich die Funktion der Sprache in *Mein Herz*: Ihre Rhetorik, die Verweisungszusammenhänge und Bedeutungsebenen treten selbst dann in Erscheinung, wenn Worte chamäleonartig Klang und Struktur ihrer Umgebung annehmen: „Ich komme nicht mehr ins Gnu, ich hab gnug." (Lasker-Schüler, MH S. 98). So kann auch das sich anfangs schlecht verkaufte Buch Lasker-Schülers (*Die Wupper*) als „Reinfall in meine Wupper" bezeichnet werden, wobei im Reinfall phonetisch der Rhein mitplätschert, in den die Wupper mündet. Wie zur Bestätigung der Finesse folgt

---

**34** Vor allem Nietzsche charakterisierte in *Ueber Wahrheit und Lüge im aussermoralischen Sinne* Metaphern als Sprung von einer Sphäre (zum Beispiel der Wahrnehmung) in eine andere (die Sprache) (Nietzsche, KSA I WL S. 873–890). Vgl. dazu auch Groddeck, Reden über Rhetorik, S. 12).

**35** Benn, Gottfried: Rede auf Else Lasker-Schüler. In: Benn, Gesammelte Werke in acht Bänden. Reden und Vorträge. Hrsg. von Wellershoff, Dieter. Bd. 4. Wiesbaden 1968, S. 1101–1104, hier S. 1102–1103.

der Erwähnung des Flusses die Alliteration „Müller Mahle Mühle" (Lasker-Schüler, MH S. 30), als hätte das Spiel mit den Bedeutungen eine Wassermühle in Gang gesetzt.[36] Es sind die Figuren und Tropen, die dem „gedichteten Gedicht" des Prinzen das Tor zur *Fackel* öffnen sollen und es ist der Tropus, der genau das torpediert, wenn er sich als Fehler einschleicht. Indem der Brief den Fehler als Trope und die Trope als Fehler und Schmuck inszeniert, performiert er, dass die tropische Struktur jede Authentizität in Frage stellt. Deswegen zeigt bereits der erste Brief, dass die „Abenteuer", welche das Ich unbedingt loswerden muss, vor allem sprachliche Abenteuer sind:

> Liebe Jungens,
> Daß Kurtchen Dich mitgenommen hat nach Schweden, Herwarth, ist direkt eine Freundestat. Kurtchen wird erster Staatsanwalt werden und Euch kann nichts passieren. Aber mir kann was passieren, ich hab Niemand, dem ich meine Abenteuer erzählen kann, außer Peter Baum, der aber aus der alten Wohnung in die neue Wohnung zieht. Im Wirrwarr hat er statt seines Schreibtischsessels seine Matja in den Möbelwagen getragen und sie den Umzugsleuten besonders ans Herz gelegt, daß die Quasten nicht abreißen. (Lasker-Schüler, MH S. 9)

Eine genaue Lektüre dieser Passage weist sie als eine Allegorie des Schreibens aus, welche die Unmöglichkeit zeigt, zu wissen, was eigentlich geschrieben wird. Denn wenn der Schriftsteller Peter Baum (vgl. Lasker-Schüler, MH S. 17) seinen Schreibtischsessel in den Möbelwagen bringt, um ihn an einen anderen Ort transportieren zu lassen und ein Transport nichts Geringeres als eine Metapher ist (vgl. Groddeck, Reden über Rhetorik, S. 249), dann geht es hier nicht nur um eine Anekdote, sondern auch um rhetorische Verfahren. In der Terminologie der Rhetorik ist „Matja" die Res, also das Ding oder die Idee, von der Baum glaubt, dass er sie transportieren, also metaphorisch wenden will. Dieser Res ordnet er jedoch das Verbum „Schreibtischsessel" zu, vergreift sich also nicht erst im Prozess der sprachlichen Gestaltung (der *elocutio*), sondern bereits bei der Auffindung des Themas und der Argumente, also während der *inventio*. Da das Verbum, das er einpackt, nicht das Pendant zur Res bildet, zerschlägt er im Zuge des Prozesses die Idee einer Einheit von Res und Verbum. Wenn es weiter heißt, dass auf die Quasten – die auch der rhetorische Schmuck sind – ganz besonders achtgegeben werden soll, weist die Passage darauf hin, dass dem bevorstehenden Transport bereits rhetorische Wendungen vorausgegangen sind. Im Zentrum dieser Passage stehen folglich zwei Tropen: die Metapher (erste Trope), deren Misslingen in

---

[36] Auch an anderer Stelle spielt sie mit der Wupper: „Er [Rudolf Kurtz] hat über meine eingetrocknete Wupper eine Flut gebracht" (Lasker-Schüler, MH S. 52).

der Allegorie (zweite Trope) über die Bildung von Metaphern ihren Ausdruck findet. Sowohl die Metapher als auch die Allegorie bzw. deren Bildlichkeit beschwören nach Groddeck „eine ursprüngliche, aber immer schon verlorengeglaubte Einheit von *Res* und *Verbum*." (Groddeck, Reden über Rhetorik, S. 249) Wenn Peter Baum jedoch nicht bemerkt, dass er „statt seines Schreibtischsessels seine Matja in den Möbelwagen trägt", dann findet hier eine Verwechslung auf der Ebene der Res statt, die zeigt, dass nicht nur eine Einheit von Res und Verbum unmöglich wird, sondern auch, dass das Wissen darüber, ob das Verbum, das metaphorisch gewendet werden soll, eine Einheit mit der Res bildet, absolut prekär ist. Obwohl eine Lektüre dieser Passage durch die strukturell eingeschriebene Verwechslung gewissermaßen verunmöglicht wird, wird sie dennoch ans Herz gelegt, wie Baum Matja bzw. seinen Schreibtischsessel den Umzugsleuten ans Herz legt. Die Redewendung „jemandem etwas ans Herz legen" bedeutet auch, jemandem etwas anzuvertrauen, was wiederum eine Anspielung auf die Gattung des Briefromans ist. Wenn aber das Anvertraute aufgrund eines Missgriffs versendet wird, dann sind die Briefe in *Mein Herz* kein Mittel der Mitteilung oder Kommunikation. Sprache wird vielmehr selbst das Rütteln am Tor, das Bedeutungen und Referenzen durcheinanderwirft und sich immer im „Wirrwarr" befindet. Die „Abenteuer", welche den Reisenden in den Briefen mitgeteilt werden sollen, sind vor allem Abenteuer der Rhetorik. So stellt auch kaum eine Erwähnung der Zeitschrift *Sturm* nicht die Doppeldeutigkeit des Wortes in den Vordergrund: „Der kleine Jakobsohn hat zweiundzwanzig Nummern der Fackel bestellt; ich habe Dir sofort gesagt, Herwarth, er ist gar nicht so schlimm, es wird ihn auch noch der Sturm umreißen." (Lasker-Schüler, MH S. 24) Und: „Er wird sich nun in die Wellen des heiligen Franziskus stürzen, weil eine Dichterin ihm ein Ständchen brachte verwegen mitten im Sturm." (Lasker-Schüler, MH S. 61) Bedenkt man vor diesem Hintergrund noch einmal das erste Erscheinen des Briefes an den Dalai-Lama und seine *Fackel* im *Sturm*, zeigt sich der Brief nicht nur als Bitte, sondern wird regelrecht zu einer Drohung: Wenn etwas in der Lage ist, die *Fackel* aufzuschlagen, um ein Gedicht darin zu hinterlassen, dann ist es ein Sturm oder eben der *Sturm*; derselbe kann eine Fackel/*Die Fackel* aber auch löschen.

Die Bedeutungsvielfalt der Sprache und das Spiel mit den Signifikanten verschiebt die Bedeutung des Bekenntnisses von einer Sprache, die so authentisch und aufrichtig wie möglich versucht, Subjektivität zu vermitteln, zu einer inszenierten Vieldeutigkeit und Disparität von Sprache und Subjektivität. Das Bekenntnis ist Bekenntnis zur Mehrdeutigkeit, dabei löscht eine Bedeutung die anderen nicht aus, sondern beide bilden eine differentielle Einheit, wie diejenige von Res und Verbum (Groddeck, Reden über Rhetorik, S. 97).

So bleibt auch das Pathos in der Erzählung „Vom Himmel" (Lasker-Schüler, MH S. 50) bestehen, wenngleich durch das die Erzählung dominierende Blau die Redewendung „das Blaue vom Himmel erzählen" – also lügen – mitklingt.[37] Statt eines Entweder-oder proklamiert Lasker-Schüler ein in seiner Uneindeutigkeit deutliches Entweder-und. Das eine zu sagen und das andere auch, bedeutet hier, dass beides Gültigkeit hat. Vor diesem Hintergrund zeigt sich, dass die Bekenntnisse in *Mein Herz* Bekenntnisse sind, die nicht ohne Rhetorik, Missgriffe, Quasten geäußert werden. Folglich ist Redlichkeit auch mit Lasker-Schüler rhetorisch zu verstehen und ihrer Authentizität geht der Missgriff voraus.

Wo aber kommt zwischen all den Fehlern, Quasten und Doppeldeutigkeiten überhaupt die Redlichkeit ins Spiel? In den vorangegangenen Kapiteln hat sich gezeigt, dass Redlichkeit auch jene Rede ist, die an der Grenze zur Redseligkeit bis zur Erschöpfung redet und alles reden will und in diesem Vollzug die Redenden allererst konstituiert. Auch bei Lasker-Schüler deutet sich eine solche Tendenz an, wenn es den Schreibenden in *Mein Herz* schlichtweg darum geht, von ihren Abenteuern und denen der anderen Figuren zu berichten und auch dann nicht zu schweigen, wenn das Reden auch den Fehler, den Missgriff und die Doppeldeutigkeit beinhaltet. Bekenntnis und Redlichkeit greifen genau dort ineinander, wo, so ließe sich vorläufig, aber nicht abschließend sagen, das Bekenntnis auch das Meinen des Fehlers einschließt.

## 6.2 Die Redlichkeit *verschieden aufgefaßter Ichs*

Die Lektüre von Kafkas *Proceß* entwickelt sich entlang der Frage, wie Redlichkeit und redliche Verantwortung konzipiert werden können, wenn kein Subjekt der Rede auffindbar ist, in dem sich Schuld, Verantwortung und Rede bündeln. Auch bei Lasker-Schüler gibt es keine Subjektivität eines Ich, dem eine Redlichkeit zugeordnet werden könnte. Vielmehr stellt *Mein Herz* die Anforderung, eine Redlichkeit zu formulieren, die zugleich von vielen Ichs performiert wird. Diese Ichs

---

[37] Die Erzählung will zeigen, dass es in jeder Person einen Himmel gibt, der Wunder verspricht. Immer wieder wird im Laufe der Erzählung die „Zweitönigkeit" (Lasker-Schüler, MH S. 48) der Sprache vorgeführt, von der auch die Rede ist. Zum Beispiel dann, wenn mit dem Himmel auch das semantische Feld der Blume wiederkehrt: „[...] er [der Himmel, NT] blüht am liebsten im Menschen. Und wer ihn gefunden hat, ganz zart noch [...] der sollte seine Blüte Himmel pflegen." (Lasker-Schüler, MH S. 48) Und wenn „der Nazarener" von Himmel erfüllt und deswegen „schwelgend" blau beschrieben wird, dann macht ihn die Doppeldeutigkeit des Blauseins auch betrunken. Da er „immerblau" über die „Plätze der Lande" (Lasker-Schüler, MH S. 50) wandelt, ist er sowohl vom Wunder erfüllt als auch permanent beschwipst.

wiederum werden wie die Briefe und Briefstücke allein aufgrund von immer wiederkehrenden Bezugspunkten miteinander verknüpft: „Connections between the letters or pieces of letters arise neither from a narrative logic nor from actions developing in succession. Rather, they emerge topographically and according to names: a cast of characters entering the scene time and again in recurring places [...]" (Krauß, Writing of Attractions, S. 606). Dieses durch die Bezugspunkte geknüpfte Netz von Erzählungen ist weder eine verspätete „Ausdrucksform neuzeitlicher Individualität"[38] noch zeichnet sich hier die Entwicklung eines schreibenden Ichs ab, wie es für die Briefliteratur nicht unüblich ist. Das Fehlen der Entwicklung ist aber nicht etwa auf ein gleichbleibendes Ich zurückzuführen, sondern auf die Inszenierung von Disparität. So ist das schreibende Ich immer ein anderes – Amanda (Lasker-Schüler, MH S. 20 und 75), Krösus (Lasker-Schüler, MH S. 22), Else (Lasker-Schüler, MH S. 37), Shakespeare (Lasker-Schüler, MH S. 41), Tino von Bagdad (Lasker-Schüler, MH S. 62 und 109), Prinz von Theben (Lasker-Schüler, MH S. 128), E. (Lasker-Schüler, MH S. 126), Prinz (Lasker-Schüler, MH S. 117), Odysseus (Lasker-Schüler, MH S. 110), Else Lasker-Schüler (Lasker-Schüler, MH S. 97), Else L.-Sch. (Lasker-Schüler, MH S. 91), E. L. Sch. (Lasker-Schüler, MH S. 86) – und dabei immer ein Ich – „Ich, die Dichterin von Arabien, Prinzessin von Bagdad, Enkelin des Scheichs, ehemaliger Jussuf von Ägypten, Deuter der Ähren, Kornverweser und Liebling des Pharaos [...]" (Lasker-Schüler, MH S. 54–55) –, das an wieder anderer Stelle viele Ichs in einem Satz wird: „Ich, ich[,] ich, ich [...]" (Lasker-Schüler, MH S. 88).[39] Die Briefe werden nicht nur von unterschiedlichsten Namen unterzeichnet, auf die sich das Ich der jeweiligen Briefe bezieht, es tauchen auch viele Ichs in einem einzigen Satz auf, wodurch *Mein Herz* linguistische Auffassungen der Hier-Jetzt-Ich-Trias aus den Angeln hebt. Denn über die Spezifik des deiktischen Pronomens „ich" schreibt Émile Benveniste: „Chaque *je* a sa référence propre, et correspond chaque fois à être unique, posé comme tel."/„Jedes *ich* besitzt seine eigene Referenz und entspricht jedesmal einem einzigen Wesen, das sich als solches hinstellt", dabei bedeutet „ich" die Person, „qui énonce la présente instance de discours contenant je"/„welche die gegenwärtige Diskursinstanz, die die sprachliche Instanz *ich* enthält, aussagt."' (Benveniste, Problèmes de linguistique générale, S. 252; dt. S. 281) Gibt es mehrere Instanzen des Diskurses, so Benveniste weiter, gibt es mehrere

---

[38] So Schiffermüller und Conterno bezüglich der Brieftradition der Empfindsamkeit (Schiffermüller, Isolde/Conterno, Chiara (Hrsg.): Briefkultur. Transformationen epistolaren Schreibens in der deutschen Literatur. Würzburg 2015, S. 10).
[39] In der Erstausgabe des Buches fehlt das zweite Komma, im *Sturm* ist es vorhanden (vgl. Dick, KA MH, Anmerkungen, S. 187).

Möglichkeiten, um diese Verdoppelung des Einzelnen zu erklären: Kann man verschiedene Stimmen unterscheiden, handelt es sich nach Benveniste um unterschiedliche Diskursinstanzen, kann die Stimme nicht zugeordnet werden, könnte es sich um ein Zitat handeln, in dem das eine Ich „imputable à un autre"/„einem anderen zugesprochen" (Benveniste, Problèmes de linguistique générale, S. 252; dt. S. 281) werden kann. Wenn es in *Mein Herz* aber heißt: „Ich, ich, ich, ich kann mich kaum mehr berühren vor Süße" (Lasker-Schüler, MH S. 88), sind es dann vier Diskursinstanzen, die hier sprechen? Oder handelt es sich um nicht markierte und in sich verschachtelte Zitate? Zeichnen sich die Ichs durch Parallelität aus, das heißt, sprechen sie gleichzeitig und werden erst von der linearen Struktur der Schrift in eine sukzessive Zeitlichkeit überführt? Kommen hier nacheinander vier Ichs auf die Szene des Textes und schreiben je ein Ich? Oder stottert hier ein einzelnes Ich, und wenn dem so sein sollte, wie kann es dann sein, dass sich die Ichs „kaum berühren" können? Vielmehr verweist doch die unmögliche Berührung auf eine Distanz zwischen ihnen, welche das Ich-Hier-Jetzt torpediert.[40] Da sie jedoch auch nicht als „wir" sprechen – es heißt „Ich, ich, ich, ich kann [...]", nicht „können" –, sind sie zugleich Singular und Plural. An anderer Stelle wiederum gehören einige Ichs einer übergeordneten Ich-Instanz an, ohne dass zwischen ihnen eine Kommunikation möglich wäre: „Ich hänge aber eingeschlossen einigemale in ihrer Wohnung. Wie es mir wohl gehen mag, meinen verschieden augefaßten Ichs?" (Lasker-Schüler, MH S. 103) In der Vervielfältigung der Ichs wird jedes unterschiedlich „aufgefaßt", das heißt gedeutet oder gelesen, und ist genau dadurch ein eigenständiges Ich.

Vor dem Hintergrund der „Vielheit des Subjekts" (Grossmann, Fremdheit im Leben und in der Prosa Else Lasker-Schülers, S. 197) bzw. der Vielheit der Subjekte lassen sich auch vermeintlich paradoxe Aussagen der Briefe lesen: „Es war Nacht, als Ihr Brief kam, ich hatte mich gerade aufgehängt, konnte nur morgens den Baum nicht wiederfinden." (Lasker-Schüler, MH S. 86) Das letzte elliptische Glied dieses Satzes hat sein Subjekt „Ich" im vorhergehenden Satz verloren und ist nun auf der Suche nach diesem Ich, das bei Lasker-Schüler weder auf eine Diskursinstanz verweist noch als Zitat verstanden werden kann. In Formulierungen wie „Ich denke gar nicht mehr an dich und nur an dich" (Lasker-Schüler, MH S. 12) fällt ein Ich in die Rede des anderen ein. Die Lasker-Schüler attestierte „Egozentrik" (Di Rosa, Begraben sind die Bibeljahre längst, S. 18) ist in *Mein Herz* folglich eher eine Ego-exzentrik. Deswegen beanspruchen die Ichs auch „Heimate" (Lasker-Schüler, MH S. 40) im Plural. Unter diesen Vorzeichen verwundert es

---

[40] Zur Ich-Konstellation des Titels *IchundIch* bei Lasker-Schüler, die Benvenistes Lesart des Ich problematisiert, siehe Krauß, Zerbrechende Tradierung, S. 89–90.

nicht, dass die Ichs sich an verschiedenen Orten befinden können: „Und wir stiegen herauf in des Bischofs Einsiedlerklause. [...] Ich setzte mich in einen großen Stuhl [...] ‚Wo sind Sie jetzt augenblicklich?' fragte mich der Bischof. Ich saß nämlich gerade am Ende einer rissigen Straße in Cairo [...]" (Lasker-Schüler, MH S. 40) Jede Rede und jedes Schreiben der Ichs der Briefe kommt von anderen (Ichs und Orten) her und bürgt für die anderen, weil sie als Ichs, die die Briefe schreiben, für die anderen einstehen und sich dabei über die immer gleichen Bezugspunkte auch miteinander verknüpfen.

Mit *Mein Herz* lässt sich aufgrund dieser Struktur der Ichs eine Redlichkeit formulieren, die von vielen disparaten Ichs gesprochen wird und trotzdem eine Redlichkeit ist. Das heißt, das Gesagte des einen Ichs kann nicht einem anderen zugesprochen werden, sondern die Rede der anderen ist immer auch die eigene. Jedes Ich ist damit mitverantwortlich für die Reden der anderen Ichs. Aspekte dieser Redlichkeit können anhand einer weiteren Zeichnung des Liebesromans konzipiert werden. Sie deutet ein frontales Portrait an, es sind Haare zu sehen und Augen, aber weder Nase noch Mund. Die Haare gleichen denen des Prinzen von Theben oder denen Lasker-Schülers, vielleicht auch denen der Ichs. Verweist die Abwesenheit des Mundes auf einen unmündigen Prinzen? Oder gibt sie Raum für alle Münder, die in *Mein Herz* zur Sprache kommen sollen, für alle Ichs? Die Zeichnung als Kunst, als *art*, hat nicht nur keine Mund*art*, das heißt keine charakteristische Redeweise, sondern ist offen für viele – zum Beispiel für den Dialekt, in dem Amanda regelmäßig an Pitter schreibt (zum Beispiel Lasker-Schüler, MH S. 45). Dabei ist das Fehlen von Mund und Nase auch Ausdruck von Grausamkeit. In einem anderen Brief beschreibt ein Ich, wie es den Bischof bat, einem Mond ein Meer zu verleihen, weil er sonst „[z]wischen der weißen Nacht des Papiers ganz alleine ohne Sterne und ohne Erde" schwebe (Lasker-Schüler, MH S. 57–58). Die Einsamkeit des Mondes, die ihm aufgrund der Kontextlosigkeit zugeschrieben wird, betrifft auch die Konzeption von Portraits: „So geht es mir aber auch mit Nasen, die ich hinsetze oder Mündern oder halben Gesichtern, ich muß sie vervollständigen, damit ihnen nicht ein Sinn fehlt und dabei versäumt man sich selbst so oft" (Lasker-Schüler, MH S. 59). Das Fehlen des Mundes bedeutet Fehlen eines Sinns, der wiederum viele Bedeutungen hat: Zum einen fehlt dem Gesicht ohne Mund und Nase der Geschmackssinn, die Leerstelle in der Zeichnung bedeutet aber gleichermaßen Potential für verschiedene Münder und Mund*arten*. Sinn, so suggeriert der Brief, geht mit Vollständigkeit einher, das heißt auch mit einem geschlossenen Kontext, den man, wie es weiter heißt, bei sich selbst so oft „versäumt". „Versäumen" wiederum bedeutet „verpassen" oder „nicht wahrnehmen", aber auch eine Naht zu „versäubern" oder „einzusäumen", das heißt, einem Ausfransen zuvorkommen und es verhindern. Wenn sich das

Ich versäumt, verpasst es sich selbst und verbindet sich gleichsam mit sich. Gabriel Trop liest den Saum als jenen Raum, wo etwas zwar an ein Ende kommt oder an etwas anderes angrenzt, das sich aber von einer „pure boundary or line of demarcation"/„reinen Grenze oder Demarkationslinie" insofern unterscheidet, „as it partakes in a double indexicality: it often appears as the fold of its own fabric knitted to itself [...]. At the same time it is contiguous with or indicative of something outside of it that is marked by difference, something of which it is not part [...]" (Trop, The Fringe of Being, S. 680).[41] Zum einen ist der Saum also der Versuch, mittels Einfalten in sich selbst, das Ausfransen zu verhindern, zum anderen verschließt er jene Naht, die zwei Stoffe miteinander verbindet. Wenn Lasker-Schüler sich selbst am Baum sucht, an dem sie sich aufgehängt hat, dann hat sie das Versäumen versäumt. An anderer Stelle fransen die vielen Ichs aus oder gehen ineinander über: „[A]ber ich auch nicht allein die Dichterin und die Tino von Bagdad bin, nicht nur der Prinz von Theben, zu guterletzt nicht nur als Jussuf der Egypter existiert habe, sondern ich auch ein ganz kleines Mädchen sein kann." (Lasker-Schüler, MH S. 26–27) Während im ersten Teil die Wortstellung des sich strukturell wiederholenden Satzes durch die Anwesenheit der Dichterin noch poetische Anklänge hat, verfügt der zweite Teil bei ähnlicher Struktur über ein förmliches Vokabular, der letzte Teil aber wird von jenem kleinen Mädchen geäußert, von dem die Rede ist, und das noch kein grammatisches Vermögen hat. Die Kommas werden zum Saum zwischen den Ichs, von denen Lasker-Schüler immer wieder betont, dass sie sie nicht selbst setzen kann (zum Beispiel Lasker-Schüler, MH S. 14 und 42). Der Saum als „an operation of poetic thought"/„ein Verfahren poetischen Denkens" (Trop, The Fringe of Being, S. 680) beschreibt auch die Konstellation der Briefe, Zeichnungen und Gedichte: Er verbindet unterschiedliches Material miteinander und hält schließlich auch das Buch zusammen, das aber aufgrund möglicher fehlender Briefe und aufgrund des permanent aufgeschobenen Endes keine Sicherheit vor dem Ausfransen bietet. Die Ichs wissen von dem Risiko verloren gegangener Briefe, wenn sie von jenen berichten, die ihre Adressaten versäumt haben, weil sie nach Norwegen geschickt wurden, wo niemand mehr sie in Empfang nehmen kann – *Mein Herz. Niemandem.* Die Struktur des Versäumens in seiner Doppeldeutigkeit markiert die Disparität der Ichs und eröffnet gleichsam einen Raum von Möglichkeiten. Die in der Zeichnung unbesetzte Stelle des Mundes als Ort der Redlichkeit gibt den vielen Ichs Raum für ihre

---

[41] „als er an einer doppelten Indexikalität teilhat: Er tritt häufig als die Falte seines eigenen Stoffes auf, die ihn mit sich selbst vernäht [...]. Gleichzeitig grenzt er an etwas außer sich an oder verweist auf etwas außer sich, das von Differenz gekennzeichnet ist, an etwas, das er nicht selbst ist" (Übersetzung NT).

Reden. Redlichkeit versäumt eine Pluralität von Reden, sie steht für sie ein, ohne in der Pluralität aufzugehen oder sie zu besitzen.

## 6.3 Charaktere schreiben: *Ethopoeia*

Das Gesicht ohne Mund gibt Raum für die Redlichkeiten vieler Münder, die im redlichen reden „wirklich lebende Menschen" erzeugen. Und indem das Gesicht ohne Mund den Raum für die Reden anderer bietet, ist es Ausdruck für die rhetorische Figur *ethopoeia* und verweist so auf eine spezifische performative Erzeugung von Charakteren in *Mein Herz*. Die *ethopoeia* ist die „Darstellung von Charakterzügen durch Rede", in ihr redet also ein Mund die Reden eines anderen.[42] Sie hat ihren Ursprung in der glaubwürdigen Darstellung des eigenen oder fremden Charakters und entwickelte sich im antiken Rom zu einer beliebten Verteidigungsstrategie vor Gericht. Als sich Angeklagte nicht mehr selbst verteidigten, mussten Advokaten das Ethos der Angeklagten mit Hilfe der *ethopoeia* so überzeugend wie möglich vermitteln, indem sie es imitierten (Naschert, Ethopoeia S. 1513). Lausberg setzt die *ethopoeia* mit der *sermocinatio* gleich und beschreibt sie als die der „Charakterisierung natürlicher (historischer oder erfundener) Personen dienende Fingierung von Aussprüchen, Gesprächen und Selbstgesprächen oder unausgesprochenen gedanklichen Reflexionen der betreffenden Personen" (Lausberg, Handbuch der literarischen Rhetorik, §820). Inhaltlich müsse die *sermocinatio* nicht historisch war sein, „sie muß nur ‚wahrscheinlich' sein, d. h. insbesondere dem Charakter der sprechenden Person entsprechen. Der Charakter der Person wird durch den fingierten Ausspruch dichterisch gestaltet, daher der Terminus ἠθοποιΐα" (Lausberg, Handbuch der literarischen Rhetorik, §811).

Der fingierte Ausspruch als *ethopoeia* kann auch ein Einschub sein, der innerhalb der Rede eines Charakters die Rede eines anderen Charakters darstellt. So heißt es in einem der Briefe in *Mein Herz* zum Beispiel: „Ich habe mich endgültig in den Slawen verliebt – warum – ich frage nur immer die Sterne." (Lasker-Schüler, MH S. 11) *Ethopoeia* ist folglich eine Möglichkeit, die Reaktionen anderer in den Briefen darzustellen, obwohl *Mein Herz* keine Antwortschreiben beinhaltet. Die Emphase „warum" unterbricht hier den Fluss des Briefes und kann als eine dem Brief fremde Rede der Gedankenfigur *ethopoeia* zugewiesen werden. Wäh-

---

[42] Naschert, Guido: Ethopoeia. In: HWRh. Bd. 2: Bie–Eul. Hrsg. von Ueding, Gert. Tübingen 1998, Sp. 1512–1516, hier Sp. 1512.

rend dieser Einschub sich jedoch nur schwer von einer rhetorischen Frage unterscheiden lässt, wird an anderen Stellen deutlich, dass die Briefe den Figuren Ausdruck verleihen und ihnen Charaktere zuschreiben, indem sie ethopoetisch verfahren. Da sich die Ichs für die Figuren gern Namen aus der direkten und ferneren Umgebung ausleihen, werden hier mindestens zwei Lektüren möglich: Eine folgt „vorgezeichneten autobiographischen"[43] Hinweisen und sucht die Wahrheit des Textes jenseits desselben. Die andere geht weiteren Hinweisen im Text nach und richtet den Fokus auf seine Performativität, denn „es kommt ja nur darauf an, wie ich die Modelle zum Ausdruck bringe. Ich habe weiter nichts mit Ihnen zu tun." (Lasker-Schüler, MH S. 60) Das Ich des Briefes setzt sich nicht mit den Modellen auseinander, sondern mit dem Verfahren der Hervorbringung und ihrer Darstellung: „wie ich sie zum Ausdruck bringe". Folglich geht es nicht um die Imitation oder genaue Abbildung bestimmter Figuren, sondern um die Produktion, das heißt die ethopoetische Hervorbringung eigenständiger Charaktere:

> Heute bekam ich mit der ersten Post einen Brief aus dem Mäuseturm bei Bingen. Dort scheint ein Bewunderer Peter Baums zu wohnen. Aber, daß der Mensch keinen Spaß versteht!! Fragt mich dieser Mäusetürmer an, ob Herr Peter Baum wirklich ein Herumtreiber ist, er könne sich das gar nicht zusammenreimen bei der Großzügigkeit und Großfürstlichkeit seiner Romane und Schloßnovellen. Ich hab ihm seiner verständnisvollen Kritik wegen geantwortet: Mein Herr, es ist mir kein Zweifel, Sie befinden sich in der Mause. Haben Sie denn noch nicht bemerkt, daß meine norwegische Briefschaft ein Massenlustspiel ist – allerdings mit ernsten Ergüssen, die bringt so der Sturm mit sich. Peter Baum hat mich besonders gebeten, die Rolle des Herumtreibers in meinem Werk zu spielen, um ganz unerkannt zu bleiben: Ich selbst, mein Herr, knüpfte ihm ein rotgemustertes Taschentuch um den Hals und steckte ihm eine Schnapsbulle in die zerschlissene Manteltasche. Im wirklichen Leben ist er viel langweiliger, es schmerzt mich, Sie etwa zu enttäuschen, er sitzt nämlich den ganzen Tag oben in seinem Zimmer und a r b e i t e t. Ich verachte das an ihm, auch

---

[43] Genau hier setzt Bänschs Kritik an: „Je weiter sich [Hermann Degeners, NT] Dokumentierungsdrang auf der von Else Lasker-Schüler autobiographisch vorgezeichneten Bahn vorwärtsbewegte, desto fragwürdiger wurde trotz mancher belegbaren Übereinstimmungen mit der wirklichen Lebensgeschichte Else Lasker-Schülers schriftstellerische Redlichkeit" (Bänsch, Else Lasker-Schüler. Zur Kritik eines etablierten Bildes, S. 157).
Meike Feßmann hingegen hat mit ihrer Studie autobiographische Lesarten in Frage gestellt und gleichermaßen den Begriff der Spielfigur nachhaltig in die Lasker-Schüler-Forschung eingebracht. Texte wie *Mein Herz*, so Feßman, schicken die Lesenden „ständig auf die Suche nach dem ,wirklichen Leben' Else Lasker-Schülers". Referentielle Bezüge herzustellen, komme dabei einem Trick gleich, das Begehren der Lesenden nach wahrhaften „referentiellen Fixpunkten wachzuhalten und im selben Schachzug dafür zu sorgen, daß die Wahrheit unauffindbar wird, weil das Wechselspiel zwischen Literatur und Leben längst zu einer Fiktionalisierung des Lebens geführt hat, dessen Wahrheit von seinem Schein nicht mehr zu trennen ist." (Feßman, Spielfiguren, S. 29)

seine Genügsamkeit, aber er ist ein lieber, lieber, lieber, lieber Mensch, auch seine Mama; nur der Johannes, sein Kuseng, spielt den Baron auf meiner Drehbühne und ist von Beruf: Hundefänger. (Lasker-Schüler, MH S. 55–56)

Das Ich inszeniert hier Figuren, ist nicht nur Autor*in oder Dramaturg*in, sondern auch verantwortlich für Requisiten und Bühne des „Massenlustspiels". Der in den Briefen dargestellte Charakter ist ein „Geschöpf" (Lasker-Schüler, MH S. 126) des Ich und gar nicht erst auf Wiedererkennbarkeit ausrichtet. Da „Peter Baum" als Eigenname eine sehr spezifische Referenz suggeriert, jedoch ins Leere weist bzw. durch einen neu gezeichneten Charakter ersetzt wird, wird Referenz hier grundlegend in Frage gestellt. Peter Baum, dessen Auftauchen im Roman auch das Versprechen eines „Roman[s] mit wirklich lebenden Menschen" einlösen soll, markiert umgekehrt die Fiktionalität der Briefe, wobei zugleich eine neue Ebene vermeintlicher Wirklichkeit mit dem „Mäusetürmer" eingeführt wird, der wiederum Bewohner des sagenumwobenen Mäuseturms bei Bingen ist. Auch wenn Peter Baums Charakter hier zur Disposition steht, ist es nicht dieser, der qua *ethopoeia* entsteht, sondern derjenige des Mäusetürmers, dessen Naivität dem Spott ausgesetzt wird.[44] Da der Mäusetürmer selbst wieder einer der vielen Verweise auf eine Wirklichkeit ist, durchbricht die *ethopoeia* die Fiktion der Briefe und hält zugleich an ihr fest.

Als Darstellungsverfahren ist die *ethopoeia* in *Mein Herz* insofern performativ, als sie mit den Briefen auch die Schreibenden im Vollzug des Schreibens hervorbringt. Diese Struktur wird anhand eines Briefes besonders deutlich, dessen wiederholte Verweise auf Shakespeare schließlich dazu führen, dass der Brief mit „Shakespeare" unterschrieben wird. Mit anderen Worten: Das schreibende Ich wird als Shakespeare hervorgebracht, indem shakespearesche Figuren und Themen evoziert werden. In diesem Brief findet das Ich zum wiederholten Male in der Begegnung mit „dem Doktor" zwischen sich und ihm „eine tote Stelle", auf der „nichts mehr blühen kann", auf die das Ich und der Doktor aber manchmal „Immortellen" legen (Lasker-Schüler, MH S. 41). Immortellen sind Blumen, aufgrund ihres Namens evozieren sie aber ebenso die Unsterblichen, in die sich die Figuren im Folgenden verwandeln: "[W]ir sind uns im Leben schon gegenseitig Geister geworden." (Lasker-Schüler, MH S. 41) Diese wiederum bereiten die Bühne für Hamlets Geister und damit für Shakespeare. Das Ich bezeichnet sich als „Bluthund", der sowohl in dem von Dorothea Tieck übersetzten *Macbeth* als

---

**44** Dass *ethopoeia* häufig auch zum Spott verwendet wird, erwähnt bereits Quintilian, IX 2, 58 S. 295.

auch in *Richard III* (vgl. Dick, MH Anmerkungen, S. 149) auftaucht. Am Ende erscheint dem Ich Richard als Ermordeter und es zitiert die ersten Verse des gleichnamigen Stücks (Lasker-Schüler, MH S. 41), bevor es selbst zum Autor eben dieser Figuren wird, wenn es den Brief mit dem Gruß: „Euer Shakespeare" (Lasker-Schüler, MH S. 41) schließt. Shakespeare, das schreibende Ich des Briefes, entsteht durch diese Zitationen, durch die Bezüge zu literarischen, mythischen und religiösen Figuren, wobei die Zugehörigkeit der Figuren zu diesen Traditionen immer wieder unterwandert wird. Der im Brief erwähnte „Samiel" bezieht sich sowohl auf den Engel aus der jüdischen und christlichen Mythologie (vgl. Dick, MH Anmerkungen, S. 149) als auch auf die Figur in Karl Mays gleichnamiger Erzählung *Der Samiel*. Der Bezug zu dieser Erzählung wird letztlich auch deswegen plausibel, weil es sich hier um eine Verkleidungs- und Verwechslungserzählung handelt und der im Brief erwähnte Samiel eine von vielen Rollen des Doktors ist (Lasker-Schüler, MH S. 41). Diese Rollen haben jedoch keinen Kern, der im Gegensatz oder als Pendant zu den Rollen in Erscheinung treten kann. Sie können nicht abgelegt werden. So lassen sich auch die Ichs und die Figuren, welche die Briefe hier und da unterschreiben, nicht um einen Kern „Lasker-Schüler" situieren, mag der Name auch einer von vielen Bezugspunkten sein.

Die Schreibenden bringen sich und andere durch *ethopoeia* in den Briefen allererst hervor. Oder anders: Das Ich wird Ich insofern es *ethopoeia* ist. „Er [S. Lubinski] war ein Charakter. Die einzige Eigenschaft, die einen ganzen Charakter ausmachen kann, ist Mut. Also war er noch mehr wie ein Charakter, er war ein rostiges Gefüge." (Lasker-Schüler, MH S. 95) Als „rostiges Gefüge" ist ein Charakter auffallend prozesshaft, da er zugleich durch Korrosion und Kristallisation konstituiert wird, ein gleichzeitiges Zusammen- und Zersetzen ist. „Rostige Gefüge" sind insofern in jedem Moment des Zerfalls und des Zusammenfügens ethopoetisch, als sie sich durch eben jene Bewegungen gegenseitig hervorbringen. Das „rostige Gefüge" kontrastiert die Vorstellung der Geschlossenheit eines „ganzen Charakter[s]" (Lasker-Schüler, MH S. 95). Die Figuren sind damit immer auch „verschieden aufgefaßte" Figuren, das heißt, sie sind nie die vollständige Repräsentation einer spezifischen historischen Person. An anderer Stelle heißt es: „Er erzieht mich reizend. Oder er hat Charakter; wie man so sagt, wenn man seine Eigenschaften eingeschachtelt mit sich trägt. Also ist er berechenbar; ich bin unbequemer und schwieriger." (Lasker-Schüler, MH S. 53) Um unbequem zu sein, wird eine Schreiberin durch einen Zungenbrecher auch zur Brigitte:

> „[...] jedenfalls sandte ich ihm abends einen Abschiedsvers, daran er sich hoffentlich die Zunge zerriß:
> Reiter und Reichsritter
> Bitter riß ich im Gewitter

> Im Ginster vor Ihrem Gitter
> Mein Manuskript in Splitter.
> Brigitte" (Lasker-Schüler, MH S. 55)

Aufgrund der Offenheit und Disparität des „rostigen Gefüges" ist der Charakter, wenn er nicht „eingeschachtelt" ist, kein Eigentum und auch keine alleinstehende Figur. So kommt es immer wieder vor, dass die Ichs auf offener Straße Gefügen oder Teilen eines Gefüges begegnen, mit denen sie sich verbinden, mit denen sie sich zusammensetzen können. Sie entstehen durch Figuren aus literarischen Texten, Personen aus der Berliner Bohème, durch Bilder sowie durch und in Reden.[45] Wie im „literarischen Schlaraffenland" (Lasker-Schüler, MH S. 60–61) fliegen Worte und Figuren, vom Wind verweht,[46] von einem Gefüge zum anderen:

> Ich plaudere wieder so vor mich hin wie Verblühn. Ich habe alles abgegeben der Zeit, wie ein voreiliger Asket, nun nimmt der Wind noch meine letzten herbstgefärbten Worte mit sich. Bald bin ich ganz leer, ganz weiß, Schnee, der in Asien fiel. So hat noch nie die Erde gefroren, wie ich friere; woran kann ich noch sterben! Ich bin verweht und vergangen, aus meinen Gebeinen kann man keinen Tempel mehr bauen. Kaum erinnerte ich mich noch an mich, wenn mir nicht alle Winde ins Gesicht pfiffen. (Lasker-Schüler, MH S. 91)

Plaudern wird zur umgekehrten Bewegung des Schreibens, wenn der Herbstwind die Wörter so verweht, dass er eine weiße Fläche/Seite hinterlässt. Plaudern ist Abtragen des Gefüges „Ich" bzw. ist das Plaudern der Rost, der das Ich zersetzt, das verblüht. Die Winde, die ins Gesicht pfeifen, tragen andere „herbstgefärbte Worte" an das Ich heran, die weiße Seite kann im weiteren Jahreszyklus, der sich in der Herbst-Winter-Folge ankündigt, wieder beschrieben werden. Worte bilden sich nicht in einem Herzen und kommen dann aus einem Mund, sie stehen in Briefen und kommen von überall her, Gesichter und Seiten werden ihnen zur Verfügung gestellt. Da diese Worte einen Charakter bilden, ist er ein „rostiges Gefüge", sich zusammensetzend und zerfallend aus den Reden anderer, die mal zusammen, mal getrennt Charaktere bilden.

Die bisher in dieser Studie entwickelte Redlichkeit zeichnet sich durch ihre performativen Strukturen aus, dadurch, dass sie alles redet und evaluiert und im Vollzug dessen ihre Redner*innen konstituiert, wenn auch das geredete nicht

---

[45] Zu den vielen Zitaten und Bezügen zu Kunst und Literatur sowie zur Kunst- und Literaturgeschichte siehe vor allem die Anmerkungen in der Kritischen Ausgabe (Dick, KA MH Anmerkungen, S. 177–236).
[46] Vor dem Hintergrund der nie eindeutigen Verwendung von Titeln (z. B. *Der Sturm* und *Die Wupper*), ist der Wind hier auch als *Sturm* zu verstehen.

den Redenden allein gehört. Diese Strukturen, das zeigt hier vor allem die *ethopoeia*, finden sich in *Mein Herz* wieder und lassen auch hier eine Redlichkeit deutlich werden: Lasker-Schülers Münder, Gesichter und Seiten reden und schreiben sich und andere und sind genau darin redlich.

## 6.4 *Ethopoeia* in der Karikatur

Durch die *ethopoeia* in den Briefen zeigt sich, dass die Worte der Ichs und ihre Briefe auch die der anderen sind: „Sie [meine Rosa, NT] hat ihm in der letzten Zeit dieselben Briefe geschrieben, die ich ihr an Dich und Kurtchen vorlas." (Lasker-Schüler, MH S. 22) An der Schnittstelle von Performativität und Charakter glimmt ein Ethos auf, das nicht in der Gleichförmigkeit einer Person besteht, sondern im Schreiben der anderen; darin, ihre Reden in das Schreiben über sie zu integrieren und sie „mehr wie ein Charakter" (Lasker-Schüler, MH S. 95) zu performieren. Die nicht enden wollenden Briefe, die Nachträge und Nachsendungen, die „vielen, vielen Liebesbriefe" (Lasker-Schüler, MH S. 57) deuten das Bestreben an, von allen „Abenteuern" (Lasker-Schüler, MH S. 9) zu erzählen, unterschiedliche Perspektiven aufzunehmen, die verschiedenen Seiten von Figuren zu zeigen und den Reden anderer Raum zu geben; kurz: redlich zu sein.[47] Auch einige der Skizzen sind in dem bisher entwickelten Spektrum des Begriffs redlich, denn auch sie sind Ausdruck einer Suche nach verschiedenen Darstellungsformen der Ichs und der anderen und sind als Erzeugungen von Charakteren ebenso zu denken wie als Unterwanderung der Idee eines abbildbaren und abgebildeten Charakters.

Die im Titel versprochenen „wirklich lebenden Menschen", die, wie die Lektüren der Charaktere auf der Grundlage von *ethopoeia* zeigen, keine Referenz außer sich haben, zeigen sich auch in den Zeichnungen. Bisweilen stehen sie für sich, manchmal kommentieren sie die Briefe oder umgekehrt die Briefe sie. Die meisten Zeichnungen in *Mein Herz* zeigen Menschen oder Gesichter,[48] nur eine

---

[47] Das Ende von *Mein Herz* ist, da es aufgeschoben wird, ein Nicht-Ende und erinnert darin zum einen an Kleists *Über die allmähliche Verfertigung der Gedanken beim Reden* (vgl. das Kapitel „Redlichkeit auf dem Schlachtfeld. Heinrich von Kleist") zum anderen an das Ende der *Penthesilea*, wenn ein Ich schreibt: „Ich richte mich noch einmal auf, stoße meine wilden Dolche alle in die Erde, eine Kriegsehrung zu meinem Haupte. Hier und nicht weiter!/ENDE" (Lasker-Schüler, MH S. 125). Wie Penthesileas „Nun ist's gut" (Kleist, BKA 1/5 P V. 3034) scheint auch der Schreibakt der Briefe ein fast gewalttätiger Setzungsakt zu sein, der aber insofern misslingt, als diesem Brief weitere folgen.
[48] Eine Ausnahme ist eine Zeichnung Thebens in einem der letzten Briefe des Romans (Lasker-Schüler, MH S. 120). Es ist jedoch nicht auszuschließen, dass sich auch hier in oder hinter den

Zeichnung stammt nicht von den Ichs, sondern von Schmidt-Rotluff.[49] Sie stellt den Prinzen von Theben – so der Untertitel (Lasker-Schüler, MH S. 93) – im Linksprofil dar, Schultern und Brust sind zu sehen, am oberen Bauch endet das Portrait. Der rechte Arm des Prinzen tritt auf der Höhe des Mundes hinter dem Kopf des Prinzen hervor und hält mit geballter Faust und in Protestpose einen Stift schräg in die Höhe. Die Position des Armes ist so ungewöhnlich, dass sie es kaum zulässt, den Arm als den des Prinzen zu lesen. Eine andere Figur, zu welcher der Arm gehören könnte, ist jedoch nicht Teil der Zeichnung. Sähe man das Linksprofil einer schreibenden Person, die den Stift zu einem vor sich auf dem Tisch liegenden Papier führte, müsste der rechte Arm im Bereich des Oberkörpers sichtbar werden, und zwar – je nach Entfernung des Oberkörpers zum Papier – etwa auf der Höhe des Herzens. Die Hand mit dem Stift würde dann vielleicht „Herzensbriefe" (Lasker-Schüler, MH S. 30) in der „Sprache des Herzens"[50] scheiben können, das heißt Briefe, deren Worte, den Topos von Authentizität und Aufrichtigkeit bedienend, möglichst unmittelbar vom Herzen auf das Papier flössen. Die Position des Armes auf der Zeichnung von Schmidt-Rotluff markiert im Unterschied dazu die Mündlichkeit auch der geschriebenen Worte und umgekehrt. Der Brief ist nicht als Substitut der Rede zu denken, sondern Schrift und Rede stehen in einer sich gegenseitig bedingenden Verknüpfung.[51] Die Worte – auch die geschriebenen – gehen aus Mund und Gesicht hervor, denen sie selbst vom Herbstwind zugetragen wurden. Auf dem Gesicht als dem Ort der Sprache (Deleuze/Guattari, Mille Plateaux, S. 205–206; dt. S. 230–231) zeichnet sich das „rostige Gefüge" durch *ethopoeia* ab, indem sich eine Person durch die Worte anderer bildet.

Die „wirklich lebenden Menschen", die Lasker-Schüler zeichnet, sind keine Abbilder von etwas, das ihnen vorausgeht, sondern sie sind, rhetorisch gelesen,

---

Gebäuden noch ein Gesicht verbirgt, das, wie das Gesicht auf der Briefmarke wenige Seiten zuvor, nur schwer zu entdecken ist (Lasker-Schüler, MH S. 105).

**49** In der von Dick im Jüdischen Verlag herausgegebenen Ausgabe, die der Erstausgabe von 1912 folgt, ist die Zeichnung neben dem Brief abgedruckt, der eine Zeichnung Schmidt-Rotluffs erwähnt (Lasker-Schüler, MH S. 92). Im *Sturm* ist der Brief in der Nummer 94 abgedruckt (Lasker-Schüler, Else: Briefe nach Norwegen. In: Der Sturm. Wochenschrift für Kultur und die Künste Nr. 94 (1912), S. 751–753, hier S. 752), erst in Nummer 95 ist die Zeichnung Schmidt-Rotluffs ganzseitig abgedruckt (Lasker-Schüler, Else: Briefe nach Norwegen. In: Der Sturm. Wochenschrift für Kultur und die Künste Nr. 95 (1912), S. 758–760, hier S. 759). Im *Sturm* ist der Bezug von Bild und Brief folglich offener als im Buch.

**50** Vgl. allgemein zur Briefliteratur die Einleitung zum Sammelband von Schiffermüller/Conterno, Briefkultur, S. 9–12.

**51** Vgl. zum Beispiel Nickisch, der sich dem Brief unter anderem als Substitut der Rede nähert (Nickisch, Brief, S. 12).

ebenso *ethopoeia*, da sie die Charaktere allererst hervorbringen: „Denn ich habe keine Zeichnung von mir gemacht, auch kein Gemälde, ich habe ein Geschöpf hingesetzt." (Lasker-Schüler, MH S. 126) Dabei verweisen die „wirklich lebenden Menschen" auf Charakteristisches einer Person, indem sie es überzeichnen oder ausklammern, wie im Falle Oskar Kokoschkas: „Ich schneide Euch hier sein Bild aus. Es ist dilettantisch gezeichnet und gerade seine charakteristischen Verbrecherzüge sind gemildert." (Lasker-Schüler, MH S. 48) Der die Zeichnung kommentierende Brief springt hin und her zwischen stilisierenden Charakterisierungen Kokoschkas und des Ich. Er ist skizzenhafter geschrieben als das seitliche Profil gezeichnet ist, kaum ein Satz bezieht sich auf den vorhergehenden, er soll wohl in Kürze den Gezeichneten, das Ich und ihre Beziehung zueinander darstellen, die selbst nicht besonders innig, man könnte geradezu sagen, elliptisch ist:

> Hört nur, Kokoschka wird steckbrieflich verfolgt in der neuen, freien Presse; er wirkte doch immer schon rührend, fing er von der Villa an zu simulieren, die er seinen Eltern schenken würde. Er aß sich nur immer objektiv satt aus dem Idealzweck. Tut mir wirklich leid! Wenn er mich auch nicht leiden mag. So bin ich ja gar nicht! Ein Modell, ein Holzhäuschen, soll er in der Nacht vom fünfzehnten auf den sechzehnten Oktober einfach gestohlen haben [...] Ob er sich auch in einer guten Pension versteckt hält, die für ihn sorgt? Rattke, der Ober vom Café, bei dem er hier in Berlin gewohnt hat, meint auch, wenn er nur gut wo verpflegt wird. (Lasker-Schüler, MH S. 47–48)

Der Brief verfolgt kein geschlossenes Narrativ, er ist vielmehr eine Ansammlung von Aussagen – oder eben ein „rostiges Gefüge" –, die das Ich von irgendwo, zum Beispiel vom Ober Rattke und der „neuen, freien Presse", aufgesammelt hat. Im Unterschied zum Bildnis des Prinzen von Theben entsteht hier der Charakter Kokoschkas zwischen Text und Portrait. Bild und Text generieren eine Paralipse, indem die Zeichnung verschweigen will, was der Text umso deutlicher sichtbar macht. Erst die agonale Verschränkung von Bild und Text performiert den Charakter. Der Eigenname Kokoschka verweist erneut auf eine historische Figur, geht man diesem Verweis jedoch nach, wird man bezüglich einer Verhaftung aufgrund eines Diebstahls nicht fündig.

Eine Karikatur von Peter Baum wird hingegen durchaus auch historisch lesbar. Die Zeichnung zeigt Baum im Profil mit langen Hasenohren und Monokel. Das Ich kommentiert im Brief, es habe ihn „in der Katerstimmung als Langohr gemalen" (Lasker-Schüler, MH S. 42), weil er, nachdem er „sich den ganzen Hiddenseesommer nicht um mich bekümmert hat", gar nicht mehr aussehe „wie ein Großfürst" (Lasker-Schüler, MH S. 42). In den Anmerkungen zu *Mein Herz* verweist Dick auf Kokoschkas Memoiren, in welchen er vermerkte, dass Peter Baum wegen andauernder Zahnschmerzen häufig ein Taschentuch um den Kopf gebunden hatte, weshalb er ihn immer als Kaninchen gesehen habe (Dick, MH

Anmerkungen, S. 150). Der biographische Verweis gibt hier jenen Kontext, der zu einem historischen Verständnis von Karikaturen notwendig ist. Da sich die Karikatur über eben jene charakteristischen Merkmale lustig macht, die sie in Übertreibung darstellt, muss sowohl das Abgebildete als auch die Übertreibung dessen erkennbar werden. Der Kunsthistoriker Filippo Baldinucci beschreibt Karikaturen als Methoden des Portraitierens, die „darnach trachten, dass das Ganze der abgebildeten Person möglichst ähnlich sei, wobei sie jedoch aus Freude am Scherz oder manchmal auch zum Spott die Fehler der Züge, die sie abbilden, unverhältnismäßig vergrößern und betonen, so daß das Portrait dann als Ganzes dem Modell gleicht, obwohl die einzelnen Teile verändert sind."[52] Auch Karl Rosenkranz schreibt in seiner *Ästhetik des Hässlichen*, dass die Karikatur eine Disproportion erzeugen müsse, die vor allem durch Vergrößerung und Verkleinerung entstehe, dass dabei aber nicht der „Punkt" verlorengehen dürfe, von dem die „Verzerrung der Gestalt" ausgehe.[53] Der Gegenstand der Karikatur muss also sowohl wiedererkennbar sein als auch verändert werden.[54]

Die Struktur der Karikatur kommentiert Lasker-Schülers poetisches Verfahren insofern, als *Mein Herz* mit der prekären Grenze von Wirklichkeit und Fiktion spielt. Was aber passiert, wenn die Karikatur Teil eines Romans ist, dessen Poetik sich gerade aus der permanenten Zerstörung der Illusion speist, er beziehe sich auf eine ihm vorausgehende Wirklichkeit? Mit manchen ihrer Zeichnungen torpediert Lasker-Schüler eine historisch-hermeneutische Analyse und stellt ihr ein rhetorisches Verständnis der Karikatur zur Seite. Liest man die Zeichnungen rhetorisch, kommentiert zum Beispiel die Zeichnung von Dr. Hiller das Verfahren der Karikatur selbst: Die Zeichnung zeigt Kopf und Schultern Dr. Hillers, über ihm

---

**52** Zitiert nach Gombrich, Ernst H.: Kunst und Illusion. Zur Psychologie der bildlichen Darstellung. Hrsg. von Gombrich, Lisbeth. Stuttgart 1986, S. 376.
**53** Rosenkranz, Karl: Ästhetik des Häßlichen, Königsberg 1853, S. 386 und 412. Inwiefern sich Lasker-Schüler mit dieser Karikatur nicht in die Tradition der herabsetzenden Tier-Mensch-Karikaturen einreiht, die vor allem der Antisemitismus zu Propagandazwecken mobilisierte, sondern an „die mimetische Verbundenheit von Mensch und Tier im Modus kreatürlicher Erfahrung" erinnert, siehe Klaue, Magnus: Poetischer Enthusiasmus. Else Lasker-Schülers Ästhetik der Kolportage. Köln 2011, S. 332–333.
**54** Vgl. dazu auch Oesterle, Günter: „Mit sich zugleich etwas Anderes darzustellen." Die Entdeckung der Dialogizität der Karikatur in der spätidealistischen Ästhetik von Karl Rosenkranz und Friedrich Theodor Vischer. In: Die Karikatur zwischen Republik und Zensur. Bildsatire in Frankreich 1830–1880 – eine Sprache des Widerstands? Hrsg. von Rütten, Raimund. Marburg 1991, S. 153–158 und Oesterle, Günter: Karikatur als Vorschule von Modernität. Überlegungen zu einer Kulturpoetik der Karikatur mit Rücksicht auf Charles Baudelaire. In: Ästhetische Moderne in Europa. Grundzüge und Problemzusammenhänge seit der Romantik. Hrsg. von Vietta, Silvio/Kemper, Dirk. Paderborn 1998, S. 259–286.

hängt eine Glühbirne ohne Lampenschirm, die sich auf seiner Stirn derart spiegelt, dass das Kabel, an dem die Birne hängt, das Nasenbein skizziert. Die beiden Glühbirnen gleichen sich nicht ganz: Die Fassung der Birne auf der Stirn ist etwas verrutscht und die Form nicht ganz so „birnig", was den Effekt hat, dass sich die Form der Spiegelung der Form des Kopfes von Hiller angleicht. Eine Glühbirne über dem Kopf stellt bildlich dar, dass Hiller ein Licht aufgeht, was durch die Spiegelung der Birne auf der Stirn durch die Redewendung „etwas im Köpfchen haben" ebenso gespiegelt wird. Dr. Hillers Gesichtsausdruck wirkt jedoch nicht besonders konzentriert oder wach, er scheint eher träge oder müde zu sein und konterkariert auf diese Weise beide Redewendungen. Die Glühbirnen spiegeln nicht nur die jeweils andere Glühbirne, sondern auch die Birne als pejoratives Synonym für den Kopf und skizzieren somit das sprichwörtliche Pendant „nichts in der Birne haben".[55] Diese Mehrfachspiegelung multipliziert sich im Text in Form eines Reimes – „[...] in seinem Hirne – elektrisch spiegelt sich die Birne" (Lasker-Schüler, MH S. 99) – und zerstreut so Referenz, statt sie in der Übertreibung eines spezifischen Merkmals zu bündeln. Selbst der für die Karikatur wichtige Aspekt des Kontextes wird karikiert, wenn nicht einmal die Zeichnerin ihn versteht: „Außerdem habe ich den Gnudirektor Cajus-Majus = Dr. Hiller in seinem Gnutheater am Vortragstisch auf der Bühne sitzend gezeichnet. Er spricht vom gescheckten Mondgnukalb – versteh vor Lärm nur alles halb – [...]" (Lasker-Schüler, MH S. 99). Die rhetorische Lektüre der Skizze markiert die Struktur der Karikatur als eine in sich gespiegelte oder in sich und in Bezug auf ihren (Kon)Text geteilte. So lässt sich auch für die rhetorisch gelesene Karikatur festhalten: „Die Karikatur weist unruhig über sich hinaus, weil sie mit sich zugleich etwas anderes darstellt." (Rosenkranz, Ästhetik des Häßlichen, S. 414) Die Karikatur von Dr. Hiller stellt mit sich die Rhetorizität der Karikatur aus, verweist auf die Zerstreuung des für sie eigentlich konstitutiven Kontextes und stellt sich als Karikatur gleichsam in Frage.[56]

---

[55] Inwiefern rhetorische Mittel wie Verdichtung, Vergleich und Metapher bei Karikaturen eine Rolle spielen, siehe Gombrich, Ernst H: Das Arsenal der Karikaturisten. In: Gombrich, Meditationen über ein Steckenpferd. Von den Wurzeln und Grenzen der Kunst. Übers. von Gombrich, Lisbeth. Frankfurt am Main 1978, S. 223–248.
[56] Die Reflektion der Birne verweist darüber hinaus auf die Karikatur *Les Poires* von Charles Philipon, mit welcher er demonstriert, wie Karikaturen funktionieren: Ausgehend von einem Profil des Königs Louis Philippes zeigt die Karikatur vier Köpfe, die immer stärker die Form einer Birne annehmen, wobei die Gesichtszüge immer weiter reduziert werden, bis nur noch eine Birne mit angedeutetem Mund und angedeuteten Augen zu sehen ist. Bei aller Reduktion sind die Gesichtszüge des Königs deutlich zu erkennen.

Wo aber die Karikatur mit sich etwas anderes darstellt, da teilt sie genau diese Struktur mit der Ironie. Der Definition der klassischen Rhetorik zufolge speist sich die Ironie aus der Differenz zwischen Sagen und Meinen, indem sie etwas sagt und damit etwas anderes meint. Es hat sich jedoch in den vorangegangenen Kapiteln gezeigt, dass sich eben diese Differenz in der Redlichkeit nicht entfalten kann, weil sich Redlichkeit, performanztheoretisch und rhetorisch reformuliert, dieser Differenz entzieht. Dass Ironie die Differenz zwischen Sagen und Meinen sei, ist allerdings auch nur eine ihrer vielen Facetten, die sie zu einer komplexen und umfassenden rhetorischen Figur und einem ebenso komplexen philosophischen Begriff machen. Seit Friedrich Schlegel markiert die Ironie vor allem eine „umfassende Selbstthematisierung" der Literatur,[57] mit der sich auch die von Lasker-Schüler inszenierte Wirklichkeit der Literatur vor dem Hintergrund der sich gegenseitig ins Wort fallenden Ichs hinsichtlich des Verhältnisses von Ironie und Redlichkeit noch einmal anders befragen lässt.

## 6.5 Redlichkeit und Ironie

> [I]ch kann Nachts nicht schlafen und träume mit offenen Augen von Wirklichkeiten.
> Lasker-Schüler, Mein Herz, S. 111.

Von Lasker-Schüler wurde behauptet, dass das zentrale Thema ihres Romans immer nur die Dichterin selbst gewesen sei (Kreuzer, Die Bohème, S. 129).[58] Da diese Kritik derjenigen am „New Sincerity" oder an der „Neuen Aufrichtigkeit" gleicht, lohnt sich ein Blick auf die Strukturen, die dieser Kritik zugrunde liegen.[59] Wie in der Einleitung bereits dargestellt, ruft die Bewegung „New Sincerity" dazu auf, nichts zu verstecken und sich selbst treu zu sein, was dazu führt, dass die Darstellungen explizit, peinlich und unbeholfen sind. Um Echtheit zu verbürgen, werden Körper und Leben der Künstler*innen häufig zum Hauptgegenstand des Kunstwerks, der Performance oder des Textes. Diese Echtheit soll einen Ausweg aus einer Postmoderne weisen, die ironisch und damit vermeintlich unecht ist. Die damit verbundene Kritik an der Postmoderne geht folglich von Ironie als jener rhetorischen Figur aus, die eine „Diskrepanz zwischen Meinen und Sagen,

---

[57] Despoix, Philippe/Fetscher, Justus: Ironisch/Ironie. In: Ästhetische Grundbegriffe. Hrsg. von Barck, Karlheinz u. a. Bd. 3. Stuttgart 2010, S. 196–244, hier S. 216.
[58] Inwiefern die Geschichte der Moderne im Angesicht eines Authentizitäts-Ideals als Kultur des Narzissmus gelesen werden kann, siehe Taylor, Charles: The Ethics of Authenticity. Cambridge u. a. 1992, S. 55.
[59] Vergleiche dazu auch die Einleitung dieser Studie.

Sinn und Ausdruck" darstellt, so „dass der Zuhörer oder Leser die Abweichung ahnt oder durchschaut" (Groddeck, Reden über Rhetorik, S. 272) – von jener Ironie also, die sich nicht mit Redlichkeit vereinbaren lässt. Die Ironie aus der Redlichkeit auszuschließen würde jedoch die Komplexität und Produktivität sowohl der Redlichkeit als auch der Ironie verkennen.[60] Was den Diskurs um „New Sincerity" dominiert, ist das scheinbar unmögliche Zusammenspiel von sogenannter „Echtheit" und Ironie. Und da die Frage nach der „Echtheit" bezüglich *Mein Herz* darauf aufmerksam macht, dass die Wirklichkeitssignale und Verweise häufig ins Leere zeigen und die Briefe sich stattdessen mit diesen Verweisen selbst kommentieren, kann dieses spezifische Verhältnis von Literatur und Wirklichkeit mit einem literaturtheoretisch ausgerichteten Begriff der Ironie erörtert und für Redlichkeit als Darstellungsverfahren fruchtbar gemacht werden.

Unter Rückbezug auf Johann Gottlieb Fichtes Ich-Begriff und Schlegels Beschreibung der Ironie als „permanenter Parekbase" (Schlegel, Philosophische Lehrjahre, S. 85) konzipiert Paul de Man eine der Sprache inhärente Ironie, die sich nicht in der Differenz zwischen Sagen und Meinen erschöpfend darstellen lässt, sondern vor allem das Wissen der Literatur um ihre eigene Literarizität ausstellt (de Man, The Concept of Irony, S. 165). Indem er Schlegels Beschreibung der

---

[60] Der Begriff der Ironie, der hier zur Debatte steht, hat demnach keinesfalls den Anspruch, der gesamten Komplexität des Begriffs gerecht zu werden, sondern fokussiert die für die vorliegende Untersuchung relevanten Strukturen der Ironie. Eine Konzeptualisierung „der Ironie" muss, folgt man de Mans Überlegungen, ohnehin daran scheitern, dass die Ironie ihre eigene Konzeptualisierung immer unterwandert (de Man, The Concept of Irony, S. 163–184). Immerhin hatte die Ironie schon bei Aristoteles die Kraft, das „sonst so fest durchgehaltene Tugendsystem" der *Nikomachischen Ethik* zu sprengen, wenn sie eine ethische Rechtfertigung erfährt, obwohl sie nicht den Reglements der Wahrhaftigkeit und Mitte unterworfen werden kann (Müller, Marika: Die Ironie. Kulturgeschichte und Textgestalt. Würzburg 1995. Epistemata Bd. 142. S. 10). So heißt es bei Aristoteles erst: „Bezüglich der Wahrheit soll, wer die Mitte einnimmt, wahrhaftig und die Mitte Wahrhaftigkeit heißen. Ihre Entstellung nach Seiten des Zuviel heiße Prahlerei, und wem sie eigen ist prahlerisch, die nach Seiten des Zuwenig Ironie, oder verstellte Unwissenheit, die Person Ironisch." (Aristoteles: Nikomachische Ethik. Philosophische Schriften in sechs Bänden. Hrsg. von Bien, Günther. Übers. von Eugen Rolf. Hamburg 1995, Buch II, Abschn. 8 S. 39). Später heißt es dann jedoch: „Die Ironischen, die sich in der Rede kleiner machen, geben sich als Leute von feinerer Sitte" als die der Prahlerei, denn „[w]er sich ohne besondere Absicht größer macht als er ist, gleicht zwar etwas einem schlechten Manne [...] ist aber wohl mehr ein leerer und eitler als ein böser Mensch" (Aristoteles, Nikomachische Ethik, Buch IV, Abschn. 13, S. 96–97). Die Auseinandersetzung mit der Ironie ist letztlich auch deswegen eine Hürde, weil „einem das Wissen um die überwältigende geschichtliche Bedeutung der Ironie im Nacken sitzt." (Groddeck, Reden über Rhetorik, S. 272). In der Diskussion um Redlichkeit ist sie vor dem Hintergrund der Postmoderne vor allem in ihrem spezifischen Verhältnis zu Authentizität und Aufrichtigkeit interessant.

Ironie als Dynamik von Selbstschöpfung und Selbstvernichtung hervorhebt und diese mit Fichte als sprachliche Setzungsakte liest, verweist de Man auf die „performative function" der Ironie (de Man, The Concept of Irony, S. 165). Selbstschöpfung und Selbstvernichtung sind bei de Man nicht als einzelne Setzungsakte zu lesen, sondern sie sind für die Sprache konstitutiv: „Words have a way of saying things which are not at all what you want them to say." (de Man, The Concept of Irony, S. 181)[61] Worte fallen sich gegenseitig ins Wort, wodurch folglich auch Texte von permanenter Unterbrechung gekennzeichnet sind. Die sich hier abzeichnende Doppeldynamik nimmt de Man immer wieder in den Blick: Sie taucht nicht nur als Diskurs über Sexualität in Schlegels *Lucinde* auf, sondern auch als Erscheinen der Autor*in im Text, der als fiktional vorgestellt, dessen Illusion eben durch das Erscheinen für die Lesenden jedoch unterbrochen und gestört wird. Genau hier ist nach de Man gleichwohl der Moment, in dem auch die Autor*innen bemerken, dass es keinen Weg zurück gibt von der Fiktionalität zum „actual self"/„wirklichen Ich", denn auch das „wirkliche Ich" ist eine weitere/andere Fiktion, die kein Double einer Welt darstellt, sondern eine von vielen Welten ist.[62] Die Ironie ist nach de Man nicht qua Negation Verweis auf eine eigentliche Welt/ein eigentliches Selbst/eine eigentliche Meinung. Sie dupliziert vielmehr, so de Man mit Charles Baudelaire, das Subjekt in ein empirisches, das sich wissend und die Sprache beherrschend glaubt, und ein Selbst, das in Form von Sprache existiert und von seiner Inauthentizität in der Sprache weiß: „This does not, however, make it into authentic language, for to know inauthenticity is not the same as to be authentic." (de Man, The Rhetorics of Temporality, S. 214)[63]

Die Frage nach der Wirklichkeit und Authentizität bzw. Inszenierung von *Mein Herz* begleitet den Roman seit seiner Entstehung, nicht zuletzt, weil die Briefe diese Diskussion selbst aufgreifen. Lasker-Schülers *Mein Herz* verharrt jedoch nicht bei der Auffassung, dass die der Sprache inhärente Ironie eine Authentizität verunmöglicht und sich das Subjekt in dem Wissen seiner Inauthentizität der Notwendigkeit unterworfen sieht, trotzdem sprechen zu müssen.

---

61 „Worte haben ein Händchen dafür, Dinge zu sagen, von denen man überhaupt nicht will, dass sie sie sagen" (Übersetzung NT).
62 Man, Paul de: The Rhetoric of Temporality. In: Blindness and Insight. Essays in the Rhetoric of Contemporary Criticism. Minneapolis 1983, S. 187–228, hier S. 219; dt. Man, Paul de: Die Rhetorik der Zeitlichkeit. In: Die Ideologie des Ästhetischen. Hrsg. von Menke, Christoph. Übers. von Jürgen Blasius. Frankfurt am Main 1993, S. 83–130, hier S. 117. Vgl. auch Colebrook, Claire: Irony. London/New York 2004, S. 108.
63 „Das macht allerdings die ironische Sprache noch nicht zur authentischen Sprache, denn eine fehlende Authentizität zu durchschauen, garantiert noch keine Authentizität" (de Man, Die Rhetorik der Zeitlichkeit, S. 112).

Vielmehr setzt das Buch an die Stelle der Authentizität eine Redlichkeit, die von der Ironie nicht untergraben werden kann, weil die Ironie Teil ihrer Struktur ist, in der Gesagtes und Gemeintes, die sich gegenseitig die Parekbase sind, nebeneinander bestehen bleiben. In der Authentizität funktioniert Ironie als Trope, welche die Differenz von Res und Verbum bezeugt (vgl. Groddeck, Reden über Rhetorik, S. 269). Lasker-Schüler formuliert die Frage nach Authentizität zu einer Frage nach Redlichkeit um, das heißt, in *Mein Herz* greifen Literatur und Wirklichkeit ineinander, sind sich gegenseitig die Parekbase, wodurch sie erst als das jeweils andere sichtbar werden, ohne je endgültig deutlich zu machen, was Literatur und was Wirklichkeit ist. Wie sich an der Performativität der Charaktere und der Bedeutung des Charakters als *ethopoeia* zeigt, geht es in der Struktur, welche der Ironie eigen ist, nicht um Authentizität oder Wahrhaftigkeit, es geht in ihr um das Ausstellen differenter Reden, die nebeneinander gleichrangig bestehen bleiben. Die Gleichzeitigkeit differenter Reden macht sich durch die Parekbase bemerk- und lesbar. Erst die ironische Struktur der Redlichkeit ermöglicht es, auch jene Reden hör- und lesbar zu machen, die in der Ironie immer nur vermutet werden können.

Besonders eindrücklich zeigt sich diese Struktur dann auch in der Begegnung von Literatur und einer Wirklichkeit, die selbst Literatur ist. „Ich glaube, daß ich Dir keinen Brief mehr schreiben kann" beginnt ein Brief und verstrickt sich damit in den performativen Widerspruch, dass er das tut, von dem er behauptet, er könne es nicht mehr.

> Als ich heute draußen vor dem Café saß, überfiel mich ein wildfremdes Individuum im drohenden Mantel, ganz dicht kam es an mich heran, beinah rannte es die Stühle um an meinem Tisch vor Schwung. Ich hörte den Mann atmen wie Karl von Moor: ich sei eine bodenlose Schwindlerin, ich berichte über mich historisch falsch, ich treibe Blasphemie mit meinem Herzen – denn unter den vielen, vielen Liebesbriefen im Sturm verbärge ich nur den Ungeschriebenen. Ich war zu gerecht, den Mann von meinem Tisch zu weisen, ich ließ ihm sogar eine Zitronenlimonade kommen und legte ihm sogar von der Platte eine Schillerlocke auf den Teller. Er beruhigte sich, aber ich mich nicht, das kannst Du mir glauben, Du und Kurtchen, Ihr beiden kühlen Skageraktencharaktere. Ich hasse Dich plötzlich, lieber, guter Herwarth, und Dich, Kurtchen, auch und die vielen Leute im Café und die vielen lieb- und hassenswerten Menschen in der Welt! Steht Ihr nicht alle wie eine lebende Mauer zwischen ihm und mir. Und den wildfremden Räuber haßte ich auch, dem ich meinen „ungeschriebenen" Liebesbrief diktierte, bis er unter seiner bebenden Hand versengte. (Lasker-Schüler, MH S. 57)

Schillers Karl Moor stellt gleichermaßen die Überschreitung von Literatur in Wirklichkeit wie die von Wirklichkeit in Literatur dar und markiert, dass diese beiden Sphären durch die im Brief erwähnte Mauer getrennt sind. Karl Moor, so könnte man sagen, ist die personifizierte Parekbase, also eine die Handlung unterbrechende ironische Struktur.[64] Zugleich ist es aber die literarische Figur, welche die Literatur als Literatur markiert. Kaum tritt sie in die literarische Welt der Briefe ein, um ihre Fiktionalität auszustellen und das „Vexierspiel" (Grossmann, Fremdheit im Leben und in der Prosa Else Lasker-Schülers, S. 202) von Wirklichkeit und Fiktion zu entlarven, zeigt sich das zweite Bild ebenfalls als literarisches: als „Karl Moor" oder als „Räuber" (Lasker-Schüler, MH S. 57). Egal welche Seite des Vexierbildes sich zeigt, beide verweisen stets auf das jeweils andere als eine ihnen fremde bzw. andere Literatur. Wenn bei de Man also das Auftauchen der Autorin die Illusion zerstört, dann ist es hier die literarische Figur, die eine weitere literarische Ebene einführt bzw. die Illusion zerstört, es handle sich nicht um literarische Inszenierungen. Oder anders: Die literarische Figur erinnert daran, dass Literatur und Wirklichkeit eine differenzielle Einheit bilden.

Im bereits zitierten „Brief aus dem Mäuseturm bei Bingen" ist von einem Menschen die Rede, der „keinen Spaß versteht" (Lasker-Schüler, MH S. 55) – und keine Ironie. Auf die Frage, ob die Beschreibung von Peter Baum korrekt sei, antwortet das Ich „Mein Herr, es ist kein Zweifel, Sie befinden sich in der Mause. Haben Sie denn noch nicht bemerkt, daß meine norwegische Briefschaft ein Massenlustspiel ist – allerdings mit ernsten Ergüssen, die bringt so der Sturm mit sich." (Lasker-Schüler, MH S. 55–56) Nichts markiert diesen Brief als wirklicher als die anderen, nichts weist darauf hin, dass sich hier Literatur und Wirklichkeit in einem anderen Verhältnis befinden würden als in anderen Briefen, was ihn wiederum auch als Literatur markiert. Als Brief im Brief und als Fiktion in der Fiktion generiert sich eine Mis en abyme, welche die unendliche Literarizität der Briefe ausstellt und gleichzeitig den blinden Fleck markiert, der ein Sehen des ganzen Bildes immer verhindern wird. Dass sich der „Mäusetürmer" „in der Mause befindet", spielt zum einen mit der homonymen Verbindung von der „Maus" im „Mäuseturm" und der „Mause", zum anderen kontrastiert „Mause" als Begriff, der den Federwechsel von Vögeln bezeichnet, indem er Nacktheit evoziert, die Rolle und das Kostüm von Peter Baum. Im sukzessiven Wechsel des (Feder)Kleids ist jedoch gleichermaßen die unmögliche Nacktheit, das heißt hier auch die Unmöglichkeit der Nicht-Rolle, markiert. Als Teil der Redewendung „Krause Mause", die „Mischmasch" oder auch „Vermischen" bedeutet, weist das

---

[64] Obwohl mit Bezug auf Lasker-Schülers Texte hin und wieder von Ironie gesprochen wird (zum Beispiel Dick, „Nachwort" S. 207; Hallensleben, „Zwischen Tradition und Moderne" S. 202 und 217 und Kirschnick, Sylke: Tausend und ein Zeichen. Else Lasker-Schülers Orient und die Berliner Alltags- und Populärkultur um 1900. Würzburg 2007, S. 171), gibt es m. W. keine ausführlichen Studien zur Ironie Lasker-Schülers.

Ich den Mäusetürmer gleichzeitig darauf hin, dass er – und mit ihm die Lesenden dieses Briefes – nicht in der Lage sein wird, die „wirklich lebenden Menschen" zu identifizieren. Grund dafür ist aber keine mangelnde Wiedererkennbarkeit einer Karikatur, sondern die Wirklichkeit als Parekbase, die in die Fiktion einbricht, ebenso wie die Fiktion in die Wirklichkeit einbricht, ohne dass beide und ihre Differenzen endgültig identifiziert werden können.

Wenn de Man schreibt, dass die Ironie nach Schlegel dazu diene, „the all too readily mystified reader"/„den allzu bereitwillig sich auf die Illusion einlassenden Leser" davor zu bewahren, „fact and fiction"/„Wirklichkeit und Fiktion" (de Man, The Rhetoric of Temporality, S. 219; dt. S. 117) zu verwechseln und gleichermaßen den Autor*innen zu zeigen, dass es keinen Rückweg gibt vom fiktionalen zum „wirklichen Ich", dann besteht die Ironie bei Lasker-Schüler darin, dass die Ichs realisieren, dass sie permanent von Literatur heimgesucht und von ihr als Literatur markiert werden. Vielleicht kann ein Briefroman, wenn er die Ironie der Sprache ausstellt, nicht authentisch sein. Er kann aber redlich sein.

In *Mein Herz* wird nicht (nur) die Frage nach der Unterscheidbarkeit von Leben und Fiktion aufgeworfen, auch nicht allein jene nach der Fiktionalisierung der Wirklichkeit und umgekehrt. Indem die Kehrseite des Literarischen bei Lasker-Schüler die Literatur ist, fallen sich Fiktionen ins Wort, bedrohen und prüfen sich gegenseitig. Der „,ungeschriebene[]' Liebesbrief", den die Schreiberin dem „Räuber" diktiert, ist ein versengender Rest der Vorstellung einer Wirklichkeit jenseits der Briefe. *Mein Herz* verweist permanent darauf, dass die Wirklichkeits- oder Aufrichtigkeitssignale[65] ins Leere gehen; nicht etwa, weil es keine Wirklichkeit gibt, sondern weil die Kehrseite der Literatur die Literatur ist: „[W]ir [Tristan und ich, NT] gingen Hand in Hand, und er erzählte mir die Geschichte von dem Wolf, ohne zu wissen, daß die Geschichte eine wahre Begebenheit ist, ich selbst war damals der Knabe, der atemlos durch die Stadt schrie: ‚Der Wolf ist da, der Wolf ist da!'" (Lasker-Schüler, MH S. 77) *Mein Herz* zitiert die Geschichten *Der Schäfer und der Wolf* oder *Der Hirtenjunge und der Wolf* an, in denen ein Schäfer die Dorfbewohner durch seine Hilferufe alarmiert, diese ihm zu Hilfe eilen, nur um festzustellen, dass kein Wolf ihn oder das Dorf bedroht. Als ein Wolf ihn eines Tages tatsächlich angreifen will, nimmt niemand mehr seine Hilferufe ernst. Wie

---

[65] Inwiefern Aufrichtigkeitseffekte und Signale der Aufrichtigkeit im 18. Jahrhundert zum kommunikativen Ideal werden, vgl. Schuster, Britt-Marie: Ich muss/will Ihnen/Dir aufrichtig gestehen, dass – Aufrichtigkeitseffekte und ihre sprachliche Dynamik. In: Aufrichtigkeitseffekte. Signale, soziale Interaktionen und Medien im Zeitalter der Aufklärung. Hrsg. von Bunke, Simon/Mihayloa, Katerina. Freiburg 2016, S. 23–39 und zur Notwendigkeit von Aufrichtigkeitssignalen im aufrichtigen Diskurs vgl. Benthien/Martus, Einleitung, S. 3 sowie das erste Kapitel „Riskante Redlichkeit. Ihre Performativität und Rhetorik" der vorliegenden Studie.

die Hilferufe des Hirten sind auch die Verweise in *Mein Herz* ständig falscher Alarm bzw. fordern sie dazu auf, Verweise anders zu lesen. Als Verweise zum Beispiel, die ihre Verweiskraft befragen und damit die Funktion des Verweisens zur Disposition stellen.

Was Bänsch als unredlich bezeichnet, ist eben jene Struktur, die immer wieder die Fiktionalität der Briefe ausstellt; die Ironie, die nicht nicht meint, was sie sagt, zeigt an, dass ein Wechsel in die Wirklichkeit ein Wechsel in die Literatur ist. Diejenigen, die Geschichten aus dem Wissen heraus erzählen, dass sie sich in der Wirklichkeit befinden, erfahren nicht, dass sie bereits Teil von Geschichten sind – in diesem Fall Tristan, selbst also eine literarische Figur, die in die Wirklichkeit der Fiktion einfällt. Die sich in der Wirklichkeit wissenden werden denjenigen, die aus dem Wissen heraus erzählen, dass sie sich in der Fiktion befinden, zur Parekbase. Ein redliches Darstellungsverfahren ist insofern die Darstellung dieser Dynamik, als es beide Strukturen ausstellt, ohne zu verschleiern und ohne sich hinter einem so- oder anders-Meinen zu verstecken.

## 6.6 Lasker-Schülers Ichs und Rortys Ironikerinnen

> I shall define an "ironist" as someone who fulfills three conditions: (1) She has radical and continuing doubts about the final vocabulary she currently uses, because she has been impressed by other vocabularies, vocabularies taken as final by people or books she has encountered; (2) she realizes that argument phrased in her present vocabulary can neither underwrite nor dissolve these doubts; (3) insofar as she philosophizes about her situation, she does not think that her vocabulary is closer to reality than others, that it is in touch with a power not herself. Ironists who are inclined to philosophize see the choice between vocabularies as made neither within a neutral and universal metavocabulary nor by an attempt to fight one's way past appearances to the real, but simply by playing the new off against the old.[66]

---

[66] Rorty, Richard: Contingency, Irony, and Solidarity. Cambridge 1989, S. 73; dt: „Ironikerinnen werde ich eine Person nennen, die drei Bedingungen erfüllt: (1) sie hegt radikale und unaufhörliche Zweifel an dem abschließenden Vokabular, das sie gerade benutzt, weil sie schon durch andere Vokabulare beeindruckt war, Vokabulare, die Menschen oder Bücher, denen sie begegnet ist, für endgültig nahmen; (2) sie erkennt, daß Argumente in ihrem augenblicklichen Vokabular diese Zweifel weder bestätigen noch ausräumen können; (3) wenn sie philosophische Überlegungen zu ihrer Lage anstellt, meint sie nicht, ihr Vokabular sei der Realität näher als andere oder habe Kontakt zu einer Macht außerhalb ihrer selbst. Ironikerinnen, die einen Hang zur Philosophie haben, meinen weder, daß die Entscheidung zwischen Vokabularen innerhalb eines neutralen und allgemeinen Meta-Vokabulars getroffen wird, noch daß sie durch das Be-

Wenn Richard Rorty in *Contingency, Irony, and Solidarity* die Ironikerin dem gesunden Menschenverstand und damit dem Metaphysiker gegenüberstellt, klingt hier an, was der Prinz von Theben in *Mein Herz* von sich selbst behauptet:

> Lies noch einmal meinen Brief, Herwarth, der mit den Worten endet: ich bin das Leben. Wie stolz! Nun bin ich ein durchsichtiges Meer ohne Boden, ich habe keinen Halt mehr, Du hättest nie wanken dürfen, Herwarth. Was helfen mir deine bereitwilligen Hände und die vielen anderen Finger, die mich bang umgittern, durch die meine Seele grenzenlos fließt. Bald ist alles zu Tode überschwemmt, alles ist in mir verschwommen, alle meine Gedanken und Empfindungen. Ich habe mir nie ein System gemacht, wie es kluge Frauen tun, nie eine Weltanschauung mir irgendwo befestigt, wie es noch klügere Männer tun, nicht eine Arche habe ich mir gezimmert. Ich bin ungebunden, überall liegt ein Wort von mir, von überall kam ein Wort von mir, ich empfing und kehrte ein, so war ich ja immer der regierende Prinz von Theben. (Lasker-Schüler, MH S. 122)

Der Brief ist der bereits besprochenen Zeichnung des Gesichts ohne Mund und Nase zur Seite gestellt, die, weil sie der Rede keinen Ursprungsort zuweist, im Kontext des Briefes auch die Dezentralisierung der Rede ist. Da sich der Prinz weder Weltanschauung noch Arche oder System gebaut hat, spricht seine Rede ohne die Sicherheit einer geschlossenen Ordnung. In der Referenzlosigkeit des erwähnten „stolzen Briefes", der weder im *Sturm* noch in *Mein Herz* zu finden ist, wird die „Ungebundenheit", das heißt auch die Haltlosigkeit des Lebens und Schreibens performiert. Mit Rorty gesprochen: Das Ich verfügt nicht über feststehende „Vokabulare", an denen und an die es sich halten kann. Das Ich, ebenso wie die „rostigen Gefüge", entsteht im Prozess des Schreibens durch das Schreiben. Das Gitter, das versucht, das Ich zu halten, gleicht dem Papier, das die Worte, deren Eindeutigkeit verschwimmt, halten soll, denn ebenso fließend wie die Seele sind hier die Begrifflichkeiten: In die semantische Nachbarschaft des „Meeres ohne Boden" gehören sowohl „fließen" als auch „überschwemmen" und „verschwommen". Und obwohl „verschwommen", vor allem in der nicht reflexiv verwendeten Form, nicht primär das Pendant zu „verlaufen" ist, wird diese Bedeutung evoziert. Wenn die Begriffe verschwimmen, verschwimmt (sich) das Ich. Sein Ungebunden-Sein steht im Zusammenhang sowohl mit den Worten, die von überall kommen und überall liegen, als auch mit der Verbindung durch Worte,

---

mühen gefunden wird, sich durch die Erscheinungen hindurch einen Weg zum Realen zu bahnen, sondern daß sie einfach darin besteht, das Neue gegen das Alte auszuspielen." (Rorty, Richard: Kontingenz, Ironie und Solidarität. Übers. von Christa Krüger. Frankfurt am Main 1991, S. 122–123).

die an anderer Stelle ersehnt wird: „Ich spreche überhaupt nicht mehr ohne Bezahlung, nur Bindewörter; könnt ich doch eins finden, das mich binden würde." (Lasker-Schüler, MH S. 87)

Die Ichs in *Mein Herz* sind nicht zu dem fähig, was Hermann Bahr trotz seiner Diagnose des „unrettbaren Ichs" in Betracht zog: eine Einheit zu konstruieren aus disparaten Elementen, die das Ich zwar nicht als Wahrheit, doch als Illusion ermöglichen.[67] Im *Dialog vom Tragischen* heißt es: „Es [das Ich, NT] ist nur ein Name. Es ist eine Illusion. Es ist ein Behelf [...]. Es gibt nichts als Verbindungen von Farben, Tönen, Wärmen, Drücken, Räumen, Zeiten [...]" (Bahr, Dialog vom Tragischen, S. 45). Nur die Flucht in die Illusion erlaubt die Narration eines Ich, das auch wirklich Ich ist und nicht einzelne Elemente, ohne die auch das Ich verschwindet. Statt eine Einheit zu konstruieren, die als Illusion die Unrettbarkeit verschleiert, lässt Lasker-Schüler das Unrettbare mitreden, es bricht immer wieder in die Illusion einer Kontinuität ein. Lasker-Schülers Ichs sind nicht trotz, sondern wegen ihrer Disparität redlich. Die ironische Struktur, die das eine sagt und das andere auch, machen Disparität und Differenz les- und hörbar.

Lasker-Schülers Ironie unterscheidet sich dort von Rortys, wo er eine klare Linie zwischen dem privaten Gebrauch von Ironie und einer politischen Öffentlichkeit ziehen will (Rorty, Contingency, Irony, and Solidarity, S. 73–95; dt. S. 127–161), denn Lasker-Schülers Ironie ist, mit de Man gelesen, eine der Sprache inhärente Struktur. Anders als de Man betont Lasker-Schüler jedoch nicht die Unmöglichkeit der Authentizität, sondern mit *Mein Herz* kann der Authentizität eine Redlichkeit zur Seite gestellt werden, die Authentizität und Ironie nicht gegeneinander ausspielt. Und während Rortys Ironie insofern kontrollierbar ist, als sie vermieden werden kann, hat *Mein Herz* diesen Halt nicht. Es hat kein System, das echt von unecht, das den Prinzen von Theben von Amanda, das Literatur von Wirklichkeit endgültig unterscheiden kann, wenn sich letztere auch immer wieder ins Wort fallen, um sich gegenseitig zu unterbrechen und so ihre Differenzen zu markieren. Rortys Ironie bringt aber eine Ökonomie wieder ins Spiel, welche die permanente Veränderbarkeit von Sprache ausstellt, also eine Ökonomie, die sich auch in der Redlichkeit zeigt. Ironikerinnen lesen, so Rorty, weil sie auf der Suche nach neuen „Vokabularen" sind. Die Zweifel, die sie am eigenen Charakter und an der eigenen Kultur haben, können nur durch Kritiken anderer Charaktere und Kulturen betrachtet und analysiert werden. Sie lesen, weil sie befürchten, in ihrem Vokabular stecken zu bleiben „and so ironists spend more of their time

---

[67] Bahr, Hermann: Dialog vom Tragischen. In: Bahr, Kritische Schriften IX. Hrsg. von Pias, Claus/Schnödl, Gottfried. Weimar 2010, S. 1–71.

placing books than in placing real live people"/„und deshalb verbringen Ironikerinnen mehr Zeit mit dem Einordnen von Büchern als mit dem Einordnen von wirklich lebenden Menschen." (Rorty, Contingency, Irony, and Solidarity, S. 80, Übers. NT). Die „wirklich lebenden Menschen" in *Mein Herz* sind literarische Figuren, die in das Leben der Ichs einfallen, die anderen Ichs jedoch gleichermaßen schreiben. In dieser Doppeldynamik verschränken sich Ironie und Redlichkeit, Redlichkeit aber kann und will nichts anderes meinen, als sie sagt. Sie ist in ihrer Doppeldynamik im Vollzug konstitutiv.

# 7 Schluss

> If there be time to expose through discussion the falsehood and fallacies, to avert the evil by the processes of education, the remedy to be applied is more speech, not enforced silence.
>
> Brandeis, Whitney v. California. [1]

Die vorangegangenen Lektüren haben gezeigt, dass sich eine Reformulierung des „uralten Wortes" „Redlichkeit" (Herzberg, Neues Wörterbuch der Politik, S. 43) vor dem Hintergrund von Sprechakttheorien und anhand von ausgewählten Texten als gewinnbringend für literaturwissenschaftliche Analysen erweist, denn mit diesem uralten Wort kann eine Redlichkeit der Texte gelesen werden, ohne dabei in die noch ältere Dichotomie von Sagen und Meinen zu verfallen. Mit anderen Worten: Die Studie hat die Herausforderungen angenommen und die Konflikte diskutiert, denen sich Konzepte von Aufrichtigkeit und Redlichkeit angesichts poststrukturalistischer Theorien stellen müssen. Wenn Zeichen arbiträr werden und der Begriff des Subjekts durch philosophische und gesellschaftliche Umbrüche ins Wanken gerät, dann werden Konzepten von Aufrichtigkeit gleich zwei Parameter entzogen, an denen sie sich orientieren: eine Sprache, die präzise ausdrücken kann, was gedacht und gefühlt wird, sowie ein Subjekt, das sich nicht nur darüber bewusst ist, was es denkt und fühlt, sondern auch darüber, was es tut, wenn es spricht. Beide Grundlagen wurden in literatur- und sprachwissenschaftlichen sowie in philosophischen Untersuchungen im 19. und 20. Jahrhundert radikal in Frage gestellt.

Auf diese Entwicklung reagiert die Untersuchung, indem sie mit den Autor*innen Kleist, Nietzsche, Lasker-Schüler und Kafka ein Konzept von Redlichkeit entwickelt, das sowohl performativ als auch rhetorisch ist. Während philosophische, theologische und ethische Diskurse zumeist ignorieren, dass Redlichkeit etymologisch mit „Rede" und „Tat" verknüpft ist, stellen literarische Texte genau das heraus und erlauben so eine Reformulierung des moralisch konnotierten Konzepts. Die Konsequenz dieser Neuperspektivierung ist, dass sich Redlichkeit in Anbetracht der korrupten, unzuverlässigen und unsicheren Welten denken lässt, mit denen Figuren und Protagonist*innen bei Nietzsche, Kleist, Kafka und Lasker-Schüler konfrontiert sind. Das heißt, sie erlaubt auch den prekären Subjekten, Figuren und Ichs dieser Texte redlich zu sein. Den Konflikt zwi-

---

[1] Brandeis, Louis: Whitney v. California. URL: https://www.law.cornell.edu/supreme court/text/274/357, 1927, S. 377.

https://doi.org/10.1515/9783110676587-007

schen Redlichkeit, Subjekt und referenzieller Sprache haben die vorangegangenen Kapitel diskutiert, ohne die Möglichkeit von Redlichkeit zu verabschieden. Stattdessen wurde ein Konzept formuliert, das sich auf das richtet, was mit Redlichkeit vollzogen wird.

Redlichkeit bildet dabei den Ausgangspunkt für die Analysen und ihre Reformulierung ist das Ergebnis der jeweiligen Lektüren. In diesem Prozess wird kein System oder scharf umrissener Begriff formuliert, einige Aspekte zeigen sich jedoch immer wieder: Dazu gehören ihre Performativität, ihre Rhetorizität, ihre rückhaltlose Ökonomie, die aufgrund ihrer gegenläufigen Doppeldynamik nie enden kann und will, sowie ihr Risiko. Bei Nietzsche erzeugt die redliche Rede einen philosophischen Stil, der sich immer wieder an der Grenze der Artikulation befindet und sich dabei unaufhörlich aufs Spiel setzt. Bei Kleist spitzt sich die radikale Befragung einer Wahrheit der Sprache zu einem Reden in permanenter Gefahr zu, wodurch die ebenso totalitären wie subversiven Kräfte der Redlichkeit deutlich werden. In Kafkas Text figuriert sich die indirekte Rede der Redlichkeit in einer Haltung, die redlich ist, ohne aufrecht sein zu müssen. Bei Lasker-Schüler zeigt Redlichkeit schließlich ihren ironischen Zug, durch den die Redlichkeit von disparaten Ichs allererst ermöglicht wird. Da sich die Lektüren vor allem auf die Rhetorik der Texte und ihre performativen Strukturen konzentrieren, lesen sie Redlichkeit als Darstellungsverfahren. Das ermöglicht es, Redlichkeit ohne Bezugnahme auf einen außersprachlichen Referenten zu denken, der immer „echter" oder „authentischer" als der sprachliche Ausdruck ist und hinter dem Sprache als bloßes Medium der Mitteilung zurückbleiben muss.

Bei den hier besprochenen Autor*innen und Texten handelt es sich nicht um eine geschlossene Konstellation. Sie bieten vielmehr einen Einstieg in die Reformulierung von Redlichkeit als rhetorisches und performatives Konzept. Es gibt zwischen den Texten Berührungspunkte, Überschneidungen und Gemeinsamkeiten, an die sich weitere Texte und Autor*innen anschließen lassen. Und es gibt zwischen ihnen Differenzen, Widersprüche und offene Fragen, die mit anderen Texten und Autor*innen kommentiert und perspektiviert werden können. So kann sich eine Relektüre unter dem Aspekt der Redlichkeit solcher Texte als fruchtbar erweisen, die sich dem Spektrum der Bekenntnis- und Briefliteratur zuordnen lassen – etwa eher kanonischer Texte wie Jean-Jacques Rousseaus *Les Confessions*, Friedrich Schlegels *Lucinde* und Bettine von Arnims *Die Günderode*. Darüber hinaus kann eine Redlichkeit als Darstellungsverfahren für jene Untersuchungen gewinnbringend sein, die sich mit jener Gegenwartsliteratur befassen, die gerne als „literarisches Selfie" bezeichnet wird – etwa von Autor*innen wie Benjamin von Stuckrad-Barre, Charlotte Roche und Helene Hegemann. Vorwiegend Bekenntnis- und Briefliteratur sowie autobiographische Schriften werden immer wieder unter dem Aspekt der (Un)Möglichkeit der Aufrichtigkeit oder der Frage verhandelt, inwiefern sie ihren vermeintlichen Anspruch auf Authentizität und Aufrichtigkeit erfüllen (können). Dieser Blick tendiert dazu, die Wahrheiten des Textes hinter dem Text zu suchen, seine Faktizität mit anderen Texten und Zeugnissen zu überprüfen. Mit dem Konzept „Redlichkeit" hingegen werden Darstellungsverfahren beschreibbar, welche die Wahrheit selbst verbürgen. Auch für den Themenkomplex „Recht und Literatur" ist ein rhetorisches und performatives Konzept von Redlichkeit vielversprechend, denn es hat sich gezeigt, dass für die Redlichkeit immer wieder Figuren und Tropen konstitutiv sind, die mit Wahrhaftigkeit, Rechenschaft und Rechtfertigung im Zusammenhang stehen (wie *ethopoeia* und *parrhesia*) sowie mit dem überzeugenden Auftreten von Angeklagten oder Vertreter*innen vor Gericht und anderen Institutionen.

Im Verlauf dieser Darstellung der Redlichkeit, ausgehend von ihrer Begriffsgeschichte über Nietzsche, Kleist, Kafka und Lasker-Schüler, wurde der Begriff aus seiner vor allem zur Zeit der Aufklärung geschaffenen moralischen Reglementierung gelöst, da er sich vor den literarischen, sprachwissenschaftlichen und philosophischen Veränderungen als nicht haltbar erwies. Das Herausschreiben der Redlichkeit aus der Moral und ihr Einschreiben in eine performative Dynamik bedeuten jedoch nicht, dass sie das semantische Feld der Moral ganz hinter sich lassen muss. Da sie aber keine vorgegebenen Regeln hat, weil sie keine verbürgende Instanz außer ihrer selbst aufweist und für ihre eigenen Reden sowie für die anderer einsteht, verweist ihre moralische Tendenz auf eine Ethik jenseits des Subjekts.

Redlichkeit und Ironie haben ihre gemeinsame Schnittmenge dort, wo die Ironie als Dynamik der Redlichkeit ihrer eigenen totalitären Tendenz ins Wort fällt. Die Untersuchungen haben gezeigt, dass Redlichkeit immer wieder eine Doppeldynamik aufweist, die auch die Ironie ausmacht. Im *Zarathustra* „spricht" und „zerbricht" Redlichkeit, das heißt, sie setzt sich aufs Spiel, zerstört und wird zerstört. Im *Michael Kohlhaas* fällt Redlichkeit in ihre eigenen Postulate ein, um gleichermaßen zu setzen und zu ent-setzen. Bei Lasker-Schüler fallen sich die Ichs der Briefe selbst ins Wort. Wenn Redlichkeit für sich die Sagen-Meinen-Dichotomie negiert, steht sie der Ironie dort nah, wo ihre Doppeldynamik ein Aussetzen und Unterbrechen des Redeflusses bewirkt. Oder anders: Für eine redliche Redlichkeit ist eine ironische Struktur konstitutiv. Redlichkeit gibt sich der Ironie preis und kann im Un/Wissen um ihre eigene Ironie redlich sein. In der Inauthentizität der Sprache, auf die de Man verweist, steckt ein redliches Moment, das neue „Vokabulare" findet und immer auf der Suche nach anderen Darstellungsformen und -verfahren ist. Ironie und Redlichkeit sind kein Widerspruch, wenn

Redlichkeit die Doppeldynamik, die der Ironie eigen ist, aufgreift und insofern redlich wendet, als die Dichotomie von Sagen und Meinen, in der das Meinen dominiert, für die Redlichkeit keine Gültigkeit hat. Redlichkeit flüchtet sich nicht in diese Differenz. Es ist ihr immer ernst, auch im Spaß. Redlichkeit zeigt sich, so ließe sich zusammenfassend sagen, als eine Dynamik, die immer redet und evaluiert und sich gleichzeitig der Verantwortung für das Geredete, das sie nicht zurücknehmen will und kann, nicht entzieht.

# Literaturverzeichnis

Abraham, Ulf: Rechtsspruch und Machtwort. Zum Verhältnis von Rechtsordnung und Ordnungsmacht bei Kafka. In: Franz Kafka: Schriftverkehr. Hrsg. von Kittler, Friedrich/Neumann, Gerhard. Freiburg 1990, S. 248–278.

Adelung, Johann Christoph: redlich. In: Grammatisch-kritisches Wörterbuch der hochdeutschen Mundart. M–Scr. Wien 1811, S. 1015. Kurztitel: Grammatisch-kritisches Wörterbuch.

Adorno, Theodor W.: Aufzeichnungen zu Kafka. In: Prismen. Kulturkritik und Gesellschaft. Bd. 1. München 1963, S. 254–287.

Adorno, Theodor W.: Benjamin, der Briefschreiber. In: Adorno: Noten zur Literatur. Frankfurt am Main 1991, S. 583–590.

Adorno, Theodor W.: Minima Moralia. Reflexionen aus dem beschädigten Leben. Berlin 1951.

Agamben, Giorgio. Das Sakrament der Sprache: eine Archäologie des Eides (Homo Sacer II,3). Berlin 2010.

Agamben, Giorgio: Was von Auschwitz bleibt. Das Archiv und der Zeuge. Übers. von Stefan Monhardt. Frankfurt am Main 2003.

Agell, Fredrik: Die Frage nach dem Sinn des Lebens. Über Erkenntnis und Kunst im Denken Nietzsches. München 2006.

Allemann, Beda: Kafka „Der Prozeß". In: Der deutsche Roman vom Barock bis zur Gegenwart. Struktur und Geschichte. Hrsg. von Wiese, Benno von. Düsseldorf 1963, S. 234–290.

Allemann, Beda: Kleist und Kafka: Ein Strukturvergleich. In: Franz Kafka: Themen und Probleme. Hrsg. von Allemann, Beda/Claude, David. Göttingen 1980, S. 152–172.

Allemann, Beda: Noch einmal: Kafkas „Prozeß". Nach erneuter Lektüre: Franz Kafkas *Der Prozeß*. Hrsg. von Zimmermann, Hans Dieter. Würzburg 1992, S. 109–120.

Alphen, Ernst van/Bal, Mieke: Introduction. In: The Rhetoric of Sincerity. Hrsg. von Alphen, Ernst van/Bal, Mieke/Smith, Carel. Stanford 2009, S. 1–16.

Alphen, Ernst van/Bal, Mieke/Smith, Carel: The Rhetoric of Sincerity. Stanford 2009.

Alt, Peter-André: Franz Kafka. Der ewige Sohn. Eine Biographie. München 2005.

Althusser, Louis: Idéologie et appareils idéologiques d'Etat. In: Althusser, Positions (1964–1975). Paris 1976, S. 67–125.

Althusser, Louis: Ideologie und ideologische Staatsapparate. Anmerkungen für eine Untersuchung. In: Ideologie und ideologische Staatsapparate. Aufsätze zur marxistischen Theorie. Übers. von Rolf Löpe/Klaus Riepe/Peter Schöttler. Hamburg/Westberlin 1977, S. 108–153.

Angermüller, Johannes: Diskurs als Aussage und Äußerung – Die enunziative Dimension in den Diskurstheorien Michel Foucaults und Jacques Lacans. In: Diskurslinguistik nach Foucault. Theorie und Gegenstände. Hrsg. von Warnke, Ingo. Berlin/New York 2007, S. 53–80.

Arendt, Hannah: Vita Activa – oder Vom tätigen Leben. Stuttgart 1960.

Aristoteles: Nikomachische Ethik. Philosophische Schriften in sechs Bänden. Hrsg. von Bien, Günther. Übers. von Eugen Rolf. Hamburg 1995.

Arntzen, Helmut: Heinrich von Kleist: Gewalt und Sprache. In: Die Gegenwärtigkeit Kleists. Reden zum Gedenkjahr 1977 im Schloß Charlottenburg zu Berlin. Hrsg. von Arntzen, Helmut u. a. Berlin 1980, S. 62–78.

Assmann, Aleida: Fiktion als Differenz. In: Poetica. Zeitschrift für Sprach- und Literaturwissenschaft 21 (1989), S. 239–260.

Austin, John L.: How to Do Things with Words. The William James Lectures Delivered at Harvard University in 1955. Hrsg. von Sbisà, Marina. Oxford 2009.
Austin, John L.: Zur Theorie der Sprechakte (How to do things with words). Übers. von Eike von Savigny. Stuttgart 2014.
Bachtin, Michail: Literatur und Karneval. Zur Romantheorie und Lachkultur. Frankfurt am Main 1985.
Bahr, Hermann: Dialog vom Tragischen. In: Bahr, Kritische Schriften IX. Hrsg. von Pias, Claus/Schnödl, Gottfried. Weimar 2010, S. 1–71.
Balke, Friedrich: Kohlhaas und K. Zur Prozessführung bei Kleist und Kafka. In: Zeitschrift für deutsche Philologie 130.4 (2011), S. 503–529.
Bänsch, Dieter: Else Lasker-Schüler. Zur Kritik eines etablierten Bildes. Stuttgart 1971.
Bartelink, G. J. M.: Die parrhesia des Menschen vor Gott bei Johannes Chrysostomus In: Vigiliae Christianae 51.3 (1997), S. 261–272.
Barthes, Roland: Schreiben, ein intransitives Verb? In: Schreiben als Kulturtechnik. Hrsg. von Zanetti, Sandro. Berlin 2012, S. 240–250.
Bartl, Andrea: Sprache. In: Kleist-Handbuch: Leben – Werk – Wirkung. Hrsg. von Breuer, Ingo. Stuttgart 2009, S. 361–363.
Bataille, Georges: Die Aufhebung der Ökonomie. In: Bataille, Das theoretische Werk. Bd. 1. Hrsg. von Bergfleth, Gerd/Matthes, Axel. Übers. von Traugott König/Heinz Abosch. München 1967.
Bataille, Georges: La part maudite, précédé de la notion de dépense. Paris 1967. Kurztitel: La part maudite.
Bauschinger, Sigrid: Else Lasker-Schüler. Ihr Werk und ihre Zeit. Heidelberg 1980.
Bay, Hansjörg: Mißgriffe. Körper, Sprache und Subjekt in Kleists „Über das Marionettentheater" und „Penthesilea". In: Krisen des Verstehens um 1800. Hrsg. von Heinen, Sandra/Nehr, Harald. Würzburg 2004, S. 169–190. Kurztitel: Mißgriffe.
Bayertz, Kurt: Der aufrechte Gang. Eine Geschichte des anthropologischen Denkens. München 2012.
Bellegarde, Jean-Baptiste Morvan de: Betrachtungen über die feine Lebensart nach dem Französischen des Abt Bellegarde bearbeitet. Mit Anmerkungen und einer Abhandlung über die Vereinbarkeit artiger Sitten mit unverfälschter Redlichkeit von Karl Heinrich Heydenreich. Leipzig 1800.
Benjamin, Walter: Benjamin über Kafka. In: Texte, Briefzeugnisse, Aufzeichnungen. Hrsg. von Schweppenhäuser, Hermann. Frankfurt am Main 1981.
Benjamin, Walter: Berliner Kindheit um neunzehnhundert. Frankfurt am Main 2010.
Benn, Gottfried: Rede auf Else Lasker-Schüler. In: Benn, Gesammelte Werke in acht Bänden. Reden und Vorträge. Hrsg. von Wellershoff, Dieter. Bd. 4. Wiesbaden 1968, S. 1101–1104.
Bennett, Benjamin: The Dark Side of Literacy: Literature and Learning Not to Read. New York 2008.
Bennington, Geoffrey: Scatter 1: The Politics of Politics in Foucault, Heidegger, and Derrida. New York 2016.
Benthien, Claudia/Martus, Steffen: Einleitung. Aufrichtigkeit – zum historischen Stellenwert einer Verhaltenskategorie. In: Die Kunst der Aufrichtigkeit im 17. Jahrhundert. Hrsg. von Benthien, Claudia/Martus, Steffen. Tübingen 2006, S. 1–16. Kurztitel: Aufrichtigkeit.
Benveniste, Émile: L'appareil formel de l'énonciation. In: Langages 17.5 (1970), S. 12–18.
Benveniste, Émile: Probleme der allgemeinen Sprachwissenschaft. München 1974.
Benveniste, Émile: Problèmes de linguistique générale II. Paris 1966.

Bergengruen, Maximilian/Borgards, Roland: Bann der Gewalt. Theorie und Lektüre (Foucault, Agamben, Derrida/Kleists „Erdbeben in Chili"). In: Deutsche Vierteljahrsschrift für Literaturwissenschaft und Geistesgeschichte 81.2 (2007), S. 228–256. Kurztitel: Bann der Gewalt.
Bergfleth, Gerd: Theorie der Verschwendung. Einführung in Georges Batailles Antiökonomie. München 1986.
Bernd, Clifford: On the two Divergend Parts of Kleist's „Michael Kohlhaas". In: Studies in Germanic Languages and Literature. Hrsg. von A. Fowkes, Robert/Sander, Volkmar. Reutlingen 1967, S. 47–56.
Biebl, Sabine: Eingentumsverhältnisse in Kleists „Michael Kohlhaas". In: Tauschen und Täuschen: Kleist und (die) Ökonomie. Hrsg. von Künzel, Christine/Hamacher, Bernd. Frankfurt am Main 2013, S. 183–192.
Binder, Hartmut: Kafka-Handbuch in zwei Bänden. Bd. 2: Das Werk und seine Wirkung. Stuttgart 2009.
Bischoff, Doerte: Herzensbühne und Schriftkörper. Transformationen des Briefromans in der Moderne am Beispiel von Else Lasker-Schülers „Mein Herz". In: Mutual Exchanges: Sheffield-Münster Colloquium II. Hrsg. von Jürgens, Dirk. Frankfurt am Main 1999, S. 41–58. Kurztitel: Herzensbühne und Schriftkörper.
Blamberger, Günter: Das Geheimnis des Schöpferischen: Ingenium est ineffabile? Studien zur Literaturgeschichte der Kreativität zwischen Goethezeit und Moderne. Stuttgart 1991. Kurztitel: Das Geheimnis des Schöpferischen.
Blamberger, Günter: Heinrich von Kleist: Biographie. Frankfurt am Main 2011.
Blanchot, Maurice: De Kafka à Kafka. Paris 1981.
Blanchot, Maurice: Von Kafka zu Kafka. Übers. von Elsbeth Dangel. Frankfurt am Main 1993.
Blumenberg, Hans: Das Licht als Metapher der Wahrheit. Im Vorfeld der philosophischen Begriffsbildung. In: Studium Generale 10 (1957), S. 432–447.
Bohrer, Karl Heinz: Der romantische Brief. Die Entstehung ästhetischer Subjektivität. Frankfurt am Main 1989.
Boockmann, Hartmut. Mittelalterliches Recht bei Kleist: Ein Beitrag zum Verständnis des „Michael Kohlhaas". In: Kleist-Jahrbuch (1985), S. 84–108.
Borsche, Tilman: Natur-Sprache. Herder – Humbold – Nietzsche. In: „Centauren-Geburten": Wissenschaft, Kunst und Philosophie beim jungen Nietzsche. Hrsg. von Borsche, Tilman/Gerratana, Federico/Venturelli, Aldo. Berlin/Boston 1994, S. 113–130.
Bovenschen, Silvia: Die imaginierte Weiblichkeit. Exemplarische Untersuchungen zu kulturgeschichtlichen und literarischen Präsentationsformen des Weiblichen. Frankfurt am Main 2003.
Brandeis, Louis: Whitney v. California. URL, https://www.law.cornell.edu/supremecourt/text/274/357, 1927, S. 377 (abgerufen am 16.12.2018).
Brandstetter, Gabriele: Inszenierte Katharsis in Kleists Penthesilea. In: Gewagte Experimente und kühne Konstellationen. Kleists Werk zwischen Klassizismus und Romantik. Hrsg. von Lubkoll, Christine/Oesterle, Günter. Würzburg 2001, S. 225–248. Kurztitel: Inszenierte Katharsis.
Breuer, Ingo (Hrsg.): Kleist-Handbuch: Leben – Werk – Wirkung. Stuttgart 2009.
Bunke, Simon/Mihayloa, Katerina (Hrsg.): Aufrichtigkeitseffekte. Signale, soziale Interaktionen und Medien im Zeitalter der Aufklärung. Freiburg 2016.
Bunke, Simon/Mihayloa, Katerina: Im Gewand der Tugend: Grenzfiguren der Aufrichtigkeit. Würzburg 2017.

Bunke, Simon/Roselli, Antonio: Kleines Lexikon der Aufrichtigkeit im 18. Jahrhundert: Texte, Autoren, Begriffe. Hannover 2014.
Butler, Judith: Bodies that Matter: On the Discursive Limits of "Sex". New York/London 1993.
Butler, Judith: Excitable Speech. A Politics of the Performative. New York/London 1997. Abkürzung: ES.
Butler, Judith: Gender Trouble. London 1999.
Butler, Judith: Giving an Account of Oneself. In: Diacratics 31. No. 4 (Winter, 2001), S. 22–40.
Butler, Judith: Giving an Account of Oneself. New York 2005. Abkürzung: GAO.
Butler, Judith: Hass spricht. Zur Politik des Performativen. Übers. von Menke, Kathrina/Krist, Markus. Frankfurt am Main 2006. Abkürzung: HSP.
Butler, Judith: Kritik der ethischen Gewalt. Übers. von Reiner Ansén/Michael Adrian. Frankfurt am Main 2003. Abkürzung: KG.
Campe, Joachim Heinrich: redlich. In: Wörterbuch der deutschen Sprache. L–R. Braunschweig 1809, S. 782.
Campe, Rüdiger: Intensiv und Extensiv. In: Penthesileas Versprechen. Exemplarische Studien über die literarische Referenz. Hrsg. von Campe, Rüdiger. Freiburg im Breisgau/Berlin/Wien 2008, S. 7–18.
Campe, Rüdiger: Kafkas Fürsprache. In: Kafkas Institutionen. Hrsg. von Höcker, Arne/Simons, Oliver. Bielefeld 2007, S. 189–212.
Campe, Rüdiger: Kafkas Institutionenroman. „Der Proceß", „Das Schloß". In: Gesetz. Ironie. Festschrift für Manfred Schneider. Hrsg. von Campe, Rüdiger/Niehaus, Michael. Heidelberg 2004, S. 197–208.
Campe, Rüdiger (Hrsg.): Penthesileas Versprechen. Exemplarische Studien über die literarische Referenz. Freiburg im Breisgau/Berlin/Wien 2008.
Campe, Rüdiger: Schreiben im „Process". Kafkas ausgesetzte Schreibszene. In: Schreibkugel ist ein Ding gleich mir: von Eisen. Hrsg. von Giuriatto, Davide/Stingelin, Martin/Zanetti, Sandro. München 2005, S. 115–132. Kurztitel: Schreiben im „Process".
Campe, Rüdiger: Synergoria und Advokatur. Entwurf zu einer kritischen Geschichte der Fürsprache. In: Empathie und Erzählung. Hrsg. von Breger, Claudia/Breithaupt, Fritz. Freiburg im Breisgau 2010, S. 53–84.
Campe, Rüdiger: Verfahren. Kleists allmähliche Verfertigung der Gedanken beim Reden. In: Sprache und Literatur 43 (2012), S. 2–21. Kurztitel: Verfahren.
Campe, Rüdiger: Vorgreifen und Zurückgreifen. Zur Emergenz des Sudelbuchs in Georg Christoph Lichtenbergs Heft „E". In: Notieren, Skizzieren, Schreiben und Zeichnen als Verfahren des Entwurfs. Hrsg. von Nasim, Omar W. Zürich 2010, S. 61–87.
Carrière, Mathieu: Für eine Literatur des Krieges, Kleist. Frankfurt am Main 1990.
Cavarero, Adriana: Inclinations. A Critique of Rectitude. Übers. von Paul A. Kottman. Redwood City 2016. Kurztitel: Inclinations.
Cavarero, Adriana: Relating Narratives. Storytelling and Selfhood. Übers. von Paul A. Kottman. London/New York 2000.
Cavell, Stanley: A Pitch of Philosophy. Autobiographical Exercises. Cambridge 1994.
Cavell, Stanley: Foreword. In: Felman, Shoshana: The Scandal of the Speaking Body: Don Juan with J. L. Austin, or Seduction in Two Languages. Stanford 2002, S. xi–xxi.
Cavell, Stanley: Must We Mean What We Say? In: Inquiry 1.1–4 (1958), S. 172–212.
Cersowsky, Peter: „Die Geschichte vom schamhaften Langen und dem Unredlichen in seinem Herzen." Zu Fremdeinflüssen, Originalität und Erzählhaltung beim jungen Kafka. In: Sprachkunst 7.1 (1976), S. 17–37. Kurztitel: Die Geschichte vom schamhaften Langen.

Chaouli, Michel: Die Verschlingung der Metapher. In: Kleist-Jahrbuch (1998), S.127–149.
Cicero, Marcus Tullius: De oratore/Über den Redner. Lateinisch/Deutsch. Hrsg. von Merklin, Harald. Stuttgart 1997.
Clouser, Robin: Sosias tritt mit einer Laterne auf. Messenger to Myth in Kleist's „Amphitryon". In: The Germanic Review: Literature, Culture, Theory 50.4 (2010), S. 275–293.
Colebrook, Claire: Irony. London/New York 2004.
Corngold, Stanley: Franz Kafka: The Necessity of Form. Ithaca 1988.
Culler, Jonathan: On Deconstruction: Theory and Criticism after Structuralism. Ithaca 2007.
Culler, Jonathan: Dekonstruktion: Derrida und die poststrukturalistische Literaturtheorie. Reinbek bei Hamburg 1999.
Danchev, Alex: „Like a Dog!" Humiliation and Shame in the War on Terror. In: Alternatives 31.3 (2006), S. 259–283.
Deleuze, Gilles: Foucault. Paris 2004.
Deleuze, Gilles: Foucault. Übers. von Hermann Kocyba. Frankfurt am Main 1992.
Deleuze, Gilles: Logik des Sinns. Übers. von Bernhard Dieckmann. Frankfurt am Main 1993.
Deleuze, Gilles: Logique du sens. Paris 1969.
Deleuze, Gilles/Guattari, Félix: Kafka. Ffür eine kleine Literatur. Übers. von Burkhart Kroeber. Frankfurt am Main 1976.
Deleuze, Gilles/Guattari, Félix: Kafka. Pour une littérature mineure. Paris 1975.
Deleuze, Gilles/Guattari, Félix: Capitalisme et schizoprénie. Mille plateaux. Paris 1980. Kurztitel: Mille plateaux.
Deleuze, Gilles/Guattari: Félix Kapitalismus und Schizophrenie. Tausend Plateaus. Übers. von Gabriele Ricke/Ronald Voullié. Berlin 1997. Kurztitel: Tausend Plateaus.
Deleuze, Gilles/Guattari, Félix: Qu'est-cs que la philosophie? Paris 1991.
Deleuze, Gilles/Guattari, Félix: Was ist Philosophie? Frankfurt am Main 1996.
Densky, Doreen: Literarische Fürsprache bei Kafka. Rhetorik und Poetik. Berlin 2020.
Densky, Doreen: Proxies in Kafka: Koncipist FK and Prokurist Josef K. In: Kafka for the Twenty-First Century. Hrsg. von Gross, Ruth V./Corngold, Stanley. Rochester, NY 2011, S. 120–135.
Derrida, Jacques: Das Gesetz der Gattung. In: Derrida, Gestade. Hrsg. von Engelmann, Peter. Übers. von Monika Buchgeister/Hans-Walter Schmidt. Wien 1994, S. 245–283.
Derrida, Jacques: Die Signatur aushöhlen – eine Theorie des Parasiten. In: Politiken des Anderen. Eingriffe im Zeitalter der Medien. Hrsg. von Hannelore Pfeil/Hans-Peter Jäck. Übers. von Peter Krapp. Rostock 1995, S. 29–41. Kurztitel: Die Signatur aushöhlen.
Derrida, Jacques: Die weiße Mythologie. Die Metapher im philosophischen Text. In: Derrida, Randgänge der Philosophie. Hrsg. von Peter Engelmann. Übers. von Gerhard Ahrens. Wien 1988, S. 205–258. Kurztitel: Die weiße Mythologie.
Derrida, Jacques: Die zweifache Séance. In: Derrida, Dissemination. Hrsg. von Engelmann, Peter. Übers. von Hans-Dieter Gondek. Wien 1995, S. 193–322.
Derrida, Jacques: Donner le temps. 1. La fausse monnaie. Paris 1991.
Derrida, Jacques: Falschgeld. Zeit geben 1. Übers. von Andres Knop/Michael Wetzel. München 1993.
Derrida, Jacques: La double séance. In: Derrida, La dissémination. Paris 1972, S. 199–318.
Derrida, Jacques: La loi du genre. In: Derrida, Parages. Paris 2003, S. 249–287.
Derrida, Jacques: La mythologie blanche: la métaphore dans le texte philosophique. In: Derrida, Marges de la philosophie. Paris 1972, S. 247–324.
Derrida, Jacques: Limited Inc. Hrsg. von Engelmann, Peter. Übers. von Dagmar Travner/Werner Rappl. Wien 2001.

Derrida, Jacques: Préjugés. Devant la loi. In: La Faculté de juger. Hrsg. von Derrida, Jacques u. a. Paris 1985.
Derrida, Jacques: Préjugés. Vor dem Gesetz. Hrsg. von Engelmann, Peter. Übers. von Detlef Otto/Axel Witte. Wien 1992.
Derrida, Jacques: Signatur Ereignis Kontext. In: Derrida, Randgänge der Philosophie. Hrsg. von Engelmann, Peter. Übers. von Gerhard Ahrens. Wien 1988, S. 291–314. Abkürzung: SEK.
Derrida, Jacques: Signature événment contexte. In: Derrida, Marges de la philosophie. Paris 1982, S. 365–393. Abkürzung: SEC.
Derrida, Jacques: Subverting the Signature: A Theory of the Parasite. In: Blast Unlimited (1990), S. 16–21. Kurztitel: Subverting the Signature.
Derrida, Jacques/Nancy, Jean-Luc: ‚Il faut bien manger' ou le calcul du sujet. In: Cahiers confrontation 20 (1989), S. 91–114. Kurztitel: ‚Il faut bien manger'.
Despoix, Philippe/Fetscher, Justus: Ironisch/Ironie. In: Ästhetische Grundbegriffe. Hrsg. von Barck, Karlheinz u. a. Bd. 3. Stuttgart 2010, S. 196–244.
Di Rosa, Valentina: „Begraben sind die Bibeljahre längst". Diaspora und Identitätssuche im poetischen Entwurf Else Lasker-Schülers. Paderborn 2006.
Dick, Ricarda: Anmerkungen. In: Else Lasker-Schüler: Werke und Briefe. Kritische Ausgabe. Prosa 1903–1920. Hrsg. von Dick, Ricarda. Bd. 3.2. Frankfurt am Main 1998, S. 177–236.
Dick, Ricarda: Nachwort. In: Else Lasker-Schüler: Mein Herz. Ein Liebesroman mit Bildern und wirklich lebenden Menschen. Dick (Hrsg.). Frankfurt am Main 2003, S. 200–213.
Dick, Ricarda/Schmetterling, Astrid (Hrsg.): Else Lasker-Schüler. Die Bilder. Frankfurt am Main/Berlin 2010.
Diesselhorst, Malte: Hans Kohlhase/Michael Kohlhaas. In: Kleist-Jahrbuch (1988), S. 334–356.
Dyck, J.W.: Der Instinkt der Verwandtschaft: Heinrich von Kleist und Friedrich Nietzsche, Thomas Mann, Franz Kafka, Bertolt Brecht. Bern 1982.
Einfalt, Michael u. a.: Intellektuelle Redlichkeit – Intégrité intellectuelle: Literatur – Geschichte – Kultur: Festschrift für Joseph Jurt. Heidelberg 2005. Kurztitel: Intellektuelle Redlichkeit.
Eisele, Ulf: Die Struktur des modernen deutschen Romans. Tübingen 1984.
Ellrich, Lutz: Diesseits der Scham. Notizen zu Spiel und Kampf bei Plessner und Kafka. In: Textverkehr: Kafka und die Tradition. Hrsg. von Liebrand, Claudia/Schößler, Franziska. Würzburg 2004, S. 243–272. Kurztitel: Diesseits der Scham.
Emrich, Wilhelm. Franz Kafka. Bonn 1958.
Engelstein, Stefani: The Open Wound of Beauty: Kafka Reading Kleist. In: Germanic Review 81.4 (2006), S. 340–359.
Engler, Wolfgang: Die Konstruktion von Aufrichtigkeit. Zur Geschichte einer verschollenen diskursiven Formation. Wien 1989. Kurztitel: Die Konstruktion von Aufrichtigkeit.
Engler, Wolfgang: Lüge als Prinzip. Aufrichtigkeit im Kapitalismus. Berlin 2009. Kurztitel: Lüge als Prinzip.
Esterhammer, Angela: „The Duel". Kleist's Scandal of the Speaking Body. In: European Romantic Review 10.1–4 (1999), S. 1–22.
Ewertowski, Ruth: Das Außermoralische. Friedrich Nietzsche – Simone Weil – Heinrich von Kleist – Franz Kafka. Heidelberg 1994.
Faber, Marion: Angels of Daring: Tightrope Walker and Acrobat in Nietzsche, Kafka, Rilke and Thomas Mann. Stuttgart 1979.
Fallowes, Graham: Power and Performativity. Doing Things With Words in Kafka's „Proceß". In: Oxford German Studies 44.2 (2015), S. 199–225.

Felman, Shoshana: The Scandal of the Speaking Body: Don Juan with J. L. Austin, or Seduction in Two Languages. Hrsg. von Cavell, Stanley. Stanford 2002.
Feßmann, Meike: Spielfiguren. Die Ich-Figurationen Else Lasker-Schülers als Spiel mit der Autorrolle. Ein Beitrag zur Poetologie des modernen Autors. Stuttgart 1992. Kurztitel: Spielfiguren.
Fetscher, Justus: Verzeichnungen. Kleists „Amphitryon" und seine Umschrift bei Goethe und Hofmannsthal. Köln 1998.
Fichte, Johann Gottlieb: Grundlage des Naturrechts nach Principien der Wissenschaftslehre. In: Fichte, Gesamtausgabe der Bayrischen Akademie der Wissenschaften. Werke 1794–1769. Bd. I,3 Hrsg. von Lauth, Reinhard/Jacob, Hans/Schottky, Richard. Stuttgart 1966.
Fink, Kristina: Die sogenannte „Kantkrise" Heinrich von Kleists: ein altes Problem aus neuer Sicht. Würzburg 2012.
Fischer, Dagmar: Kants Als-Ob-Wendungen in Kleists und Kafkas Prosa. Frankfurt am Main/New York 2009.
Fischer-Lichte, Erika u. a. (Hrsg): Inszenierung von Authentizität. 2., überarb. und akt. Aufl. Tübingen 2007.
Fischer-Lichte, Erika: Theatralität. Zur Frage nach Kleists Theaterkonzeption. In: Kleist-Jahrbuch (2001), S. 25–37.
Földényi, F. László: Heinrich von Kleist. Im Netz der Wörter. Übers. von Akos Doma. München 1999.
Fort, Jeff: The Imperative to Write. Destitutions of the Sublime in Kafka, Blanchot, and Beckett. New York 2014.
Foucault, Michel: Das Wahrsprechen der Anderen. Zwei Vorlesungen von 1983/84. Hrsg. von Reuter, Ulrike u. a. Übers. von Ulrike Reuter/Lothar Wolfstetter. Frankfurt 1988. Abkürzung: WA.
Foucault, Michel: Der Mut zur Wahrheit. Die Regierung des Selbst und der anderen II. Vorlesungen am Collège de France 1983/84. Übers. von Jürgen Schröder. Berlin 2011. Abkürzung: MW.
Foucault, Michel: Die Regierung des Selbst und der anderen. Vorlesungen am Collège de France 1982/83. Übers. von Jürgen Schröder. Berlin 2011. Abkürzung: RS.
Foucault, Michel: Diskurs und Wahrheit. Die Problematisierung der Parrhesia. Hrsg. von Pearson, James. Übers. von Mira Köller. Berlin 1996. Abkürzung: DW.
Foucault, Michel: Fearless Speech. Hrsg. von Pearson, Joseph. Los Angeles 2001. Abkürzung: FS.
Foucault, Michel: Hermeneutik des Subjekts. Vorlesungen am Collège de France 1981/82. Übers. von Ulrike Bokelmann. Frankfurt am Main 2009. Abkürzung: HS.
Foucault, Michel: Le gouvernement de soi et des autres. Cours au collège de France 1983/84. Paris 2009. Abkürzung: GSA.
Foucault, Michel: Le gouvernement de soi et des autres II. Le Courage de la vérité. Cours au Collège de France 1982/83. Paris 2009. Abkürzung: CV.
Foucault, Michel: L'herméneutique du sujet. Cours au Collège de France 1981/82. Paris 2001. Abkürzung: HS.
Foucault, Michel: Maladie mentale et psychologie. Paris 2005.
Foucault, Michel: Nietzsche, Freud, Marx. In: Nietzsche aus Frankreich. Hrsg. von Werner Hamacher. Berlin 2007, S. 59–69.

Foucault, Michel: Politics and the study of Discourse. In: The Foucault Effect. Studies in Governmentality. Hrsg. von Burchell, Graham/Gordon, Colin/Miller, Peter. Chicago 1991, S. 53–72.

Foucault, Michel: Psychologie und Geisteskrankheit. Übers. von Anneliese Botond. Frankfurt am Main 1968.

Freud, Sigmund: Das Unbehagen in der Kultur und andere kulturtheoretische Schriften. Frankfurt am Main 1994.

Frey, Christiane: Spiegelfechtereien mit dem Leser. Trügerische Ökonomien der Schrift in Kleists „Michael Kohlhaas". In: Beiträge zur Kleist-Forschung. Hrsg. von Jordan, Lothar. Frankfurt (Oder) 2003, S. 296–317. Kurztitel: Spiegelfechtereien.

Frey, Christiane: The Excess of Law and Rhetoric in Kleist's „Michael Kohlhaas". In: Phrasis 47.1 (2006), S. 9–18.

Friedländer, Saul: Franz Kafka. The Poet of Shame and Guilt. New Haven/London 2016.

Fries, Thomas/Most, Glenn: Die Quellen von Nietzsches Rhetorik-Vorlesungen. In: Nietzsche oder „Die Sprache ist Rhetorik". Hrsg. von Kopperschmidt, Josef. München 1994, S. 17–38.

Gaderer, Rupert: „Michael Kohlhaas" (1808/10): Schriftverkehr – Bürokratie – Querulanz. In: Zeitschrift für deutsche Philologie 130.4 (2011), S. 531–544.

Gailus, Andreas: Passions of the Sign. Revolution and Language in Kant, Goethe, and Kleist. Baltimore 2006. Kurztitel: Passion of the Sign.

Gailus, Andreas: Über die plötzliche Verwandlung der Geschichte durchs Sprechen. Kleist-Jahrbuch (2002), S. 154–164.

Gallas, Helga: Das Textbegehren des „Michael Kohlhaas". Die Sprache des Unbewussten und der Sinn der Literatur. Reinbek bei Hamburg 1981.

Gallas, Helga: Kleist: Gesetz, Begehren, Sexualität. Zwischen symbolischer und imaginärer Identifizierung. Frankfurt am Main 2005.

Galle, Roland: Honnêteté und Sincérité. In: Französische Klassik. Theorie, Literatur, Malerei. Romanistisches Kolloquium 3. Hrsg. von Nies, Fritz. München 1985, S. 33–60.

Gasser, Peter: Rhetorische Philosophie: Leseversuche zum metaphorischen Diskurs in Nietzsches „Also sprach Zarathustra". Bern/Berlin 1992.

Geisenhanslüke, Achim: Masken des Selbst. Aufrichtigkeit und Verstellung in der europäischen Literatur. Darmstadt 2006. Kurztitel: Masken des Selbst.

Gerber, Gustav: Die Sprache als Kunst. Bd. 1.1. Bromberg 1871.

Giuriato, Davide: ‚Wolf der Wüste'. „Michael Kohlhaas" und die Rettung des Lebens. Ausnahmezustand der Literatur: Neue Lektüren zu Heinrich von Kleist. Hrsg. von Pethes, Nicolas. Göttingen 2011, S. 290–306.

Goertz, Stephan: Parrhesia. Über den ‚Mut zur Wahrheit' (M. Foucault) in der Moraltheologie. In: Verantwortung und Integrität heute. Theologische Ethik unter dem Anspruch der Redlichkeit. Festschrift für Konrad Hilpert. Hrsg. von Sautermeister, Jochen. Freiburg im Breisgau 2013, S. 70–86.

Goldsmith, Elisabeth C.: Authority, Authenticity, and the Publication of Letters by Women. In: Writing in the Female Voice. Essays on Epistolary Literature. Hrsg. von Goldsmith, Elisabeth C. London 1989, S. 46–59.

Goltschnigg, Dietmar: Die unendliche Scham. Das elende Ende Josef K.s im Kontext von Kafkas Leben und Werk. In: Literature, Culture and Ethnicity: Studies on Medieval, Renaissance and Modern Literatures. Festschrift für Jenaz Staninik. Hrsg. von Jurak, Mirko. Ljubliana 1992, S. 181–191. Kurztitel: Die unendliche Scham.

Gombrich, Ernst H.: Das Arsenal der Karikaturisten. In: Gombrich, Meditationen über ein Steckenpferd. Von den Wurzeln und Grenzen der Kunst. Übers. von Lisbeth Gombrich. Frankfurt am Main 1978, S. 223–248.

Gombrich, Ernst H.: Kunst und Illusion. Zur Psychologie der bildlichen Darstellung. Hrsg. von Gombrich, Lisbeth. Stuttgart 1986.

Gottsched, Johann Christoph: Erste Gründe der gesamten Weltweisheit, darinn alle philosophische Wissenschaften in ihrer natürlichen Verknüpfung abgehandelt werden, zum Gebrauch academischer Lectionen entworfen. Leipzig 1733. Kurztitel: Erste Gründe.

Grandin, John M.: Kafka's Prussian Advocate: A Study of the Influence of Heinrich von Kleist on Franz Kafka. Columbia 1987.

Grau, Gerd-Günther: Christlicher Glaube und intellektuelle Redlichkeit. Eine religionsphilosophische Studie über Nietzsche. Frankfurt am Main 1958.

Grau, Gerd-Günther: Redlichkeit. In: Nietzsche-Handbuch: Leben – Werk – Wirkung. Hrsg. von Henning Ottmann. Stuttgart/Weimar 2000, S. 308-309.

Greber, Erika: Palindrom. In: HWRh. Bd. 6: Must–Pop. Hrsg. von Ueding, Gert. Tübingen 2003, Sp. 484–488.

Greiner, Bernhard: Gewalt und Recht. Kleists juridische Genealogie der Gewalt. In: Heinrich von Kleist. Konstruktive und destruktive Funktionen von Gewalt. Hrsg. von Schmidt, Ricarda/Allan, Seán/Howe, Steven. Würzburg 2012, S. 43–56.

Grimm, Jacob/Grimm, Wilhelm: redlich. In: Deutsches Wörterbuch. R–Schiefe. Leipzig 1893, Sp. 476–482.

Grimm, Jacob/Grimm, Wilhelm: Redlichkeit. In: Deutsches Wörterbuch. R–Schiefe. Leipzig 1893, Sp. 482-484.

Grimmelshausen, Hans Jakob Christoph von: Der abenteuerliche Simplicissimus. Halle an der Saale 1880.

Groddeck, Wolfram: Die Inversion der Rhetorik und das Wissen von Sprache. Zu Heinrich von Kleists Aufsatz „Über die allmählige Verfertigung der Gedanken beim Reden". In: Kleist lesen. Hrsg. von Schuller, Marianne/Müller-Schöller, Nikolaus. Bielefeld 2003, S. 101–116.

Groddeck, Wolfram: Reden über Rhetorik. Zu einer Stilistik des Lesens. Frankfurt am Main 2008.

Grossmann, Uta: Fremdheit im Leben und in der Prosa Else Lasker-Schülers. Hamburg 2011.

Groys, Boris. Unter Verdacht. Eine Phänomenologie der Medien. München 2000.

Haas, Franz: Eine unendliche Selfie-Geschichte – Karl Ove Knausgård und seine „Jahreszeiten-Tetralogie". In: Neue Züricher Zeitung, 24.07.2018. URL, https://www.nzz.ch/feuilleton/eine-unendliche-selfie-geschichte-karl-ove-knausgard-und-seine-jahreszeiten-tetralogie-ld.1401934, 2018 (abgerufen am 05.12.2019).

Hallensleben, Markus: Zwischen Tradition und Moderne: Else Lasker-Schülers avantgardistischer Briefroman „Mein Herz". In: Else Lasker-Schüler/Ansichten und Perspektiven – Views and Reviews. Hrsg. von Hedgepeth, Sonja/Schürer, Ernst. Tübingen 1999, S. 187–217. Kurztitel: Zwischen Tradition und Moderne.

Hamacher, Bernd: Michael Kohlhaas. In: Kleist-Handbuch: Leben – Werk – Wirkung. Hrsg. von Breuer, Ingo. Stuttgart 2009, S. 97–106.

Hamacher, Werner: Afformativ, Streik. In: Was heißt „Darstellen"? Hrsg. von Nibbrig, Christiaan L. Hart. Frankfurt am Main 1994, S. 340–371.

Harms, Ingeborg: Tod und Profit im „Michael Kohlhaas". In: Heinrich von Kleist und die Aufklärung. Hrsg. von Mehigan, Tim. Rochester 2000, S. 226–236.

Hartung, Gerald/Schlette, Magnus: Einleitung. In: Religiosität und intellektuelle Redlichkeit. Hrsg. von Hartung, Gerald/Schlette, Magnus. Tübingen 2012, S. 1–33.

Haverkamp, Anselm: Figura Cryptika. Paul de Man und die Rhetorik nach Nietzsche. In: Nietzsche oder „Die Sprache ist Rhetorik". Hrsg. von Kopperschmidt, Josef. München 1994, S. 241–148.

Hebbel, Friedrich: Werke. Hrsg. von Fricke, Gerhard/Keller, Werner/Pörnbacher, Karl. 2. rev. Aufl. Bd. 3. München 1987.

Hecker, Axel: An den Rändern des Lesbaren. Dekonstruktive Lektüren zu Franz Kafka: „Die Verwandlung", „In der Strafkolonie" und „Das Urteil". Wien 1998.

Heidgen, Michael: Inszenierungen eines Affekts. Scham und ihre Konstruktion in der Literatur der Moderne. Göttingen 2013.

Heimböckel, Dieter: Emphatische Unaussprechlichkeit. Sprachkritik im Werk Heinrich von Kleists. Ein Beitrag zur literarischen Sprachskepsistradition der Moderne. Göttingen 2003.

Hempfer, Klaus W.: Performance, Performanz, Performativität. Einige Unterscheidungen zur Ausdifferenzierung eines Theoriefeldes. In: Theorien des Performativen. Sprache – Wissen – Praxis. Eine kritische Bestandsaufnahme. Hrsg. von Hempfer, Klaus W./Volbers, Jörg. Bielefeld 2014, S. 13–41.

Herzberg, Ewald Friedrich: Neues Wörterbuch der Politik. Ein Vermächtniß des Grafen von Herzberg an seine Zöglinge. Warschau 1795.

Hetzel, Andreas: Das Rätsel des Performativen. Sprache, Kunst und Macht. In: Philosophische Rundschau 51.2 (2004), S. 132–159.

Hetzel, Andreas: Die Wirksamkeit der Rede. Zur Aktualität klassischer Rhetorik für die moderne Sprachphilosophie. Bielefeld 2011.

Hetzel, Andreas: Interventionen im Ausgang von Mauss: Derridas Ethik der Gabe und Marions Phänomenologie der Gebung. In: Gift – Marcel Mauss' Kulturtheorie der Gabe. Hrsg. von Moebius, Stephan/Papilloud, Christian. Wiesbaden 2006, S. 269–291.

Hetzel, Andreas: Ohne Grund. Die Gabe der Chariten. In: Gabe – Schuld – Vergebung. Festschrift für Hanna-Barbara Gerl-Falkovitz. Hrsg. von Gottlöber, Susanne/Kaufmann, René. Dresden 2011, S. 213–230.

Hetzel, Andreas: Performanz, Performativität. In: HWRh. Hrsg. von Ueding, Gert. Bd. 10: Nachträge A–Z. Berlin 2011, Sp. 839–861.

Hiebel, Hans Helmut: Die Zeichen des Gesetzes. Recht und Macht bei Franz Kafka. 2., korr. Aufl. München 1989.

Hitz, Torsten: Gift, Gaben, Geschenke. Bataille und Heidegger als Leser Nietzsches. In: Georges Bataille: Vorreden zur Überschreitung. Hrsg. von Hetzel, Andreas/Wiechens, Peter. Würzburg 1999, S. 133–156.

Höcker, Arne: Literatur durch Verfahren: „Beschreibung eines Kampfes". In: Kafkas Institutionen. Hrsg. von Höcker, Arne/Simons, Oliver. Bielefeld 2007, S. 235–253.

Höcker, Arne/ Simons, Oliver: Kafkas Institutionen. Bielefeld 2007.

Hölty, Christoph Ludwig Heinrich: Der alte Landmann an seinen Sohn. In: Hölty, Sämtliche Werke. Bd. 1. Weimar 1914, S. 197–200.

Holz, Hans Heinz: Macht und Ohnmacht der Sprache. Frankfurt am Main 1962.

Honneth, Andreas: Das Paradox des Augenblicks: „Zarathustras Vorrede" und Nietzsches Theorem der „ewigen Wiederkunft des Gleichen". Würzburg 2004.

Honold, Alexander: Exotische Verhandlungen. Fremdkörper in Kafkas „Process". In: Kafka verschrieben. Hrsg. von Wirtz, Irmgard. Göttingen 2010, S. 13–36.

Honold, Alexander: Kafka: Die Falle der Subjektion. In: Das Argument 37 (1995), S. 693–710.
Hugendick, David: New Sincerity: Das literarische Selfie. In: Die Zeit Nr. 3, 14.01.2016. URL, http://www.zeit.de/2016/03/new-sincerity-literatur-trend-usa-traurigkeit, 2016 (abgerufen am 08.07.2017). Kurztitel: Das literarische Selfie.
Hülk, Walburga: Zum performativen und dekonstruktiven Charakter intellektueller Redlichkeit. In: Intellektuelle Redlichkeit – Intégrité intellectuelle. Literatur – Geschichte – Kultur. Festschrift für Joseph Jurt. Hrsg. von Einfalt, Michael u. a. Heidelberg 2005, S. 15–22.
Hülsewiesche, Reinhold: Redefreiheit. In: Archiv für Begriffsgeschichte 44 (2002), S.103–143.
Hunold, Gerfried W.: Redlichkeit – zur Geschäftsgrundlage des Ethiktreibens. In: Verantwortung und Integrität heute. Theologische Ethik unter dem Anspruch der Redlichkeit. Für Konrad Hilpert. Hrsg. von Sautermeister, Jochen. Freiburg 2013, S. 23–37.
Jacobs, Carol: Der Dolch der Sprache. Die Rhetorik des Feminismus. In: Penthesileas Versprechen. Exemplarische Studien über die literarische Referenz. Hrsg. von Rüdiger Campe. Freiburg im Breisgau/Berlin/Wien 2008, S. 19–46. Kurztitel: Der Dolch der Sprache.
Jacobs, Carol: Uncontainable Romanticism. Shelley, Brontë, Kleist. Baltimore 1989.
Jaspers, Karl: Von der Wahrheit. Bd. 1. München 1958.
Kafka, Franz: Brief an den Vater. Faksimile. Hrsg. von Unseld, Joachim. Frankfurt am Main 1994.
Kafka, Franz: Briefe 1902–1912. In: Kafka, Gesammelte Werke. Hrsg. von Brod, Max. Frankfurt am Main 1999. Kurztitel: Briefe 1902–1912.
Kafka, Franz: Briefe 1900–1912. Hrsg. von Koch, Hans-Gerd. Frankfurt am Main 1999. Kurztitel: Briefe 1900–1912.
Kafka, Franz: Briefe 1902–1924. In: Gesammelte Werke. Hrsg. von Brod, Max. Frankfurt am Main 1989. Kurztitel: Briefe 1902–1924.
Kafka, Franz: Das Urteil. In: Kafka, Gesammelte Werke: Ein Landarzt und andere Drucke zu Lebzeiten. Hrsg. von Koch, Hans-Gerd u. a. Bd. 1. Frankfurt am Main 2008, S. 37–52.
Kafka, Franz: Der Proceß. In: Gesammelte Werke in zwölf Bänden. Nach der Kritischen Ausgabe (KA). Hrsg. von Koch, Hans-Gerd. Frankfurt am Main 2011. Abkürzung: KA P S.
Kafka, Franz: Der Ausflug ins Gebirge. In: Kafka, Drucke zu Lebzeiten. Hrsg. von Kittler, Wolf/Koch, Hans-Gerd/Neumann, Gerhard. Frankfurt am Main 1996, S. 20.
Kafka, Franz: Gespräch mit dem Beter. In: Kafka, Gesammelte Werke. Ein Landarzt und andere Drucke zu Lebzeiten. Hrsg. von Koch, Hans-Gerd u. a. Bd. 1. Frankfurt am Main 2008, S. 299–306.
Kafka, Franz: Nachgelassene Schriften und Fragmente II. In: Kafka, Schriften, Tagebücher, Briefe. Kritische Ausgabe. Hrsg. von Schillemeit, Jost. Frankfurt am Main 1992.
Kalka, Joachim: Kafkas Sätze (51): Scham bedeutet Hoffnung. In: Frankfurter Allgemeine Zeitung, 3. Sep. 2008.
Kant, Immanuel: Die Metaphysik der Sitten. Königsberg 1798.
Kant, Immanuel: Beantwortung der Frage: Was ist Aufklärung? In: Kant, Werkausgabe in 12 Bänden. Bd. XI: Schriften zur Anthropologie, Geschichtsphilosophie, Politik und Pädagogik. Hrsg. von Weischedel, Wilhelm. Frankfurt am Main 1977, S. 53–63.
Kassel, Norbert: Das Groteske bei Franz Kafka. München 1969.
Kimminich, Eva: Redlichkeit und Authentizität – Kulturrecycling und Entbarbarisierung des Barbaren? In: Intellektuelle Redlichkeit – Intégrité intellectuelle. Literatur – Geschichte – Kultur. Hrsg. von Einfalt, Michael u. a. Heidelberg 2005, S. 169–180.
Kirschnick, Sylke: Tausend und ein Zeichen. Else Lasker-Schülers Orient und die Berliner Alltags- und Populärkultur um 1900. Würzburg 2007.

Kittler, Wolf: Schreibmaschienen, Sprechmaschienen. Effekte technischer Medien im Werk Franz Kafkas. In: Franz Kafka, Schriftverkehr. Hrsg. von Kittler, Wolf/Neumann, Gerhard. Freiburg im Breisgau 1990, S. 75–163.

Kittler, Wolf/Neumann, Gerhard (Hrsg.): Franz Kafka, Schriftverkehr. Freiburg im Breisgau 1990.

Klaue, Magnus: Poetischer Enthusiasmus. Else Lasker-Schülers Ästhetik der Kolportage. Köln 2011.

Kleinert, Markus: Ambivalenz der intellektuellen Redlichkeit am Beispiel von Nietzsches Antichrist. In: Religiosität und intellektuelle Redlichkeit. Hrsg. von Hartung, Gerald/Schlette, Magnus. Tübingen 2012, S. 71–84.

Kleist, Heinrich von: Amphitryon. In: Kleist, Sämtliche Werke. Brandenburger Ausgabe (BKA). Bd. I/4. Hrsg. von Reuß, Roland/Staengle, Peter. Basel 1991. Abkürzung: BKA I/4 A.

Kleist, Heinrich von: Berliner Abendblätter. In: Kleist, Sämtliche Werke. Brandenburger Ausgabe (BKA). Bd. II/7. Hrsg. von Reuß, Roland/Staengle, Peter. Basel 1997. Abkürzung: BKA II/7 BA.

Kleist, Heinrich von: Briefe 1/1793–1801. In: Kleist, Sämtliche Werke. Brandenburger Ausgabe. Bd. IV/1. Hrsg. von Reuß, Roland/Staengle, Peter. Basel 1996. Abkürzung: BKA IV/1 Briefe.

Kleist, Heinrich von: Michael Kohlhaas (1808). In: Kleist, Sämtliche Werke. Brandenburger Ausgabe (BKA). Bd. II/1. Hrsg. von Reuß, Roland/Staengle, Peter. Basel 1990. Abkürzung: BKA II/1 MK (1808).

Kleist, Heinrich von: Michael Kohlhaas (1810). In: Kleist, Sämtliche Werke. Brandenburger Ausgabe. Bd. II/1. Hrsg. von Reuß, Roland/Staengle, Peter. Basel 1990. Abkürzung: BKA II/1 MK.

Kleist, Heinrich von: Penthesilea. In: Kleist, Sämtliche Werke. Brandenburger Ausgabe. Bd. I/5. Hrsg. von Reuß, Roland/Staengle, Peter. Basel 1992. Abkürzung: BKA I/5 P.

Kleist, Heinrich von: Sämtliche Werke und Briefe. Zweibändige Ausgabe in einem Band. Hrsg. von Sembdner, Helmut. München 2001.

Kleist, Heinrich von: Über die allmähliche Verfertigung der Gedanken beim Reden. In: Kleist, Sämtliche Werke. Sonstige Prosa. Brandenburger Ausgabe. Bd. II/9. Hrsg. von Roland Reuß/Peter Staengle. Basel 1996. Abkürzung: BKA II/9 VG.

Klossowski, Pierre: Nietzsche et le cerole vicieux. Paris, 1969.

Klossowski, Pierre: Nietzsche und der Circulus vitiosus deus. Hrsg. von Bergfleth, Gerd. Übers. von Ronald Vouille. München 1986.

Kluge, Friedrich/Seebold, Elmar: Rede. In: Etymologisches Wörterbuch der deutschen Sprache. 24., durchges. und erw. Auflage. Berlin/New York 2002, S. 750.

Kluge, Friedrich/Seebold, Elmar: redlich. In: Etymologisches Wörterbuch der deutschen Sprache. Berlin/New York 2002, S. 750.

Klüger, Ruth: Tellheims Neffe: Kleists Abkehr von der Aufklärung. In: Klüger, Katastrophen. Über deutsche Literatur. Göttingen 1994, S. 163–188.

Koelb, Clayton: Incorporating the Text: Kleist's „Michael Kohlhaas". In: PMLA 105.5 (1990), S. 1098–1107.

Koelb, Clayton: Inventions of Reading. Rhetoric and the Literary Imagination. Ithaca 1988.

Koelb, Clayton: Kafka's Rhetoric: The Passion of Reading. Ithaca: Cornell University Press, 1989.

Koelb, Clayton: Kafka's Rhetorical Moment. PMLA 98.1 (1983), S. 37–46.

Koelb, Clayton: The Turn of the Trope: Kafka's „Die Brücke". In: Modern Austrian Literature 22.1 (1989), S. 57–70.

Kofman, Sarah: Nietzsche et la métaphore. Paris 1988.
Kofman, Sarah: Nietzsche und die Metapher. Übers. von Florian Scherübl. Berlin 2015.
Köhler, Johann Georg Wilhelm: Ausserordentliche Grosmuth eines Arabers und besondere Redlichkeit eines andern sein Wort zu halten. Vergnügung bei müssigen Stunden: In einer Sammlung von allerhand sinnreichen Historien, moralischen Stücken, Poesien und dergleichen, meistens aus fremden Sprachen übersetzt zum Thema aber in Urschrift entworfen. Jena 1770.
Kommerell, Max: Die Sprache und das Unaussprechliche. Eine Betrachtung über Heinrich von Kleist. In: Kommerell, Geist und Buchstabe der Dichtung. Goethe, Schiller, Kleist, Hölderlin. Frankfurt am Main 1944, S. 243–317.
Kopperschmidt, Josef (Hrsg.): Nietzsche oder „Die Sprache ist Rhetorik". München 1994.
Körner, Birgit M.: Hebräische Avantgarde: Else Lasker-Schülers Poetologie im Kontext des Kulturzionismus. Köln/Weimar/Wien 2017.
Kowalik, Jill Anne: Kleist's Essay on Rhetoric. In: Monatshefte 81.4 (1989), S. 434–446.
Krämer, Felicitas: Intellektuelle Redlichkeit in William James' „The Varieties of Religious Experience". In: Intellektuelle Redlichkeit – Intégrité intellectuelle. Literatur – Geschichte – Kultur. Festschrift für Joseph Jurt. Hrsg. von Einfalt, Michael u. a. Heidelberg 2005, S. 85–98.
Krämer, Sybille: Sprache – Stimme – Schrift. Sieben Gedanken über Performativität als Medialität. In: Performanz: zwischen Sprachphilosophie und Kulturwissenschaft. Hrsg. von Wirth, Uwe. Frankfurt am Main 2002, S. 323–346.
Krapp, Peter: Der Parasit der Parasiten. In: Politiken des Anderen. Eingriffe im Zeitalter der Medien. Hrsg. von Pfeil, Hannelore/Jäck, Hans Peter. Bornheim-Roisdorf 1995, S. 43–54.
Krauß, Andrea: Writing of Attractions: Else Lasker-Schüler's Avant-Garde Techniques. Übers. von Nils F. Schott. MLN 132.3 (2017), S. 602–624.
Krauß, Andrea: Zerbrechende Tradierung. Zu Kontexten des Schauspiels „Ichundich" von Else Lasker-Schüler. Wien 2002.
Kreuzer, Helmut: Die Bohème. Analyse und Dokumentation der intellektuellen Subkultur vom 19. Jahrhundert bis zur Gegenwart. Stuttgart 2000.
Krüger-Fürhoff, Irmela Marei: Der versehrte Körper. Revisionen des klassizistischen Schönheitsideals. Göttingen 2001.
Kuhn, Elisabeth. Friedrich Nietzsches Philosophie des europäischen Nihilismus. Berlin/New York 1992.
Kuhn, Elisabeth: Redlichkeit. In: Nietzsche-Lexikon. Hrsg. von Niemeyer, Christian. Darmstadt 2011, S. 321–322.
Künzel, Christine: Die Rächenfehler der Kaufleute. Anmerkungen zu „Michael Kohlhaas" und „Der Findling". In: Tauschen und Täuschen. Kleist und (die) Ökonomie. Hrsg. von Künzel, Christine/Hamacher, Bernd. Frankfurt am Main 2013, S. 183–198.
Künzel, Christine/Hamacher, Bernd (Hrsg.): Tauschen und Täuschen. Kleist und (die) Ökonomie. Frankfurt am Main 2013.
Kurz, Gerhard: Schnörkel und Schleier und Warzen. Die Briefe Kafkas an Pollak und seine literarischen Anfänge. In: Der junge Kafka. Hrsg. von Kurz, Gerhard. Frankfurt am Main 1984, S. 68–101. Kurztitel: Schnörkel und Schleier und Warzen.
Lack, Elisabeth: Kafkas bewegte Körper. Die Tagebücher und Briefe als Laboratorien von Bewegung. München 2009.
Lacoue-Labarthe, Philippe: Der Umweg. In: Nietzsche aus Frankreich. Hrsg. von Hamacher, Werner. Berlin 2007, S. 125–163.

Lane, Melissa: Honesty as the Best Policy? Nietzsche on Redlichkeit and the Contrast between Stoic and Epicurean Strategies of the Self. In: Histories of Postmodernism. Hrsg. von Bevir, Mark/Hargis, Jill/Rushing, Sara. New York 2007, S. 25–51.
Lasker-Schüler, Else: Briefe nach Norwegen. In: Der Sturm. Wochenschrift für Kultur und die Künste Nr. 94 (1912), S. 751–753.
Lasker-Schüler, Else: Briefe nach Norwegen. In: Der Sturm. Wochenschrift für Kultur und die Künste Nr. 95 (1912), S. 758–760.
Lasker-Schüler, Else: Mein Herz. Ein Liebesroman mit Bildern und wirklich lebenden Menschen. Hrsg. von Dick, Ricarda. Frankfurt am Main 2003. Abkürzung: MH
Lasker-Schüler, Else: Werke und Briefe. Kritische Ausgabe. Briefe 1914–1924. Hrsg. von Skrodzki Karl Jürgen/Oellers, Norbert. Bd. 2. Frankfurt am Main 2004. Abkürzung: KA
Lausberg, Heinrich: Handbuch der literarischen Rhetorik: Eine Grundlegung der Literaturwissenschaft. Bd. 1 u. 2. München 1973.
Lehmann, Hans-Thies: Das Welttheater der Scham. Dreißig Annäherungen an den Entzug der Darstellung. Merkur 45 (1991), S. 824–839. Kurztitel: Das Welttheater der Scham.
Lehmann, Hans-Thies: Der buchstäbliche Körper. Zur Selbstinszenierung der Literatur bei Franz Kafka. In: Der junge Kafka. Hrsg. von Kurz, Gerhard. Frankfurt am Main 1984, S. 213–241. Kurztitel: Der buchstäbliche Körper.
Lejeune, Philippe: Der autobiographische Pakt. Hrsg. von Bohrer, Karl Heinz. Übers. von Hornig, Dieter/Bayer, Wolfram. Frankfurt am Main 1994.
Lemm, Vanessa: Justice and Gift-Giving in „Thus Spoke Zarathustra". In: Nietzsche's Thus Spoke Zarathustra: Before Sunrise. Hrsg. von Luchte, James. New York 2008, S. 165–206.
Lessing, Gotthold Ephraim: Axiomata. In: Lessing, Werke und Briefe. Hrsg. von Barner, Wilfried u. a. Bd. 9: Werke 1774–1778. Frankfurt am Main 1989, S. 53–89.
Levinas, Emmanuel: Ethik und Unendliches. Gespräche mit Philippe Nemo. Hrsg. von Engelmann, Peter. Übers. von Dorothea Schmidt. Graz 1986.
Levinas, Emmanuel: Ethique et infini: dialogues avec Philippe Nemo. Paris 1982.
Loën, Johann Michael von: Der Redliche Mann am Hofe. Stuttgart 1966.
Lühe, Astrid von der: Redlichkeit. In: HWdPh. Hrsg. von Eisler, Rudolf. Bd. 8: R–Sc. Darmstadt 1992, S. 363–370.
Luther, Martin: Sprichwörtersammlung. Hrsg. von Ernst Thiele. Weimar 1900.
Magill, R. Jay Jr.: Sincerity: How a Moral Ideal Born Five Hundred Years Ago Inspired Religious Wars, Modern Art, Hipster Chic, and the Curious Notion That We All Have Something to Say (No Matter How Dull). New York 2012.
Man, Paul de: Aesthetic Formalization: Kleist's „Über das Marionettentheater". In: de Man, The Rhetoric of Romanticism. New York 1984, S. 263–314.
Man, Paul de: Allegorien des Lesens. Übers. von Werner Hamacher/Peter Krumme. Frankfurt am Main 1987.
Man, Paul de: Allegories of Reading: Figural Language in Rousseau, Nietzsche, Rilke, and Proust. New Haven 1979.
Man, Paul de: Ästhetische Formalisierung: Kleists „Über das Marionettentheater". In: de Man, Allegorien des Lesens. Übers. von Werner Hamacher/Peter Krumme. Frankfurt am Main 1988, S. 205–232.
Man, Paul de: Die Rhetorik der Zeitlichkeit. In: de Man, Die Ideologie des Ästhetischen. Hrsg. von Menke, Christoph. Übers. von Jürgen Blasius. Frankfurt am Main 1993, S. 83–130.
Man, Paul de: The Concept of Irony. In: de Man, Aesthetic Ideology. Hrsg. von Warminski, Andrzej. Minneapolis 1996, S. 163–148.

Man, Paul de: The Rhetoric of Romanticism. New York 1984.
Man, Paul de: The Rhetoric of Temporality. In: de Man, Blindness and Insight. Essays in the Rhetoric of Contemporary Criticism. Minneapolis 1983, S. 187–228.
Mandelkow, Karl Robert: Der deutsche Briefroman. Zum Problem der Polyperspektive im Epischen. In: Neophilologus 44.1 (1960), S. 200–208.
Marion, Jean-Luc: Ce qui ne se dit pas – l'apophase du discours amoureux. In: Marion, Le visible et le révélé. Paris 2005, S. 119–142.
Martel, James R.: The Misinterpellated Subject. Durham 2017.
Massey, John: EAT SHIT! a manifesto for the new sincerity. URL, http://excusing.tumblr.com/post/131871536663/eat-shit-a-manifesto-for-the-new-sincerity-john, 2005 (abgerufen am 08.07.2017). Kurztitel: EAT SHIT!
Matala de Mazza, Ethel: Interview mit Ethel Matala de Mazza, in: microform. Der Podcast des Graduiertenkollegs Literatur- und Wissensgeschichte kleiner Formen. URL, www.kleine-formen.de/interview-mit-ethel-matala-de-mazza, 2018 (abgerufen am 05.03.2018).
Mauss, Marcel: Essai sur le don. Forme et raison de l'échange dans les sociétés archaïques. Paris 2002.
Mauss, Marcel: Die Gabe. Form und Funktion des Austauschs in archaischen Gesellschaften. Übers. von Eva Moldenhauer. Frankfurt am Main 1990.
Mehigan, Tim (Hrsg.): Heinrich von Kleist und die Aufklärung. Rochester 2000.
Mehigan, Tim: Heinrich von Kleist: Writing after Kant. New York 2013.
Mehigan, Tim: Inferential Contexts: Kafka Reading Kleist. In: Heinrich von Kleist: Artistic and Political Legacies. Hrsg. von Clark, Sophia/High, Jeffrey L. Amsterdam/New York 2013, S. 69–85.
Menke, Bettine: Anfangen. Zur Herkunft der Rede. In: Herkünfte: historisch – ästhetisch – kulturell. Beiträge zu einer Tagung aus Anlass des 60. Geburtstags von Bernhard Greiner. Hrsg. von Thums, Barbara u. a. Heidelberg 2004, S. 13–37. Kurztitel: Anfangen.
Menke, Bettine: Aufgegebene Lektüre: Kafkas „Der Bau". In: Die Aufgabe des Lesers: On the Ethics of Reading. Hrsg. von Verbeeck, Ludo/Philipsen, Bart. Leuven 1992, S. 147–176.
Menke, Bettine: Intertextualität, Aussetzung der Darstellung und Formeln der Passion. In: Penthesileas Versprechen. Exemplarische Studien über die literarische Referenz. Hrsg. von Campe, Rüdiger. Freiburg im Breisgau/Berlin/Wien 2008, S. 211–152.
Menke, Bettine: Körper-Bild und -Zerfällung, Staub. In: Körper – Gedächtnis – Schrift. Der Körper als Medium kultureller Erinnerung. Hrsg. von Ölschläger, Claudia/Wiens, Birgit. Berlin 1997, S. 122–156. Kurztitel: Körper-Bild.
Menninghaus, Winfried: Ekel. Theorie und Geschichte einer starken Empfindung. Frankfurt am Main 1999.
Metzinger, Thomas: Spiritualität und intellektuelle Redlichkeit. Ein Versuch. URL, http://www.blogs.uni-mainz.de/fb05philosophie/files/2013/04/TheorPhil_Metzinger_SIR_2013.pdf; DOI:10.978.300/0408755, 2014 (abgerufen am 03.04.2016)
Miller, J. Hillis: For Derrida. New York 2009.
Miller, J. Hillis: (In)Felicitous Speech Acts in Kafka's "The Trial". URL, http://www.usc.edu/dept/comp-lit/tympanum/4/miller.html, 2000 (abgerufen am 02.05.2016).
Miller, J. Hillis: Laying Down the Law in Literature: The Example of Kleist. In: Cardozo Law Review 11 (1989), S. 1491–1514.

Möller, Melanie: Am Nullpunkt der Rhetorik? Michel Foucault und die parrhesiastische Rede. In: Parrhesia: Foucault und der Mut zur Wahrheit. Hrsg. von Gehring, Petra/Gehard, Andreas. Zürich 2012, S. 103–120.

Morris, Jason: The Time Between Time: Messianism & the Promise of a „New Sincerity". In: Jacket 35. URL, http://jacketmagazine.com/35/morris-sincerity.shtml, 2008 (abgerufen am 13.07.2017). Kurztitel: The Time Between Time.

Moser, Friedrich Carl von: Betrachtungen über die Aufrichtigkeit, nach den Würkungen der Natur und Gnade. Frankfurt/Leipzig 1763.

Mourey, Marie-Thérèse: Gibt es eine Aufrichtigkeit des Körpers? In: Die Kunst der Aufrichtigkeit im 17. Jahrhundert. Hrsg. von Benthien, Claudia/Martus, Steffen. Tübingen 2006, S. 329–341.

Müller, Jan-Dirk (Hrsg.): Rede. In: Reallexikon der deutschen Literaturwissenschaft. Berlin/New York 2003. P–Z, S. 233–235.

Müller, Marika: Die Ironie. Kulturgeschichte und Textgestalt. Würzburg 1995.

Müller-Seidel, Walter: Zum Geleit. In: Heinrich von Kleist. Vier Reden zu seinem Gedächtnis. Hrsg. von Müller-Seidel, Walter. Berlin 1962, S. 7–8.

Nancy, Jean-Luc: «Notre probité!» (sur la vérité au sens moral chez Nietzsche). In: Revue de théologie et de philosophie 112.4 (1980), S. 391–407.

Nancy, Jean-Luc: Entstehung zur Präsenz. In: Was heißt „Darstellen"? Hrsg. von Nibbrig, Christiaan L. Hart. Übers. von Oliver Vogel. Frankfurt am Main 1994, S. 102–106.

Nancy, Jean-Luc: „Unsere Redlichkeit!" (Über Wahrheit im moralischen Sinn bei Nietzsche). In: Nietzsche aus Frankreich. Hrsg. von Hamacher, Werner. Berlin 2007, S. 225–248.

Naschert, Guido: Ethopoeia. In: HWRh. Bd. 2: Bie–Eul. Hrsg. von Ueding, Gert. Tübingen 1998, Sp. 1512–1516.

Nehamas, Alexander: For whom the Sun shines. A Reading of „Also sprach Zarathustra". In: Friedrich Nietzsche: „Also sprach Zarathustra". Hrsg. von Gerhardt, Volker. Berlin 2012, S. 123–142.

Nehrlich, Thomas: „Es hat mehr Sinn und Deutung, als du glaubst" – Zu Funktion und Bedeutung typographischer Textmerkmale in Kleists Prosa. Hildesheim/New York 2012.

Neumann, Gerhard: „Blinde Parabel" oder Bildungsroman? Zur Struktur von Franz Kafkas Process-Fragment. In: Jahrbuch der deutschen Schillergesellschaft 41 (1997), S. 399–427.

Neumann, Gerhard: Das Stocken der Sprache und das Straucheln des Körpers: Umrisse von Kleists kultureller Anthropologie. In: Heinrich von Kleist: Kriegsfall – Rechtsfall – Sündenfall. Hrsg. von Neumann, Gerhard. Freiburg im Breisgau 1994, S. 13–30.

Neumann, Gerhard: Der verschleppte Prozeß. Literarisches Schaffen zwischen Schreibstrom und Werkidol. In: Neumann, Kafka-Lektüren. Berlin/Boston 2013, S. 76–98.

Neumann, Gerhard: Der Zauber des Anfangs und das Zögern vor der Geburt: Kafkas Poetologie des riskantesten Augenblicks. In: Nach erneuter Lektüre: Franz Kafkas „Der Prozeß". Hrsg. von Zimmermann, Hans Dieter. Würzburg 1992, S. 121–142.

Neumann, Gerhard: Franz Kafka: Experte der Macht. München 2012. S

Neumann, Gerhard: Hexenküche und Abendmahl: Die Sprache der Liebe im Werk Heinrich von Kleists. In: Codierungen von Liebe in der Kunstperiode. Hrsg. von Hinderer, Walter. Würzburg 1997, S. 169–196.

Neumann, Gerhard: Kafka-Lektüren. Berlin/Boston 2013.

Neumann, Gerhard: Schreibschrein und Strafapparat. Erwägungen zur Topographie des Schreibens. In: Neumann, Kafka-Lektüren. Berlin/Boston 2013, S. 55–75.

Neumann, Gerhard: Umkehrung und Ablenkung: Franz Kafkas „Gleitendes Paradox". In: Deutsche Vierteljahrsschrift für Literaturwissenschaft und Geistesgeschichte 42.1 (1968), S. 702–744.
Neumann, Gerhard: Verfehlte Anfänge und offenes Ende. Franz Kafkas poetische Anthropologie. München 2011.
Nickisch, Reinhard M.: Brief. Stuttgart 1991.
Nietzsche, Friedrich: Also sprach Zarathustra I-IV. In: Nietzsche, Sämtliche Werke: Kritische Studienausgabe in 15 Bänden. Hrsg. von Colli, Giorgio/Montinari, Mazzino. Bd. 4. München 2014. Abkürzung: Za KSA 4.
Nietzsche, Friedrich: Die fröhliche Wissenschaft. In: Nietzsche, Sämtliche Werke: Kritische Studienausgabe in 15 Bänden. Hrsg. von Colli, Giorgio/Montinari, Mazzino. Bd. 3. München 1999, S. 343–652. Abkürzung: FW KSA 3.
Nietzsche, Friedrich: Ecce Homo. In: Nietzsche, Sämtliche Werke: Kritische Studienausgabe in 15 Bänden. Hrsg. von Colli, Giorgio/Montinari, Mazzino. Bd. 6. München 1999, S. 255–374.
Nietzsche, Friedrich: Götzen-Dämmerung oder Wie man mit dem Hammer philosophirt. In: Nietzsche, Sämtliche Werke: Kritische Studienausgabe in 15 Bänden. Hrsg. von Colli, Giorgio/Montinari, Mazzino. Bd. 6. München 1999, S. 55–162.
Nietzsche, Friedrich: Morgenröte. In: Nietzsche, Sämtliche Werke: Kritische Studienausgabe in 15 Bänden. Hrsg. von Colli, Giorgio/Montinari, Mazzino. Bd. 3. München 1999, S. 9–332. Abkürzung: M KSA 3.
Nietzsche, Friedrich: Ueber Wahrheit und Lüge im aussermoralischen Sinne. In: Nietzsche, Sämtliche Werke: Kritische Studienausgabe in 15 Bänden. Hrsg. von Colli, Giorgio /Montinari, Mazzino. Bd. 1. München 2015, S. 873–890. Abkürzung: WL KSA 1.
Nietzsche, Friedrich: Vorlesungsaufzeichnungen (WS 1870/71 – WS 1874/75). In: Nietzsche, Werke. Kritische Gesamtausgabe. Begr. von Colli, Giorgio/Montinari, Mazzino, fortgef. von Gerhard, Volker u. a. Abt. II Bd. 4. Berlin/New York 1994. Abkürzung: KGW II 4.
Nietzsche, Friedrich: Zur Genealogie der Moral. In: Nietzsche, Sämtliche Werke: Kritische Studienausgabe in 15 Bänden. Hrsg. von Colli, Giorgio/Montinari, Mazzino. Bd. 5. München 1999, S. 245–410. Abkürzung: GM KSA 5.
Oesterle, Günter: Karikatur als Vorschule von Modernität. Überlegungen zu einer Kulturpoetik der Karikatur mit Rücksicht auf Charles Baudelaire. In: Ästhetische Moderne in Europa. Grundzüge und Problemzusammenhänge seit der Romantik. Hrsg. von Vietta, Silvio/Kemper, Dirk. Paderborn 1998, S. 259–286.
Oesterle, Günter: „Mit sich zugleich etwas Anderes darzustellen." Die Entdeckung der Dialogizität der Karikatur in der spätidealistischen Ästhetik von Karl Rosenkranz und Friedrich Theodor Vischer. In: Oesterle, Die Karikatur zwischen Republik und Zensur. Bildsatire in Frankreich 1830–1880 – eine Sprache des Widerstands? Hrsg. von Rütten, Raimund. Marburg 1991, S. 153–158. Kurztitel: „Mit sich zugleich etwas Anderes darzustellen."
Oesterle, Günter: Redlichkeit versus Verstellung – oder zwei Arten, böse zu werden. In: Interpretationen: Kleists Erzählungen. Hrsg. von Hinderer, Walter. Stuttgart 1998, S. 157–180.
Osman, Silke: Der redliche Ostpreuße – Ein Kalenderbuch für 2019. Würzburg 2019.
Pahl, Katrin: Forging Feeling. Kleist's Theatrical Theory of Re-Layed Emotionality. In: Modern Language Notes 124.3 (2009), S. 666–682. Kurztitel: Forging Feeling.
Pahl, Katrin: Gefühle schmieden. Gefühle sehen. In: Kleist-Jahrbuch (2008/09), S. 151–165.
Pahl, Katrin: „Geliebte, sprich!" – wenn Frauen sich haben. In: Penthesileas Versprechen. Exemplarische Studien über die literarische Referenz. Hrsg. von Campe, Rüdiger. Freiburg im Breisgau/Berlin/Wien 2008, S. 165–187. Kurztitel: „Geliebte, sprich!"

Palmier, Jean-Pierre: Kafkas Lust und Mühe am Schreiben. Leichtsinnige Erzählverfahren im „Proceß" und im „Schloß". In: Kafkas narrative Verfahren: Kafkas Tiere. Hrsg. von Neumeyer, Harald/Steffens, Wilko. Würzburg 2015, S. 129–143.

Paß, Dominik: Die Beobachtung der allmählichen Verfertigung der Gedanken beim Reden. Kleist-Jahrbuch (2003), S. 107–136.

Pavlik, Jennifer: Normierung durch (Pro)Thesen. In: Kleist. Vom Schreiben in der Moderne. Hrsg. von Dieter Heimböckel. Bielefeld 2013, S. 50–68.

Percival, Thomas: Einige Anekdoten zur Erläuterung des wahren Begriffs von Wahrheit und Redlichkeit. In: Auswahl der nüzlichsten und unterhaltendsten Aufsätze für Deutsche. Aus den neuesten Brittischen Magazinen. Bd. 2. Leipzig 1785, S. 305–326. Kurztitel: Einige Anekdoten.

Peterson, Erik: Zur Bedeutungsgeschichte von parrhesia. In: Zur Theorie des Christentums. Reinhold-Seeberg-Festschrift I. Hrsg. von Koepp, Wilhelm. Leipzig 1929, S. 1–15.

Pfeifer, Wolfgang/Braun, Wilhelm: redlich. In: Etymologisches Wörterbuch des Deutschen. Berlin 1989, S. 1390.

Philodemus: On Frank Criticism. Hrsg. von David Konstan u. a. Atlanta 1998.

Pieper, Annemarie: Ein Seil geknüpft zwischen Tier und Übermensch. Philosophische Erläuterungen zu Nietzsches erstem „Zarathustra". Stuttgart 1990.

Pircher, Wolfgang: Geld, Pfand und Rache. Versuch über ein Motiv bei Kleists „Kohlhaas". In: Kleist-Jahrbuch (2002), S. 104–117.

Platon: Theaitet. Hrsg. von Schleiermacher, Friedrich/Thurow, Reinhard. Frankfurt am Main 1979.

Porter, James: Nietzsche's Rhetoric: Theory and Strategy. In: Philosophy & Rhetoric 27.3 (1994), S. 218–244.

Posselt, Gerhard. Katachrese. Rhetorik des Performativen. München 2005.

Quintilianus, Marcus Fabius: Ausbildung des Redners. Zwölf Bücher, Erster Teil: Buch I–VI. Hrsg. von Rahn, Helmut. 3., gegenüber der 2. unveränd. Aufl. Darmstadt 1995.

Quintilianus, Marcus Fabius: Ausbildung des Redners. Zwölf Bücher, Zweiter Teil: Buch VII–XII. Hrsg. von Helmut Rahn. 3., gegenüber der 2. unveränd. Aufl. Darmstadt 1995.

Rahner, Karl: Intellektuelle Redlichkeit und christlicher Glaube. In: Intellektuelle Redlichkeit und christlicher Glaube – Glaube und Wissenschaft – Ihre kritische Funktion. Hrsg. von Rahner, Karl/Dantine, Wilhelm. Wien/Freiburg/Basel 1966, S. 7–33.

Rehwinkel, Dieter/Haller-Nevermann, Marie (Hrsg.): Kleist – ein moderner Aufklärer? Göttingen 2005.

Reiß-Suckow, Christine: „Wer wird mir Schöpfer sein!!" Die Entwicklung Else Lasker-Schülers als Künstlerin. Konstanz 1997.

Reuß, Roland: „...daß man's mit Fingern läse"/ Zu Kleists „Amphitryon". In: Berliner Kleist-Blätter 4 (1991), S. 3–26.

Reuß, Roland: „Im Geklüft". Zur Sprache von Kleists „Penthesilea'". In: Berliner Kleist-Blätter 5 (1992), S. 3–27.

Riedl, Peter Philipp: Eine bessere Ordnung der Dinge? Die Psychologie revolutionärer Gewalt im Werk Heinrich von Kleists. In: Heinrich von Kleist. Konstruktive und destruktive Funktionen von Gewalt. Hrsg. von Schmidt, Ricarda/Allan, Seán/Howe, Steven. Würzburg 2012, S. 97–116.

Riedl, Peter Philipp: Über die allmählige Verfertigung der Gedanken beim Reden. An R. v. L. In: Kleist-Handbuch. Leben – Werk – Wirkung. Hrsg. von Breuer, Ingo. Stuttgart 2009, S. 150–152.

Ritter, Joachim (Hrsg.): Historisches Wörterbuch der Philosophie. Basel 1971–2007. Abkürzung: HWPh.
Rohrwasser, Michael: Eine Bombenpost. Über die allmähliche Verfertigung der Gedanken beim Schreiben. In: Heinrich von Kleist. Text + Kritik. Sonderband. Hrsg. von Arnold, Heinz Ludwig/Reuss, Roland/Staengle, Peter. München 1993, S. 151–162. Kurztitel: Bombenpost.
Rolf, Eckard: Der andere Austin Zur Rekonstruktion/Dekonstruktion performativer Äußerungen – von Searle über Derrida zu Cavell und darüber hinaus. Bielefeld 2015.
Ronell, Avital: Loser Sons. Politics and Authority. Urbana 2012.
Rorty, Richard: Contingency, Irony, and Solidarity. Cambridge 1989.
Rorty, Richard: Kontingenz, Ironie und Solidarität. Übers. von Christa Krüger. Frankfurt am Main 1991.
Rousseau, Jean-Jacques: Bekenntnisse. Übers. von H. Denhardt. Leipzig 1921.
Rousseau, Jean-Jacques: Les confessions. In: Rousseau, Œuvre Complète. Hrsg. von Gagnebin, Bernard/Raymond, Marcel. Bd 1. Paris 1959.
Runge, Anita: Literarische Praxis von Frauen um 1800. Briefroman, Autobiographisches, Märchen. Hildesheim 1997.
Saussure, Ferdinand de: Grundfragen der Allgemeinen Sprachwissenschaft. Hrsg. von Bally, Charles/Sechehaye, Albert. Übers. von Herman Lommel. 2. Aufl. Berlin 1967.
Schiff, Hermann: Redlichkeit und Schwindel. In: Zwei Novellen von Hermann Schiff: I. Ballkleid und Demantschmuck. II. Redlichkeit und Schwindel. Hamburg 1856.
Schiffermüller, Isolde. Franz Kafkas Gesten. Studien zur Entstellung der menschlichen Sprache. Tübingen 2011.
Schiffermüller, Isolde: Gebärden der Scham. Zur Geste bei Franz Kafka. In: Geste und Gebärde. Beiträge zu Text und Kultur der klassischen Moderne. Hrsg. von Schiffermüller, Isolde. Innsbruck/ Wien/München 2001, S. 232–261. Kurztitel: Gebärden der Scham.
Schiffermüller, Isolde/Conterno, Chiara (Hrsg.): Briefkultur. Transformationen epistolaren Schreibens in der deutschen Literatur. Würzburg 2015.
Schirrmacher, Frank: Kafkas Sätze (1): Neunzehn Worte Kafka. Frankfurter Allgemeine Zeitung, 3 Juli 2008.
Schlegel, Friedrich: Philosophische Lehrjahre 1796–1806 nebst philosophischen Manuskripten aus den Jahren 1796–1828. Erster Teil. In: Schlegel, Kritische Ausgabe. Hrsg. von Behler, Ernst. Bd. 18. München u. a. 1963.
Schmidt, Jochen: Heinrich von Kleist. Die Dramen und Erzählungen in ihrer Epoche. Darmstadt 2003.
Schmitz-Emans, Monika: Das Verschwinden der Bilder als geschichtsphilosophisches Gleichnis. In: Kleist-Jahrbuch (2002), S. 42–69.
Schneider, Helmut: Deutsche Aufklärung. In: Kleist-Handbuch. Leben – Werk – Wirkung. Hrsg. von Breuer, Ingo. Stuttgart 2009, S. 203–206.
Schneider, Manfred: Die erkaltete Herzensschrift. Der autobiographische Text im 20. Jahrhundert. München 1986.
Schneider, Manfred: Die Welt im Ausnahmezustand. Kleists Kriegstheater. In: Kleist-Jahrbuch (2001), S. 104–119.
Scholz, Anna-Lena: Kleist/Kafka: Diskursgeschichte einer Konstellation. Freiburg 2016.
Schopenhauer, Arthur: Über die Grundlage der Moral. Hamburg 2007.
Schrift, Alan: Nietzsche and the Question of Interpretation. New York 1990.
Schuller, Marianne: Im Unterschied. Aufsätze. Frankfurt am Main 1990.

Schuster, Britt-Marie: Ich muss/will Ihnen/Dir aufrichtig gestehen, dass – Aufrichtigkeitseffekte und ihre sprachliche Dynamik. In: Aufrichtigkeitseffekte. Signale, soziale Interaktionen und Medien im Zeitalter der Aufklärung. Hrsg. von Bunke, Simon/Mihayloa, Katerina. Freiburg 2016, S. 23–39.

Sedgwick, Eve Kosofsky: Touching Feeling. Affect, Pedagogy, Performativity. Durham 2003.

Seeba, Hinrich C.: Kunst im Gespräch: Über Kleist und die allmähliche Verfertigung der Gedanken beim Reden. In: Publications of the English Goethe Society 78.1–2 (2009), S. 89–105.

Seitz, Sergej: Euripides liest Foucault. *parrhesia* und die Paradoxien der wahren Rede. Diplomarbeit. URL, http://othes.univie.ac.at/24959/, 2012 (abgerufen am 10.03.2017).

Serres, Michel: Der Parasit. Übers. von Michael Bischoff. Frankfurt am Main 1987.

Serres, Michel: Le parasite. Paris 1980.

Shapiro, Gary: Alcyone: Nietzsche on Gifts, Noise, and Women. Albany 1991.

Simons, Oliver: Schuld und Scham: Kafkas episches Theater. In: Kafkas Institutionen. Hrsg. von Höcker, Arne/Simons, Oliver. Bielefeld 2007, S. 269–294.

Sokel, Walter: Franz Kafka – Tragik und Ironie. Zur Struktur seiner Kunst. München 1964.

Sprengel, Peter: Literatur im Kaiserreich. Studien zur Moderne. Berlin 1993.

Stegmaier, Werner: Anti-Lehren. Szene und Lehre. In: Friedrich Nietzsche: „Also sprach Zarathustra". Hrsg. von Gerhardt, Volker. Berlin 2012, S. 143–169.

Stephens, Anthony: Kleist: Sprache und Gewalt. Freiburg 1999.

Stierle, Karlheinz: Komik der Handlung, Komik der Sprachhandlung, Komik der Komödie. In: Das Komische. Hrsg. von Preisendanz, Wolfgang/Warning, Rainer. Paderborn 1976, S. 237–268.

Stingelin, Martin: Nietzsches Rhetorik: Figuration und Performanz. In: Rhetorik – Figuration und Performanz. Hrsg. von Fohrmann, Jürgen. Stuttgart 2004, S. 295–312.

Stingelin, Martin: Nietzsches Wortspiel als Reflexion auf poet(olog)ische Verfahren. In: Nietzsche-Studien 17 (1988), S. 336–349.

Stöckinger, Martin: Gabe und Spiel. Foucault – Mauss – Bataille. In: Parrhesia: Foucault und der Mut zur Wahrheit. Hrsg. von Gehring, Petra/Gehard, Andreas. Zürich 2012, S. 187–202.

Stöckmann, Ingo: Die Gemeinschaft der Aufrichtigen. Die Sprache der Nation und der redliche Grund des Sozialen im 17. Jahrhundert. In: Die Kunst der Aufrichtigkeit im 17. Jahrhundert. Hrsg. von Benthien, Claudia/Martus, Steffen. Tübingen 2006, S. 205–230.

Stosch, Samuel Johann Ernst: Versuch in richtiger Bestimmung einiger gleichbedeutenden Wörter der deutschen Sprache. Frankfurt (Oder) 1777.

Strässle, Urs: Heinrich von Kleist: Die keilförmige Vernunft. Würzburg 2002.

Strobel, Jochen: Brief. In: Handbuch Literaturwissenschaft. Methoden und Theorien. Bd. 2. Hrsg. von Anz, Thomas. Stuttgart/Weimar 2007, S. 166–174.

Strowick, Elisabeth: Epistemologie des Verdachts. Zu Kafkas „Bau". The Parallax View: Zur Mediologie der Verschwörung. Hrsg. von Krause, Markus/Meteling, Arno/Stauff, Markus. Paderborn 2009, S. 123–136.

Strowick, Elisabeth: Sprechende Körper – Poetik der Ansteckung. Performativa in Literatur und Rhetorik. München 2009. Kurztitel: Sprechende Körper.

Stullich, Heiko: Parasiten, eine Begriffsgeschichte. In: Forum Interdisziplinäre Begriffsgeschichte 2.1. Hrsg. von Müller, Ernst. Berlin 2013.

Sussman, Henry: Franz Kafka. Geometrician of Metaphor. Madison 1979.

Szondi, Peter: „Amphitryon", Kleists „Lustspiel nach Molière" In: Szondi, Schriften II. Frankfurt am Main 1978, S. 155–169.

Szondi, Peter: Hölderlin-Studien. Mit einem Traktat über philologische Erkenntnis. Frankfurt am Main 1977.
Takeda, Arata: Die Erfindung des Anderen. Zur Genese des fiktionalen Herausgebers im Briefroman des 18. Jahrhunderts. Würzburg 2008.
Taylor, Charles: The Ethics of Authenticity. Cambridge u. a. 1992.
Taylor, Jane: „Why do you tear me from Myself?": Torture, Truth, and the Arts of the Counter-Reformation. In: The Rhetoric of Sincerity. Hrsg. von van Alphen, Ernst/Bal, Mieke/Smith, Carel. Stanford 2009, S. 19–43.
Thies, Christian: Thies, Christian: „Redlichkeit versus Religiosität. Religiöser Atheismus im Anschluss an Tugendhat". In: Religiosität und intellektuelle Redlichkeit. Hrsg. von Hartung, Gerald/Schlette, Magnus. Tübingen 2012, S. 203–228.
Thorn, Jesse: A Manifesto for The New Sincerity. URL, http://www.maximumfun.org/blog/2006/02/manifesto-for-new-sincerity.html, 2006 (abgerufen am 08.07.2017).
Thumfart, Johannes: Das Kulturphänomen „New Sincerity": Und jetzt mal ehrlich. In: Die Tageszeitung. URL, http://www.taz.de/!5068657/, 2013 (abgerufen am 07.08.2017). Kurztitel: Und jetzt mal ehrlich.
Tiedemann, Rolf/Krapp, Peter: Kafka Studies, the Culture Industry, and the Concept of Shame. Improper Remarks between Moral Philosophy and Philosophy of History. In: Cultural Critique 60.1 (2005), S. 245–258.
Trilling, Lionel: Das Ende der Aufrichtigkeit. Übers. von Henning Ritter. Frankfurt am Main 1983.
Trilling, Lionel: Sincerity and Authenticity. New York 1980.
Trop, Gabriel: The Fringe of Beings: The Poetic Thought of Else Lasker-Schüler. In: MLN 132.3 (2017), S. 679–700.
Trüstedt, Katrin: Novelle der Stellvertretung: Kleists „Michael Kohlhaas". In: Zeitschrift für deutsche Philologie 130.4 (2011), S. 545–568.
Tugendhat, Ernst: Anthropologie statt Metaphysik. München 2007.
Ueding, Gerd (Hrsg.): Historisches Wörterbuch der Rhetorik. Tübingen/Berlin 1992–2015.
Unbekannt: Der Redliche. Eine Wochenschrift. Nürnberg 1751.
Unbekannt: Die belohnte Redlichkeit. Eine Anekdote. In: Taschenbuch zur angenehmen und nützlichen Unterhaltung. Bd. 1. Hamburg 1786, S. 58–67.
Utz, Peter: Übersetzte Gesten in Kafkas „Proceß". In: Geste und Gebärde. Beiträge zu Text und Kultur der klassischen Moderne. Hrsg. von Schiffermüller, Isolde. Innsbruck/ Wien/München 2001, S. 262–290.
Vardoulakis, Dimitris: Sovereignty and its Other. Toward the Dejustification of Violence. New York 2013.
Villwock, Jörg: Rhetorik und Psychologie. Überlegungen zu Nietzsches Konzeption dionysischer Rede. In: Nietzsche oder „Die Sprache ist Rhetorik". Hrsg. von Kopperschmidt, Josef. München 1994, S. 137–158.
Vogl, Joseph: Ort der Gewalt. Kafkas literarische Ethik. Zürich 2010.
Vogl, Joseph: Über den Schrei. Göttingen 2013.
Vogl, Joseph: Vierte Person: Kafkas Erzählstimme. In: Deutsche Vierteljahrsschrift für Literaturwissenschaft und Geistesgeschichte 68.4 (1994), S. 745–756. Kurztitel: Vierte Stimme.
Vogl, Joseph/Wagner, Benno/Balke, Friedrich (Hrsg.): Für Alle und Keinen: Lektüre, Schrift und Leben bei Nietzsche und Kafka. Zürich/Berlin 2008.
Vries, Hent de: Must We (NOT) Mean What We Say? Seriousness and Sincerity in the Work of J. L. Austin and Stanley Cavell. In: The Rhetoric of Sincerity. Hrsg. von van Alphen, Ernst/Bal,

Mieke/Smith, Carel. Stanford 2009, S. 90–118. Kurztitel: Must We (NOT) Mean What We Say?

Walden, Herwarth (Hrsg.): Der Sturm. Eine Monatsschrift für Kultur und die Künste. Berlin 1910–1932.

Waldenfels, Bernhard: Wahrsprechen und Antworten. In: Parrhesia. Foucault und der Mut zur Wahrheit. Hrsg. von Gehring, Petra/Gelhard, Andreas. Zürich 2012, S. 63–81.

Wallace, David Foster: E Unibus Pluram: Television and U.S. Fiction. In: Review of Contemporary Fiction 13 (1993 Summer), S. 151–194.

Walser, Martin: Beschreibung einer Form. München 1961.

Wampole, Christy: How to Live Without Irony. In: The New York Times. The Opinion Pages. URL, https://opinionator.blogs.nytimes.com/2012/11/17/how-to-live-without-irony/, 17.11.2012 (abgerufen am 08.07.2017).

Wampole, Christy: How to Live Without Irony (for Real, This Time). In: The New York Times, 19 Dez. 2016. URL, https://www.nytimes.com/2016/12/19/opinion/how-to-live-without-irony-for-real-this-time-.html, 2016 (abgerufen am 08.07.2017).

Weidner, Daniel: Brief an den Vater. In: Kafka-Handbuch. Leben – Werk – Wirkung. Hrsg. von Engel, Manfred/Auerochs, Bernd. Stuttgart 2010, S. 293–301.

Weitzman, Erica: Scham – oder die Metaphysik. In: Rücksendungen zu Jacques Derridas „Die Postkarte". Ein essayistisches Glossar. Hrsg. von Schmidt, Matthias. Wien/Berlin 2015, S. 329–340.

White, Alan: The Youngest Virtue. In: Nietzsche's Postmoralism. Essays on Nietzsche's prelude to Philosophy's Future. Hrsg. von Schacht, Richard. Cambridge/New York 2001, S. 64–78.

Williams, Bernard: Shame and Necessity. Berkeley 1993.

Williams, Bernard: Truth & Truthfulness: An Essay in Genealogy. Princeton 2002.

Winkler, Rafael: I Owe You: Nietzsche, Mauss. Journal of the British Society for Phenomenology 38.1 (2007), S. 90–108.

Wirth, Uwe: Der Performanzbegriff im Spannungsfeld von Illokution, Iteration und Indexikalität. In: Performanz. Zwischen Sprachphilosophie und Kulturwissenschaft. Hrsg. von Wirth, Uwe. Frankfurt am Main 2002, S. 9–60.

Wirth, Uwe: Die Geburt des Autors aus dem Geist der Herausgeberfiktion. Editoriale Rahmung im Roman um 1800, Wieland, Goethe, Brentano, Jean Paul und E.T.A. Hoffmann. München 2008.

Wirth, Uwe (Hrsg.): Performanz. Zwischen Sprachphilosophie und Kulturwissenschaft. Frankfurt am Main 2002.

Wittkowski, Wolfgang: Der neue Prometheus. Kleists Amphitryon zwischen Molière und Giraudoux. In: Jahresgabe der Heinrich-von-Kleist-Gesellschaft (1968), S. 27–82.

Wurmser, Leon: Die Maske der Scham. 3., erw. Aufl. Berlin 2012.

Wurzer, Wilhelm S.: Nietzsche's Hermeneutic of „Redlichkeit". In: Journal of the British Society for Phenomenology 14 (1983), S. 258–270.

Zeeb, Ekkehard: Die Unlesbarkeit der Welt und die Lesbarkeit der Texte. Ausschreitungen des Rahmens der Literatur in den Schriften Heinrich von Kleists. Würzburg 1995.

Zeh, Juli: Zur Hölle mit der Authentizität. In: Die Zeit Nr. 39, 21.09.2006. URL, https://www.zeit.de/2006 /39/L-Literatur, 2006 (abgerufen am 07.07.2017).

Zeller, Christoph: Ästhetik des Authentischen. Literatur und Kunst um 1970. Berlin/New York 2010.

Zittel, Claus: Das ästhetische Kalkül von Friedrich Nietzsches „Also Sprach Zarathustra". Würzburg 2000.

Žižek, Slavoj: The Sublime Object of Ideology. London/New York 1989.
Zweig, Stefan: Der Kampf mit dem Dämon. Hölderlin, Kleist, Nietzsche. Frankfurt am Main 1981.
Zymner, Rüdiger: Texttypen und Schreibweisen. In: Handbuch Literaturwissenschaft. Gegenstände und Grundbegrifffe. Hrsg. von Anz, Thomas. Bd. 1. Stuttgart/Weimar 2013, S. 25–81.

# Personenregister

Adorno, Theodor W. 23—24, 133
Agamben, Giorgio 29, 141
Alphen, Ernst van 19—20
Althusser, Louis 124—126
Arendt, Hannah 30—31, 157, 159
Austin, John L. 4, 7, 20—23, 30, 33—35, 121
Bachtin, Michael M. 137—138
Bal, Mieke 17, 19—20
Baldinucci, Filippo 194
Barthes, Roland 154
Bataille, Georges 63—65, 67—68, 70
Benveniste, Émile 123—124, 182
Blanchot, Maurice 115
Butler, Judith 35—37, 53, 57, 121, 125—126, 156—157
Cavarero, Adriana 147—148, 157, 159, 166
Cavell, Stanley 20, 22
Cicero 51
Deleuze, Gilles 102, 118—121, 127, 132, 135, 144, 147, 153, 159, 163, 192
Derrida, Jacques 2, 33—35, 47, 49, 64, 70—71, 117, 129, 132, 139
Felman, Shoshana 23, 30, 55, 90, 92
Fichte, Johann Gottlieb 15, 24, 197—198
Foucault, Michel 25—40, 45, 53—55, 68, 71—72, 77, 81—82, 91, 126—127
Gottsched, Johann Christoph 15
Grimmelshausen, Hans Jakob Christoffel 11
Guattari, Félix 102, 118—121, 132, 135, 144, 147, 153, 159, 163, 192
Hamacher, Werner 37, 108
Jaspers, Karl 16
Kafka, Franz 5—6, 8, 114—167, 208

Kant 14, 24, 77, 83, 113, 165
Kant, Immanuel 14—16, 44, 113
Kleist, Heinrich von 5—6, 8, 74—114, 168, 171, 206—208
Kofman, Sarah 42, 47, 49—51, 54
Lacoue-Labarthe, Philippe 47—48, 63
Lasker-Schüler, Else 5—8, 168—208
Lausberg, Heinrich 39, 186
Levinas, Emmanuel 121, 166
Loën, Johann Michael von 11—12
Man, Paul de 38, 47, 49, 85—86, 93, 103, 162, 197—198, 200—201, 204, 208
Massey, Joseph 1—2
Mauss, Marcel 63—64, 68
Morris, Jason 2
Nancy, Jean-Luc 9, 42—44, 47, 127
Nietzsche, Friedrich 5—6, 8, 38, 39, 42—74, 119, 142, 171, 178, 206—208
Platon 58—59
Quintilian 39—40, 188
Rorty, Richard 203—204
Rosenkranz, Karl 194—195
Rousseau, Jean-Jacques 171—172, 176
Schlegel, Friedrich 170, 196—198, 201, 207
Schopenhauer, Arthur 15—16, 47
Sedgwick, Eve Kosofsky 145
Serres, Michel 128, 137
Thorn, Jesse 1—2
Tompkins, Silvan 139
Trilling, Lionel 17, 19
Vries, Hent de 20—24
Wallace, David Foster 1
Zeh, Juli 3
Žižek, Slavoj 125

www.ingramcontent.com/pod-product-compliance
Lightning Source LLC
Chambersburg PA
CBHW030647230426
43665CB00011B/984